한국행정연구원
The Korea Institute
of Public Administration

공정사회와 갈등관리

서용석 · 함종석 편저

Ⅲ 갈등관리 역량강화를 위한 사례연구

法 文 社

발 간 사

한국행정연구원은 국무총리실이 지정한 「갈등관리 연구기관」(2007~2014)으로써 갈등의 예방 · 해결을 위한 정책 · 법령 · 제도 · 문화 등의 조사 연구 및 매뉴얼 작성 보급, 갈등영향분석에 대한 조사 연구 등을 수행하고 있습니다. 특히, 2010년부터는 공공갈등관리의 개념 및 유형에 관한 이해를 증진하고 공공갈등의 예방과 해결에 적용될 수 있는 이론, 기술, 제도 및 관련 법 등에 대한 교육을 제공함으로써 중앙 및 지방자치단체 공무원과 공공기관 임직원들의 갈등 대응 역량을 강화시키는 데 목적을 두고 갈등관리 역량강화 교육을 수행하고 있습니다.

이러한 갈등관리 역량강화 교육의 효과를 제고하고, 갈등관리 교육훈련을 위한 기초연구 및 강의 자료로 활용하고자 공공영역의 갈등조정 및 협상의 우수사례 등으로 구성된 갈등사례집을 발간하고 있습니다. 2010년에는 「공정사회와 갈등관리」Ⅰ, Ⅱ를 발간하였으며, 2011년에는 「이익집단사회(Interest Group Society, 박응격역)」를 번역 출간하여 교재로 활용하고 있습니다.

본 사례집은 성공적인 공공갈등 관리를 위해서는 갈등을 겪으면서 또는, 갈등을 해소하면서 얻은 경험과 교훈을 지속적으로 확산 공유하는 것이 무엇보다 중요하다는 인식하에, 우리 사회 내에서 발생하는 다양하고 중요한 갈등사례들을 선정하고 갈등해소라는 측면에서 분석하고 있습니다. 현재 우리나라는 사회구성원 상호간 역지사지를 통해 갈등을 치유하고 있는 여러 사례들이 있으나, 정작 그러한 사례에서 배우지 못하거나 배워도 계승하지 못하는 경우가 많습니다. 본 사례집을 통해 공무원 및 공공기관 임직원을 포함하여 갈등에 직면해 있는 실무자들이 갈등관리 경험과 교훈을 공유함으로써 지속적이고 성공적인 갈등해소 방안을 모색할 수 있는 역량을 강화할 수 있을 것으로 기대하고 있습니다. 아울러 갈등해소를 위한 올바른 시민정신을 함양하는 데 이바지함은 물론, 관련 교육훈련 자료 및 갈등이슈에 대한 효과적인 관리와 대응을 위한 기초적인 연구자료로 활용되길 바랍니다.

향후 한국행정연구원은 갈등관리 역량강화 교육 및 사업을 통해 지속적으로 공공갈등을 예방하고 해결하는 견인차 역할을 수행하고자 하며, 중장기적으로 연구원의 대표 브랜드로 육성할 계획입니다. 아무쪼록 이 책이 정부 정책과 연계된 공공갈등 문제의 조정 및 해소는 물론, 갈등관련 정책 수립 및 공무원 갈등관리 교육훈련에 실질적인 도움이 되길 바라 마지않습니다.

본 사례집이 발간되기까지 많은 분들이 노력해 주셨습니다. 먼저, 바쁜 시간 중에도 다양한 갈등사례에 대한 심도 있는 연구를 수행하고 원고를 집필해 주신 8분의 선생님들께 깊은 감사를 드립니다. 그리고 본 사업을 책임지고 수행한 한국행정연구원의 서용석 부장과 함종석 팀장, 아울러 디자인 · 편집 · 교정 등 책의 완성도를 높이기 위해 궂은 일을 마다하지 않고 수고해 주신 법문사 편집팀에게도 고마움을 전하고자 합니다.

2012년 10월

한국행정연구원장 **박 응 격**

차 례

서 론

-함종석-

안양교도소 이전 · 재건축 관련 갈등사례

-김광구-

광주공항과 무안국제공항 간 공항기능이전 갈등사례

-박형서-

「조력발전소 건설」 관련 갈등사례 분석 -가로림만 조력발전을 중심으로-

-박홍엽-

탄소세 도입 관련 에너지정책갈등과 합의형성기법 활용연구

- 이 강 원 -

국립공원 내 백두대간 보호지역 관련 갈등사례

-이선우-

과천시 하수처리장 및 봉안시설 설치 관련 갈등사례 -과천시 대 의왕시 및 안양시-

-장문철, 고영국-

취수장 이전을 둘러싼 공공기관 간 수리권 갈등사례

-홍성만-

결 론

-함종석-

서 론

함종석(한국행정연구원 인적자원교육팀 팀장)

Ⅰ. 공공갈등의 의의 및 특징, 갈등관리의 필요성

공공갈등(Public Conflict)은 공익을 목적으로 정부가 사업이나 정책을 추진하는 과정에서 발생되는 갈등(법제처, 2007)으로서, 일반적으로 공공정책과 같이 공중에게 광범위하게 영향을 미치는 쟁점을 둘러싼 갈등을 의미한다(강영진, 2000: 74). 이를 보다 구체적으로 살펴보면, 공공갈등은 국가와 지방자치단체, 정부투자기관 등이 당사자가 되며, 국민의 권리와 의무에 영향을 미치는 정책, 법령, 사업의 추진과정에서 공공기관과 국민 또는 공공기관 상호간의 이해관계가 충돌하면서 발생하는 대립과 분쟁이라고 할 수 있다(하혜영, 2007).

이러한 공공갈등의 가장 큰 특징은 이해당사자를 특정하기 어렵다는 것과 갈등의 원인이 복합적이라는 것을 들 수 있다(지속가능발전위원회, 2006: 40~41). 먼저, 공공갈등에서는 직접적 이해관계를 갖는 집단이 크고 다양할 뿐만 아니라 여기에 간접적 이해관계를 갖는 사람들까지 합하면, 당사자의 범위는 전체 국민이 되거나, 국경을 넘어 확대될 수도 있어 갈등과 관련된 이해당사자(stakeholders)를 특정화하기 어렵다. 다음으로 공공갈등은 다양한 요인에 의해 발생되는 복합갈등의 성격을 띠게 된다. 국책사업이나 공공사업을 둘러싼 갈등에서 전형적으로 나타나듯이, 상충된 이해관계와 가치가 모두 갈등의 원인이 되기도 하고, 대립된 전문적 견해로 인한 갈등, 정보갈등 등이 원인이 되기도 한다.

갈등은 사회에 도움을 주는 긍정적 기능과 함께 사회에 해악을 끼치는 부정적 기능도 동시에 가지고 있다(이창원외, 2004: 431~432). 일반적인 갈등에 대한 사람들의 견해는 단절, 대립, 얽힘, 충돌, 답답함, 긴장감 등 부정적이다. 그러나 갈등은 이러한 부정적인 이미지와는 달리 순기능도 분명히 존재하고 있다. 즉 갈등이 사회적 화합과 평온을 깨뜨리는 부조화의 상징처럼 이해되어 온 부분이 있는 반면에, 갈등은 역사의 변화와 발전을 위해서는 필연적으로 등장할 수밖에 없는 에너지로 해석되어 온 경우도 있다. 갈등의 순기능을 강조하는 입장에서는 갈등이 표출되는 것은 극히 자연스러운 현상이며, 갈등이 없이는 사회의 발전이나 변화가 거의 불가능하다고 이해한다. 이는 갈등이 사회체계가 역동적으로 발전하는 데 촉매제 역할을 한다고 보기 때문에 합리적이고 공정한 과정이 보장된다면 갈등은 얼마든지 사회분열이 아니라 통합을 이끌어 낼 수 있는 힘이 있다고 본다.

최근에는 공공갈등의 역기능을 막고 순기능을 활성화시키기 위한 방안으로 갈등관리(Conflict Management)에 대한 연구와 논의가 활발하게 진행되고 있다. 갈등관리는 갈등이 역기능적이고 파괴적인 갈등으로 확대되는 것을 막고, 갈등의 순기능을 증가시킬 수 있도록 도와주는 구조와 조건을 마련해주는 과정을 말한다(하혜영, 2007a: 1; 안광일, 1994). 갈등 해결을 위해서 해외 주요 국가들은 갈등관리와 관련된 법과 제도를 마련하여 갈등을 사전에 미리 예방하고 있으며, 갈등발생 시 보다 적극적으로 대처하려는 조치를 취하고 있다(박홍엽 외, 2005).

이러한 갈등관리는 환경이 불확실해지고 복잡해지면 질수록 그 중요성이 커지고 있으며, 특히 공익추구과정에서 불가피하게 발생되고 있는 공공갈등에 대해서는 갈등관리의 중요성이 더욱 높아지고 있다. 따라서 정부는 공공갈등관리의 제도화를 통해 한편으로는 갈등의 역기능을 완화시켜 사회적 비용을 경감시키고, 다른 한편으로는 갈등의 순기능을 유지하기 위해 정부 전체가 갈등을 민감하게 생각하되 당사자들과 함께 소통하면서 다루려는 노력이 필요하다.

Ⅱ. 갈등사례집 발간 배경

올해는 19대 국회의원 총선 및 18대 대통령 선거가 있는 해로서 사회 각계 직능 및 이익단체의 집회 · 시위 등 제 몫 챙기기가 분출하고 있으며, 이에 따라 갈등해결을 위한 정부의 갈등관리 역할이 중요해지고 있다. 그러나 공공갈등은 그 해결이 쉽지 않다는 특성[1]을 지니고 있으며(하혜영, 2007a: 2), 최근의 갈등은 이익이 첨예하게 엇갈려 있는 데다 관련 부처도 여러 곳에 걸쳐 있어 이해관계자 간 조정 · 중재 등을 통한 갈등해결이 쉽지 않다. 이와 같이 실제로 우리나라의 사회갈등수준은 OECD 국가 중 네 번째이며, 1인당 GDP의 27%를 사회적 비용으로 지불할 정도로 매우 심각한 수준이다(삼성경제연구소, 2009). 이는 사회통합위원회가 2010년 발표한 우리나라의 공공갈등 발생현황에서도 나타나는데, 1990년부터 2008년까지 한 해 평균 33건, 총 624건이 발생하였고, 이 중 1997년 외환위기 이전에는 한 해 평균 30건 정도 발생하였으나, 외환위기 이후 10년간은 한 해 평균 37건으로 발생건수가 크게 증가하였다(사회통합위원회, 2011). 한편, 최근 한 조사에서 국내 중소기업 최고경영자(CEO) 10명 중 7명꼴로 우리 사회의 갈등 수준이 '심각하다'고 응답하였으며, 향후 우리 사회의 갈등 수준 변화에 대해서도 갈등이 앞으로 '심화될 것'이라는 부정적인 응답이 절반을 넘는 등 전반적으로 우리 사회의 갈등 관리 수준에 대해서도 부정적인 인식이 높게 나타났다.[2]

이와 같이 나날이 증가하고 있는 공공갈등에 대해 정부에서는 그 심각성을 인식하여, '공공기관의 갈등 예방과 해결에 관한 규정(대통령령)'을 마련하고, 각종 대안을 모색하고 있음에도 불구하고 공공갈등 해소는 여전히 미흡한 실정이다. 현 정부에서도 2012년 3월 갈등 관리업무 추진 지침을 각 부처에 내려 보냈지만, 각종 정책 추진과정에서 갈등이 해소되지 않고 보다 증폭되는 것으로 보아 갈등 현장의 이해 관계자들에

1) 앞서 살펴본 바와 같이 공공갈등은 공익을 목적으로 정부가 사업이나 정책을 추진하는 과정에서 발생되는 갈등으로서 다양한 이해관계자와 가치가 포함되어 있다. 이처럼 대립되는 의견표출의 기회는 증가하고 있으나, 갈등이 발생하는 문제의 복잡성과 불확실성 때문에 갈등당사자 모두를 만족시키는 대안마련은 오히려 어려운 실정이다(Dukes, 1996: 13).

2) 중소기업중앙회가 중소기업 500곳의 최고경영자를 대상으로 '중소기업 최고경영자의 사회 갈등 인식조사'를 했더니, 중소기업 대표 55.8%가 우리나라의 사회 갈등 관리 수준을 D학점 이하라고 생각하는 것으로 나타났으며, 34.4%는 C, 9.2%는 B학점 수준이라고 응답했고, A학점이란 응답은 0.6%밖에 되지 않았다. 다만, 중소기업 최고경영자들은 '우리 사회가 갈등을 조정하고 건전한 사회통합을 이룰 수 있는 잠재력을 가지고 있는가'라는 질문에 대해서는 81.2%가 '그렇다'고 응답해, 우리 사회의 잠재력 자체는 높게 평가하고 있는 것으로 나타났다(한겨레, 2012.04.13).

게는 이런 지침이 제대로 적용되고 있지 않는 것처럼 보인다(서울신문, 2012.07.09).

최근의 공공갈등[3]은 갈등의 발생빈도가 높아지고 갈등이 장기화되는 경향을 보이고 있으며, 그 파급효과가 관련 개인 및 집단을 넘어서 해당 지역 전체나 심한 경우 전국적으로도 영향을 미칠 수 있다. 이와 같이 공익추구과정에서 불가피하게 발생하고 있는 공공갈등은 해마다 증가하고 있으며, 그로 인한 막대한 경제적 손실[4]뿐만 아니라 사회적인 혼란이나 국민적 단합을 저해하는 등 직 · 간접적으로 사회 전반에 커다란 파급효과를 가져옴에도 불구하고 아직 이에 대한 연구가 부족한 실정이다. 특히, 공공갈등에 대하여 이론적으로 분석하고 영향요인을 도출해 내는 연구들은 해마다 증가하고 있으나, 다양하게 발생하고 있는 공공갈등 사례의 현황을 정리하고 심도 있는 분석을 통해 공공갈등을 사전에 예방하거나 기 발생한 갈등 해소에 이바지하려는 노력은 여전히 미진하다.

한국행정연구원은 '공공기관의 갈등 예방과 해결에 관한 규정(대통령령)'에 의거하여 국무총리실이 지정한 「갈등관리 연구기관」(2007~2014)으로서, 갈등의 예방 · 해결을 위한 정책 · 법령 · 제도 · 문화 등의 조사 연구 및 매뉴얼 작성 보급, 갈등영향분석에 대한 조사 연구 등을 수행하고 있다. 특히, 2010년부터는 공공갈등관리의 개념 및 유형에 관한 이해를 증진하고 공공갈등의 예방과 해결에 적용될 수 있는 이론, 기술, 제도 및 관련 법 등에 대한 교육을 제공함으로써 중앙 및 지방자치단체 공무원과 공공기관 임직원들의 갈등 대응 역량을 강화시키는 데 목적을 두고 『갈등관리 역량강화 교육』을 수행하고 있다.

이러한 갈등관리 역량강화 교육의 효과를 제고하고, 갈등관리 교육훈련을 위한 기초연구 및 강의 자료로 활용하고자 2010년에는 공공영역의 갈등조정 및 협상의 우수사례 등으로 구성된 갈등사례집 「공정사회와 갈등관리」Ⅰ, Ⅱ를 발간하였으며, 2011년에는 「이익집단사회(Interest Group Society, 박웅격역)」를 번역 출간하였다.

본 사례집은 성공적인 공공갈등 관리를 위해서는 갈등을 겪으면서 또는 갈등을 관리하면서 얻은 경험과 교훈을 지속적으로 확산 공유하는 것이 무엇보다 중요하다는 인

---

3) 예를 들어, 해군기지를 둘러싸고 전개되고 있는 제주도 강정마을의 갈등사례나 한미 FTA를 둘러싸고 전개되고 있는 사회적 갈등은 물론이고 행정수도 이전문제, 국제과학비즈니스벨트 입지 선정, 동남권 신공항 공약 철회, 새만금 간척사업, 천성산 터널문제, 방폐장 유치 등 핵폐기물 처리시설 입지 갈등 등 우리사회가 경험했거나 경험하고 있는 대표적 사례들이다.

4) 주요 국책사업이 갈등으로 지연 또는 공사가 중단되어 입은 경제적 손실은 경인운하건설사업 2,900억 원, 새만금 간척지조성사업 7,500억 원, 천성산터널건설사업 2조 5,161억 원, 사패산터널건설사업 5,547억 원, 계룡산국립공원관통도로 건설사업 685억 원 등 약 4조 원이 넘는 것으로 추정된다(박형서 외, 2010: 1).

식하에, 우리 사회 내에서 발생하는 다양하고 중요한 갈등사례들을 선정하고 갈등관리라는 측면에서 분석하고 있다. 현재 우리나라는 갈등의 확대 재생산 등으로 인해 직·간접적으로 막대한 비용을 치르고도, 정작 그러한 사례에서 배우지 못하거나 배워도 계승하지 못하는 경우가 있는 바, 본 사례집을 통해 공무원 및 공공기관 임직원을 포함하여 갈등에 직면해 있는 실무자들이 갈등관리 경험과 교훈을 확산 공유함으로써 지속적이고 성공적인 갈등관리 방안을 모색할 수 있는 역량을 강화하고, 아울러 관련 교육훈련 자료 및 갈등이슈에 대한 효과적인 관리와 대응을 위한 기초적인 연구자료로 활용될 수 있을 것으로 기대하고 있다.

Ⅲ. 본 사례집의 구성

본 사례집에서는 각 사례별 목차 구성에 있어 기본적으로 2010년 발간된 사례집의 체제와 공통된 틀 속에서 접근하고 있다. 2010년 발간 사례집 중 특정 갈등이 발생 및 전개되고 있는 내용에 초점을 두고 있는 『공정사회와 갈등관리』Ⅰ(갈등형성과 전개 메커니즘)에서는 "사례선정 배경 및 개요, 사례에서의 갈등구성집단 및 이해관계, 갈등발생요인 및 현황, 갈등문제의 예방 및 대응차원의 시사점" 등으로 구성되어 있다. 또한, 특정 갈등에 대한 실질적인 조정과 협상 등을 다루고 있는 『공정사회와 갈등관리』Ⅱ(성공적 갈등 조정·협상 사례)에서는 "사례선정 배경 및 내용, 사례에서의 갈등구성집단 및 이해관계, 갈등 조정 및 협상을 위한 방법과 과정, 그리고 갈등 조정 및 협상차원의 시사점" 등으로 구성되어 있다.

이번 『공정사회와 갈등관리』Ⅲ(갈등관리 역량강화를 위한 사례연구)에서는 이전 사례집의 구성을 따르되 사례선정의 타당성 및 시의적절성을 중심으로 사례선정의 이유를 기술한 후, 연구의 목적 및 내용, 갈등의 전개과정 및 구조, 갈등의 해결과정, 시사점으로 구성되어 있다. 갈등의 해결과정에서는 구체적인 갈등해결 모형을 도출하도록 하였으며, 시사점에서는 미해결 사례의 경우에는 당해 사례 해결 방안을 모색함과 더불어 유사사례에 대한 정책적 시사점 및 학술적·교육적 시사점을 포함하도록 하였고, 기해결 사례의 경우에는 해결의 주된 원인 및 방안과 함께 유사사례에 대한 정책적 시사점 및 학술적·교육적 시사점을 포함하도록 하였다.

표 1 이전 사례집(2010년)과의 목차 비교

『공정사회와 갈등관리』Ⅰ (갈등형성과 전개 메커니즘)	『공정사회와 갈등관리』Ⅱ (성공적 갈등 조정 · 협상 사례)	『공정사회와 갈등관리』Ⅲ (갈등관리 역량강화를 위한 사례연구)
- 사례선정 배경 및 개요 - 갈등구성집단 및 이해관계 - 갈등발생 요인 및 현황 - 갈등문제의 예방 및 대응 차원의 시사점	- 사례선정 배경 및 내용 - 갈등구성집단 및 이해관계 - 갈등 조정 및 협상을 위한 방법과 과정 - 갈등 조정 및 협상차원의 시사점	- 사례선정의 이유 - 연구의 목적 및 내용 - 갈등의 전개과정 및 구조 - 갈등의 해결과정 - 정책적 · 학술적 · 교육적 시사점

2010년에 발간된 두 권의 갈등사례집의 내용을 살펴보면 먼저, 사례가 표출된 갈등 자체에 초점을 두는지, 또는 표출된 갈등의 해소과정에 초점을 두는지에 따라 특정 갈등사례와 특정 갈등에 대한 조정과 협상사례로 나눌 수 있으며, 다음으로 사례별 갈등의 내용에 따라 지역개발 관련 갈등사례, 비선호시설 관련 갈등사례, 갈등에 대한 이해 및 제도 관련 사례로 분류하여 제시되어 있었다. 본 사례집에서도 이와 같은 분류에 따라 사례를 구분해 보면, 대체적으로 교도소 이전, 공항기능이전, 조력발전소 설치, 하수처리장 설치, 취수장 이전 등 특정갈등사례를 집필하고 있으며, 탄소세 도입 및 백두대간 보존과 관련된 사례가 특정갈등에 대한 조정과 협상을 다루고 있다. 다음으로 갈등 내용에 따라 분류해 보면 조력발전소 건설, 탄소세 도입, 국립공원 보호지역 등 개발과 보존이라는 환경에 관한 갈등사례와 교도소 이전, 하수처리장 입지, 취수장 이전 등 비선호시설 관련 갈등사례 및 공항기능이전 등 지역개발에 관한 사례로 구분해 볼 수 있다.

표 2 갈등사례 선정 이유

사 례 명	사례 선정 이유
안양교도소 이전 · 재건축 관련 갈등사례	- 본 사례는 중앙정부와 지방정부 간 안양교도소라는 비선호시설을 두고 벌어지는 전형적인 갈등사례임 - 본 사례를 통해 갈등당사자 간 이전과 재건축이라는 대안을 놓고 대화와 협력이 아닌 대립과 갈등으로는 문제를 해결할 수 없다는 점을 인식하여, 양자가 협력하고 창조적인 대안을 찾아가는 과정을 설계함으로써 상호간 신뢰 회복 및 양자가 만족할 수 있는 대안을 도출할 수 있는 가능성을 모색하도록 함
광주공항과 무안국제공항 간 공항기능이전 갈등사례	- 본 사례는 광주공항과 무안국제공항 간 기능 유치를 둘러싼 지역 간 갈등임 - 본 사례를 통해 국가 또는 지역발전과 사회안정을 위하여 부정적으로 작용하고 있는 갈등에 대한 적정한 갈등관리가 무엇보다 중요한 과제임을 인식하고, 동시에 갈등을 바라보는 지역주민의 인식이 협상 논의에서 어떤 작용을 하는지를 분석해 볼 수 있음

사 례 명	사례 선정 이유
조력발전소 건설 관련 갈등사례	– 본 사례에서 다루고 있는 조력발전소 건설 관련 갈등은 갈등의 범위가 상당히 확대되고 갈등의 강도도 점차 강화되고 있어서 보다 적극적으로 갈등관리에 임할 필요성이 있음 – 가로림만 조력발전소는 현재 최종 인허가 단계로서 갈등의 전개상황이 다른 지역에 미칠 영향이 매우 크며, 아직까지 조력발전 건설과 관련해 발생되고 있는 갈등에 대해 갈등영향분석이나 갈등조정협의기구 구성 등 갈등관리가 전혀 이루어지고 있지 않아 갈등진단 및 갈등해결 방안을 강구하는 것이 필요한 시점임
탄소세 도입 관련 에너지정책 갈등과 합의형성 기법 활용 사례	– 본 사례는 탄소세 도입 여부가 불투명한 상황에서 정책혼선에 따른 산업계, 환경단체 등 이해관계자들의 불만이 커지자 2011년 2월, 경실련 갈등해소센터를 중심으로 국회, 정부, 산업계, 환경단체, 소비자단체, 전문가 등 관련 이해관계자가 참여하여 합의형성 과정을 통해 잠정적인 합의를 도출한 사례임 – 이와 같이 이해관계자들이 참여를 통해서 탄소세 시행을 둘러싼 정책혼선을 해소하고 탄소세 도입을 두고 이해관계자 간 공감대를 합의문 형태로 도출함으로써 추후 탄소세 도입에 따른 합의 전망을 높일 수 있게 되어 매우 유용한 사례임 – 향후 탄소세 도입 관련 갈등사례 및 합의형성 기법의 활용에 관한 연구는 원자력 발전문제 등 최근 한국 사회 갈등사안으로 부각되고 있는 에너지 정책관련 갈등의 예방 및 해결에 시사점을 줄 것임
국립공원 내 백두대간 보호지역 관련 갈등사례	– 본 사례는 국립공원 내 백두대간 보호지역의 비개방지역을 둘러싼 갈등을 해소하기 위하여 갈등당사자집단, 갈등쟁점, 합의과정 등 갈등조정위원회의 조정과정을 분석하는 것을 목적으로 함 – 본 사례를 통해 정부 혹은 공공기관 정책과 연관된 갈등의 배경과 원인, 갈등심화 가능성, 이해관계자의 입장과 이해관계, 핵심쟁점 등에 대한 갈등영향분석을 기반으로 이해당사자들이 협의체를 운영하여 대화와 협의를 통해 문제 해결 가능성을 향상시킬 수 있을 것임
과천 하수처리 시설 갈등사례	– 본 사례는 과천시의 하수장 처리시설과 관련하여 의왕시, 안양시 등 인접 지방자치단체와의 갈등으로, 2010년 이후 현재까지 진행 중인 갈등 사례임 – 본 사례를 통해 최근 지방자치단체들이 혐오시설 입지와 관련된 갈등에 빈번하게 직면하고 있음에도 불구하고, 그 전개과정이나 해결방식이 다양함에 따라 구체적인 해결 대안을 모색하는 데 어려움이 있어, 본 사례와 같이 아직 종결되지 않고 있는 유사사례와 연결하여 현재까지 진행된 갈등의 배경과 진행과정을 분석함으로써 지방자치단체 간 갈등해결의 적절한 모형을 제시하는 데 의의가 있음
취수장 이전에서 수리권을 둘러싼 공공기관 간 갈등사례	– 본 사례는 갈등이해당사자인 광역자치단체(서울특별시)와 공공기관(한국수자원공사) 간 합리적인 조정 및 협상이 아닌 대법원 판결이라는 소송에 의존한 적극적인 의미에서는 갈등관리에 실패한 사례임 – 본 사례를 통해 갈등의 원인과 갈등이해당사들의 대응과정을 이해함으로써 피해야 할 갈등대응의 모습을 파악할 수 있으며, 나아가 한강수계를 중심으로 경기도의 일부 지자체들도 수자원공사와 유사한 갈등을 경험하고 있다는 점에서, 다른 갈등사례의 효과적인 해결에 귀중한 시사점을 제시할 수 있는 시의적으로 의미 있는 수리권 갈등사례임

안양교도소 이전 · 재건축 관련 갈등사례

김광구(경희대학교 행정학과 교수)

I. 사례선정의 이유

1995년 지방자치단체장 선거 이후로 중앙정부와 지방정부 간의 관계가 근본적인 변화를 경험하게 된다. 1995년 이전 중앙정부에는 주요 국책사업의 결정 및 집행에 있어 지방자치단체나 지방주민의 이해(interests) 및 의견을 고려하지 않아도 되는 중앙집권 문화가 지배하고 있었다.

그러나 1995년 이후 우리나라의 행정권력이 점차 분권화되고 지방의 정치가 활성화됨에 따라 과거와 같은 중앙정부의 일방적인 사업의 결정 및 집행에 의해 많은 갈등을 경험하게 된다. 즉 중앙정부와 지방정부 간 갈등사례가 빈번하게 발생하게 됨에 따라 정부간 갈등으로 정부에 대한 신뢰가 저하되고 사회적 갈등비용의 발생으로 사회적 자본이 훼손되게 되었다.

특히 지역과 지역주민에게 이익이 되지 않는 중앙정부의 사업에 대한 갈등이 발생하는 사례가 증가하고 있지만 중앙정부는 과거와 같은 권력적 해결방식이나 법적 해결방식에 의존함에 따라 오히려 갈등을 증폭하여 대결국면만을 초래하고 있다.

이러한 중앙정부와의 갈등상황에서 지방자치단체 장이나 지역의 선출직 정치인들은 지역 주민의 이익과 유리될 수 없기 때문에 오히려 갈등상황을 정치적으로 활용하여 더욱 갈등이 증폭되는 상황도 만들어지고 있다. 특히 지역의 현안으로 부각되는 중앙정부의 사업은 선거 등의 정치상황에 주요 이슈로 등장하게 되고 정치적 현안으로 부상함에 따라 중앙정부, 지방자치단체, 주민 간 합리적인 대화와 협력을 통한 문제해결이 더욱 어렵게 되고 있다.

더욱이 중앙정부가 추진하는 사업은 단시일에 해결되지 못하고 지역의 장기 과제로 남게 되어 지방선거, 국회의원선거, 재보궐선거, 대통령선거 등의 정치일정들과 결부되어 지역의 폭발력 있는 이슈로 작용하게 된다. 이러한 선거를 통해 지역 및 중앙정치인들은 지역의 현안으로 공약하게 되고 이에 지역주민들은 정서적인 공감을 표시하게 되어 사업 관련자 간의 합리적인 문제해결이 어렵게 되는 패턴을 보여주고 있다.

안양교도소는 1963년 당시 시의 외곽지역인 현 안양시에 위치하게 되었다. 그러나 1989년 평촌신도시 건설 이후 안양시의 도시화가 급격하게 진행됨에 따라 안양교도소는 주거지역과 근접하게 되었고 주요 교통 도로와 인접하게 되었다. 안양시 주민들은 도시가 급격하게 팽창되어 감에 따라 지역에 필요한 시설 및 기능을 위한 가용 토지의 필요성을 느끼게 되었고, 이러한 필요성을 지역정치인들은 선거 때마다 안양교도소 이전을 공약으로 제시하여 지역주민들의 정서를 자극하였다.

안양교도소는 현 부지에 입지한지 50년이 되어가는 매우 노후한 건물이다. 건물안전진단을 통해 재해위험물로 지정되어 관리될 정도로 노후화가 심각하여 이전 또는 재건축이 시급한 상황이다. 이에 법무부는 1999년부터 이전을 추진하였으나 이전부지를 찾지 못하여 현 부지에 재건축을 결정하였다.

법무부와 안양시와 주민측은 오랫동안 안양교도소의 이전과 재건축을 놓고 서로가 만족할 만한 해결책을 찾지 못하고 갈등만 증폭시켜 왔다. 그동안 양측은 함께 머리를 맞대고 합리적인 대안을 모색할 기회도 있었지만 정치일정 등이 겹치면서 대화의 기회를 상실하였고 양자 모두 감정적인 대립만을 보여 왔다. 안양교도소 갈등사례는 중앙정부와 지방정부 간 갈등으로 교도소라는 비선호시설을 두고 벌어지는 전형적인 갈등사례이다. 이전과 재건축이라는 대안을 놓고 대화와 협력이 아닌 대립과 갈등으로는 문제를 해결할 수 없는 점을 인식하고 양자가 협력하여 창조적인 대안을 찾아가는 과정의 설계를 통한 상호간의 신뢰 회복 및 양자가 만족할 수 있는 대안을 도출할 수 있는 가능성을 모색하는 것이 본 사례의 선정이유이다.

Ⅱ. 연구의 목적 및 내용

1. 연구의 목적

안양교도소 갈등사례는 중앙정부와 지방정부 간 갈등으로 비선호시설을 둘러싸고 벌어지고 있다. 본 연구는 안양교도소를 둘러싸고 벌어지는 갈등의 전개과정을 살펴봄으로써 어떤 맥락에서 갈등의 이슈가 어떻게 증폭되어 왔으며, 이러한 갈등상황에서 관련 이해당사자들이 선택한 행동전략은 무엇이고 그러한 전략을 선택한 이유를 이해하고자 한다.

또한 안양교도소 갈등사례는 갈등이 적절한 과정설계를 통해 관리되지 않는 상황에서 어떻게 전개되어 가는지를 보여주는 전형적인 사례이다. 또한 이 사례는 갈등이 관리되지 않고 갈등의 소용돌이에 빠지게 되면 어떤 사회적 파장이 야기되는지 여실히 보여주는 사례이기도 하다.

따라서 안양교도소 사례의 연구를 통해 갈등전개과정 속에서 비선호시설을 둘러싸고 중앙정부와 지방정부가 선택한 상황대응전략을 파악하여 이들의 행위동기와 이해(interests)를 파악한다. 또한 향후 효율적인 갈등관리 및 해소노력에 기여할 수 있는 시사점을 도출하는 데에도 본 연구의 실용적 가치와 교육적 목적이 있다.

2. 갈등전개과정의 개요

안양교도소와 관련된 갈등이 본격적으로 발생된 시점은 1999년이다. 1999년 3.30 재보선거에서 정치권이 안양교도소의 이전을 공약으로 내세우면서 안양교도소 이전은 이후 줄곧 안양지역의 정치적 이슈로 자리매김하여 왔고, 1999년 11월 '안양교도소 이전을 위한 주민대책위원회'가 공식적으로 출범하면서 교도소의 시 외곽 이전을 요구하기 시작하였다.

그러나 법무부는 1995년부터 노후화된 안양교도소의 재건축을 시도하였으나 1998년부터 안양교도소의 이전을 추진, 1999년에는 경기도가 추천한 안양시 관내 후보지(석수동)로 이전을 추진했으나 지역주민들의 반대로 무산되었고, 2000년에는 민간에 의한 안양시 관외 후보지(시흥, 안산시, 광명시)로 이전을 추진했으나 지역 정치인과 주민의 반발로 무산되었으며, 2001년 이전부지를 찾지 못하여 이전추진을 보류하였다.

이후 2003년과 2004년 안양시 호계동 지역에서 안양교도소 이전 논의가 불거졌지만 크게 확산되지 못하고 표류하여 왔다. 2006년 안양시의회 의원들 중심으로 안양교도소의 현부지 재건축에 대한 분위기를 형성하였고 2007년 7월 이필운 시장의 취임 이후 안양시는 안양교도소 재건축에 대한 긍정적인 입장을 보였으며, 이에 법무부는 2008년부터 안양시와 협의하에 2010년 5월 '안양교도소 재건축 기본설계안'을 확정하였다. 또한 법무부는 2010년 7월 호계동 주민을 대상으로 안양교도소 재건축 계획에 대한 주민설명회를 개최하였고, 안양시장, 부시장, 구청장 및 시의원 등을 대상으로 재건축 설명회도 개최하였다.

2010년 7월 최대호 시장의 취임 이후 안양교도소 이전 문제에 관한 지역 여론의 변화로 인해 2011년부터 법무부가 안양교도소 재건축 협의를 안양시청에 신청하지만 3차에 걸쳐 불가통보를 받는다. 이에 법무부는 총리실에 행정협의조정 신청을 하게 되고 그 결과 재건축 추진 결정을 받게 되었다. 또한 안양시는 2012년 4월 11일 총선을 앞두고 총선에 출마한 지역정치인 중심으로 안양 관외 이전을 요구하는 분위기가 고조되고 이전추진단체의 활동이 강화되었다. 이후 법무부와 안양시 간의 갈등이 점차 증폭되고 있는 실정이다.

3. 갈등사례 전개일지

표 1 갈등사례 전개일지

단계	일시	개요	비고
갈등생성기	1963. 9. 3.	**안양교도소 신설**(현주소: 경기도 안양시 호계동 교정길 20(호계3동 458번지))	
	1995	**법무부 안양교도소의 구조안전진단 실시**: 주벽 등 4개 시설물에 구조보강 필요	
	1998	**재건축을 위한 예산편성**: 현 부지 신축 반대 민원으로 추경예산 심의시 사업비 삭감	
	1999. 3.	**3.30재보선 실시**: 안양시장을 재선거하면서 안양교도소 이전 공약 제시 - 3.31. 신중대 시장 취임	
	1999. 5.	**구조안전진단 실시를 통해 재난위험시설 (D급)판정**: 주벽 등 7개 시설물 구조보강 필요	
	1999. 8.	**안양교도소이전을 위한 주민대책위원회 출범**: 안양시 호계동주민 6,200여 명이 서명해 교도소 이전을 요구하는 탄원서 제출	
	1999. 10. 26.	**경기도의 후보지 추천으로 안양교도소 이전 추진**: 후보지 6개소 중 석수동 석산부지를 후보지로 선정하였으나 안양시 · 지역주민 반대로 무산	

단계	일시	개요	비고
갈등생성기	1999. 12.	**재건축을 위한 예산편성**: 설계발주 하였으나 지역주민 및 시의원들의 극심한 반대로 현 위치 신축 보류	
	2000. 9. 16.	법무부 관보를 통해 안양시 호계동 7만 1천여 평의 현 안양교도소 이전을 민간사업자 공모 방식 추진 발표	
	2000. 9. 22.	법무부는 '교정시설 기부자 사업설명회'를 개최하여 안양교도소로부터 반경 20km 내외 또는 경기도 일원으로 이전부지 확보 사업체를 11월 13~15일까지 공모, 12월 9일 사업자 선정계획 발표	
	2000. 11. 4.	법무부, 교도소 이전을 요구하고 있는 안양시에 교도소 부지를 자연녹지에서 주거지역으로 용도변경 요청	
	2000. 11. 15, 17, 30.	법무부의 안양교도소 용도변경 요청에 대해 안양시는 15일 시의회 의견청취, 17일 시정발전위원회 의견청취, 30일 주민간담회 개최	
	2000. 12. 4~11.	안양교도소 등의 이전대상지로 소문난 지역인 시흥시의회, 안산시의회, 의왕시의회, 군포시의회 및 주민의 항의시위 등 이전반대	
	2000. 12. 12	법무부는 교정시설 기부자 공모신청에 응모한 2개 업체가 추천한 안산, 시흥 등 경기도 내 6개 시군 9개 지역을 대상으로 이전을 검토한 결과 경기지역으로 이전하려던 계획을 해당지역 정치권 및 주민들의 반발에 부딪쳐 대상부지 중에서는 적합한 장소 없어 백지화 – 법무부는 당분간 이전은 고려치 않으며 현 위치에 재건축할 수도 없어 시간을 갖고 다른 장소를 물색할 방침 밝혀	
갈등잠복기	**2001. 7. 25.**	**법무부 교정시설(안양교, 영등포구 · 교) 합동이전 추진**: 교정시설기부자공모를 추진하였으나 적정부지가 없어 중단 – 안양시에 이전불가 방침 통보	
	2003. 5. 13.	법무부, 안양교도소 현 위치 재건축 계획수립을 위해 '04년 예산에 기본조사설계비 1억 원 반영요구	
	2003. 10	호계동지역 및 교육발전을 위한 안양시 관계부처와 주민 간 간담회: 안양교도소 이전 논의 촉발	
	2006. 10. 16.	**안양시의회 의장 등 의원단 26명 교도소 참관**	
	2006. 10. 26.	**하연호 안양시의원. 안양교도소 재건축 추진위 구성 등 상생 제안**(중부일보에 기고)	
	2007. 12. 19.	**안양시장 재선거에서 이필운 당선**	
	2007. 12. 20.	안양교도소장이 안양시장에게 안양교도소 재건축과 관련된 건축협의 절차 질의	
	2008. 2. 14.	**안양시장은 안양교도소장 재건축 관련 질의회신**: 안양교도소 부지의 토지이용계획과 건축물 계획에 대하여 안양시와 사전에 충분한 협의 및 주민설명회 등을 개최하여 시민들의 공감대를 형성하여 추진되어야 함을 밝힘	
	2008. 2. 27.	**안양시장 이필운 등 3명 교정시설 참관**: 토지이용계획서, 조감도 등 관련 서류를 구비하여 안양시에 요청하면 시민공청회 및 재건축을 위한 여론수렴 등 적극적인 협조의사 밝힘	

단계	일시	개요	비고
갈등잠복기	2008. 4	**심재철 국회의원 당선자(안양시동안을, 한나라당)**: 여당의 3선 의원으로써 교도소 이전이 현실적으로 불가능하다면 리모델링 방안 등 다양한 방책 모색 밝힘	
	2008. 6.	법무부는 총사업비 1,295억 원으로 지상 3층, 연면적 6만 6,000m^2 규모로 건물을 2015년까지 건축, '09년 예산에 24억 원 책정	
	2008. 9. 9.	**안양교도소장, 안양시에 공문 접수**: 안양교도소 재건축 관련 설명회 개최 일정 등 관련 협의 제안	
	2009. 9. 30.	**법무부는 안양교정시설 재건축 예비조사 설계용역 실시**: 안양시 요구에 따라 재건축 계획(안) 마련을 위한 용역 추진, 안양시에 설명회 개최 추진 중 안양시 자체 사정으로 취소	
	2010. 5. 13.	**안양교도소 재건축 기본설계(안) 안양시(도시국장)와 협의**: 주민을 위한 주차공간 확보를 위하여 직원 주차시설 지하화 및 비상대기숙소 후면으로 이동 배치, 주민이용시설(공원, 산책로, 운동시설 등) 확대	
갈등상승기	2010. 6. 7.	**안양시장에 최대호 (민주당) 후보 당선**	
	2010. 7. 2.	**최대호 안양시장, 안양교도소 방문**: 부임인사차 방문, 안양교도소장은 교도소 재건축에 대한 협조를 요청함	
	2010. 7. 20.	**안양교도소 재건축 관련 주민공청회 개최**(심재철 의원 주관, 호계3동 주민자치센터 2층, 125명 참석): 법무부측의 2011년 7월 재건축 착공 계획과 부지활용방안 청취 - 법무부의 재건축 안에 대한 주민측 수용 분위기	
	2010. 7. 26.	**안양교도소 재건축설명회(안양시청 회의실)**: 안양시장, 부시장, 구청장 및 시의원 등 참석	
	2010. 8. 19.	**재건축 관련 안양시장 면담(안양시장실, 법무부 교정본부 복지과장)**: 다각적인 검토가 필요하니 시간여유를 조금 주시길 바람	
	2010. 12. 24.	재건축 관련 법무부 관계자 안양시청 방문(건축과)	
	2010. 12. 27.	**재건축 관련 안양시장 법무부 방문(장관실)**: 안양교도소 재건축 사업은 구조안전상 문제가 있어 더 이상 미룰 수 없어 계획대로 추진하겠음	
	2010. 12. 28.	**안양교도소 재건축 관련 건축협의 제 1차 신청**(법무부장관 ⇒ 안양시장)	
	2011. 2. 11.	**교정시설 건축협의 불가 통보(안양시장 ⇒ 법무부장관)**: 미래발전을 위한 공익적 목적에 부합하지 않아 타 지역으로 이전 필요	
	2011. 2. 28.	**안양시 '안양교정시설 이전 및 이전 적지 개발 타당성 용역'** 발주	
	2011. 3. 8.	**재건축협의 제2차 신청**(법무부장관 ⇒ 안양시장)	
	2011. 4. 22.	**교정시설 건축협의 불가 통보(안양시장 ⇒ 법무부장관)**: 미래발전을 위한 공익적 목적에 부합하지 않아 타 지역으로 이전 필요	
	2011. 5. 26.	**재건축협의 제3차 신청(법무부장관 ⇒ 안양시장)**	
	2011. 6. 1.	법무부의 질의에 대한 국토해양부의 회신: 국가 또는 지자체가 건축물을 건축하거나 대수선하는 경우 해당 건축이 공익적 목적이라는 점, 건축주체가 국가 또는 지방자치단체라는 점 등을 고려하여 허가 등을 받도록 하는 대신에 협의로 가능하도록 한 것이므로, 허가권자에게 협의요청한 경우 허가권자가 그 건축물이 건축법 및 관계법령에 제한하지 아니하는 경우라면 협의를 해주어야 할 것으로 사료됨	

단계	일시	개요	비고
갈등증폭기	**2011. 7. 15.**	**재건축관련 행정협의조정위원회 협의조정 신청(행안부)**: 법무부의 안양교도소 재건축 협의요청을 안양시가 여러 차례 거부함에 따라 행정협의조정위원회에 협의조정을 신청	
	2011. 8. 3.	**건축협의 불가통보 3차(안양시 ⇒ 법무부)**: 미래발전을 위한 공익적 목적에 부합하지 않아 타 지역으로 이전 필요	
	2011. 8. 10.	**총리실, 행정협의조정위원회 실무회의 개최**: 안양시측을 제외한 관련 부처(국토해양부, 법제처, 경기도 등)가 참여하여 건축협의 성격, 지자체의 거부가능 여부, 조정대상 여부 등 논의	
	2011. 8. 11.	**법무부 기획조정실장, 재건축 관련 안양시장 면담(안양시장실)**: 법무부는 안양교도소의 시설 열악, 소방시설 미흡, 열악한 수용시설로 수용자 인권문제 이슈화 등을 설명하며 재건축 협조 요청 -안양시장은 이전후보지 2개소 선정 후 법무부와 협의 예정 밝힘	
	2011. 8. 17.	**총리실, 행정협의조정 관련 안양시 면담(안양부시장)**: 안양시에서 박달동 군부대 탄약고 등 2개소의 이전부지를 물색 중에 있음. 8월 말경에 이전후보지 선정 용역결과가 나오면 법무부와 협의예정 밝힘	
	2011. 8. 25.	**총리실 관계자, 안양교도소 답사**: 행정협의조정('11. 7. 15. 신청)과 관련하여 노후 시설물 실태 파악, 노후 · 열악한 시설물 상태를 확인하고 재건축이 시급함을 공감함	
	2011. 9.	**안양시**, 안양교도소 이전대상 제1부지로 안양시 만안구 박달2동 산100번지 일대(군부대 탄약고 부지)를, 제2부지로 화성시 매송면 송라리 산66-4번지 일대(송라저수지 인근)를 선정해 법무부에 제출	
	2011. 9. 30.	**총리실, 행정협의조정 관계부처 회의**	
	2011. 10. 7.	**법무부 교정단장 등 관계자, 안양시 제안부지 2개소 현장답사**: 안양시 만안구 박달2동 산100번지 일원, 화성시 매송면 송라리 산62-4 일원	
	2011. 11. 2.	**총리실, 행정협의조정 관계부처 회의**: 법무부는 안양시의 제안부지를 부적합 판단, 총리실은 안양시와 법무부 간 이견해소를 위한 객관적 용역 실시 결정	
	2011. 11. 14.	**총리실, 안양교도소 관련 검증용역 발주**: 재건축 · 이전 타당성 용역팀(국토연구원) 안양교도소 답사	
	2011. 12. 15.	**총리실 시행, 용역결과 보고회(총리실 국무차장 주관)**: 용역결과 재건축이 바람직할 것으로 판단	
	2011. 12. 21.	**안양교도소 KTX광명역 주변 이전에 대한 의견조회(법무부 ⇒ 광명시)**: 안양시가 제안한 이전부지에 대한 사전협의 여부 및 광명시 의견조회	
	2011. 12. 27.	**총리실, 행정협의조정 관계부처 회의**: 법무부는 총리실의 제안에 따라 지역민에게 편의시설 추가 제공 설명. 또한 총리실도 행안부도 안양시에 국고지원 검토 요청	
	2011. 12. 27.	**안양교도소 KTX광명역 주변 이전에 대한 광명시 의견제출**: 이전계획 철회 강력요구 및 반대운동 전개예정 밝힘(12. 28. 현수막 게시, 12. 29. 광명시장 · 의회 · 범대위 기자회견 등)	
	2011. 12. 29.	**총리실, 행정협의조정 관계부처 회의**: 총리실, 용역결과에 대해 수용을 전제로 안양시 위한 인센티브 추가 요청	

단계	일시	개요	비고
갈등증폭기	**2012. 1. 13.**	**총리실, 행정협의조정 실무회의**: 안양교도소재건축으로 결정, 안양시 불참으로 본회의에 상정결정	
	2012. 1. 19.	**안양권외 이전촉구 집회시위(안양교도소 외정문)**: 이전 추진위원회(약 200명 참석), 결의대회 및 가두행진 실시	
	2012. 1. 20.	**안양권외 이전촉구 공동추진위, 건의문 · 서명부 접수**: 건의문과 서명부(20만 500명)를 총리실 등에 접수	
	2012. 1. 30.	**총리실, 행정협의조정위원회 개최**: 안양시의 안양교도소 재건축 협의 불가 처분 취소 취지로 결론내리고 인센티브 추가제공 권고 등 의결	
	2012. 1. 31.	**안양시와 안양교도소이전촉구공동위원회 성명서 발표**: 국무총리실의 안양교도소 재건축 조정 결정은 안양시와 안양권 시민의 의사가 반영되지 않은 중앙정부의 일방적인 결정이므로, 수용할 수 없다(경기일보 2012. 2. 1).	
	2012. 2. 1.	**최대호 안양시장 언론인터뷰**: 조정위 결정에도 불구하고 교도소 현 위치 재건축 불허 의지 천명(한겨레, 2012. 2. 1.)	
	2012. 2. 2.	**19대 국회의원 선거 출마 민주통합당 안양지역 예비후보자 일동 기자회견**: 행정협의조정위원회 결정 규탄 성명서 발표	
	2012. 2. 8.	**심재철 의원 및 안양시의원 화성시 이전제안부지 현장답사**: 화성시로 이전 촉구	
	2012. 2. 14.	**안양교도소 이전촉구 집회시위(과천청사 앞)**: 이전 촉구 공추위(위원장 이종만), 약 500명 참석, 공개질의서 낭독 등	
	2012. 2. 14.	**화성시, 법무부에 안양교도소 논란 관련 협조요청**: 화성시 이전에 대한 언론보도와 관련, 강력반대 및 향후 거론되지 않도록 협조 요청	
	2012. 2. 23.	**법무부, 화성시에 회신**: 안양교도소 이전추진은 안양시에서 제안한 사항임	
	2012. 2. 28.	**총리실, 안양시에 행정협의조정위원회 결정 통보**	
	2012. 3. 6.	**법무부, 안양시에 안양교도소 재건축 관련 건축협의 4차 신청**: 유관기관 협의완료사항으로 조속협의 요청	
	2012. 3. 6.	**안양교정시설 건축에 따른 협조요청(법무부장관 ⇒ 국토부장관)**: 안양시 건축협의 불가에 대한 건축법 제78조의 감독권 행사 요청	
	2012. 3. 20.	**안양교도소이전공동추진위원회(회장 이종만) 기자회견**: 안양권 시민 염원 무시한 법무부의 건축허가 신청 철회 요구	
	2012. 3. 20.	**안양시, 시민 반발을 이유로 법무부의 안양교도소 재건축협의 신청 반려의사 밝힘**(조선일보 2012. 3. 21)	
	2012. 4. 5.	**안양교도소 이전 공동추진위원회(위원장 이종만)**: 안양시장에게 '안양교도소 재건축 허가 절대 불가' 건의문 전달(아주경제 2012. 4. 5 ; 기호일보 2012. 4. 6)	
	2012. 4. 23.	**심재철 국회의원 당선(안양동안을, 새누리당, 4선) 소감**: 지역현안 풀 수 있도록 합리적 조정자 역할 수행할 것	
	2012. 5. 16.	**안양교도소 이전 공동추진위 대표**, 법무부 방문해 안양교도소 이전 촉구	

Ⅲ. 갈등의 전개과정 및 구조

1. 안양교도소 재건축 사업의 개요

1) 안양교도소의 연혁

안양교도소는 재판이 완료되어 형량이 확정된 수형자와 형량이 확정되지 않은 피고인을 모두 수용 · 관리하는 시설로서, 법질서 확립을 통하여 사회의 안정을 도모하고 수용자의 성공적 사회복귀를 위하여 돕는 국가의 시설이다.

특히 안양교도소는 100여 년의 오랜 역사를 가지고 있으며 사회에 적응하지 못한 범법자들을 수용하여 교정교화와 건전한 사회복귀를 위하여, 사회에서 필요한 전문기술과 인성교육을 실시하여 사회에 정착할 수 있도록 수용자의 교정교화 기능을 수행하고 있다.

표 2 안양교도소 연혁

연 도	내 역
1912. 9. 3.	경성감옥으로 개청
1923. 5. 5.	경성형무소로 개칭
1946. 4. 7.	마포형무소로 개칭
1961. 12. 23.	마포교도소로 개칭
1963. 9. 3.	안양교도소로 개청

2) 안양교도소의 현황

안양교도소의 위치는 경기도 안양시 호계동 교정길 20(호계3동 458번지)에 입지해 있으며, 면적은 40만m^2(120,584평)의 부지에 연면적 3만 2,446m^2(9,815평)의 지상 2층 교도소와 1개동의 교정아파트로 구성되어 있다. 안양교도소의 토지용도는 자연녹지 195,845m^2(5만 9243평), 주거지역 41,983m^2(1만 2,700평), 개발제한구역 160,708m^2(4만 8,614평)으로 이루어져 있다. 또한 현 재소자 수는 1,700여 명이다.

그림 1 안양교도소 위치

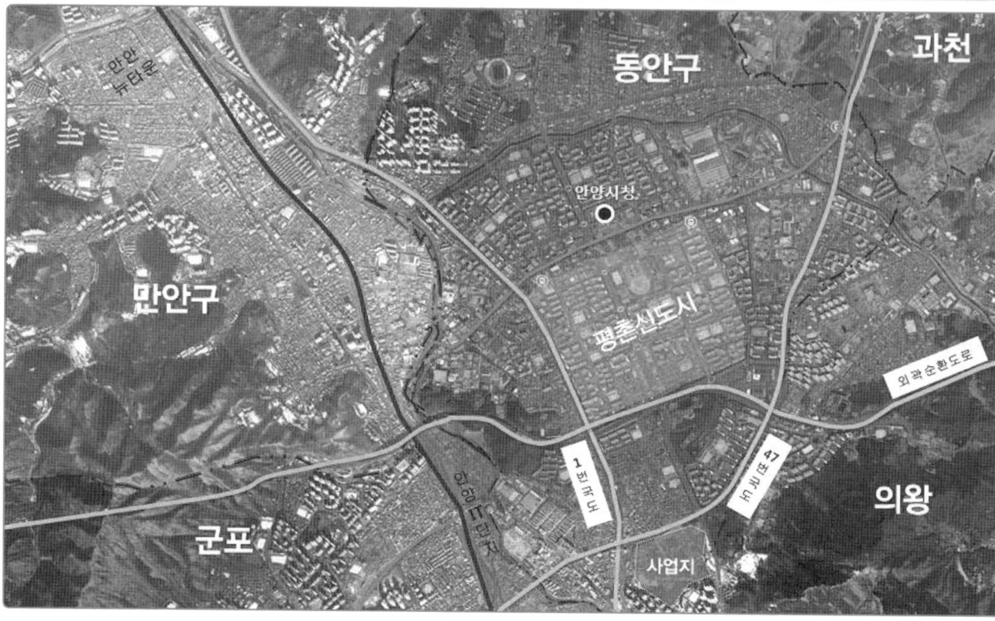

그림 2 안양교도소 주변 개발 현황

그림 3 안양교도소 항공사진

3) 안양교소도 주변 환경의 변화

정부는 부족한 주택문제를 해결하기 위하여 1988년 9월 '주택 200만 호 건설계획'을 발표하였고, 200만 호 중 90만 호를 수도권에 집중시켰다. 이 90만 호 중 50만 호를 산본과 평촌 등에 대규모 택지개발 사업을 통하여 공급하도록 계획하였다. 1989년 최종 확정된 수도권지역 택지개발사업계획에 따라 안양시 평촌동, 비산동, 호계동 일대에 평촌신도시가 건설되었다.

안양교도소가 현 위치에 입지한 시점의 안양은 조그마한 읍이었고 한적한 시골마을이었지만 평촌신도시가 들어서면서 인구 60만을 넘는 대도시로 성장하였다. 신도시가 건설됨에 따라 안양교도소가 위치한 교도소 인근에 대규모 고층아파트 단지와 상가가 입지하였고 1번 국도를 따라 상권이 형성되어 안양교도소는 도심지 한가운데 들어서 있는 형국이 되었다.

서울, 과천, 수원, 군포를 연결하는 교통의 요지인 호계동이 교도소 담장에 가로막혀 상권 형성이 되질 않고 있으며 교도소 담장을 따라 포일동을 가는 길에는 상점뿐만 아니라 민가 하나 없는 현실에 대해 호계동 주민들과 평촌신도시 주민들이 불만을 품게 되었다.

현재까지도 도시기능 및 공간의 확장에 따라 안양교도소 주변으로 아파트와 상업시설이 밀집되어져 가고 있는 실정이어서 안양교도소는 도시 속의 섬처럼 주변지역의 도시공간과는 유리되어 있다. 이러한 공간상의 단절과 고립, 유리로 인해 안양교도소가 주변 주민의 주거환경과 교육여건 및 경제 환경에 부정적인 영향을 야기하고 있으며 효율적인 공간이용과 도시균형 발전 저해, 도시미관 저해, 지역이미지 훼손 등의 원인이라고 논란이 되고 있다.

또한 안양교도소는 1963년에 건축한 후 50년이 경과된 시설로 매우 낙후되어 법무부는 오래전부터 이전 또는 재건축을 추진해 왔다. 그러나 이전부지 선정의 어려움과 재건축 추진에 따른 안양시 주민들과의 갈등을 겪고 있다. 2012년 1월 국무총리실 행정협의조정위원회가 재건축 결정을 내렸지만 이러한 결정에도 논란은 가라앉지 않고 여전히 지역 주민들은 안양교도소의 이전을 요구하며 서명운동과 함께 집회를 개최하였다.

즉, 안양교도소 이전 · 재건축과 관련된 일련의 논란은 대표적인 비선호시설로 인식되고 있는 교도소의 입지에 따른 갈등양상으로 전개되어 왔다. 안양교도소 이전 · 재건축과 관련된 핵심이해관계자인 법무부, 안양시장, 안양시 지역 정치인, 이전추진 관련 주민단체 등이 자신의 입장과 주장을 고수하고 있어서 중앙정부와 지방정부 간, 중앙정부와 주민 간 갈등으로 증폭되고 있다.

4) 안양교도소 재건축 사업의 개요

법무부는 2001년까지 안양시권 내외로 안양교소도의 이전을 추진하였으나 해당지역 주민의 반발에 부딪쳐 이전을 중단하고 안양시에 안양교도소 이전 불가를 통보하였

그림 4 안양교도소 재건축 조감도

다. 이후 법무부는 2003년부터 현 위치에서의 재건축을 위한 예산편성을 지속적으로 추진하여 왔다. 2008년 법무부는 총사업비 1,295억 원을 책정하였고 지상 3층, 건물연면적 66,075m²(19,998평), 수용정원 1,300명 규모의 시설로 재건축을 계획하였다. 이후 2008년부터 안양시와 협의하여 2010년 5월 '안양교도소 재건축 기본설계안'을 확정하였고 2011년에는 실시설계 계획을 완료하였다. 계획에 따르면 2012년 재건축을 착공하여 2015년 준공을 목표로 하고 있다. 그러나 아직까지 안양시와 건축협의가 이루어지지 않아 착공을 하고 있지 못한 실정이다.

2. 갈등의 전개과정과 구조

1) 갈등생성기

평촌신도시의 입지와 함께 호계동 일대와 군포시 및 의왕시 등으로 도시권역이 점차 확대됨에 따라 대표적인 비선호시설인 안양교도소는 주변 지역주민들에게 민원의 대상이 되었고 안양교도소를 둘러싼 지역주민들의 갈등은 점차 깊어갔다.

안양교도소의 노후한 건물에 대한 유지와 보수에 비용이 과다하게 소요되는 이유 등을 들어 안양교도소 이전에 대한 논의가 촉발되기도 하였으나 아직까지는 갈등이 표면화 되지는 않고 있는 단계에 있었다.

법무부가 1995년에 안양교도소 부지 내에 구치소 신축을 추진하다가 주민들에 의해 무산되는 사건이 발생하였다. 안양시 호계동 주민들을 포함하여 평촌신도시 주민들은 반대 서명운동을 전개하였고, 의왕시에서는 시민공청회를 열어 강력한 반대를 하는 등 결국 안양구치소 신축계획은 무산되었다.

이 사건을 계기로 1997년 10월 22일 제122회 경기도의회 임시회 제2차 본회의에서 안양시 호계동을 지역구로 하는 통상경제위원회 소속 정인봉 의원이 발의한 「안양교도소이전촉구건의안」을 심의, 만장일치로 채택하여 중앙정부 등 관계기관에 적극 건의키로 하는 등 사건이 점차 공론화되었다.

본격적으로 안양교도소 이전 문제가 수면위로 부상한 것은 1999년 3월 30일 치러진 안양시장 재 · 보궐 선거기간 동안이다. 당시 안양시장 후보로 출마한 국민회의, 자민련, 한나라당 등의 각 후보들은 재 · 보궐 선거지역인 안양에서 승리하고자 총력전을 펼치며 공약을 발표하였는데, 그 중 안양교도소의 이전도 주요 공약의 하나로 선정되었다.

이는 주무부처인 대법원이나 법무부, 건설교통부 등과 사전협의 없이 제시된 것이라는 지적을 받았음에도 불구하고 지역주민들에게 문제의식을 일으켰고, 안양시 국회의원 등과 함께 안양교도소 이전을 해결하겠다는 중앙당의 지원을 받은 한나라당의 신중대 후보가 안양시장으로 당선되었다.

1999년 11월 법무부는 노후화된 안양교도소를 이전하기 위해 수원지방법원과 서울지방법원에서 1시간 거리에 위치해 있는 안양시 만안구 석수동 소재 석산부지를 희망하여 현 부지와 석산부지의 맞교환이 허용되지 않을 경우 현 위치에 신축하겠다는 입장을 표명하였다.

경기도 소유의 석산부지는 1979년부터 1993년까지 15년간 돌을 캐내어 9만 7,000여 평의 나대지가 만들어졌지만 그동안 방치되어 있었다. 이 부지에 경기도는 초등교원을 양성할 가칭 "경기교육대학"의 신설을 추진해 왔다. 한편 안양시는 이 부지에 벤처단지와 종합경기장 건설을 위해 경기도에 부지매각을 요청하였다가 거절당하자 경기도의 교육대학 건립에 찬성하는 입장으로 돌아섰다.

이렇게 법무부가 안양시 동안구에 위치하고 있는 안양교도소를 만안구 석수동으로 이전을 추진하자 만안구를 지역구로 하는 도의원과 시의원, 지역주민, 특히 석산 개발로 20년 넘게 분진과 소음으로 고통 받아 온 석산 주변 지역주민들은 교소도 이전에 강력히 반대하였다. 특히 이 과정에서 안양지역 도의원과 시의원들은 선거구에 따른 입장차이가 나누어짐에 따라 갈등이 빚어져 갈등이 본격화(표면화)되었다.

2000년 4.13국회의원 총선에서 안양지역의 현안으로 안양교도소 이전은 크게 부각되지는 않았다. 그러나 2000년 9월 법무부는 자체적으로 교도소를 신축 또는 이전하기 어렵다는 판단을 내리고 안양교도소 이전을 민간사업자 공모방식으로 추진하겠다고 발표하였다. 즉 현 위치에서 반경 20km 내외 또는 경기도 일원으로 이전부지를 확보하여 기부하는 민간업체의 공모를 통해 선정하겠다는 계획을 밝혔다.

2000년 11월 법무부는 안양교도소 이전의 민간공모 방식을 추진하기 위해 안양시에 자연녹지인 교도소 부지를 주거지역으로 용도변경해 줄 것을 요청하였다. 이는 현 부지가 아파트 건설 등에 있어 최적지로 꼽히기 때문으로 민간사업자의 참여를 유도하기 위한 조치였다.

2000년 12월 법무부가 경기도 서남부지역으로 안양교도소 이전을 추진하면서 경기도 시흥, 안산, 군포, 의왕, 광명, 화성 등이 이전대상부지로 소문이 나자 지역주민들이 집단반발하였고 해당 지역 정치권도 이전반대 결의안을 채택하는 등 갈등이 확대되었다.

특히 법무부가 사업자와 부지를 선정하는 과정에서 시흥시 조남동 일대 그린벨트 7만여 평을 가계약한 것이 알려지자 시흥시 의회는 법무부를 항의방문하고 주민들의 반대성명서를 내는 등 집단반발이 거세어졌다. 그리고 안산시 의회와 군포시의회 역시 반대결의안을 채택하는 등 해당 시군들의 반발이 계속되었다.

그러나 2000년 12월 12일 법무부는 교정시설 기부자 공모신청에 응모한 업체가 추천한 경기도 내 6개 시 · 군 9개 지역을 대상으로 이전을 검토하였으나 해당 지역 주민과 정치권의 반발이 강력하여 이전이 불가능할 것으로 판단하고 안양교도소 이전추진을 백지화하였다.

법무부는 이후에도 안양교도소, 영등포구치소와 교도소 등의 합동이전 추진을 교정시설기부자공모방식으로 추진하였다가 적정 부지를 찾지 못하자 2001년 7월 25일 안양시에 안양교도소 이전 불가방침을 통보하였다.

이후 법무부는 안양교도소를 경기지역으로 이전하려던 계획을 백지화하여 갈등이 내재화되었다.

2) 갈등잠복기

안양지역에서 안양교도소 이전계획이 백지화되고 3년이 지난 2003년 10월 호계동 지역 및 교육발전을 위한 안양시 관계부처와 주민 간의 간담회가 개최되면서 이전논의가 다시 촉발되었다. 이 간담회에서 호계동 지역의 인구가 급격하게 증가하자 학교부지 및 공원 등 기반시설의 확보방안으로 안양교도소 이전이 언급되었다. 또한 간담회에서 지역주민과 경기도민이 함께 참여하는 대책위원회를 설립하고 균형 있는 이전계획을 수립해야 한다는 의견을 모았다. 지역 정치권과 주민들은 교도소 이전부지의 일부를 주거지와 상업용지, 공원 등으로 조성하길 희망하였다.

2003년 5월 안양교도소의 현 위치 재건축을 위한 계획수립을 위해 2004년 예산에 기본조사설계비 1억 원을 요구하였다. 그러나 법무부는 지역사회의 이전요구 및 부지활용 등에 대한 입장에 구체적인 대응을 하지 않았다. 안양교도소 건물은 1999년 정밀안전진단결과 재난위험시설 D등급 판정을 받은 매우 노후한 건물이어서 재건축이나 이전을 추진해야 하지만 주민들의 반발과 부족한 예산 등으로 상황이 난관에 봉착하였다. 이에 부족한 예산 제약을 극복하기 위해 민간기부 공모방식으로 이전을 추진했지만 해당지역주민의 반발, 행정절차이행이나 용도변경 등 과도한 시간 소요 등으로 이전을 포기하였다.

이후 2006년 10월 안양시의회 의장 및 의원 26명이 안양교도소를 방문하여 시설 노후 정도를 파악하였고, 하연호 안양시 의원은 신문에 안양교도소 재건축을 위한 위원회 구성을 제안하기도 하였다. 이후 2007년 12월 안양시장에 당선된 이필운 시장은 법무부가 추진하려는 안양교도소 부지의 토지이용계획과 건축물 계획에 대해서 안양시와 사전에 충분한 협의 및 주민설명회 등을 개최하여 시민들의 공감대를 형성하여 추진해 줄 것을 요청하였다. 이후 이필운 시장은 2008년 2월 안양교도소를 방문하는 자리에서 안양교도소 재건축 관련 토지이용계획서와 조감도 등 관련 서류를 구비하여 안양시에 요청하면 시민공청회 및 재건축을 위한 여론수렴에 적극 협조하겠다는 의사를 밝혔다. 또한 2008년 4월 총선 당선으로 3선에 오른 심재철 의원은 교도소 이전이 현실적으로 불가능하면 안양교도소 리모델링 등 다양한 방안을 법무부에 요구하겠다고 밝혔다.

이후 법무부는 2008년 6월 총사업비 1,295억 원으로 지상 3층의 연면적 6만 6,000m² 규모로 2015년까지 재건축을 완료하겠다고 결정하였다. 2008년 9월 안양교도소장은 안양교도소 재건축 관련 설명회 개최 일정에 관한 협의를 안양시에 제안하였다. 법무부는 2009년 9월 안양교도소 재건축 계획안을 마련하기 위한 예비조사를 추진하면서 안양시에 설명회를 개최하려 했으나 안양시 측에서 취소하였다. 2010년 5월 법무부는 안양교도소 재건축 기본 설계안을 확정하기 위해 안양시 도시국장과 협의하면서 주민을 위한 주차공간 확보와 주민이용시설(공원, 산책로, 운동시설 등) 등을 확대하였다.

3) 갈등상승기

2010년 6월 치뤄진 안양시장 보궐선거에서 민주당 후보인 최대호 시장이 당선되었다. 2010년 7월 20일 안양시 호계동이 지역구인 심재철 의원(한나라당)은 법무부가 마련한 안양교도소 재건축 계획안에 대한 공청회를 개최하였다. 이 공청회에는 호계동 지역주민 125명이 참석하여 2011년 7월 재건축 착공계획과 부지활용방안을 청취하였다. 이 공청회에서는 법무부의 재건축 안에 대한 반대의사는 나타나지 않았다. 이러한 분위기에 대해 법무부는 주민측이 재건축 안에 대해 수용하는 것으로 인식하게 되었다.

또한 법무부는 2010년 7월 26일 안양시청 회의실에서 안양시장과 부시장, 구청장 및 시의원 등이 참석한 안양교도소 재건축설명회를 개최하였다. 이후 2010년 12월 27일 법무부 측은 안양시장에게 구조안전상 문제가 있는 안양교도소 재건축을 더 이상 미룰 수 없어 계획대로 추진하겠다는 의사를 전달하였다. 그리고 2010년 12월 28일 법무부 장관은 건축물 신축 인허가권자인 안양시장에게 안양교도소 재건축 관련 건축협의를 신청(제1차 신청)하였으나, 2011년 2월 안양시장은 안양교도소는 안양지역 발전을 위한 공익적 목적에 부합하지 않아 타 지역으로의 이전이 필요하므로 건축협의 불가를 통보하였다.

이후 2011년 2월 28일 안양시는 안양교도소 문제에 대한 "안양교정시설 이전 및 이전적기 개발 타당성 용역"을 발주하여 자체 대안을 모색하였다. 2011년 3월 8일 2차 재건축협의 신청이 4월 22일 반려되었다. 2011년 5월 25일 3차 재건축협의 신청도 8월 3일에 반려되었다.

안양시는 교도소의 도시 중심지역인 지리적 위치, 지역주민 반발, 안양시-군포시-의왕시의 통합이 성사될 경우 도시 발전 저해 등을 이유로 이전해야 한다는 입장을 보이고 있는데 이에 반해 법무부는 "건축물 안전 등의 문제로 재건축이 시급하다"는 입장이다.

하지만 선거공약이 교도소 이전이었던 최대호 안양시장은 "교도소가 준공 당시는 시 외곽에 있었지만 지금은 아파트 숲에 둘러싸여 있고 향후 안양 · 군포 · 의왕 등 안양권이 통합될 경우 도심 한가운데에 위치하게 된다"며 도시 발전을 위해 반드시 이전해야 한다고 분명한 입장을 밝혔다.

반면 법무부는 10여 년 전부터 논의를 시작해 전임 시장 때 협의한 사항을 이제 와서 안양시가 뒤집고 있으며 이미 44억 원을 들여 실시설계까지 완료한 상태이기 때문에 재건축을 늦출 수 없다는 입장으로 양측의 갈등만 깊어졌다.

4) 갈등증폭(확대)기

2011년 7월 15일 법무부는 안양시가 세 차례나 건축협의를 거부하자 안양교도소 재건축을 위한 행정협의조정위원회에 협의조정을 신청하였다. 2011년 8월 10일 국무총리실은 행정협의조정위원회 실무회의를 개최하였고 8월 17일에는 총리실 관계자가 행정협의조정과 관련하여 안양시 관계자를 면담하였다. 안양시측은 이 자리에서도 8월 11일 법무부 기획실장과의 면담에서 밝혔듯이 안양시가 발주한 용역결과를 통해 이전후보지 2개를 선정하여 법무부와 협의할 예정이라고 천명하였다.

이후 안양시는 자체 용역결과를 토대로 2개소의 이전후보지를 선정하여 법무부에 통보하였고, 이에 2011년 10월 7일 법무부는 안양시가 제안한 안양시 만안구 박달2동산100번지 일원과 화성시 매송면 송라리 산62-4번지 일원을 현장 답사하였다. 법무부는 2개 후보지가 모두 부적합하다는 판단에 따라 2011년 11월 14일 국무총리실은 객관적인 결정을 위해 국토연구원에 입지분석 용역을 발주하였다. 2011년 12월 15일에 나온 용역결과는 이전보다는 현 위치에 재건축하는 것이 바람직할 것으로 판단하였다.[1)]

한편 2011년 12월 21일 법무부는 안양시가 제안한 박달2동 산100번지가 KTX광명역 역세권과 인접함에 따라 광명시에 안양교도소 이전에 대한 의사를 조회하였다. 이에 대해 12월 27일 광명시장, 시의회, 주민단체 등은 이전계획의 철회를 강력 요구하고 반대운동을 전개할 것이라고 천명하였다.

안양시가 안양교도소 이전 후보지의 하나로 안양시 만안구 박달동 일원을 제안했다는 사실이 알려지자 2011년 9월 7일 안양시 의회에서는 박달동을 지역구로 하는 시의원들 중심으로 안양교도소 관내 이전은 허용될 수 없다고 주장하였다. 특히 안양시의 주요한 비선호시설이 만안구 박달동에 입지하고 있는데 교도소까지 이전한다는 것은 있을 수 없다고 적극 반대의사를 표명하였다. 안양시가 안양교도소의 관내 이전을 추진한다는 논란에 대해 안양시 관외 이전을 공약한 최대호 시장도 2011년 10월 10일 안양시 의회 회의에서 "1차로 관외 이전을 생각한다"고 밝혔다(오마이뉴스 2011. 10. 10.).

2012년 1월 13일 국무총리실은 행정협의조정위원회 실무회의를 개최하여 안양교도소의 현 부지 재건축을 결정하고 본회의에 상정하였다. 이후 1월 30일 행정협의조정위원회 본회의를 개최하여 안양시의 안양교도소 재건축 협의불가 처분 취소 결정을 내리고 법무부에게 추가적인 인센티브를 안양시에 제공할 것을 권고하였다.[2)]

안양시측 주민들은 국무총리실과 법무부의 재건축 입장에 대하여 「안양교도소 안양권 밖 이전촉구 공동대책위원회」(이하 공대위)를 중심으로 반대활동을 전개하였다. 2012년 1월 19일 안양교도소 정문에서 이전촉구 결의대회 및 가두행진을 실시하였고 1월 20일에는 이전 건의문과 20만 명의 서명부를 국무총리실에 접수하였다.

총리실의 결정 직후 1월 31일 안양시와 공대위는 "국무총리실의 안양교도소 재건축 조정 결정은 안양시와 안양권 시민의 의사가 반영되지 않은 중앙정부의 일방적 결정이므로 수용할 수 없다"라고 공동성명서를 발표하였다(경기일보 2012. 2. 1.). 또한 최대호

1) 국무총리실의 의뢰를 받아 안양교도소 이전부지안과 재건축 안을 비교평가한 국토연구원은 사업의 시급성, 소요기간, 지역민원 등을 감안하여 재건축이 현실적이라고 결론지었다(행정협의조정위원회, 2011. 12.).

2) 행정협의조정위원회는 상대적 불이익을 받는 교도소 주변 주민들을 위한 추가 지원방안이 있어야 한다는 판단 하에 법무부가 조성하여 제공키로 한 주민체육시설 이외에 주민과 협의하여 추가로 다목적 실내체육관, 주차장 등 주민편의시설 등을 적극 제공할 것을 권고하고 법무부도 협조하기로 했다고 밝혔다.

안양시장도 국무총리실의 결정에도 불구하고 안양교도소의 현 위치 재건축은 불허하겠다는 의지를 언론인터뷰를 통해 밝혔다(한겨레 2012. 2. 1). 또한 19대 국회의원에 출마한 민주통합당 안양지역 예비후보자들도 기자회견을 열어 행정협의조정위원회의 결정을 규탄한다는 성명서를 발표하였다.

안양시와 안양시민에게 총리실의 행정협의조정위원회의 결정은 법무부 편을 들어준다는 인식을 초래했고 안양권 시민들은 강한 반대의사를 천명하게 되어 결국 국회의원 총선거 국면과 맞물려 안양교도소이전에 대한 논란은 더욱 증폭하게 되었다.

한편 2012년 2월 8일 새누리당 소속의 심재철 국회의원과 안양시 의원 일부는 안양교소도 이전 대안 부지의 하나로 제안된 화성시 매송면 송라리 일원을 현지 답사하면서 화성시로의 이전을 촉구하는 언론보도를 발표하였다. 이는 다분히 심재철 의원측의 정치적 계산에 의해서 촉발된 것이지만 이런 보도는 의도하지 않게 화성시와 시의회 및 지역주민에게 강한 반발을 유발하게 되었다.

2012년 2월 28일 국무총리실은 행정협의조정위원회의 결정을 안양시에 공식적으로 통보하고 법무부의 신청에 대한 재건축협의를 추진할 것을 권고하였다. 이에 법무부는 안양시에 2012년 3월 6일 국무총리실 등과의 협의가 완료된 사항으로 안양교도소 재건축 관련 건축협의를 신청하였다(4차). 법무부의 4차 건축협의 신청에 대해 안양교도소 이전공동추진위원회는 2012년 3월 20일 기자회견을 열어 건축협의 신청을 철회할 것을 요구하였고 2012년 4월 5일에 안양시장에게 재건축 허가 절대 불가 건의문을 전달하였다.

3. 갈등의 성격

1) 입지갈등적 측면

법무부와 안양시측 간의 안양교도소 이전과 재건축을 둘러싼 갈등은 근본적으로 입지갈등에 해당한다. 그러나 시설의 신설에 따른 입지갈등이 아니라 기존의 시설이 주변지역 토지이용 환경의 변화에 따라 시설기능 및 토지이용 부조화 등으로 입지에 따른 갈등이 유발된 것이다. 이러한 토지이용 및 시설 기능에 대한 공간 부조화는 지역의 성장과 발전에 걸림돌로 작용한다고 지역주민은 인식하게 된다.

또한 교도소라는 시설이 국가중요시설 또는 필수시설임에도 불구하고 지역주민에게는 혐오시설 또는 비선호시설로써 해당 시설이 지역에게 부정적 이미지를 야기하는 원인으로 작용하고 있다고 인식하게 된다.

한편 이명박 정부는 지방행정개혁의 하나로 행정구역통합을 추진하고 있는데 안양시권도 오래전부터 논의가 있어왔던 안양시-군포시-의왕시 통합을 추진하여 왔다. 그런데 공교롭게도 세 시의 행정구역의 접점지역에 안양교도소가 위치해 있어서 세 시의 행정구역 통합에 걸림돌로 작용하고 있다는 주장도 제기되었다. 특히 일부 인사는 세 시가 통합한 후에 세 시의 중심지인 안양교도소를 이전시키고 통합시청사를 입지시키자는 주장도 하고 있다.

결국 안양교도소 갈등은 교도소라는 기존시설의 입지가 도시의 외연확산에 따라 공간상 기능과 이미지가 부조화 현상을 야기하게 되었다. 또한 안양권역의 지역 정치현안인 안양권 행정구역통합과 맞물려 입지갈등으로 증폭되게 되었다.

2) 권한갈등적 측면

안양교도소 이전 및 재건축과 관련하여 법무부와 안양시 간의 갈등은 재건축을 추진하려는 법무부가 재건축을 위한 건축협의를 안양시에 신청하는 데서 발생되고 있다. 통상적으로 건축물의 건축 및 수선에 대한 허가권은 지방자치단체장이 갖고 있다.

건축법 제29조에 따르면, 국가 또는 지방자차단체가 건축물을 건축하거나 대수선하는 경우에 해당하는 건축물이 공익적 목적을 갖고 있으며, 건축 주체가 국가 또는 지방자치단체인 경우에 허가 등을 받는 대신에 협의만으로 가능하도록 하고 있다. 이 협의만으로 건축허가나 신고를 한 것으로 의제하고 있다.

따라서 법무부는 안양교도소를 재건축하기 위해서는 허가권자인 안양시장과 협의를 진행하여야 하지만 안양시장은 지속적으로 협의를 거부하고 있어 법무부는 재건축을 시행하기 위한 법률적 요건을 충족시키지 못하고 있어 노후화되어 안전상에 문제가 있는 건물에 대한 사업을 추진하지 못하고 있는 상황에 직면하고 있는 실정이다.

3) 갈등주체적 측면

안양교도소 이전 및 재건축 관련 갈등과 관련된 이해당사자들은 우선 법무부와 안양시를 직접적 이해당사자로 분류할 수 있다. 특히 법무부와 안양시는 건축협의권 행사 여부를 둘러싸고 갈등을 하고 있다. 이러한 갈등은 중앙정부와 지방정부 간 갈등으로 분류할 수 있다. 그러나 안양교도소 이전과 관련하여 법무부는 국무총리실 행정협의조정위원회에 조정을 신청하면서 국무총리실도 간접적 이해관계자로 분류할 수 있을 것이다.

안양시측에서는 안양시의회 의원, 도의원, 국회의원이 정치적 이해를 갖고 있는 직접적 이해관계자에 해당한다. 또한 안양교도소이전추진 공동추진위원회 등 지역시민단체도 직접적 이해당사자 지위를 부여받을 수 있을 것이다.

안양교도소 이전부지를 모색하는 과정에서 강력한 반대의사를 표출한 인근 지방자치단체가 있는데 바로 광명시와 화성시이다. 이 두 지방자치단체는 안양교도소의 이전대안 부지 후보로 타의에 의해 언급되면서 갈등당사자가 되었다. 이들은 간접적 이해관계자로 분류할 수 있을 것이다.

그러나 안양교도소 이전 및 재건축을 둘러싸고 벌어지고 있는 갈등의 핵심적 당사자는 법무부와 안양시라고 할 수 있다. 단 갈등당사자로서 안양시는 안양시장, 지역정치인 및 이전추진 시민단체 등 매우 포괄적으로 정의내릴 수 있다. 따라서 안양교도소 이전 및 재건축 관련한 갈등은 중앙정부와 포괄적인 의미의 지방자치단체 간 갈등이라고 할 수 있다.

4. 갈등의 핵심 쟁점

안양교도소 관련된 갈등의 핵심쟁점은 교도소의 재건축과 이전에 대한 법무부와 안양시측 간의 이해대립이다. 법무부는 1999년부터 2001년까지 이전을 추진해왔지만 적정한 이전부지를 찾지 못해 2001년부터는 현 부지에 재건축을 결정하였다. 안양교도소는 건축한지 50여 년이 경과되어 시설물의 60%(50동)가 조속한 보강이 필요한 건물안전등급상 C등급 건축물로 강당 등은 붕괴의 위험성이 높은 상태이다. 또한 교도소 건물의 노후로 인해 지붕누수, 건물균열, 소방시설 미비, 각종 배관부식 등 교도소 운영에 상당한 어려움이 있어 수용자 및 교정직원들의 인권 침해까지 대두되고 있어 재건축 시급성이 높다고 법무부는 판단하고 있다.

그러나 안양시와 주민측은 1989년 이후 평촌신도시 등 안양교도소 주변지역이 급격히 시가화 되어 안양교도소의 기능이 주변과 어울리지 않으며, 지속적으로 도시의 팽창으로 가용부지가 부족하여 학교 및 공원 등의 용지가 필요한데 교도소부지가 이러한 개발수요를 방해하고 있다고 주장하고 있다. 또한 안양교도소가 1번 국도와 47번 국도를 연접하고 있는 교통의 요지에 입지하고 있어서 지역상권의 활성화를 저해하고 있다.

더욱이 지난 50년간 안양교도소로 인해 지역의 이미지가 부정적으로 고착되어 있어 더 이상 이러한 부정적 이미지를 수용할 수 없다. 이러한 부정적 이미지는 최근 활발히 논의되고 있는 안양시-군포시-의왕시 간 통합에도 걸림돌로 작용하고 있다. 특히 이전추진위측은 안양교도소는 건립당시 도시의 외곽에 있지만 현재는 3개 시의 생활권 및 경제권의 중심에 있고, 교도소가 재건축될 경우 도시가 단절되고 지역균형발전이 저해될 것이라고 주장하고 있다(머니투데이 2012. 5. 16.). 또한 지역정치인들도 통합의 상징이 되는 이 요지에 비선호시설인 교도소를 더 이상 입지시켜서는 통합의 상징성을 이룰 수 없으며 더 나아가 지역성장에 장애가 될 것으로 주장하고 있다.

5. 주요 갈등당사자들의 입장

안양교도소 관련 핵심이해당사자는 법무부와 안양시측이다. 법무부는 안양교도소의 재건축을 주장하고 있다. 법무부는 2006년 안양시가 제안하여 안양교도소 재건축 관련 계획을 수립하였으며, 이필운 전임시장과 협의가 완료되었고 2010년 개최한 주민공청회에서도 지역주민들은 재건축 계획에 반대하지 않았다고 주장하고 있다. 이전 시장 때 재건축계획이 협의되고 주민들의 동의를 구한 사업을 시장이 바뀌었다고 건축협의를 해주지 않는 것은 타당하지 않다며 행정소송도 불사하겠다는 입장을 보이고 있다.

법무부는 시급한 안양교도소 재건축을 안양시가 계속하여 건축협의를 거부하자 총리실 소속 행정협의조정위원회에 조정을 신청하였다. 이에 행정협의조정위원회는 안양교도소의 재건축이 시급함을 인정하여 법무부측의 주장과 입장에 타당성을 받아들이는 재건축 결정을 도출하였다. 또한 행정협의조정위원회는 안양시 주민을 위한 편익시설 공간을 더 많이 제공할 것을 법무부에 권고하였다. 그러나 안양시는 행정협의조정위원회의 결정을 거부하였다.

안양교도소의 재건축을 반대하는 핵심이해관계자는 최대호 안양시장과 지역정치인 그리고 시민단체 등이다. 안양교도소 이전을 공약한 최대호 시장은 취임이후 안양교도소 이전과 관련하여 명확한 입장을 밝히지 않고 있다가 안양교도소 이전부지 선정을 위한 연구용역을 발주하였다. 이 용역을 통하여 이전 제1후보지로 안양관내 지역을, 제2후보지로 안양관외 지역을 선정하였다. 이 두 후보지를 법무부와 행정협의조정위원회에 알려 부지의 적합성을 판단하게 하였으나 정작 용역의 결과를 지역 정치인들에게는 공개하지 않아 비난의 대상이 되었다. 특히 제1후보지를 안양관내로 선정하자 후보지역의 시의원들 중심으로 교도소의 안양관외 지역이라는 지역주민의 열망을 무시하는 것이며 자신의 공약을 뒤엎는 것이라고 강력하게 비난하였다.

2012년 4.11총선을 거치면서 안양지역 정치인들은 안양교도소 이전을 주요한 공약으로 삼았다. 국회의원 예비후보자 및 후보자들은, 안양교도소 이전은 안양지역 주민의 열망이므로 법무부는 이전을 추진하라고 주장하였다. 특히 이전 제1후보지로 선정된 안양시 만안구 지역의 시의원 및 도의원, 국회의원 예비후보자들은 최대호 시장을 비난하면서 교도소의 관외이전을 강력하게 촉구하였다.

안양교도소가 위치한 안양시 동안구 지역의 심재철 의원도 18대 국회에서 법무부와 함께 재건축을 추진하여 왔다. 그러나 4.11총선 기간을 거치면서 지역 정치권의 교도소 이전 주장이 강해짐에 따라 교소도 재건축 입장을 포기하고 이전으로 입장을 바꾸었다. 심재철 의원[3]은 이전 제2후보지로 선정된 화성시 지역의 현장을 직접 답사하고 교도소 이전을 촉구하는 입장을 발표하였다.

안양교소도이전공동추진위원회(이하 공추위)는 안양교도소의 안양관외로의 이전을 주장하고 있다. 공추위는 안양교도소 이전은 안양시 주민의 열망이며 지역경제와 지역이미지에 걸림돌이 되고 있어 반드시 관외로 이전되어야 한다고 주장하고 있다. 특히 안양교도소는 현재 논의가 활발히 진행 중인 안양시-군포시-의왕시의 통합에 걸림돌이라고 주장하고 있다. 공추위는 법무부가 안양교도소 재건축에 대한 주민동의를 받았다는 주장에 대해 호계동 지역주민 일부만을 대상으로 한 주민동의가 아니라 안양시 전 주민을 대상으로 동의를 받아야 한다고 주장하고 있다.

Ⅳ. 갈등의 해결과정: 세 가지 시나리오와 평가

안양교도소 관련 갈등은 현재 진행 중이다. 따라서 본 연구에서 갈등의 해결과정을 논하는 것은 부적절하다. 그러나 전형적인 님비갈등의 한 형태를 갖고 있는 안양교도소 관련 갈등은 세 가지의 해결과정 시나리오를 상정할 수 있다. 가장 먼저 '잠복시나리오'로 갈등상황이 극렬한 대치 및 대결국면을 지나서 '잠복'할 수 있다. 핵심 주체간의 대립을 지속하기 어려운 경우, 또한 전략적으로 대립을 회피하기 위해서 이슈를 더 이상 제기하지 않고 상대방을 자극하지 않으려 할 때 상황은 잠복될 수 있다.

3) 심재철 의원은 19대 총선에서 당선되어 4선 의원이 되었으며, 최근 새누리당의 최고위원으로 선출되었다.

둘째, '파국시나리오'를 상정할 수 있는데 양자 간의 대립이 극한 상황에 돌입하고 일방의 물리력 행사를 통해 자신의 입장과 이해를 관철시키게 되면 양자 간의 관계는 단절되고 파국 상황에 돌입하게 된다. 특히 자신이 현재 갖고 있는 힘과 자원을 통해 자신의 이해를 관철할 수 있다고 판단하는 경우로써 향후 상대방과의 관계 손상 및 단절 등의 비용을 감수해야 한다.

마지막으로 '대화시나리오'로 갈등주체들이 대화와 협상을 통해 서로가 갖고 있는 이해를 인정하면서 상호가 만족할만한 수준의 해결책을 모색하고 합의하게 되는 상황이다. 이는 갈등의 잠복이나 파국은 결국 자신들에게 비용으로 발생하게 되어 부정적인 결과를 초래될 것을 인식하고 이러한 비용의 회피를 위해서라도 상대방과 대화와 협상을 통해 갈등을 해소하려는 상황이다.[4]

1. 잠복시나리오

많은 공공갈등은 단기간에 걸쳐 소멸되거나 해결되지 않는다. 일반적으로 공공갈등은 다양한 이해관계 당사자들의 대립으로 장기간에 걸쳐 전개되고 대화 또는 소송으로 전개되기도 한다. 그러나 많은 공공갈등은 지방선거, 국회의원 선거, 대통령선거, 재보궐 선거 기간 동안에 강도가 높아졌다가 이러한 정치 일정이 지나가면 약화되는 패턴을 보인다.

한편 공공갈등의 이해당사자들이 서명운동, 시위 및 집회 등 물리력 행사 및 면담 시도, 주민설명회, 공청회 등 대화추진 등의 상황을 타개하려는 노력을 기울이다가 자신들이 활용할 수 있는 수단들이 효과가 없고 더 이상 동원가능한 자원이 없게 되는 경우 갈등의 상황이 약화되는 모습도 보인다.

현재 안양교도소 이전/재건축 관련 갈등은 4.11 국회의원 총선 전후를 기점으로 갈등의 강도가 확연히 차이가 난다. 2010년 12월부터 법무부가 안양시에게 건축협의를 지속적으로 신청하고 행정협의조정위원회에 조정을 신청하는 등 재건축 추진을 위한 행정적 그리고 법적 노력을 추진하여 왔다.

그러나 법무부의 행정적 · 법적 절차 중심의 추진은 안양시와 안양시 주민측으로부터 강력한 반발을 야기하였고 재건축협의 거부 및 시민단체 등의 서명과 시위를 촉발

4) 그러나 갈등상황 전개상의 잠복, 파국, 대화 등은 상호배타적(mutually exclusive)이지 않으며, 파국 후 잠복 또는 대화로 전개될 수 있고, 잠복 상태에서 대화를 모색하기도 한다. 또한 대화를 추진하다가도 자신의 이익관철의 가능성 여하에 따라 파국 또는 잠복도 가능하다.

시켰다. 또한 이러한 주민들의 반발은 2012년 초반부터 19대 국회의원 총선거 국면을 거치면서 국회의원 후보자들의 정치적 주장과 결부되어 안양교도소 이전 문제가 정치 이슈화되면서 갈등의 수위는 매우 높아졌다.

이러한 갈등의 고조화는 4.11총선 이후 소강상태에 접어들었으며 법무부와 안양시 측 간의 표출화된 대립은 보이고 있지 않다. 즉 법무부의 행정적 · 법적 절차의 추진이 안양시측으로부터 강한 반발을 야기함에 따라 새로운 문제해결 수단 및 국면이 필요한데 행정협의조정위원회의 권고까지 거부한 안양시측에 실효적으로 교도소 재건축을 강제할 수단을 찾고 있지 못하다.

이러한 잠복상황은 당분간 지속될 것으로 보이며, 특히 2012년 하반기 이후에는 대선정국이 형성되면서 법무부가 현 정부 말기에 강력하게 사업을 추진하면서 갈등을 증폭시킬 정치적 실익이 매우 낮다고 판단된다. 결국 잠복시나리오는 4.11총선 국면을 지나면서 상승된 갈등은 하강되었고 대선국면이 다가오면서 지역적 이슈인 안양교도소 갈등이 전국화될 가능성은 매우 희박하며 2013년 이후 새롭게 구성될 행정부가 안정되기까지 안양교도소 관련 갈등은 잠복할 가능성이 높다는 것이다.

그러나 잠복시나리오는 궁극적인 갈등해결이 아니므로 언제든지 상황에 따라 변화될 수 있다. 안양교도소 건물의 노후도가 심각하여 법무부가 더 이상 재건축을 미룰 수 없다고 판단하는 경우 갈등은 전혀 새로운 국면으로 전개될 가능성이 매우 높다.

2. 파국시나리오

갈등상황이 파국으로 전개되는 상황은 대화의 단절을 넘어 관계의 손상과 단절을 의미한다. 갈등의 파국상황은 주로 일방 당사자가 자신의 이해를 물리적인 힘을 통해 달성하려는 과정에서 야기되며 이 과정을 통해 상대방의 존재와 이해는 무시되고 상대방과의 향후 관계는 손상과 단절을 초래하는 결과를 가져온다.

일반적으로 파국상황은 우월한 정치적, 행정적, 법적, 재정적 자원 등을 갖고 있으며 갈등상대방측으로부터의 저항 및 관계훼손에 대해 부담을 느끼지 않는 경우에 일방 갈등당사자가 선택하게 되는 경향이 있다.

안양교도소의 경우 법무부는 재건축 사업의 추진을 위해 자신들이 갖추어야할 법적 행정적 절차를 취해왔다. 2011년에는 법무부의 재건축 계획안을 심재철 당시 한나라당 의원의 주최로 지역주민들에게 설명회까지 개최했으며, 안양시장 등 시정부 관계자에게 설명회를 갖기도 하였다. 특히 주민설명회에서 법무부의 재건축계획에 주민들이 적극적으로 반대를 표명하지 않아 이를 주민동의로 인식하게 되었다. 또한 비록 재건축 협의는 아니지만 재건축 계획에 대한 안양시 정부 관계자들에게 설명을 함으로써 비공식적인 협의절차를 거친 것으로 인식하였다.

그러나 법무부는 최대호 시장이 취임하고 여러 차례 안양교도소 재건축 협의 신청이 반려되자 매우 불쾌하게 인식하게 되었고 국무총리실의 행정협의조정위원회를 통해 더욱 강한 행정적 절차로 안양시를 압박하게 되었다. 그러나 안양시가 공식적으로 행정협의조정위원회의 권고도 거부하자 법무부는 비공식적인 입장이지만 안양시를 상대로 행정소송을 추진하겠다는 입장을 여러 차례 표시하였다.

또한 법무부는 국토해양부장관에게 건축법 제78조에 따라 감독권을 행사해 줄 것을 요청하기도 하였다.[5] 즉 국토해양부 장관은 안양교도소 재건축 협의를 거부하고 있는 안양시장에게 안양교도소의 건축협의 불가통보 처분을 취소하고 법무부에서 적법한 절차에 따라 건축협의를 신청할 경우 신속히 건축협의를 해 줄 것을 명령하도록 요청하기까지 하였다.

법무부가 재건축협의도 거부하고 행정협의조정위원회의 권고까지 거부하고 있는 안양시에게 안양교도소 재건축의 이행을 강제할 수 있는 수단은 현실적으로 행정소송 이외에는 없다. 중앙정부가 국책사업으로 추진하는 사업을 기초자치단체가 행정처분이라는 미약한 수단으로 계속 거부하는 경우 중앙정부는 행정소송을 통해 사업을 강제할 수 있다.

물론 중앙정부의 국책사업은 공익의 실현이라는 측면에서 행정소송을 통해 승소의 가능성이 매우 높을 수 있다. 그러나 중앙정부의 부처가 기초자치단체에게 자신의 사업을 거부한다고 행정소송을 제기하는 경우는 매우 드물고, 소송제기 자체가 부처의 권위를 실추시키는 선택이 된다는 점에서 중앙부처에게도 부담이 된다. 또한 행정소송의 제기는 피고의 강력한 반발을 초래하고 승소를 통하여 사업추진의 법적 권리를 확인 받았다 하더라도 승소가 사업에 대한 피고측의 물리적 저항에 대한 원천봉쇄를 보장할 수 없다.

즉 법무부가 안양시를 상대로 행정소송을 통하여 안양교도소 재건축을 추진하는 경

---

5) 건축법 제78조(감독) ① 국토해양부장관은 시 · 도지사 또는 시장 · 군수 · 구청장이 한 명령이나 처분이 이 법이나 이 법에 따른 명령이나 처분 또는 조례에 위반되거나 부당하다고 인정하면 그 명령 또는 처분의 취소 · 변경, 그 밖에 필요한 조치를 명할 수 있다.

우 지역주민으로부터 강력한 반발을 초래할 것이고 설사 행정소송의 승리를 통해서 사업을 추진하는 경우에도 시민들이 사업방해를 하는 경우 또 다른 갈등이 초래될 것이 분명하다. 이렇게 법무부가 재건축사업을 소송 등 물리적 강제력을 통해 추진하는 경우 법무부는 자신의 권위가 실추되는 비용을 부담해야 한다. 또한 법무부가 안양재건축사업을 성공적으로 완료하는 경우에도 향후 안양시와 법무부의 관계는 단절되게 될 것이다.

3. 대화시나리오

갈등은 예방이 최선이며 갈등이 발생하였더라도 갈등이 더 악화되지 않도록 조기에 적극적으로 관리하는 것이 차선일 것이다. 그리고 가장 효과적인 갈등관리 방안으로서 제안되는 것이 바로 상대방과 상대방의 이해(interests)를 인정하고 대면접촉을 통해 대화를 하는 것이다. 이러한 대화를 통해 상호만족할 수 있는 해법을 모색하는 것이다.

안양교도소 관련 갈등의 당사자들은 자신의 이해를 충족시키기 위해서는 상대방이라는 존재를 인정하고 상대방의 요구나 주장이 무엇인지 듣고 이해할 수 있어야 현재의 대립과 갈등의 상황을 극복할 수 있음을 인식할 필요가 있다. 현재와 같이 자신만의 주장과 논리를 일방적으로만 반복하면 상황의 개선이 진전되지 않음을 인식할 필요가 있다. 현재와 같은 대치와 답보 상태를 타개하기 위해서는 결국 상대방과의 대화를 통해 서로 이해기반을 구축하고 공감대를 형성하여 공동의 이익을 추구하는 상생적 접근을 취하는 것이 가장 바람직하다.

갈등해결을 위해 가장 바람직한 것은 이러한 딜레마 상황을 갈등당사자들이 인식하고 스스로 문제를 해결하기 위해 당사자 간 대화를 통한 협상이다. 스스로 대화테이블을 만들고 스스로 의제를 설정하고 해결대안을 찾아 상호 신뢰기반 위에서 협상을 통해 양측이 모두 만족하는 해결책을 모색하는 것이 가장 바람직하다.

그러나 이런 당사자 간 협상은 양측 간의 권력, 정보, 자원 등이 불균형한 상황에서 효율적으로 이루어지기 어렵다. 특히 우리나라처럼 정부가 우월한 법적 및 행성석 권한, 그리고 협상역량을 갖고 있는 상태에서 주민들은 직접적이고 대등한 협상에 주저하게 된다. 또한 이미 부정적 감정의 골이 깊어지고 관계가 손상된 상태에서 당사자 간 대화의 기회나 가능성은 그다지 현실적이지 않다.

안양교도소 갈등관련 당사자들은 대화를 위한 기회를 모색하지 못하고 자신들이 갖고 있는 권한과 자원을 동원하여 자신들만의 주장을 일방적으로 반복하여 왔다. 법무부는 건축협의가 거부될 것임을 예상하면서도 계속 건축협의를 신청하였고, 안양시도 계속 거부하였다. 이러한 건축협의 신청과 거부의 반복은 상대방에게 감정적 손상을 야기하였고 대화의 가능성을 낮게 만들었다.

또한 법무부는 국무총리실 행정협의조정위원회에 조정을 신청함으로써 당사자 간 대화라는 노력을 먼저 기울이지 않고 우월한 법적 지위에 있는 국무총리실의 행정적 조정절차에 의존함으로써 당사자 간 직접 대화의 기회를 잃어버리는 결과를 가져왔다. 결국 행정협의조정위원회는 법무부측에 유리한 조정결과를 안양시에 권고하였지만 안양시가 이 권고를 거부함으로써 실효적 결과를 얻지 못하는 상황에 직면하게 되었다.

더 나아가 법무부는 국무총리실 행정협의조정위원회의 유권적 결정을 얻어낸 상태에서 이 결정에 반하여 법무부가 안양시에게 직접 대화를 요청하는 것은 국무총리실의 권고를 법무부 스스로가 무시하는 것이 되어 정당성을 상실하게 되는 결과까지 초래되어 대화의 가능성을 모색할 수 없게 되었다.

안양시측도 안양시장의 건축협의 거부라는 행정처분을 반복하여 상대방으로 하여금 자존심 등 감정적 손상을 야기하였다. 초기부터 안양시측은 대화를 통해 문제를 해결하려는 노력을 견지하지 않았다. 안양시정부는 행정협의조정위원회를 통해 안양시의 의견을 개진하려 했지만 위원회가 자신들에게 불리하게 진행되자 참여를 거부하게 되었다. 이후 최대호 안양시장은 안양교도소 이전 대안부지를 모색하기 위해 연구용역을 발주하여 두 개의 대안부지를 선정하였다.

그러나 이 연구용역을 통해서 안양시정부가 선정한 제1대안부지가 안양시 관내로 밝혀지면서 안양교도소의 관외이전을 요구하던 주민들 및 시민단체, 지역정치인들로부터 비난을 초래했다. 더욱이 연구용역의 결과를 공개적으로 발표하지 않아 지역정치인들로부터 밀실행정이라는 비판을 받기까지 하였다. 최대호 시장의 관내이전입장이 밝혀지면서 정치적인 리더십에 손상을 입었다. 이러한 상황에서 최대호 안양시장이 법무부에 이제부터 대화로 갈등을 해결하자고 제안하는 것은 또 다른 리더십 논란을 야기할 것이다. 결국 최대호 안양시장은 법무부와 대화를 통해 안양교도소 관련 갈등을 해결할 수 있는 기회를 상실한 것으로 판단된다.

V. 시사점

일반적으로 비선호시설에는 쓰레기 및 음식물처리시설, 하수처리시설, 장묘시설, 댐 등의 발전시설, 송 · 변전시설, 구치소 및 교도소 등 교정시설, 군사시설, 정신병원 및 정신질환자 보호시설 등 공익을 위해 반드시 필요하나 입지지역 주민들이 기피하는 시설들이다. 그러한 시설들의 입지로 인해 갈등이 발생하게 되는 대표적인 원인은 '비용과 편익의 불일치' 때문으로 인식된다. 즉 시설의 설치로 인하여 얻게 되는 편익은 불특정 다수가 향유하는 반면, 해당 시설의 입지로 인해 재산 및 건강, 위험 등의 비용을 감당하는 것은 해당 지역 주민들로 편익을 향유하는 대상과 비용을 감당하는 대상이 서로 일치 하지 않는다(김동영 외, 2009).

안양교도소도 전형적인 비선호시설이다. 안양지역 주민들은 안양교도소의 입지로 인해 지역의 이미지가 실추되고 지역경제에 제약이 된다고 주장하고 있다. 또한 현재 논의되고 있는 안양-군포-의왕 3개 시 통합의 상징성에 부정적인 영향을 미치고 있다고 주장하고 있다. 그러나 법무부는 교정시설은 공익시설로서 반드시 필요한 시설이며 비선호시설이라고 인식하지 않고 있다.

이러한 비선호시설을 둘러싸고 벌어지는 공공갈등 사례는 우리 주위에서 많이 볼 수 있다. 광진구 중곡동에 소재하고 있는 정신병원인 국립서울병원도 비선호시설 갈등이었다. 또한 서울시 소격동에 입지해 있던 국군기무사가 과천시로 이전하면서 겪었던 갈등도 비선호시설 갈등이었다. 이 두 사례는 매우 오랜 기간, 그리고 매우 격렬한 갈등을 경험했지만 성공적으로 문제를 해결한 것으로 평가 받고 있다(김광구 · 신창현 2006; 문채 · 김광구 2006; 김광구 · 이선우 2011). 특히 안양교도소와 매우 유사한 갈등사례로서 최근 성공적으로 갈등해소를 이루어낸 국립서울병원 사례는 안양교도소 갈등의 해소에 의미 있는 시사점을 제공하고 있다.

1. 국립서울병원 재건축 사례

1) 국립서울병원 재건축 사업의 개요

국립서울병원(이하 '병원'이라 한다)은 1961년 11월 광진구 중곡2동 부지에 준공된 정신병원으로 서울과 수도권 지역의 정신질환자들을 위한 입원치료와 외래진료 및 정신질환관련 연구기능을 수행하고 있다. 병원은 미국의 원조로 건립된 3층의 건축물로써 면적은 45,799.1m²(약 13,854평)이고 건평은 30,741.6m²(약 9,299평)로 본원과 소아청소년진료소로 이루어져 있다. 병원은 또한 병동, 치료지원시설, 사무실, 간호사 기숙사 등의 시설과 총 960병상을 갖추고 있다(김광구 · 신창현, 2006).

국립서울병원은 1989년부터 병원현대화계획을 수립하여 추진하여 왔다. 병원이 현대화 계획을 수립한 주요 계기는 사회 · 경제 환경의 변화로 인해 정신질환자가 증가하고 있으나, 1961년 건립된 이후 40여 년 동안 병원 건물 및 시설의 노후화가 심각하고, 현대식 정신질환 진료를 위한 공간이 부족하게 되었기 때문이다.

병원의 노후화는 전문 인력의 사기 및 인력수급에 부정적인 영향을 미치고 있으며, 병원을 이용하는 환자 및 가족들에게 열악한 치료환경을 제공하는 문제점도 발생시키고 있다. 이와 함께 병원 건물 및 시설의 노후화는 병원 인근 주민들이 병원을 부정적으로 인식하는 요인으로 작용하고 있다.

또한 병원은 우리나라를 대표하는 정신병원이자 전국 정신병원의 선도병원이며, 정신보건 관련 공공보건의료의 중추기관으로서 병원의 현대화를 통해 위상을 제고하고 새롭게 요구받고 있는 역할을 효과적으로 수행하고자 하였다.

이에 2009년 보건복지부와 병원은 300병상으로 축소하여 환자치료기능보다는 연구기능을 주로 수행하는 (가칭)국립정신건강연구원을 설립하는 계획안을 제시하였다. 그러나 병원의 이전을 주장하는 주민들의 반발로 계획은 추진되지 못하여 왔다.

2) 갈등의 전개과정

병원 현대화 사업은 주민들의 이전요구를 수용하여 이전계획을 추진하던 단계, 이후 이전계획을 변경하여 현 부지에 재건축하던 단계를 거쳤으나 병원측과 주민측은 상호이해가 계속하여 충돌하였다.

이후 보건복지부는 국립서울병원 현대화 사업을 둘러싼 갈등을 해소하기 위해 이해당사자들과의 면담을 통한 갈등해소방안을 모색하기 위해 (사)환경분쟁연구소에 갈등영향분석을 의뢰하여 2005년 4월부터 7월까지 실시하였다.

이후 갈등영향분석 결과를 바탕으로 (사)환경분쟁연구소가 보건복지부(병원측) 대표와 주민측 대표로 구성되는 이전추진위와 함께 참여적 의사결정을 추진하여, 2005년 11월부터 2006년 7월까지 대화를 진행하였지만 합의는 도출하지 못했다.

구체적인 추진경과는 다음과 같다(김광구 · 이선우 2011).

(1) 1단계: 현 부지의 재건축 추진

보건복지부는 1989년 4월에 병원현대화 기본계획을 수립하여, 현 부지에 건물의 신 · 증축을 통해 기능 및 시설의 현대화를 추진하였다. 그러나 1994년 주민들이 국회 청원을 통해 병원이전을 요구하여 현부지의 재건축은 중단되었다.

(2) 2단계: 이전추진

보건복지부는 국회 청원을 통한 주민의 이전요구를 수용하여 1995년 11월부터 2002년 2월까지 이전을 추진하였다. 병원측은 우선 서울시 내 개발제한구역으로 이전을 추진하였다가 수도권 인접 지역도 이전 대상지로 검토하였다. 병원측 관계자들만을 중심으로 서울시 및 수도권 인접지역 50여 개 후보지를 물색하고 지자체와 협의하였으나 후보지 지역주민들의 반발로 지자체의 협조가 이루어지지 않아 무산되었다.

이에 2003년 2월부터 7월까지 병원시설 기부자 공모방식으로 시설과 부지를 먼저 확보한 후 병원부지의 양여를 추진하였다. 그러나 2회에 걸친 공모를 통해서도 후보지 주민과 지자체들이 병원입지를 반대하여 이전 부지를 확보하지 못하였다.

(3) 3단계: 재건축 재추진

1995년부터 8여 년간 추진한 병원 이전부지 확보에 실패하자 보건복지부는 병원의 이전이 불가능하다고 판단하고 현 부지에 병원 현대화 방침을 2003년 8월에 결정하였다. 보건복지부는 2004년에 병원현대화를 위한 재건축기본설계 예산을 국회에 제출하였으나 광진구 출신 국회의원의 영향으로 삭감되었다. 2005년에도 재건축기본설계 예산이 또다시 삭감되었다.

(4) 4단계: 갈등영향평가와 참여적 의사결정 추진

2005년 3월부터 지방정치인 중심으로 '국립서울병원(일명 정신병원) 이전을 촉구하는 범구민대책추진위원회'를 결성하여, 광진구의회 병원이전촉구결의문 채택, 이전촉구 주민서명운동 등의 병원재건축에 따른 갈등이 표면화되었다.

이에 2005년 4월 국무조정실은 보건복지부의 장기미해결과제로 남아있었던 국립서울병원 재건축 사업을 선정하여 갈등영향평가를 실시하도록 하였다. 이에 갈등영향평가 분석팀은 2005년 4월부터 7월까지 약 3개월에 걸쳐 지역주민 및 보건복지부 관계자 등 총 45명을 직접 면담하여 i) 병원에 대한 지역사회의 인식, ii) 병원이전을 요구하는 이유 및 이전을 반대하는 이유, iii) 병원이전추진방법, iv) 병원이전가능성에 대한 인식, v) 병원부지활용방안, vi) 관계화의 필요성과 가능성에 대한 인식, vii) 갈등해소 방안에 대한 인식 등에 대해 파악한 후 시나리오 워크숍이라는 참여적 의사결정 모델을 제안하는 갈등영향평가서 초안을 마련하였다.[6)]

이후 보건복지부는 갈등영향평가서 결과에 대한 주민설명회를 개최하여 지역발전을 주제로 대화의 장을 '갈등영향분석결과에 따른 시나리오 워크숍'이라는 명칭으로 만들었고, 주민대표로 이전추진위원회, 병원측, 기업인과 전문가 그룹 등이 참여하였다.[7)]

이후 2005년 11월부터 2006년 7월말까지 총 6차 회의를 진행했으며 주민측이 제시한 이전가능지인 포천시 내촌면 등 현장방문도 실시하였다.

그러나 시나리오 워크숍 과정에서 주민측은 이전을 전제로 한 대화진행만을 요구했고, 대화전담부서 및 인력이 사전에 구성되지 못해 주민측과의 대화가 임기응변적으로 이루어 졌고, 이전후보지에 대한 이전적합성 기준이 주민측과 공동으로 마련되지 못하는 등 많은 우여곡절을 겪었다. 또한 시나리오 워크숍의 목적불분명, 대화체 명칭문제, 회의운영규칙의 부재, 대화의제의 미선정, 이해관계자 참여범위 불명확 등 운영측면의 문제도 노정하여 결과적으로 참여적 의사결정 노력은 실패로 귀결되었다(김광구 · 이선우 2011).

3) 갈등해소 과정

2008년 12월 29일 국회 의원회관에서 권택기 국회의원, 광진구청(부구청장, 도시계획국장), 국무총리실 관계자, 보건복지가족부(이하 '복지부') 질병정책관 등이 참석하여 국립서울병원과 관련된 갈등을 해소하기 위한 회의를 하였다. 복지부측은 국립서울병원의 현대화를 추진하기 위하여 국립정신건강연구원(가칭)을 설립하고 부속병원을 현재 960병상에서 300병상으로 축소하는 안을 제시하였고, 권택기 의원과 광진구청측에서는 주민의사에 반하는 실시설계 및 신축은 반대한다는 의사를 밝혔다.

양측의 이견을 조율하기 위하여 갈등조정위원회를 구성하자는 데 합의하였고, 2009년 2월 20일부터 2010년 2월 11까지 갈등조정위원회가 운영되었으며 가칭 종합의료복합단지 신축에 관한 보건복지부, 광진구청, 권택기 의원이 양해각서(MOU)를 체결하여 이전 및 재건축을 둘러싼 갈등은 해소되었다(경실련(사)갈등해소센터 2010).

양측은 갈등조정위원회(이하 조정위원회)를 통하여 가장 먼저 갈등해소를 위한 대안

6) 갈등영향평가서의 자세한 내용은 김광구 · 신창현(2006)을 참조하길 바란다.
7) 이 단계에 관한 자세한 내용은 신창현(2006)을 참조하길 바란다.

의 순차적 검토를 추진하였다. 조정위원회는 국립서울병원의 광진구 외로 이전하는 대안을 먼저 검토하였다. 병원의 이전은 지속적으로 광진구 중곡동 주민들이 요구하고 있는 대안이었다. 비록 복지부와 병원측이 병원의 이전을 이미 추진했었지만 이전부지를 찾지 못하여 현 부지의 재건축을 결정한 것이었다. 그러나 과거의 이전추진은 주민이 참여하지 않은 상태에서 추진하였으므로 주민측은 복지부와 병원측의 재건축 결정을 수용할 수 없었던 것이다. 따라서 조정위원회에서는 광진구 외 이전대안가능성을 먼저 타진하게 된 것이다.

이러한 과정을 거쳐 조정위원회에서는 광진구 외 이전대안이 현실적으로 불가능하다고 결론짓고 현 부지의 신축대안에 대해 논의하였다. 조정위원회는 현 부지에 정신건강연구원과 부속병원을 신축하는 대안을 검토하고 지역 및 주민들에게 제공할 인센티브와 지역경제활성화방안 등에 대해 논의하였다. 이러한 논의 끝에 조정위원회는 현 부지 신축방안으로 정신건강연구원 · 의료행정타운 · 의료바이오비지니스센터가 결합된 (가칭)종합의료복합단지를 건립하고 광진구의 주변역세권개발계획과 연계하기로 합의하였다(김광구 · 이선우, 2011).

국립서울병원 관련 갈등조정위원회에서 주목할 또 다른 점은 조정위원회의 합의안에 대해서 광범위한 주민합의 절차를 거쳤다는 점이다. 조정위원회는 자신들의 합의안에 대해서 주민보고회와 여론조사 및 공론조사를 실시하였다. 특히 여론조사는 주민참여형 여론조사와 정보제공형 여론조사를 실시함으로써 주민들이 조정위원회의 합의안에 대해 충분히 심사숙고하여 의사를 표시할 수 있도록 하였다.[8] 국립서울병원 갈등사례는 갈등당사자 대표자간의 대화와 협상을 통해 합의안을 도출해 냈을 뿐만 아니라 대표자 간의 합의안에 대해 주민동의까지 철저하게 구하는 노력을 기울여 20년 동안의 갈등을 해결할 수 있었다(경실련(사)갈등해소센터 2011; 김광구 · 이선우 2011).

2. 국군기무사 과천이전 사례

1) 국군기무사 과천이전 사업의 개요

서울시 종로구 소격동 소재의 국군기무사 시설의 협소 및 노후화로 인해 1990년대부터 이전논의가 있어 왔고, 국방부는 2002년 4월 기무사 이전 예정부지를 서울시 내

8) 국립서울병원 갈등사례에서 활용한 주민참여형 여론조사와 정보제공형 여론조사에 대해서는 경실련(사)갈등해소센터(2010)의 백서를 참조하길 바란다.

곡동에서 과천시 주암동으로 변경할 것을 결정하였다. 과천시로의 이전을 위해 "개발제한구역 관리계획" 변경이라는 일반적인 도시계획 결정절차에 따라 이전사업을 추진하여 기무사 주암동 이전안(주암동 22만 7천 평 부지 가운데 6만 2천 평에 본관, 생활관, 아파트 등을 지어 사령부를 이전할 계획)은 2002년 4월 과천시 심의와 10월 경기도 심의를 통과였다.

그러나 2002년 6월 지방자치단체장 선거에서 당선된 신임 과천시장의 이전반대를 위한 단식투쟁과 "기무사이전반대공동대책위원회" 및 주민들도 기무사 이전 반대집회를 개최하는 등 기무사 과천이전계획에 대한 갈등이 야기되었다. 이해당사 간에 많은 갈등과정을 겪은 후 다자간협의체라는 협력적 거버넌스체계 구축을 통해 2005년 10월 기무사 이전의 합의안(주암동 기무사 이전 예정지 22만 7,000평 가운데 5만 6,000평만을 활용하고, 나머지 17만 2,000평에 대해서는 필요할 때 시가 매입 · 활용)이 도출되었고, 주민간담회 등을 통해 합의서가 작성됨으로써 갈등이 해결되었다(문채 · 김광구 · 박형서 2006; 문채 · 김광구 2006).

2) 갈등의 전개과정

기무사 과천이전 갈등의 전개과정은 다음과 같은 4단계로 구분할 수 있다.

(1) 갈등잠복기(2002. 4. 4.~2002. 5. 29.)

이 단계는 국방부 및 기무사가 기무사 이전사업을 추진하면서 개발제한구역관리계획 변경이라는 일반적인 도시계획 결정절차에 의해서 과천시와의 협의를 통해 이전을 진행하던 단계로, 2000년 4월 김대중 정부 당시 기무사 이전계획을 발표하면서부터 2002년 5월 29일 국방부가 일방적으로 기무사 이전사업 실시계획의 승인고시를 할 때까지의 시기를 말한다.

(2) 갈등확대기(2002. 7. 1.~2004. 12. 17.)

이 단계는 2002년 7월 지방자치단체장 선거에서 당선된 한나라당의 여인국 시장이 취임하고 기무사 이전 반대운동을 본격적으로 전개하여 기무사와 과천시 및 시민과의 갈등이 전개되는 시기로서, 2002년 7월 1일 과천시장이 취임하면서부터 2004년 12월 17일 과천시가 기무사에서 신청한 문화재지표조사 착수 신청과 사전환경성검토 요구를 불허한 시기까지 기무사와 과천시 및 시민과의 갈등이 최고조에 달한 시기이기도 하다.

(3) 갈등완화기(2005. 4. 21.~2005. 6. 28.)

이 단계는 기무사와 과천시 및 시민 · 사회단체와의 갈등을 해결하기 위한 움직임이 나타나고 다자간협의체 구성을 통한 협력적 거버넌스 구축에 의해 갈등을 해결한 시기로서, 2005년 4월 21일 국회 국방위 청원심사소위원회에서 다자간협의체 구성을 권고한 시기부터 2005년 6월 28일 기무사 이전사업 추진을 위한 "다자간협의체" 구성이 될 때까지의 시기를 말한다.

(4) 갈등해소기(2005. 7. 8.~2005. 12. 30.)

이 단계는 다자간협의체 구성 후 운영회의를 통해 최종적으로 갈등을 해결하고 이에 따라 상호 협력적으로 도시계획 절차를 추진하는 단계로, 2005년 7월 8일 다자간협의체 1차 회의 때부터 다자간협의체 합의서 작성, 2005년 12월 30일 개발제한구역관리계획 변경 승인이 날 때까지를 말한다.

3) 해소과정

기무사 과천이전 사례는 국방부와 기무사가 과천지역 주민의 반발에도 불구하고 법에서 정한 절차에 따라 토지 매입과 소유권 이전을 강행하였고 이에 대해 주민들은 집단시위 등 물리력 행사로 맞대응하였다. 그러나 양자 간의 대화의 모색은 시도되지 못하였다. 행정소송의 가능성까지도 제기되는 상황에서 과천시측은 마지막 수단으로써 지역구 국회의원을 통해 국회청원을 추진하였다.

결국 국회 국방위원회 청원심사소위원회는 과천시측이 요구해 온 다자간협의체를 통한 문제해결을 국방부와 기무사에 권고하였다. 이를 수용한 국방부와 기무사는 과천시측과 대화의 장을 만들었다. 양측은 다자간협의체라는 대화협의체를 만들었지만 실질적으로 외부세력의 개입 없는 국방부 · 기무사와 과천시측 간의 당사자 간 협상이었다.

이들은 약 6개월간의 시간 동안 다자간협의체라는 당사자 간 협상을 통해 양자가 만족하는 대안을 도출하고자 노력하였다. 과천시도 과천시 내의 여러 대안부지를 제안하였으며, 국방부측도 사업규모를 지속적으로 축소하여 제안하고 주민들이 요구하는 사항을 수용하여 결국 양측이 모두 만족하는 합의안을 도출할 수 있었다.[9)]

9) 자세한 내용은 문채 · 김광구 · 박형서(2006)를 참조 바란다.

3. 시사점

국립서울병원 재건축관련 갈등과 국군기무사 과천이전갈등 모두 비선호시설 관련 갈등이라 할 수 있다. 두 사례 모두 오랜 기간 당사자 간 갈등을 경험한 후에야 대화를 통해 문제를 해결한 사례이다. 즉 갈등초기에 당사자 간 대화와 협상을 통해 문제를 풀지는 못하였으나 종국에는 상대방의 존재를 인정하고 상대방의 욕구 충족을 위한 노력을 기울였을 때 비로소 문제를 해결할 수 있었다.

국립서울병원은 도시화가 지속적으로 진행되어 병원이 주택가 내에 입지하면서 정신병원이 기피시설로 인식되어 주민들로부터 이전의 요구를 받게 되었고 부동산개발 압력이 높아지면서 지역개발의 걸림돌로 인식되었다.

이러한 이전압력에 대해 병원측은 독자적으로 이전을 추진하였으나 이전부지를 찾지 못하여 현 부지에 재건축을 추진하자 이전을 요구하는 주민측과 갈등을 빚어 왔다. 즉 병원측의 이전노력이 공개적이고 객관적으로 추진되지 못하여 주민들로부터 이전추진노력의 진정성을 인정받지 못한 것이다. 결국 갈등조정위원회라는 공동의사결정방식을 통해 이전불가능성을 주민측과 공유하게 됨에 따라 갈등해결의 실마리를 풀 수 있었다.

국립서울병원 사례를 통해 공공갈등의 해소는 갈등당사자 간의 공동문제해결 노력이 필요함을 알 수 있다. 보건복지부와 병원측, 그리고 광진구측에서도 당사자 간의 대화 없이는 20년간의 갈등을 더 이상 해소할 수 없음을 인식하게 되었다. 아무리 진정성 있게 정부가 혼자서 사업을 추진하더라도 주민들이 정부의 노력을 인정하지 못하면 갈등은 해결되지 못함을 알 수 있었다. 정부는 자신의 결정과정의 일부라도 지역주민과 공유하면서 지역주민의 의혹과 문제제기를 해소할 수 있어야 한다. 결국 소통이란 과정과 절차의 공유를 통해서 가능함을 알 수 있었다.

국군기무사 사례에서 중앙정부인 국방부와 기무사는 과천시측과 대화하려는 시도를 하지 않았다. 국방부와 기무사는 대규모 이전사업임에도 불구하고 법적 절차 준수만을 강조하였고 지역주민들이나 지방자치단체로부터의 이해와 동의를 얻으려는 노력을 기울이지 못했다. 특히 사업에 대해서 시장 및 관련단체장만을 대상으로 홍보활동을 하는 등 실질적이고 충분하게 주민 전체를 대상으로 의견수렴을 하지 못했다(국무조정실 · 중앙공무원교육원 2006).

더욱이 국방부와 기무사는 중앙정부이며 국책사업이라는 명분을 고수하면서 사업의 효율성과 합법성만을 중시하고 사업의 절차적 민주성이라는 가치를 중요하게 인식하지 못하였다. 이는 지방자치제의 활성화 및 주민참여욕구 증대 등 행정환경의 변화를 인식하지 못하고 전통적이고 일방적인 행정방식만을 고수하려 함에 따라 갈등이 발생하였다(박홍엽 2006).

국군기무사 이전사례는 국회의 권고를 수용하여 국방부 · 기무사가 과천시와 대화협의체를 통해 당사자 간 협상으로 양자가 만족할 만한 대안을 도출하고 합의함으로써 성공적으로 갈등을 해소할 수 있었다. 상대방의 존재를 인정하지 않고 우월한 권한과 지위를 이용하여 일방적으로 자신만의 이익과 목적을 달성하려 할 때 갈등은 유발되며, 이러한 공공갈등은 결국 양자 간의 대화를 통해서만이 원만하게 해결할 수 있음을 알 수 있다.

이 두 사례를 통해 공통적으로 얻을 수 있는 교훈은 아무리 우월한 법적 지위와 행정적 권한을 갖고 있는 중앙정부의 사업일지라도 해당 지역의 주민과 정부로부터 이해와 동의를 구하지 못하면 성공적으로 사업을 추진할 수 없다는 것이다. 결국 성공적인 사업추진이 되기 위해서는 사업집행 초기에 지자체장 및 지방 정치인 중심의 동의 확보가 아닌 지역주민 전체로부터 이해와 동의를 구하는 것이 중요하다.

또한 국립서울병원은 갈등조정위원회라는 대화협의체 형식을 활용했으며, 국군기무사 사례는 다자간협의체라는 대화협의체 형식을 활용하여 갈등을 해소하였다. 즉 전자는 조정이라는 기제를, 후자는 당사자 간 협상이라는 정교하게 설계된 대화협의체를 활용했다는 점에 주목할 필요가 있다. 즉 공공갈등은 정교하게 설계된 대화협의체라는 기제를 활용하여 대화와 협상을 공개적이고 민주적으로 진행할 경우 성공적으로 해소할 수 있는 가능성을 높일 수 있을 것이다.

4. 안양교도소 갈등사례의 시사점

안양교도소는 현 위치에 입지한지 50여 년이 지나면서 급격한 환경변화를 겪고 있다. 평촌신도시 개발 등 주변지역의 시가화 진행으로 안양교도소 주변의 공간구조 및 기능이 교도소의 입지 당시와는 근본적으로 변화하였다. 특히 2000년 이후부터는 각종 선거기간을 통해 지속적으로 안양시 주민지역사회로부터 안양교도소의 이전요구를 받아 왔다. 이러한 변화에 대응하기 위해 법무부와 안양교도소는 이전추진 노력을 경주하여 왔으나 성공을 거두지 못하였다. 지역사회 주민들과의 협력적 관계를 유지하려는 노력 등 변화된 환경을 적극적으로 관리하고 이전 또는 재건축을 포함한 다각적인 대응책을 개발하고 실현을 위한 전략적인 노력과 인식이 부족하였다.

특히 안양교도소 이전 또는 재건축 사업을 통상적인 행정절차적 측면만으로 인식하고 기존의 사업추진 방식만을 고집하여 왔다. 하지만 이러한 추진방식은 안양시측으로부터 반발을 야기하였다. 안양시측 주민들의 요구를 경청하려는 자세나 주장을 경청하려는 노력을 기울이지 않았다. 더 정확하게 말하자면 중앙정부 부처로서 이러한 안양교도소 재건축 사업을 갈등사업으로 인식하지 않고 있는 것이다. 자신들이 통상적으로 추진하는 방식이 효과적이지 못한 것을 인식하고 새로운 방식으로 문제를 해결하려는 시도나 역량을 갖추지 못하였다. 전통적인 행정절차적 사업추진이 성공적이지 못한 경우 갈등사업으로 인식하고 갈등관련 이해당사자들의 이해를 파악하고 효과적으로 대응할 수 있는 갈등관리 방식의 모색이 필요함을 인식하지 못하였다.

갈등해소의 원칙은 당사자 간 대화를 통한 문제의 해결이다. 우월한 지위와 권력을 갖고 있는 일방 당사자일지라도 상대방의 존재를 인정하고 이들의 이해를 진정성 있게 파악하여 함께 문제를 풀어나가는 과정설계가 필요하다. 그러나 안양교도소 재건축을 추진하는 법무부는 안양시측 당사자들이 주장하는 이해에 관심을 기울지 못하였으며 이들과 직접 대화를 통해 공감대를 형성하려는 시도도 하지 않았다. 국회의원을 통해 안양교도소 인근 주민들만을 대상으로 한 재건축계획설명회와 안양시청 주요 관계자 접촉이라는 접근법을 취했을 뿐 공개적이고 다양한 안양시측 주민들과 재건축관련 대화와 협상을 시도하지 못하고 있다. 또한 법무부는 전임 안양시장으로부터 비공식적인 동의를 얻었던 사업계획을 신임시장이 입장을 변경하는 것에 대해 감정적으로 반응하여 대화를 시도하지 않았으며, 상위기관인 국무총리실 행정협의조정위원회에 조정을 신청함으로써 당사자 간 직접 대화의 기회를 스스로 차단하였다.

이러한 법무부의 행태는 안양교도소 재건축 사업의 추진을 전적으로 법적인 측면만을 인식하고 법적 타당성만 강조하고 있는 것이다. 그러나 변화된 정치행정환경하에서 중앙부처의 우월한 법적 권능과 권한만으로는 더 이상 사업의 추진이 원활하지 않음을 인식하지 못하였다. 아무리 사업의 법적 타당성을 갖추었다 하더라도 이해관계자의 이해와 공감대를 바탕으로 사업을 추진해야 하는 정치적인 타당성도 함께 갖추어야할 필요성을 깨닫지 못하였다.

특히 법무부는 지방자치제 실시 이후 지역주민의 정치적 참여욕구가 얼마나 높아졌는지를 인식하지 못하고 있다. 통상적으로 법무부 등 중앙정부 부처는 관련 사업을 추진함에 있어 해당 지방자치단체의 주요 결정권자, 특히 시장이나 군수의 협조를 얻어 사업을 시행하여 왔다. 그리하여 법무부는 안양시장의 허가권만을 얻으려는 접근법을 취하였다. 그러나 문제는 안양시장의 행정권력의 원천이 어디에서 기인하는지 인식하는 것이 필요하다는 점이다. 지방자치제 실시 이후 자치단체장의 정치적 이해는 지역주민들의 이해와 유리될 수가 없다는 점이다. 즉 아무리 중앙정부 부처의 사업이 법적으로 타당하다 할지라도 해당 사업이 지역민의 정치적 이해에 반하는 경우 지방자치단체장은 지역주민의 요구를 거부할 수 없는 입장에 있는 것이다.

지방자치단체장이 갖고 있는 형식적 권력은 주민들이 갖고 있는 실체적 권력의 하위개념으로 인식해야 할 필요가 있다. 결국 지방자치단체장의 인허가권을 손쉽게 얻으려는 중앙정부 부처의 노력은 성공할 수가 없게 된다. 법적으로 타당한 사업일지라도 지역주민들과의 폭넓은 소통을 기반으로 한 공감대를 형성하지 않고서는 사업이 성공적으로 달성될 수 없다는 것을 인식할 필요가 있다.

법무부는 안양교도소 재건축 사업을 추진하면서 안양시장, 안양시의회, 국회의원 등을 접촉하여 사업의 정당성을 확보하려 하였을 뿐 안양지역 전체 주민들을 대상으로 하는 공감대형성을 시도하지 못하였다.

법무부는 교정환경의 변화에 따라 인천, 대구, 수원, 대전 등 많은 교정시설들의 입지 및 기능변경을 성공적으로 달성한 경험을 갖고 있다. 특히 인천구치소와 수원구치소는 법원과 검찰을 연계한 법조타운 형태의 최신건축물로 신축하여 혐오시설을 선호시설로 성공적으로 전환시킨 경험을 갖고 있다.[10] 그러나 법무부가 축적하여 온 성공적인 사업으로부터의 교훈은 안양교도소 사례에서는 발휘되고 있지 못하고 있다.

이렇게 갈등유발 사업을 형식과 기능의 전환을 통해 주민들의 인식을 전환시켜 지지와 협력을 얻어 낼 수 있는 기회를 만들어야 함에도 불구하고 안양교도소 재건축 사업은 이러한 노력을 경주하지 않았으며 안양시측 주민들에게 어떤 인센티브를 원하는지 진정성 있게 물어보는 쌍방적인 방식으로 인센티브를 제공하는 접근법이 효과적일 수 있었다. 결국 법무부는 갈등관리의 필요성에 대한 인식이 부재하였고 국립서울병원 재건축 사례, 국군기무사 과천이전사례를 포함하여 유사 교정기구 관련 갈등사례를 통한 학습효과도 얻고 있지 못함을 알 수 있었다.

10) 안양시측 주민들은 안양교도소가 지역발전을 저해하고 있으며 지역이미지를 실추시키고 있다고 주장하고 있다. 그러나 인천지방검찰청 · 인천지방법원 · 인천구치소의 법조타운개발사례처럼 오히려 지역발전의 동력으로 전환시킨다면 지역의 경제와 이미지를 동시에 개선할 수 있을 것으로 일부 안양시측 주민들은 제안하고 있다(주간현대 Break News 경기 2012. 2. 20).

1999년 이후부터 안양교도소 사례와 관련 갈등상황에는 진전이 없다. 안양교도소 이전이슈는 선거 등 정치일정에 따라 지속적으로 정치적 이슈로 부각되어 갈등은 반복되어 왔지만 핵심이해당사자인 법무부와 안양시측은 서로의 실익을 달성할 수 있는 기회를 성공적으로 모색하지 못하여 왔다. 그러나 이러한 갈등상황일수록 이해당사자들은 상호인정과 이해를 바탕으로 대화와 협상을 통해 상호에게 이익이 될 수 있는 대안을 모색하는 방법 이외에는 갈등상황을 해소할 수 없다는 점을 인식할 필요가 있다.

참고문헌

1. 국내문헌

경실련(사)갈등해소센터(2010). 국립서울병원관련 갈등조정위원회 백서: 20여 년의 갈등을 해소하기 위한 365일의 여정, 경실련(사)갈등해소센터.

국무조정실 · 중앙공무원교육원(2006). "법정절차만 고집한 부대이전 사업, 예고된 주민 반발: 기무사령부 과천 이전 사업 사례", 품질 높은 정책, 실수로부터 배운다. pp. 177-190.

김광구 · 신창현(2006). 국립서울병운 재건축에 따른 갈등영향분석, 『도시행정학보』 19(1): 143-173.

김광구 · 이선우(2011). 조정기제를 이용한 갈등해소: 국립서울병원 사례를 중심으로, 『한국지방자치학회보』 23(1): 93-117.

김동영 · 김광구 · 정지범 · 박재근(2009). 공익시설의 입지와 운영 갈등의 제도 개선 연구, KDI 국제대학원 갈등조정협상센터.

문채 · 김광구(2006). 협력적 거버넌스 구축에 관한 연구: 기무사 과천이전 사업을 사례로, 『국토계획』 41(6): 177-193.

문채 · 김광구 · 박형서(2006). 중앙 · 지방정부간 협력적 거버넌스 구축에 관한 연구: 국군기무사령부 과천이전사업을 사례로, 국토연구원.

박홍엽(2006). "국군기무사령부 과천이전", 박진 · 채종헌(편). 갈등조정, 그 소통의 미학, 서울: 굿인포메이션, pp. 273-307.

신창현(2006). 국립서울병원재건축관련 참여적 의사결정 사례연구, 보건복지부.

행정협의조정위원회(2011.12). 교정시설 입지갈등 개선방향에 관한 연구: 안양 교정시설 입지갈등 사례를 중심으로, 국토연구원 보고서.

홍성만 · 김광구(2008). 공공갈등관리기구의 운영과 실효성에 개한 탐색적 연구: 정부간 갈등관리 기구를 중심으로, 『한국공공관리학보』 22(4): 1-17.

2. 보도자료

머니투데이. "안양교도소 재건축 문제 법정다툼으로 비화되나", 2012. 5. 16.

주간현대 Break News 경기. "민주통합당 예비후보, 교도소 재건축 승인 규탄 기자회견 가지다! 민병덕 후보, 무조건적인 반대는 NO! 현실 가능한 대안 제시로 눈길", 2012. 2. 20.

3. 기타자료

법무부 교정본부 안양교도소
(http://www.corrections.go.kr/HP/TCOR/cor_01/cor_0101/cor_101002.jsp)

광주공항과 무안국제공항 간 공항기능이전 갈등사례

▨ 박형서(대구한의대학교 리조트개발학과 교수)

Ⅰ. 갈등사례 개요

1. 사례선정의 이유

광주-무안 공항기능이전 갈등사례는 다양한 분야에서 발생되는 갈등 중에서도 국가적으로 필수적인 사회간접지본시설의 구축이나 활용을 둘러싸고 벌어지는 갈등으로 특정분야나 기능 또는 계층보다는 지역적 충돌에 의해 빚어진 갈등이기 때문에 해당 지방단체뿐만 아니라 지역주민까지 가세하는 복잡하고, 장기간이며, 지속적인 갈등으로 해결이 쉽지 않은 갈등이다. 특히 갈등의 배경에는 항공수요의 변화와 전망을 제대로 읽지 못하고 정책이 이루어진 부분이 자리 잡고 있고 지역주민이 두 공항 간의 역할과 기능을 보는 지역 간의 인식차이 또한 크게 상이하여 갈등관리를 더욱 어렵게 하고 있다.

먼저 본 사례의 이해당사자인 갈등주체는 국가, 지방정부, 지역단체, 주민 등 크게 분류하여 8개 정도의 주체가 관련되어 있다. 갈등주체 상호간에 이해관계가 상이하고 지역 간뿐만 아니라 주체 간에도 갈등을 보는 인식에서 차이를 보이는 등 시간이 지나면서 지역 내부에서도 일부 이해를 달리하는 그룹으로 구분되는 복잡한 갈등구조를 보이고 있다.

문제가 되고 있는 이슈에서도 국내공항과 국제공항의 이전 또는 재이전과 더불어 광주군사공항 이전문제까지 얽혀 복잡한 양상을 보이면서 갈등의 해결을 어렵게 하고 있으나 갈등진행과정에서 새로운 이슈가 첨가되거나 지역갈등이 분화되면서 다양한 이해집단 간의 갈등으로 변질되는 과정을 겪지 않아 초기의 이해관계구조가 그대로 지속되어 온 것은 다행이라 할 수 있다.

본 갈등은 2000년 9월부터 시작된 갈등이 간헐적이고 지속적으로 10년 이상 진행되어 오고 있으며, 정부나 주민들의 갈등해결을 위한 노력에도 불구하고 아직 실마리를 찾지 못하고 있는 현재 진행형 갈등으로 지역사회의 통합과 안정에 저해요인으로 작용하고 있고, 국가시설의 효율적 활용에도 막대한 지장을 초래하고 있는 대표적 지역갈등이다.

광주-무안 공항기능 유치를 둘러싼 지역 간 갈등은 국가 또는 지역발전과 사회 안정에 부정적인 영향을 미치는 요인으로 작용하여 적정한 갈등관리가 무엇보다 중요한 과제가 되고 있으며, 동시에 갈등을 바라보는 지역주민의 인식이 협상 논의에서 어떤 작용을 하는지를 분석해 볼 수 있는 사례로 판단되어 갈등연구 사례로 선정하였다.

Ⅱ. 연구의 목적과 내용

1. 연구의 목적

본 갈등사례 연구의 목적은 첫째, 지역적 이익을 위한 시설 또는 기능의 유치 또는 기피갈등 중에서도 기능의 유치를 둘러싼 갈등으로 최근 국책사업을 둘러싸고 점차 증가하고 있는 유치갈등의 한 형태로서 이 같은 유형의 갈등원인, 갈등진행 양상의 특성과 갈등이해 구조분석을 통한 갈등분석의 틀을 제시하고 갈등사례의 기초자료를 구축하는 데 있다.

둘째, 이런 측면에서 국가 기간시설로 구축된 공항 간의 시설이용을 두고 발생한 지역 간 갈등이 지역사회에 어떤 영향을 미치고 있는지, 갈등주체들의 갈등에 대한 인식과 대처, 갈등해소를 위한 노력과 과정이 어떤 결과를 가져 오는지에 대한 분석을 통하여 향후 갈등관리에 효율성을 기하고 향후 유사한 갈등에 대응하는 시사점을 도출하는 데 목적이 있다.

Ⅲ. 갈등의 전개과정 및 구조

1. 공항의 역사와 시설현황[1)]

1) 광주공항 및 무안국제공항 역사

광주공항은 호남지역에 처음으로 1948년 광주광역시 동구 학동에 군용훈련기지로 비행장이 개설된 이래, 1949년 2월 대한국민항공사(현 대한항공) 소속 민항기가 처음 상업적으로 취항하였으며, 1964년 1월에 현재의 광주광역시 광산구 신촌동 일원으로 이전하여 시설확장을 꾸준히 해 왔다. 1992년에 늘어나는 여객처리를 위하여 확장공사를 시작하여 새 여객청사가 1994년에 문을 열었고 계류장 및 주차장을 확장하여 호남권의 거점공항으로 역할을 하여왔다. 1995년에는 광주~서울~방콕, 광주~부산~오사카 구간의 국제선 정기노선이 취항하였다. 1998년 1월 국제선 정기노선이 폐지되었으나 2001년 7월 광주~상하이 간 국제선 정기노선이 재개항되는 등 서남부권의 항공교통을 담당해 오다가 2008년 무안광주고속도로가 완전 개통되면서 국제선 기능이 무안공항으로 전부 이전하게 되었다.

무안국제공항은 전라남도 무안군 망운면 일원에 위치한 공항으로 1993년 아시아나항공 733편 추락사고 이후 목포공항 국내선 및 광주공항 국제선 대체 공항으로 2007년에 개항한 국제공항이다. 1994년에 무안을 서남권 거점공항의 후보지로 확정하고 2003년 개항을 목표로 1999년 착공하였으나 감사원의 개항시기 조정 권고로 2005년, 2006년으로 두 차례 개항이 연기된 바 있다. 2006년 11월, 제3차 공항개발 중장기 종합계획 수립 · 고시에 따라 무안국제공항 개항시 광주공항 국제노선을 이전할 것이 명시되었다. 이후 2007년 11월 8일에 조기 개항하여 목포공항의 대체 국내선 항공으로 사용되다가 무안광주고속도로가 2008년 5월 28일 개통되면서 광주공항의 국제선 전 노선을 흡수하여 무안국제공항으로 본격적인 출발을 하였다.

---

1) 공항시설현황 및 갈등전개상황부분은 '국토개발과정에서 지역간 갈등관리 해소 방안 연구(박형서 외, 2010)'의 자료를 참고하여 수정한 것임.

표 1 광주공항 역사 및 무안국제공항 건설과정

광주공항	무안국제공항
1948년: 광주광역시 동구 학동에 있는 군용 훈련기지로 출범 1949년 2월 10일: 상업 운항 시작 1964년: 현재위치인 광산구 신촌동으로 이전 1992년: 늘어나는 여객을 처리하기 위해 확장공사를 시작 1994년 10월: 신여객터미널을 개관하고, 계류장, 주차장을 확장 1995년 6월: 국제선 정기 노선 개설 1998년 1월: 경제위기로 국제선 정기 노선이 중단 2001년 7월: 국제선 운항 재개(광주 ~ 상하이 노선) 2003년 12월: 방콕, 마닐라, 하노이 노선에도 부정기적으로 취항 2008년 5월 27일: 무안광주고속도로가 완전개통하면서 국제선 기능이 무안국제공항으로 전부 이전	1990년: 동 · 서해안 신국제공항 개발 타당성 조사 1993년: 목포공항의 항공기 추락사고 발생 1994년: 무안을 후보지로 확정 1997~1998년: 호남권 신공항(무안)개발 기본설계 1998년: 호남권 신공항(무안) 기본계획 고시 1999년: 호남권 신공항(무안) 공사 착공 2000년: 무안국제공항 개발사업 실시계획 고시 2000~2004년: 실시계획 변경고시(3회) 2003~2004년: 감사원 공항확충사업 추진실태 감사 2005~2006년: 3개 신공항(무안 · 울진 · 김제)에 대한 개항 및 착공시기 조정 2006년: 건설현황 및 운영시기 조정검토 2006년: 제3차 공항개발 중장기 종합계획 고시. 무안공항 2007년말 개항 추진 2007년 11월: 무안국제공항 개항

자료: 한국공항공사

2) 공항시설현황

광주공항은 총부지 5,854,564m^2의 넓이에 길이 2,835m, 넓이 45m의 활주로 2본이 동일한 방향으로 설치되어 있으며, 계류장에는 에어버스 A300/보잉 767급 5기, 에어버스 A320/보잉 737급 항공기 2기 등 총 7기가 동시에 주기할 수 있었으나 2011년에 6번, 7번 스팟이 폐쇄되어 현재는 5개의 스팟만이 존재한다. 연간 항공기 처리능력은 14만 대이며, 여객터미널은 연간 293만 명의 여객을 처리할 수 있고, 화물터미널은 연간 5.5만 톤을 처리할 수 있는 시설을 갖추고 있다.

한편 무안국제공항은 2,585,733m^2에 2,800m 활주로 1본이 건설되어 있다. 계류장은 광주공항의 약 2배 정도 되어 항공기 9기가 동시 주기할 수 있으며 여객터미널은 국내여객 터미널이 20,000m^2로 광주의 두배, 그리고 국제터미널이 약 9,100m^2를 구축하여 연간 519만 명을 처리할 수 있다.

표 2 **광주-무안 공항별 시설현황**

구분		광주		무안	
		국내	국제	국내	국제
시설현황	소재지	광주시 광산구 신촌동 704-13		전남 무안군 망운면 공항로 700	
	부지(㎡)	5,854,564(150,5 99)		2,585,733	
	활주로(m)	2,835×452, 835×45		2,800×45	
	계류장(㎡)	44,300		90,692	
	여객터미널(㎡)	10,561		29,106	
		10,561	-	20,000	9,106
	주차장(㎡)	38,300		66,990	
	화물터미널(㎡)	2,765		3,112	
		2,765	-	2,050	1,062
	항행안전시설	04R: ILS(CAT-I)		01/19: ILS(CAT-I)	
수용능력	운항횟수(회/년)	140,000		140,000	
	동시주기(대)	5		9	
	여객(만 명/년)	293		519	
		293	-	416	103
	동시주차(대)	945		2,095	
	화물(만 톤/년)	5.5		5	
		5.5	-	4.1	0.9
	운항항공기	B737		B737	
	최저착륙시정	800m		RVR 550m	

주: 광주는 민군 공동사용공항, 무안은 민간전용공항

2. 갈등전개과정

갈등전개과정에 대한 분석은 갈등의 전체적인 틀과 원인이 무엇인지를 이해하고, 갈등을 둘러싼 사회적 환경과 분위기를 파악하기 위하여 가장 중요한 단계이다. 우선적으로 광주공항 및 무안국제공항에 관한 정책내용과 결정과정의 정당성 및 공정성, 명확성, 투명성 등을 파악하고 이해관계자의 참여 및 정보 공유 등 갈등발생의 환경을 살펴본다. 동시에 갈등이 발전해 가는 전개과정과 갈등의 진행양상을 분석하고, 갈등을 지속시키는 외부환경을 파악하는 등 갈등경위를 갈등연대기에 따라 서술한다.

다음으로 갈등진행에 따라 갈등참여 주체들의 변화와 참여상황 분석을 통하여 갈등진행 또는 해소의 주도적 위치의 주체를 파악하고 이들의 갈등상황에 대응과 갈등의 심화정도를 파악할 수 있는 기초자료를 수집하는 과정이다.

현재 광주-무안 공항기능이전 갈등은 지난 12년을 거슬러 올라가면, 2000년 광주시에서 무안국제공항이 개항하더라도 국내선은 유지되어야 한다는 건의서를 당시 건설교통부에 제출하면서 본격적으로 시작되었다. 10년이 넘게 지속되어 온 갈등은 무안국제공항의 개항에 맞추어 국제선과 국내선이 모두 이전해야 한다는 입장과 항공시장수요에 맞추어 현재의 광주공항 기능은 그대로 유지해야 한다는 입장이 대립하고 있다.

무안국제공항은 1990년대 초 건설계획 단계부터 광주공항의 국제선 기능을 통합하여 운영하는 것을 전제로 논의되었다. 그러나 1999년 무안국제공항이 착공된 이듬해인 2000년 9월에 광주광역시는 광주공항의 국내선 민간항공기능은 계속 유지되어야 한다는 입장을 당시 건설교통부에 전달하였고, 같은 해 12월, 제2차 공항개발 중장기계획에서는 무안국제공항 개항과 동시에 광주공항 국제선 기능을 폐쇄할 것이라는 발표를 하게 된다.

당초 2003년 완공예정이던 무안국제공항의 개항이 늦춰지고, 2004년 6월에는 감사원이 무안국제공항 '개항시기 조정'을 권고하게 이르게 되었다. 감사원은 '공항 확충사업 추진실태' 감사결과에 따라 경제적 타당성을 이유로 무안국제공항의 개항시기와 사업규모를 재검토하는 방안을 국토해양부(당시 건설교통부)에 권고하였다. 같은 해 6월에는 전남 무안군에서 광주공항을 폐쇄해야 한다는 건의문 제출까지 검토가 되었으나 내부 의견조정으로 일단락되게 되었다. 그러나 2005년 7월에는 전라남도가 건설교통부에 2007년 무안국제공항 개항을 요청하는 공문을 발송하는 등 지자체 차원에서 개항에 적극적 의지를 보이게 된다.

광주-무안 공항기능이전 갈등이 전환을 맞게 된 것은 2006년 11월 건설교통부의 '제3차 공항개발 중장기 종합계획' 수립 · 고시를 들 수 있다. 이에 따르면 무안국제공항 개항시 광주공항 국제노선 및 목포공항 기능의 이전이 명시되었으며 광주 국내선은 향후 이용수요 등을 종합적으로 감안하여 결정하기로 되어 있다. 다음 해인 2007년 1월에는 무안국제공항을 2007년 11월 조기에 개항하겠다는 방침이 정부관계자를 통해 드러나게 되자 광주지역의 갈등이 구체화되기 시작하였다. 광주시를 비롯하여 광주시 관광협회, 광주전남경영자총협회 등의 반대성명이 발표되었고, 광주시의회에서도 국제선 존치를 주장하게 되었다. 광주시 등은 건교부에 공항의 기능이나 규모는 수요자와 항공사, 공항 운영자 등 시장수요에 따라 결정할 사항으로, 광주공항의 국제선 기능은 시민 편익과 경제 인프라 차원에서 존치해야 한다는 내용의 건의서까지 전달했다.

2007년 7월에는 전 광주시장이 광주공항 국제선 문제와 관련하여 "인위적인 방법으로 무안국제공항에 옮기지 말고 시장성에 맡겨야 한다"고 언급하면서 "공항 이전문제는 KTX고속철이 개통되는 2015년까지 언급되어서는 안 된다"며 "KTX가 개통되더라도 이용객 수 등 경제성을 따져 공항 이전문제를 검토해야 한다"고 말했다. 2007년 10월에는 건설교통부 장관이 "광주공항의 국제선 기능을 예정대로 다음달 8일 개항하는 무안국제공항으로 이전할 것"이라고 밝히면서 광주시민사회단체총연합, 광주관광협회 등의 반발이 심화되게 된다. 이들은 "무안국제공항으로의 국제선 단일화는 접근성의 불편함으로 결국 승객 감소를 가져와 취항 중단에 이르게 될 우려가 있다"며 "수도권, 영남권 등 타 지역과 마찬가지로 광주와 무안에 국제선이 동시에 취항하게 해야 한다"고 강조했다. 같은 해 10월에는 재정경제부가 무안국제공항을 개항으로 지정하는 관세법 시행령을 입법예고하고, 2007년 11월에 무안국제공항을 개항하였다. 그러나 무안-광주공항 고속도로 개통까지 광주공항에 잔류를 희망하는 항공사의 잔류를 허용하는 것이 개항의 일시조건으로 제시되면서, 광주와 전남의 갈등의 골은 깊어져 갔다. 목포시의회는 광주공항 국제선 잠정 존치 반대 결의문을 발표하고, 전라남도 시장 · 군수협의회 국제선 조기 이전 촉구 결의문을 발표하는 등 광주공항과 무안국제공항의 이전갈등은 극을 향해 치닫게 된다.

2008년 들어서도 광주상공회의소가 광주공항 국제선 이전반대 성명을 발표하고, 광주시장은 무안국제공항의 이름에 '광주'를 넣어 변경하자는 의견을 제안하였지만, 무안군민의 반대로 채택되지는 않았다. 2009년 들어서는 군사공항 이전과 관련한 갈등이 심화되게 되었다. 이에 대하여 무안군에서는 군사공항 이전반대 군민대책위원회를 조직하여 군사공항 이전반대 군민결의대회를 개최하는 등 또 다른 갈등의 양상을 맞게 된다.

2009년 6월에는 감사원이 적자와 대규모 손실이 발생한 광주공항과 무안국제공항의 통합운영을 요구하게 된다. 감사원은 국토해양부(구 건설교통부)에 대한 감사결과 국내선만 운항해 적자로 전환된 광주공항과 당초 개항시기 재검토시의 전제조건대로 운영되지 못해 대규모 손실이 발생하고 있는 무안국제공항을 통합 운영하는 등 합리적 운영방안을 마련할 것을 국토해양부장관에게 통보했다. 감사원에 따르면 무안국제공항 개항은 광주공항을 폐쇄하고 국내선과 국제선을 모두 무안국제공항으로 이전하는 것을 전제로 무안광주 고속도로가 완공되는 2008년 이후가 적정하다는 연구 용역결과가 나왔지만, 국토해양부는 2007년 11월 무안국제공항을 개항한 뒤 2008년 5월 무안광주 고속도로가 완공되자 광주공항의 국제선만 무안국제공항으로 이전했다고 밝혔다. 감사원의 발표가 있자 전남측은 "광주 · 전남지역 미래 후손들을 위해 대승적으로 광주공항과 무안국제공항은 통합 운영돼야 한다"고 보다 적극적으로 나서게 되었다.

이처럼 광주 국내선의 무안국제공항으로 통합 이전에 한정되어 있던 광주-무안 공항기능이전 갈등은 2008년 들어오면서 광주공항 국제선 재유치 논의가 진행되면서 새로운 국면을 맞이하게 된다. 광주지역 여행업계 등 민간단체 인사 100여 명으로 구성된 '광주공항 국제선 유치위원회'가 구성되어 국제선을 취항시킨다는 목표를 가지고 본격적인 활동에 들어간 것이다. 이들은 2007년 12억 원이었던 무안국제공항의 적자가 1년 만에 71억원, 그동안 순이익을 냈던 광주공항도 2008년에 11억 원의 적자를 냈다는 근거를 제시하고 있다. 광주시는 "무안으로 이전 당시 광주공항에서 주 13편이 운영되던 국제선이 무안국제공항으로 이전된 후 주 4편으로 대폭 축소돼 호남권의 국제선 기능을 유명무실한 빈사상태로 만들어 이 지역의 국제선 이용객을 인천국제공항과 김해국제공항으로 유출시키는 결과만 초래했다"고 지적했다. 실제로 광주공항 국제선이 이전한지 2년이 지난 후에 무안국제공항에 남아있는 국제선은 1개 노선뿐이다. 결국 두 공항 모두 존폐위기에 몰린 만큼 광주공항이라도 살려야 한다는 주장을 폈다. 국토해양부측이 "광주공항과 무안국제공항 모두를 운영하는 것은 국가적 낭비"라고 주장한 데 대해 광주광역시장은 "광주공항이 적자공항으로 전락한 이유는 2008년 광주공항 국제선을 무안국제공항으로 이전했기 때문"이라며 "광주공항의 적자는 무안국제공항의 적자규모에 비해 미미한 만큼 폐쇄해야 할 공항은 광주공항이 아니다"라고 지적했다. 광주시민단체연합은 "국내선 이용객이 136만 명이나 되는 광주공항을 폐쇄하고 2만 명에 불과한 무안국제공항으로 통합하는 거꾸로 된 상식 밖의 계획에 납득할 수 없다"며 "국토해양부의 계획을 즉각 철회하라"고 요구했다.

광주광역시를 비롯해 경제인과 광주지역 여행 업계의 경우 국제선 재취항을 주장하고 있으나 전라남도와 국토해양부의 경우 무안국제공항을 육성해야 한다며 반대하고 있다. 특히 전남 무안지역 시민사회단체들이 광주공항 국내선의 무안국제공항 이전을 촉구하고 나섰다. 무안국제공항 활성화 대책추진위원회와 군번영회는 성명을 통해 "무안국제공항은 환황해시대에 대비한 서남권의 성장거점기지로 광주공항의 기능 이전을 전제로 추진된 국가적 프로젝트"라며 "정부는 당초 계획안대로 광주공항 국내선을 무안국제공항으로 조기 이전해 정부정책의 일관성을 보여달라"고 요구했다.

결국 갈등의 골은 광주공항과 무안국제공항의 운영실적의 악화가 양측의 갈등을 심화시키는 원인이 되고 있다. 광주공항은 무안국제공항이 개항하기 전만 해도 이용 승객이 160만 명을 넘었고 김포국제공항을 비롯해 제주국제공항, 김해국제공항, 인천국제공항과 함께 흑자 공항에 속했다. 그러나 국제선이 모두 폐쇄되면서 이용객이 감소 추세로 돌아섰으며 향후 호남고속철도가 개통되면 감소세는 더욱 가파르게 나타날 것이라는 예측이 나오고 있다. 이에 대하여 전라남도와 무안군 주민의 경우 서남권 거점공항으로 건설한 무안국제공항으로 광주공항 국내선이 이전되어야 무안국제공항이 활성화가 된다고 주장한다.

전라남도는 그동안 광주공항의 국내선 이전 문제의 경우 광주시의 공식입장이 KTX 개통 이후 논의였던 만큼 입장표명을 자제해 왔으나 최근 광주지역 일부관광단체의 국제선 재취항 추진과 국토해양부의 양 지역 공항에 대한 여론조사 실시 등 분위기가 심상치 않게 돌아가자 태도를 공세적으로 바꾸게 된다. 2009년 전라남도는 무안국제공항 활성화를 위해 국토해양부, 한국공항공사 등 관련기관에 광주공항 국내선의 무안국제공항 이전 약속을 조속히 이행해 줄 것을 강력히 촉구하고 나서는 보도 자료를 배포하면서 공식적인 입장을 표명하자 곧이어 전 광주시장이 기자간담회를 통해 “광주공항 국내선 이전은 불가할 뿐만 아니라 무안국제공항으로 이전된 국제선 노선의 전세기 취항인가까지 요청할 것이다”라고 밝히는 등 양 시도의 갈등의 골은 더욱 깊어지게 되었다. 광주공항 국제선 유치위원회는 “광주공항 국제선이 무안국제공항으로 옮긴 후 중단과 취항을 반복하다 결국 2009년 하반기에 모든 노선이 중단됐다”며 “광주공항이 존재하는 한 호남권의 국제선은 반드시 광주공항에서 취항해야 한다”고 주장하면서 국제선 재취항 건의문을 국토해양부에 제출하였다.

이런 갈등 속에서 지역주민을 대상으로 설문조사를 실시한 결과 전라남도와 광주광역시 주민 57%가 공항기능 통합에 찬성하고 있지만 대다수 광주광역시 시민들은 광주공항과 통합하는 의견이 많았다. 지역별로 보면 광주는 ‘필요하지 않다(52.2%)’가 ‘필요하다(47.8%)’ 보다 우세했고, 전남은 ‘필요하다(68.2%)’는 의견이 ‘필요하지 않다(31.8%)’는 의견보다 훨씬 많았다. 통합이 필요하다면 어느 쪽으로 통합해야 하느냐는 질문에 전체 응답자의 51.0%가 광주공항으로, 49%가 무안국제공항으로 통합해야 한다고 답했으며 지역별로는 광주는 58.2%가 광주공항을, 전남은 54.8%가 무안국제공항으로의 통합을 원하는 것으로 조사됐다.[2)]

2) 광주와 전남지역 1,000명을 대상으로 2010년 27~28일간 설문조사를 실시한 결과이다(한국일보 2011. 1. 2.).

2010년 들어서도 광주시가 국제선 재취항을 강력히 희망하고 있으며, 전라남도는 무안국제공항 활성화 방안을 주장하는 등 여전히 합의점을 찾지 못하고 있었다. 광주광역시장은 2010년 12월 전라남도 지사와 만난 자리에서 "광주공항 국제선을 무안국제공항으로 옮겼지만 결과는 실망스러웠다"라고 정부 정책을 비판했고 일부지역민은 "광주공항 국제선 폐쇄는 호남전체의 비운"이라고 언급했다. 또한 한중문화교류회는, 무안국제공항 개항은 4년 가까이 되고 있지만 희망이 없는 공항으로 광주공항 국제선을 재취항하든지, 그렇지 않으면 군산공항이라도 활성화해야 한다고 주장하기에 이르렀다.

이런 가운데 호남미래연대가 주최한 민간공항이전에 관한 공개토론회는 새로운 합의 가능성을 발견하는 계기가 되었다. 민간공항이 이전한다면 군사공항도 함께 받아들일 수밖에 없지 않느냐는 주민의 의견이 나온 것이다. 지금까지 평행선을 달리던 갈등은 지역주민을 대상으로 설문조사 결과가 발표되면서 2011년부터 상황이 조금 호전되기 시작하였다. 이 같은 상황이 지속되면 자칫 두 공항이 공멸할 수 있다는 위기감에 사로잡히면서 지방자치단체를 중심으로 협상을 하기 시작하였다. 2011년 2월에 광주-전남 광역행정협의회를 통하여 전라남도는 더 이상 광주공항의 국내선 이전을 주장하지 않기로 하고 무안국제공항의 활성화에 전력을 기울일 것을 선언한 것이다. 전남은 2014년 호남고속철이 완공되면 공항 수요가 줄어 광주공항 국내선은 큰 의미가 없고 광주시민들이 국내선 존치를 계속 바라고 있는 점을 감안해 더 이상 국내선 이전에 관심을 두지 않겠으며 앞으로 무안국제공항의 국제선을 늘리고 물류회사와 항공정비사를 유치하는 데 힘쓰겠다며 방향을 전환했다. 광주시도 광주지역 관광업계와 경제계부터 무안국제공항을 이용하도록 하고 무안국제공항의 국제선 유치를 위해 함께 노력해 무안국제공항을 서남해안의 대표공항으로 만들겠다고 밝혔다.

한편, 국내선 및 국제선 유치와는 별도로 광주 군사공항의 이전도 갈등의 불씨를 안고 있다. 그동안 무안국제공항으로 국내선을 이전하는 것에 대하여 광주시의 구 간에도 미묘한 입장차이가 발견되었는데, 광산구는 광주공항 무안국제공항 이전당위를, 광주시 서구의회에서는 "광주공항 폐쇄" 주장에는 반대하지만 장기적 차원의 이전은 필요하다는 입장이다. 광주공항의 경우 군 공항과 함께 사용하고 있는데 1995년 상무지구가 들어오고 송정읍이 커지면서 소음 문제로 지속적인 소송이 제기됐다. 최근 조사에 따르면 광주공항 주변이 전국에서 가장 시끄러운 것으로 나왔는데 소음 수준이 전국의 다른 공항에 비해 심한 이유는 공군비행장과 민간공항 기능을 겸하고 있고, 군항공기의 운항 횟수도 상대적으로 많기 때문에 광주 군사공항 이전을 위해 대책위를 발족하는 등 행동에 들어갔다. 최근 광주 군사공항 미군기지 주변 마을 오염 문제와 관련해 실태조사를 광산구가 먼저 실시하겠다고 밝히는 등 광주시 광산구는 적극적인 행보를 보이고 있다. 하지만 광주광역시와 전라남도는 군사공항의 이전은 매우 민감한 문제라 어정쩡한 입장을 표하고 있고 소음기준까지 완화되면서 해당 주민들의 반발이 이어지고 있다. 광주 군사비행장을 무안국제공항으로 이전하는 문제에 대해 이는 국방부에서 책임지고 결정할 사항으로 자치단체에서 논의할 사항이 아니라고 선을 긋고 있어 앞으로 논란이 예상된다. 하지만 공항 통합에 있어서 간과해서는 안 될 문제가 바로 광주 군사공항 이전 문제인 만큼 광주공항과 군사공항을 묶어 논의하는 것이 갈등을 해결할 수 있는 한 방안이 될 수 있다는 생각이 주민 일부에서 나오고 있다.

평소 각종 사안에 대해 긴밀한 공조체제를 유지했던 양 시 · 도지만 공항 문제에 대해서는 서로 다른 목소리를 내고 있다. 살펴본 바와 같이 광주지역에서 광주공항 국제선 재유치에 나선 데 대해 목포지역 상공인들이 정면 반발, 광주시와 전라남도 광역 지자체 간 갈등이 확산되는 모양새를 보이고 있다. 이런 가운데 이를 조정해야 할 주관부처인 국토해양부가 '선(先)지역 내 문제 해결' 입장을 밝히며 미온적인 태도로 일관해 양 지역의 갈등은 지속되어 왔다. 광주공항과 무안국제공항 갈등은 지방 간 상생논리가 아닌 소지역주의에 기인한다는 시선도 있어 이제 지역에서 위기의식을 갖고 원만한 해결을 위해 움직이고 있다.

표 3 광주-무안 공항기능이전 갈등을 둘러싼 갈등 진행경위

	진행경위
▶2000. 9	무안국제공항이 개항하더라도 국내선 민간항공기능은 계속 유지되어야 한다는 입장 전달(광주시 → 건설교통부) * 광주 광산구는 공항이전 주장(군공항 소음피해) * (광주시) 광산구 의견 반대 보도자료 발표
▶2000. 12	제2차 공항개발 중장기 계획에서 무안국제공항 개항과 동시에 광주공항 국제선 기능 폐쇄 발표
▶2004. 6	감사원이 무안국제공항 '개항시기 조정' 권고 * 2003년 완공예정 → 2005년 → 2006년으로 연장된 바 있음
▶2004. 6	전남 무안군 광주공항 폐쇄 건의론 논의
▶2005. 7	무안국제공항 2007년 개항 요청 공문발송(전라남도 → 건설교통부)
▶2006. 10	건설교통부 장관(추병직) 무안국제공항 2008년 개항 언급
▶2006. 11	제3차 공항개발 중장기 종합계획 수립 · 고시(건설교통부) * 무안국제공항 개항시 광주공항 국제노선 이전

▸2007. 1	무안국제공항 2007. 11월 조기개항 방침 확인(2007. 1. 8) * 광주시, 광주시관광협회 반발 본격화 * 광주전남경영자총협회 반대성명(2007. 1. 9) * 광주시의회 국제선 존치 주장(2007. 1. 10) * 광주 광산구 광주공항 무안국제공항 이전당위 주장(2007.1.10) * 광주 서구의회 "광주공항 폐쇄" 주장 반대하고, 장기적 차원의 이전 필요 주장 (2007. 1. 17)
▸2007. 7	전 광주시장(박광태) 무안국제공항 국제선 이전은 시장성에 맡겨야 한다는 의견 제시
▸2007. 10	전 건교부장관(이용섭) 광주공항의 국제선 기능을 예정대로 다음달 8일 개항하는 무안국제공항으로 이전 방침 재확인 * 광주시민사회단체총연합, 광주관광협회 등 반발 심화
▸2007. 10	재정경제부 무안국제공항을 개항으로 지정하는 관세법 시행령 입법예고
▸2007. 11	무안국제공항 개항 * 무안-광주공항 고속도로 개통까지 광주공항에 잔류 희망하는 항공사 잔류 허용 (2007. 11. 1 건설교통부 장관 기자회견) * 목포시의회 광주공항 국제선 잠정 존치 반대 결의문 발표(2007. 11. 3) * 전라남도 시장 · 군수협의회 국제선 조기 이전 촉구 결의문 발표(2007. 11. 6)
▸2008. 5	광주상공회의소 광주공항 국제선 이전 반대 성명 발표(2008. 5. 9)
▸2008. 6	전 광주시장(박광태)이 무안국제공항의 이름에 '광주'를 넣어 변경하자는 의견을 국토해양부에 제안
▸2009. 6	감사원 무안국제공항 통합운영 감사결과 제시
▸2009. 10	군사공항 이전반대 군민대책위원회(무안군) 군사공항 이전 반대 군민결의대회 개최
▸2009. 11	NGO 차원의 광주공항 국제선 재유치 움직임 * 목포상공회의소, 전남지역경제인협회, 무안시민사회단체 반발 심화
▸2009. 11	전라남도는 광주공항 국내선 이전 약속 이행 촉구(2009. 11. 15)
▸2009. 12	광주공항 국제선 유치위원회 국제선 재취항 건의문 국토해양부 제출(2009. 12. 2)
▸2010. 7	광주시 국제선 재취항 건의서 제출 방침 * 전남, 무안 등 반발 심화(2010. 7)
▸2010. 11	국토해양부가 광주공항과 무안국제공항을 통합한다는 중장기종합계획안을 시도에 통보하고 시도 의견제출 요구
▸2010. 12	호남미래연대 주최 공개토론회 개최
▸2011. 1	제4차 공항개발 중장기 종합계획 발표. 광주공항의 국내선 기능을 무안공항으로 이전, 통합하고 중국 등 근거리 국제선 중심으로 취항을 확대
▸2011. 2	광주-전남 광역행정협의회에서 전남은 더 이상 광주공항 국내선 이전을 주장하지 않기로 하면서 갈등은 일단 봉합됨

3. 갈등구조분석

갈등구조분석은 첫째, 갈등의 주체측면에서 이해관계자의 구분과 상호관계, 주체별 이해관계 및 입장 구조, 주체별 주장 및 대응과 연합 가능성 등을 파악한다. 둘째, 갈등의 주요이슈와 쟁점에 대한 분석으로 이해관계 구조를 살펴보고 갈등관리를 위한 주장, 목표, 이해관계를 분리하며, 이해관계의 공통점과 차이점을 파악하여 갈등의 협상 가능성을 판단하는 기초로 활용한다.

1) 이해관계자 구분

광주공항과 무안국제공항 갈등의 주체는 직접적인 이해관계가 걸린 광주시와 전라남도가 상호대립하고 있고 양측의 주민집단과 사회단체가 각 지역의 자치단체를 중심으로 그룹을 형성하고 있다. 우선 광주를 지지하는 측의 그룹은 광주시, 광주시 관광협회, 광주지역경제단체, 기타 지역 NGO 등을 들 수 있다. 이중에서도 광주공항 이전으로 인하여 가장 큰 타격을 받고 있는 광주시 관광협회가 적극적이고 강경하게 광주공항의 기능은 시장수요에 따라 결정되어야 한다는 논리를 펴고 있는 집단이다. 그 외에도 광주시민단체의 목소리는 대체로 이와 같은 논리에 동조하고 있다. 광주시는 갈등현장의 중심에 서 있지만 상대적으로 소극적인 자세를 보이고 있다. 광주공항 국제선 재유치에 대하여 원칙적으로 동의하지만 지금까지 이어온 광주-전남 간의 관계와 지역정서, 중앙정부와의 관계와 관에서 국가정책에 대하여 직접적인 반대를 하기가 쉽지 않아 대외적인 활동은 가급적 자제하고 있다.

다음의 그룹으로는 무안국제공항으로 기능을 통합해야 한다는 의견에 지지를 하는 측으로 전라남도, 광주시 광산구, 무안군, 전남지역 사회시민단체, 국토해양부 등을 들 수 있다. 이들 중에서 무안국제공항이 위치하고 있는 무안군이 가장 강한 목소리를 내고 있으며, 전라남도는 당초의 국가계획대로 추진되어야 한다는 원론적인 입장을 고수하고 있다. 전라남도도 역시 전면에 나서서 갈등을 심화시키기는 어려운 입장이어서 겉으로의 주장은 국내선, 국제선의 이전을 넘어서 국책사업으로 추진된 무안국제공항의 활성화가 시급한 과제라는 것을 주장하면서 이를 위하여 호남고속철도의 무안 정차를 강하게 내세우고 있다. 그다음은 광주시에 속하면서도 광주시와 맞서고 있는 광산구로서 군사공항을 사용하는 광주공항이 이 지역에 위치하여 소음피해와 개발제한구역으로 인하여 지역발전에 저해요인으로 작용하고 있다고 주장하며 광주공항의 완전한 이전을 주장하고 있다.

마지막으로 공항정책을 수립하고 무안국제공항 건설을 계획한 중앙정부인 국토해양부의 입장이다. 실질적으로 갈등의 단초를 제공하고 있는 기관으로서 갈등의 중심에 있다고 할 수 있는 국토해양부는 갈등의 처음부터 지금까지 원론적 입장만을 되풀이하면서 적극적인 갈등해소를 위한 중재를 하지 않고 양측의 합의를 종용하고 있다. 광주공항을 지지하는 측이나 무안국제공항을 지지하는 측 모두가 국토해양부의 역할을 강조하고 있는 점은 이러한 논의와 궤를 같이하고 있다. 즉 광주나 무안국제공항을 지지하는 양측은, 현재 진행 중인 갈등은 양 시도가 주체가 되어 해결하기엔 무리가 있다는 지적을 하고 있다. 지역의 이해가 걸린 문제로서 어느 한쪽이 양보하는 것은 불가능한 상황이기 때문에 중앙정부가 보다 적극적으로 이 문제를 해결해 줄 것을 요구하고 있다.

그 외에 감사원의 개입이다. 감사원은 정책적인 측면에서 수요문제를 이유로 무안국제공항 개항연기를 권고하고 개항 이후에도 무안국제공항의 통합운영 감사결과를 제시하면서 기능통합을 권고하는 등 전남의 입장을 지지하는 것으로 보이지만 중립적 입

표 4 광주공항과 무안국제공항 갈등 이해당사자

구분	광주공항 지지	무안국제공항 지지
갈등주체	광주시, 광주관광협회, 광주경제단체 등	전라남도, 광산구(광주시), 무안군번영회, 국토해양부 등
	감사원, 경실련 등 NGO	

그림 1 갈등지도

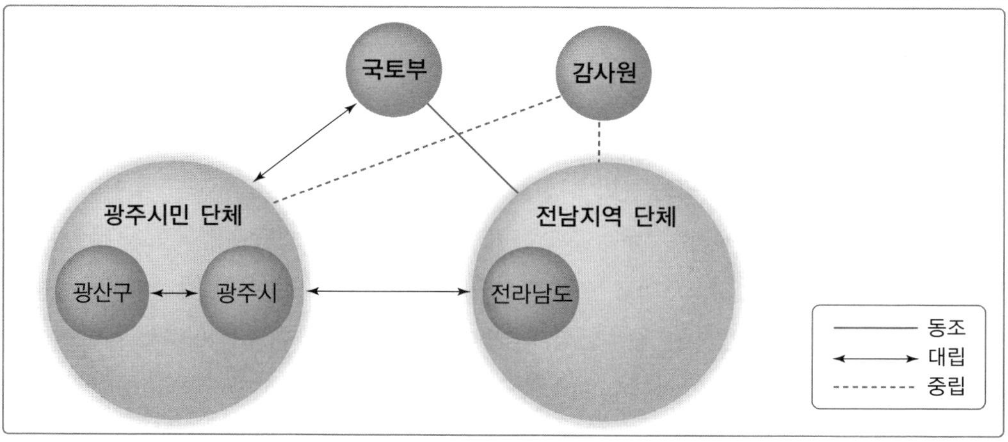

장에서 감사결과를 발표하였다.

이렇게 볼 경우 갈등상황에서 광주시를 중심으로 광주공항 입장을 지지하는 그룹이 시장수요를 바탕으로 강경한 목소리를 내고 있으면서 갈등현장을 지배하고 있다. 이에 반해 전남 무안국제공항을 지지하는 집단은 정책의 일관성을 내세우면서 수세적인 방어에 몰두하고 있다고 볼 수 있다.

2) 갈등이슈와 주요쟁점

본 갈등의 이슈는 시장수요에 따른 공항정책이 되어야 하는가와 추진된 국가정책의 일관성을 유지하여야 하느냐의 싸움이다.

먼저 공항수요와 관련하여 대도시라는 배후 공항수요를 가지고 있는 광주시 입장으로서는 수요자 이용편의를 위하여 광주공항으로의 기능통합이 순리라고 보는 것이다. 보다 이성적이고 합리적인 판단으로 공항정책이 이루어져야 한다는 입장이다. 두 번째 이슈인 정책의 일관성과 관련해서는 국가의 정책이 일관성을 유지하여 신뢰를 확보하여야 하고 이는 곧 무안국제공항을 거점공항으로 육성하겠다는 당초취지와도 합당하기 때문에 공항으로서 제 기능을 할 수 있도록 해야 한다는 것이다. 이같은 전남의 입장은 수요를 바탕에 두지 않고 있기 때문에 갈등현장에서 수세적 입장에 있다. 이런 자세는 시간이 흐르면 당초 정책대로 진행될 것이라는 생각과 괜히 맞대응을 하여 갈등을 키워 공항수요를 가지고 있는 광주 지역주민의 반감을 사는 것이 이롭지 않기 때문이다. 세 번째 이슈는 기피시설에 대한 거부반응이다. 군사공항시설은 소음을 발생시키고 주변의 발전을 저해하는 시설로서 주민 생활에 불편을 주는 대표적인 기피시설이다. 따라서 광주시 광산구 입장에서는 이번 무안국제공항으로 기능통합을 계기로 군사공항의 이전도 함께 이루어보자는 생각이다.

주요쟁점으로는 광주공항의 국제선 이전이 가장 먼저 떠오른 쟁점이다. 무안국제공항으로의 통합은 당초 공항정책으로 확정되어 있었으나 2007년 무안국제공항의 조기개항시 개항조건에 따라 항공업체는 희망하는 공항을 선택하여 수개월 운용하기도 하였으나 2008년 중 무안광주고속도로가 개통되면서 광주국제공항의 국제선 전 노선이 무안국제공항으로 이전하게 되었다. 그 결과 현재 광주공항에는 국내선만, 무안국제공항은 국제선만 취항하고 있어 상대 공항에 있는 국제선, 국내선을 이전해 줄 것을 서로 주장하고 있는 형국이다. 광주공항은 무안국제공항의 국제선을 이전해야 한다는 주장이며, 무안국제공항은 광주공항의 국내선을 이전해야 한다는 주장을 하고 있는 것이다.

우선 광주공항을 지지하는 이들은 기존 흑자운영을 하였던 광주공항이 적자로 돌아선 것은 광주공항의 국제선 기능이 무안국제공항으로 빠져나갔기 때문인데, 이는 무안국제공항 국제선에 대한 시장수요가 뒷받침되지 못했기 때문이라고 주장한다. 따라서 현재 무안국제공항에 있는 국제선도 시장기능에 맡겨 광주공항으로 다시 가져오고, 무안국제공항은 국제선 노선을 자체적으로 계획, 유치해야 한다는 주장을 하고 있다. 반면 국제선 이전 문제에 대하여 무안국제공항을 지지하는 이들의 주장은, 국제선 이전은 아예 논의의 대상이 아니라는 입장이다. 애초 무안국제공항 개항은 인근에 위치한 광주공항 폐쇄를 전제로 호남권 공항계획이 수립되었다는 주장이다. 따라서 국가계획을 지속적으로 추진하기 위해서는 국내선이 이전되어야 하는 것이지, 국제선 이전은 아예 논의대상이 될 수 없다는 주장을 하고 있다.

두 번째 이슈는 국내선 이전 문제를 들 수 있다. 무안국제공항을 지지하는 이들의 주장은 무안국제공항이 적자운영을 하는 것은 정치적 이해관계에 따라 당초 계획이 변경되었기 때문이라는 것이다. 즉, 무안국제공항은 국내선과 국제선이 동시에 취항하기로 계획되었는데 국제선만 무안국제공항에서 취항한 결과 무안국제공항 활성화가 이루어지지 않고 있다고 주장한다. 따라서 무안국제공항 활성화를 위해서는 광주공항의 국내선을 조기에 무안국제공항으로 이전해야 한다는 생각을 가지고 있다. 반면 광주공항을 지지하는 이들이 주장하는 것은 현 시점에서의 국내선 이전은 무안국제공항 활성화에 직접적인 도움이 되지 않으며, 광주시민들에게도 많은 불편과 피해를 유발하는 등 상생협력과는 배치되는 것으로 무리하게 추진해서는 안 된다는 입장이다. 호남 KTX 개통까지는 무안국제공항의 접근성 문제, 연계교통망 문제, 시간거리 문제 등을 고려하여 현재의 국내선을 그대로 유지해야 한다는 주장이다.

세 번째, 국제선 및 국내선 이전 문제에 비해 상대적인 비중은 낮지만 양 시 · 도가 모두 언급을 꺼려하는 군사공항 이전을 들 수 있다. 무안국제공항을 지지하는 사람들의 주장은 광주공항 이전과 군사공항 이전은 별개의 사항이며 이를 함께 논의하는 것 자체가 어불성설이라고 생각한다. 당초 공항 중장기계획에서 논의된 것은 광주공항 이전이지 군사공항의 이전은 아니라는 것이다. 반면 광주공항을 지지하는 사람들의 생각은 다소 다르게 나타난다. 현재 논의의 중심쟁점이 국내선, 국제선 이전문제임은 분명하나, 광주공항이 군사공항을 함께 이용하기 때문에 군사공항 이전문제가 전혀 중요하지 않은 것은 아니라는 입장이다. 광주광역시의 자치구 간에도 군사공항에 대한 미묘한 입장 차이를 보이고 있는데, 광주공항이 있는 광산구는 광주공항 이전을 적극 찬성하고 있으며, 서구는 단기적으로 반대하지만 장기적으로는 찬성하고, 다른 구들은 적극적인 반대 입장을 보이고 있다. 이러한 이유는 앞에서 언급한 바와 같이 광주공항이 광산구에 있어 지역주민의 군사공항 소음피해가 심각하고, 인근 서구에도 일부 영향을 미치기 때문이다. 실제로 2009년 들어 군사공항 문제에 대해 국방부의 용역결과가 발표되고, 이에 대해 무안군민이 집단 반발하는 등 군사공항의 이전 문제도 광주공항과 무안국제공항 갈등의 이면에 자리 잡고 있으며 향후 이 쟁점이 전면에 떠오를 경우 갈등의 확산도 배제할 수 없다.

지금까지 살펴본 쟁점을 보면 공항의 기능통합에는 대체적으로 동의하고 있는 것으로 보인다. 이는 자칫 두 공항의 공멸로 이어질 수 있기 때문이다. 방법에 있어서 공항수요를 바탕으로 한 광주공항으로의 통합이냐, 정책실패를 하지 않기 위한 무안국제공항으로의 통합이냐에서 주도권은 시장경제에 따른 공항수요를 우선시하는 쪽이 가지고 있는 모양새를 보인다. 결국 갈등해소를 위해서는 이들 부류에게 대안을 제시하고 어떻게 설득할 것인가에 달려있다고 하겠다. 그다음의 쟁점인 군사공항 이전은 각자 이해타산에 따라 좀 복잡하게 얽혀 있다. 따라서 선불리 이슈화하여 갈등의 전면에 부상하는 것을 상호 원치 않는 것으로 볼 수 있다. 다만 향후 가장 민감한 이슈로 부상하여 광주공항과 무안국제공항 갈등의 중심으로 쟁점화될 가능성이 있다.

표 5 광주-무안 공항기능이전 갈등을 둘러싼 주요 쟁점

구분	광주공항 지지	무안국제공항 지지
주요쟁점 ① 국제선 문제	• 광주공항 국제선 재취항 주장 • (주장근거) 시장성에 맡겨야 한다는 주장	• 국제선은 논의의 대상이 아님 • (주장근거) 국가계획 기확정 내용
주요쟁점 ② 국내선 문제	• 호남 KTX 개통시 다시 고려할 수 있음 • (주장근거) 지역경제 붕괴	• 광주공항 국내선 조기 이전 • (주장근거) 무안국제공항 활성화를 위해 국내선 이전을 주장
주요쟁점 ③ 군사공항 문제	• 현재 논의의 중심은 군사공항이 아님	• (전남) 무안국제공항과 군공항을 함께 논의하는 것 자체가 불가 • (광산구) 지역주민 소음피해 해결을 위해 광주공항과 패키지이전 주장

갈등상황에서 각 당사자가 겉으로 주장하는 바와 실질적으로 추구하는 이해가 다를 수 있다. 주장하는 바는 대외적으로 명분이 있는 이슈를 내세우고 표현하는 것이라면 목표는 집단이 원하는 것이며 이해는 개인 각자의 이익과 관련되는 것이 보통이다. 따

라서 갈등이해분석에서는 갈등현장에서 주장, 이해, 목표를 분리하여 접근하는 것이 필요하다.

각 이해관계를 계층별로 분석해 보면 광주공항을 지지하는 입장에서 우선 목표는 무안국제공항 활성화로 전남이나 국토해양부, 광산구가 동일하다. 그다음 겉으로 주장하는 바는, 전남과 국토부는 국내선의 무안국제공항으로의 통합이며, 광산구는 국내선뿐만 아니라 군사공항 이전까지 주장한다. 마지막으로 이해관계를 보면 각자 추구하는 바가 다르다는 것을 알 수 있다. 전남은 공항활성화를 통해 지역발전을 도모하겠다는 것이고, 국토해양부는 정책의 일관성과 신뢰성에 관심을 가지고 있다. 광산구는 군사공항의 소음피해에서 벗어나고 비행장의 이전에 따른 지역발전에 이해가 가장 큰 이해관계에 있다고 할 수 있다.

그림 2 무안국제공항 지지측의 이해, 주장 및 목표

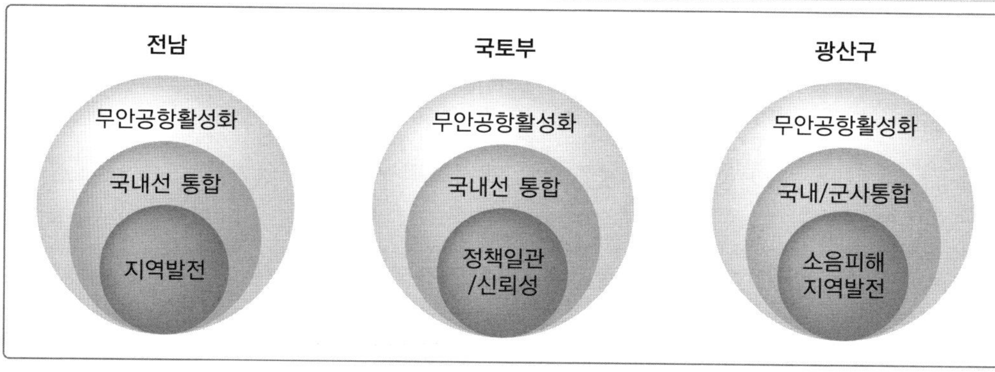

그림 3 광주공항 지지측의 이해, 주장 및 목표

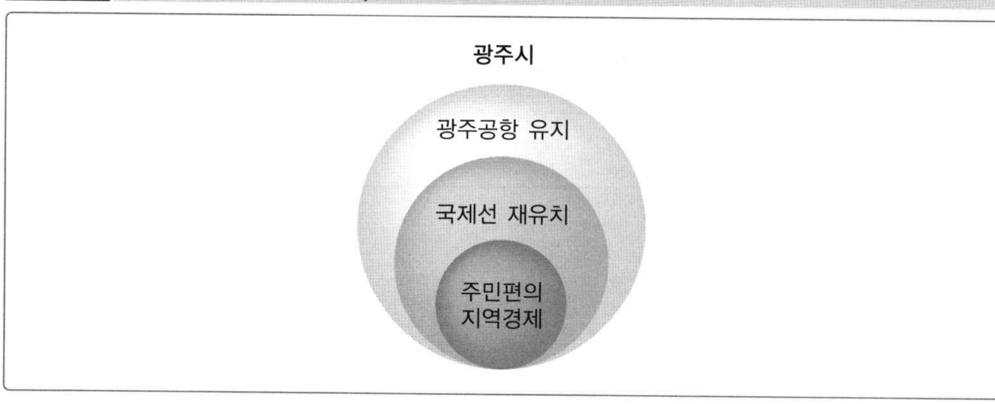

광주공항을 지지하는 측의 목표는 대도시의 면모에 맞게 광주공항을 유지하는 것이다. 이런 목표하에 시장원리를 내세워 국제선 재유치 주장을 하고 있는 것이다. 이해관계를 들여다보면 지역주민의 편의와 지역경제의 활성화를 도모하려는 의도를 엿볼 수 있다.

3) 갈등의 원인

광주-무안 공항기능이전 갈등의 원인(遠因)은 공항정책 결정에 따른 서남권 거점공항 건설시 제대로 된 공항수요에 기초하지 않고 이루어진 결과로 볼 수 있다. 장래수요 전망과 시장수요의 선호를 반영하지 못하여 무안국제공항은 연간 여객 수용시설이 519만 명에 이르지만 겨우 10만 명 내외를 처리하여 2%에 불과할 뿐이다. 동시에 무안국제공항의 국제선의 운항이 활성화되지 못하고 사실상 폐지되어 광주시의 국제항공 수요자들에게 불편을 가중시키는 결과를 가져온 것이 갈등의 씨앗이 되었다.

갈등의 직접적인 원인(原因)은 이해관계에서 검토해 본 바와 같이 지역발전, 주민편의, 지역의 소음피해 등 지역현안과 관련된 문제가 작용하였다. 전남과 광주 지역전체의 발전보다는 내가 속한 지역을 최우선시 하는 소지역주의가 한 원인이다. 그 다음 갈등을 해소하지 못하고 지속시키는 원인은 정책을 수립하고 집행한 중앙정부의 적극적인 중재노력이 없다는 것이다. 공항기능통합과 관련한 갈등이 지속되고 있음에도 정부는 두 공항 간 통합시기에 대하여 “지자체 간 합의 여부와 오는 2014년 준공 예정인 호남고속철도 개통시기 등을 감안하여 시기를 검토하겠다”는 모호한 방침을 내놓고 지방자치단체의 합의를 전제로 하여 공을 지방에 넘긴 것으로 볼 수 있다. 그간 통합을 둘러싸고 계속돼 온 광주시와 전라남도 간 갈등을 지속시킬 우려까지 낳고 있다. 동시에 무안국제공항의 활성화 대책도 구체적인 방안을 제시하지 못하고 있다.

다른 갈등의 원인은 군사비행장과 관련한 것으로 비행기 이착륙시의 소음피해와 군사시설주변의 개발제한에 따른 지역발전에 장애가 된다는 것이다. 특히 소음피해는 소음측정결과 가장 심한 것으로 판명되어 지역주민의 군사비행장 이전요구가 거세질 것으로 예상된다. 정부가 국책사업으로 무안국제공항을 건설하면서 원래 군용비행장이었던 광주공항과의 기능통합을 전제로 했음에도 갈등이 계속되고 있는데도 제 역할을 하지 않은 채 방치한다는 지적을 받고 있다. 결국 상당부분이 정부의 정책오류에 기인한다고 볼 수 있다.

4. 갈등의 사회적 영향

1) 갈등이 사회에 미치는 영향 개요

갈등이 사회에 미치는 영향을 구분하는 방법은 여러 가지가 있을 수 있다. 각 사회 분야별로 구분할 수도 있고, 갈등주체별로 미치는 영향을 볼 수 있다. 본 사례는 개인적인 갈등주체에 미치는 영향보다는 전체 지역사회에 미치는 영향이 크고 지역주민의 이용과 관련이 깊기 때문에 갈등주체 중 주민입장에서 보되 분야별로 영향을 분석한다.

파급영향의 종류 설정에 있어서 문제점은 갈등상황의 다양성으로 인하여 파급영향의 종류설정에 혼란, 실질적인 파급영향 범위와 정도에 대한 평가의 한계, 표준적인 갈등조정과정과 평가체제의 구축이 곤란하다는 것이다. 이런 한계에도 불구하고 본 사례 분석에서는 기존 연구의 단편적인 파급영향을 종합하고 주민이 외부로 표출한 의견이나 행동 등을 통하여 측정이 무난한 것으로 크게 사회적 영향, 경제적 영향 그리고 행정 및 정책적인 영향 등으로 설정한다.

첫째, 갈등이 미치는 영향은 사회적 파급영향이다. 우선적으로 사회의 안정성에 어떤 영향을 미쳤는가를 보는 것이다. 갈등은 사회적 안정성에 있어서 양면적인 영향을 주고 있다. 먼저 지역정책이나 시설입지와 관련하여 지역 간, 계층 간 이해관계에 따른 갈등의 지속은 집단갈등으로 변질하기 쉽고 새로운 이해관계인의 참여와 새로운 이슈의 발생으로 사회전체의 안정성에 심각한 영향을 미치는 결과를 초래할 수 있다. 또한 갈등으로 정책결정의 지연과 정책의 일관성을 해침으로써 사회조직의 안정성에 저해요인으로 작용할 수 있다. 그 외에 사회 안정성에 대한 영향으로는 갈등으로 인한 사회규범의 부재현상을 초래하고, 정부의 강압적 수단을 사용할 경우 갈등당사자의 비타협적 자세로 민주사회의 지속적 발전의 위기를 초래할 수 있다. 반면에 갈등을 사전에 경험함으로써 장차 발생할지도 모를 미래의 또 다른 갈등에 처할 경우 선행 갈등학습으로 인한 사회적 합의를 촉진하고 존중하여 사회적 안정성을 가져올 수 있다. 특히 갈등 이슈에 대한 합의 도출여부는 지지정도, 이행여부, 재협상 등 갈등사후의 안정성에 큰 영향을 미친다. 그 다음은 사회의 정체 및 일체성에 영향을 미친다. 갈등 진행과정에서, 또는 결과로 인한 구성원 간의 반목과 불신으로 자칫 지역사회의 반목과 분열로 이어져 지속적인 사회망(Social network)의 붕괴를 가져올 수 있다. 그러나 한편으로는 하나의 이슈를 중심으로 지역사회가 뭉치는 동시에 동시대와 동질성을 확인하는 지역사회의 정체성을 재정립하는 기회를 가져올 수 있으며 사회의 단결력을 통하여 일체성을 형성하는 계기가 될 수 있다. 그에 반하여 갈등행위로 인한 부정적 영향으로 지역이미지의 실추를 들 수 있다. 갈등대상 시설이 어떤 문제점이 있는 것으로 이슈화가 될 경우 장래에 그 시설이 입지했을 경우 지역적 이미지에 영향을 미치며, 갈등으로 인한 지역주민의 스트레스와 정신적 불안을 초래할 수 있다. 마지막으로 사회 만족성이다. 갈등을 통하여 정책수립 및 집행자가 갈등 이슈나 요구를 수용함에 따라 갈등진행이 긍정적인 방향으로 진행될 경우 사회 전체의 만족성이 높아질 수 있으나, 당사자 입장에서는 상대적이어서 일방이 만족성이 높으면 타방은 만족성이 낮은 것이 일반적이다. 사회적 파급영향을 분석하는 방법은 분석의 대부분 항목이 지역사회에 몸담고 있는 주민이나 지방정부가 느끼는 주관적인 판단이거나 또는 갈등의 사례를 동일기준으로 비교가 가능하도록 정형화가 어렵기 때문에 사례지역을 중심으로 주민과 갈등 이해당사자를 대상으로 설문조사와 인터뷰를 실시하여 영향의 정도를 파악하는 것이 통상적인 방법이다. 본 사례에서는 기존의 조사 자료나 표면화된 의견을 중심으로 판단한다.

둘째, 갈등영향은 경제적 파급영향이다. 경제적 파급영향에는 우선적으로 비용, 편익의 변화를 통하여 그 영향을 볼 수 있다. 갈등으로 인한 시설 공급시기의 지연으로 건설비의 증가와 적기에 시설이 공급되지 못함에 따른 기회비용의 지출 등 사회적 비용이 발생한다. 반면에 갈등국면에서 표출된 의견에 따라 바람직한 방향으로 시설 공급이 이루어질 경우 장차 발생될 비용을 최소화하는 편익이 있을 수 있다. 그 외에도 갈등으로 인하여 입지시설 자체가 무산되는 경우가 있을 수 있는데, 이 경우는 기회의 편익과 손실을 비교형량하여 볼 수 있다. 그 다음은 시설이용의 효율성과 관련된 영향이다. 갈등으로 인한 시설입지의 변경 또는 시설개선 등으로 인한 이용효율성 개선으로 경제적인 변화 발생이 가능하며, 시설투자에 따른 생산 및 고용창출은 직접적인 지역에 미치는 경제적 효과이다. 그러나 갈등으로 인한 시설입지변경으로 투자의 변경을 가져와 기회의 효과를 상실하는 경우 지역적 측면에서는 생산과 고용창출의 기회를 상실하는 결과를 초래할 수 있다. 파급영향 분석 방법은 지역에 긍정적 · 경제적 영향을 미치는 건설투자비와 시설가동으로 인한 지역생산증가의 기본적인 데이터를 기준으로 갈등이 발생하지 않았을 때와 갈등이 발생한 후 변화된 량을 기준으로 비교형량한다. 분석방법은 일반적인 영향을 분석하는 방법으로 시설투자에 따른 지역생산변화는 다지역산업연관분석모형을 이용하고, 시설가동으로 인한 예상된 고용창출규모는 경제기반고용모형을 이용하여 지역에 예상되는 경제적 영향을 추정한다. 본 사례에서는 정성적인 측면에서 판단하되 기존의 공항운영 자료를 기초로 경제적 영향을 분석한다.

셋째, 갈등영향 부분은 정치, 행정 부분이다. 먼저 갈등으로 인한 정책 결정기관이 당초 의도한 정책 달성도의 변화가 올 수 있으며 달성도의 정도에 따라 행정주체의 정책수행에 큰 영향을 미친다. 그다음으로는 정책의 수용성이다. 정책수용은 갈등이 발생함에 따라 상대방의 요구가 얼마나 정책에 반영되는가를 보는 것으로 정책의 일관성과도 관련이 있지만 정책에 대한 당사자의 만족과도 깊은 관련이 있다. 상황변화에 대한 적응성과 신속성을 나타내며 갈등완화를 위한 하나의 방법으로 유사갈등에 영향을 미친다. 정책의 효과성은 갈등으로 인해 추진되었거나 변경된 정책이 지역사회에 어느 정도 긍정적인 혹은 부정적인 효과를 주었는가를 보는 것이다. 정책의 달성도와 어느 정도 영향을 공유하지만 주로 갈등 후의 정책추진과 관련이 있으며 미래의 갈등방지효과에 영향을 미친다. 마지막으로 정책의 일관성과 관련하여 갈등은 필연적으로 정책의 변화를 요구하며 이에 대한 정책 결정권자의 수용여부는 갈등 해소에 큰 영향을 주게 되며, 이해관계자의 요구사항이나 문제가 된 사항을 정책담당기관이 수용할 경우 정책 입안시와 갈등 후의 정책 일관성에 영향을 미치게 된다. 이는 곧 정책의 신뢰성과도 직결되는 부분이기 때문에 정책을 수립하고 집행하는 측에서는 좀처럼 정책변화를 생각하지 않는 경향이 있다. 그 외에도 갈등의 사후적 영향으로 제도적 정비와 보완이 이루어져 유사한 갈등을 미연에 방지할 수 있으며, 또한 정부정책 준비에 있어서 절차상 필요한 다양한 영향평가에 철저를 기하여 갈등으로 인한 부정적 영향을 최소화하는 방안을 강구하게 하는 효과가 있다.

2) 사회적 영향

사회적 영향 가운데 가장 중요한 지역사회의 안정성에서 그간 지역의 동일체로서 대부분의 사안에 대하여 동일한 목소리를 내던 양 지역이 본 갈등에서는 첨예한 대립을 보이면서 지역사회의 분열을 가져오게 되었다. 특히 광주지역은 내부 분열까지 발생할 가능성을 나타내고 있다. 동시에 국제선의 재유치 운동으로 지역갈등을 심화시키면서 지역의 분열상은 더욱 고조되고 있다. 따라서 본 갈등은 지역 안정성에 심각한 악영향을 미쳤다고 볼 수 있다. 다행히 이슈의 분화로 인한 다수의 집단갈등으로 이행되지 않아 지역 내부의 분열까지는 가지 않은 것으로 판단된다.

그다음으로 지역사회의 정체성과 동일성의 확보와 관련하여서는 양측 모두에 부정적 영향을 미쳤다. 우선 광주시는 대로시로서의 이미지 확보에 악영향을 끼쳤고 동일성을 확보하는 데도 실패했다. 전남지역도 지리적인 관계로 인하여 전남 전체의 동일성을 확보하는 데 실패했다고 볼 수 있다. 다만 무안국제공항을 통해 지역의 정체성 확보에는 어느 정도 긍정적인 영향을 가져왔다. 마지막으로 사회의 만족성 측면에서는 갈등이 완전히 해소되지 않고 봉합하는 수준에서 갈등이 잠재되어 있기 때문에 양측 모두가 불만족한 상태에 있다. 특히 중앙정부의 노력이 적극적이지 않은 데 대한 불만과 점점 악화되어 가는 지역 공항사정으로 사회의 만족성은 낮다. 결국 본 갈등으로 인해 광주-전남지역에 이미지 실추와 더불어 지역사회의 분열상을 대외에 노출시키는 결과를 가져왔다.

3) 경제적 영향

경제적 파급영향은 무안국제공항 개항 이후 양 공항의 실적을 보면 악화 일로에 있다. 정책수립 당시에 전망하였던 장미빛은 무참하게 무너졌다. 양측의 지역경제에 부담만 가중되는 결과를 가져왔다. 우선적으로 지역공항의 위축은 광주지역주민이 수도권의 인천 및 김포공항 이용을 우선적으로 생각하면서 외부 이용객이 더욱 늘어난 결과로 지역경제에 부정적인 영향을 미쳤다. 무안국제공항이 개항하면서 광주공항의 국제선이 이전한 2007년부터 2011년까지 4년간 국내 항공수요는 크게 늘어났으나 호남권의 무안, 광주공항의 이용객수는 155만 명에서 146만 명으로 오히려 5%나 줄어들었다. 이 결과 흑자경영을 하던 광주공항이 적자운영으로 전환되었으며 무안국제공항의 손실은 크게 늘어나는 결과를 초래하여 지역경제에 부정적 영향을 주었다. 무안국제공항 시설이 제대로 가동되지 않고, 광주공항 이용도 늘어나지 않아 지역고용 창출이나 지역생산에 긍정적 영향을 미치지 못하고 있다.

동시에 지역주민의 입장에서는 수도권 공항이용에 따른 비용증가로 부의 효과도 무시할 수 없는 영향이다. 만약 공항기능의 통합으로 공항활성화가 조금이라도 이루어졌다면 공항노선 증가로 이어지고 공항교통수단의 다양화를 가져와 주민의 편의성이 증대하여 지역공항의 활용으로 다시 공항의 활성화로 이어지는 선순환을 가져와 지역경제 활성화에 기여하였을 것이다. 결국 상호 갈등으로 지역공항의 이미지 실추와 더불어 값비싼 갈등의 비용을 지불하고 있는 것이다. 특히 광주지역의 경제적 손실은 더욱 크게 느껴질 것이다. 주민들이 잘 이용하던 공항을 잃어버린 박탈감과 관광업계의 위축은 갈등현장에서의 강경한 목소리를 내는 이유가 되고 있다.

정부의 입장에서도 막대한 자금을 투자하여 건설한 공항의 시설이용률이 3%정도밖에 되지 않는다면 거의 유휴시설로 방치되어 있는 셈이다. 이에 따른 기회비용과 유지비용은 실로 막대할 것이다. 갈등에 휩싸일수록 비용의 지불은 늘어날 수밖에 없게 되어 있다. 조기에 갈등을 해소하고 공항의 정상화가 시급한 이유다.

4) 행정적, 정책적 영향

행정적, 정책적 영향은 주로 공항정책을 수립하고, 집행하는 중앙정부나 지방정부의 입장에서 분석되는 항목이다. 중앙정부의 공항정책의 달성도에 있어서는 아직 공항이 분리되어 운영되고 있고 당초에 의도한 정책의 달성에는 턱없이 모자란 형편이다. 이는 갈등의 영향도 있지만 정책의 타당성에서 문제점을 찾을 수 있다. 정책의 수용성은 정부의 입장에서 쓸 대안이 한정되어 있어 높지 않다. 주민의 입장에서는 갈등이 일어난 것은 정책에 불만이 있어서일 것인데 갈등의 결과 정책의 긍정적인 수용이 없었으므로 만족도가 극히 낮을 수밖에 없다. 물론 부분적으로는 광주주민의 입장을 고려하여 고속도로나 고속철도 개통시까지 기능통합을 유예하는 정책의 유연성을 보이기도 하였으나 근본적인 처방에는 한계가 있으므로 갈등을 근원적으로 해소하지 못하고 있다.

만족도 측면에서는 정부측도 정책의 달성도가 낮으니 만족도가 당연히 낮다고 볼 수 있다. 다음으로 정책의 효과성에서는 공항건설로 인한 정책효과는 거의 없는 것으로 판단되며 갈등으로 인한 효과성은 변화가 없다. 정책의 일관성은 일응 정부의 원칙천명으로 유지되고 있는 듯하다. 다만 정책수요의 잘못으로 개항시기의 변동이라든가 국내선의 이전에 대하여 유연한 대응은 전남지역 주민에게 정책의 신뢰성을 의심받기도 했다. 그러나 정책은 환경변화에 유연적으로 대응하는 것도 필요한 만큼 이를 두고 일관성을 상실했다고는 볼 수 없다.

Ⅳ. 갈등대응과 해결과정

갈등진행과 해결과정의 검토를 통하여 이해당사자의 자율과 참여, 절차적 정의와 신뢰성, 이익의 비교형량, 정보공개 및 공유, 지속가능한 발전 등을 고려하고 있는 지를 분석한다. 이를 기초로 갈등해소를 위한 다양한 기법 중 본 갈등사례에서 활용한 기법과 갈등관리 및 해소에 미친 성과를 파악한다. 동시에 갈등해소를 위한 갈등주체별 역할과 노력으로 대안마련과 수용 등을 살펴보고 주체별 갈등해소 또는 관리를 위한 전략을 분석한다.

갈등관리는 다양한 갈등주체 간 갈등의 원인을 분석하여 공공정책이나 사업추진 활동에 장애가 되는 역기능을 제거하고 갈등의 순기능을 고양시키는 활동으로 본 사례를 통하여 주체별 갈등관리 유형을 분류해 보고 어떤 갈등관리가 보다 유효하였는지를 살펴본다.

먼저 갈등현장에서 자율과 참여측면을 보면, 주민의 경우 다른 심각한 갈등과는 다르게 물리적인 집단행위가 발생하지 않았고, 따라서 타율적인 동원이나 행동의 지침 같은 것이 없이 자율적인 참여가 이루어졌다. 정부나 주민이나 절차적 정의를 심각하게 훼손하는 행동은 없었으며, 다만 상호 신뢰성 부분은 정부정책에 대한 전남지역의 신뢰성이 약화되었고, 특히 광주지역의 국제선 재유치는 직접 갈등당사자 간의 신뢰를 손상시키는 결과를 낳았다.

갈등과정에서 서로 주장하는 방안을 대상으로 이익과 비용에 대한 신빙성이 있는 비교형량은 이루어지지 못하였다. 적어도 쌍방이 수긍하기 위해서는 중립적인 전문기관이 서로 주장하는 바에 따라 어떤 이익이 발생하고 비용이 어느 정도 드는지를 분석해야 하지만 그렇게 하지 않았다. 따라서 자기주장만으로는 상대방을 설득하는 데 한계가 있으며 표피적이고 자기에게 유리한 방안을 상대방에게 일방적으로 알리는 수법을 사용하고 있다. 정보공개나 공유는 본 갈등사례가 이미 완성된 시설 이용을 둘러싸고 벌어지는 갈등이기 때문에 특별히 비밀로 하여야 할 사항이 없었다. 물론 군사비행장과 관련해서는 설문조사라든가 소음측정 등에서 정보에 대한 요구가 있을 수 있지만 특별히 이를 두고 문제가 되어 갈등을 확산, 심화시킨 것은 없는 것으로 파악되었다.

갈등주체별로 활용한 기법을 보면 주로 갈등진행과정에서 성명서, 요구서, 의견서 등을 해당기관이나 단체에 제출하는 형식을 따르고 있다. 일부 시민단체 등은 성명서나 결의문을 채택하는 경우도 있으나 주로 갈등을 지배하면서 강경한 입장을 견지한 광주공항을 지지하는 그룹이 활용한 방식이다. 지역적 정서로 인하여 갈등현장에 주민동원이 이루어지지 않아 물리적 힘을 과시하는 과격한 행동은 발생되지 않고 있다.

대안창출에 있어서는 시장수요에 유리한 고지에 있는 광주시 쪽에서 다양하게 나오고 있다. 가지고 있는 선택사항 중에 군사비행장을 지렛대로 활용할 수도 있음이 주민의견에서도 나타나고 있다. 반면에 전남측은 무안국제공항의 국제노선 활성화에 주력할 경우 3년 뒤 국내선 이전은 자연스레 이뤄질 것이라는 다소 느긋한 입장이기 때문에 굳이 광주와 실랑이를 할 필요가 없고 대안제시에도 소극적인 편이다.

1. 갈등에 대한 인식분석[3)]

1) 인식분석의 개요

지역갈등문제의 해결을 위해서는 갈등행위자의 인식을 살펴보는 것이 필요하다. 인식분석이 중요한 것은 세 가지 측면에서 살펴볼 수 있는데, 첫 번째 이유는 현대사회의 정책이나 계획의 위상 변화에서 찾을 수 있다. 정책이나 계획은 더 이상 주어진 목적에 대한 최적의 수단을 찾아가는 합목적적인 과정이 아니라, 다양한 이해관계의 조율과 합의를 도출하는 과정이라는 시각이 지배적이다. 즉, 정책과 계획의 실천성 담보를 위하여 정책과 계획의 입안단계에서부터 실행단계에 이르기까지 궁극적으로 사회구성원들 간의 사회적 학습과정으로 이해되어야 한다는 것이다.

두 번째는 개인 및 가치체계의 중요성이 증대되고 있다는 점이다. 점차 객관주의적, 보편적, 일반적 진실 개념의 대이론이 거부되고 있는 것이다. 이러한 환경 속에서 갈등은 사회구조뿐만 아니라 개인의 신념 등이 잠재원인으로 기능하기 때문에 집단갈등을 전체의 갈등으로 간주하고 갈등을 예방 · 관리하는 것은 문제의 본질을 직시하지 못하는 것이다. 따라서 모든 사회에 적용되는 객관주의적 이론은 더 이상 큰 의미가 없으며, 상이한 인식을 다양하게 검토할 수 있는 토대를 마련하는 것이 더욱 중요해지고 있다.

세 번째는 갈등이해당사자 범역의 확대이다. 통상적으로 갈등이 확대 · 발전됨에 따라 특정지역 내에 한정되던 이해당사자들의 범위(insiders)가 공간적 범역을 초월하는 이해당사자(outsiders)까지 확대되는 경우가 많다. 따라서 갈등을 촉발하는 원인에 대하여 구성원들이 어떻게 인식하고 있으며, 특정이슈에 대한 사회적 의식을 어떻게 형성하고 있는가를 우선 검토하는 것이 갈등관리에 필수적 요소로 등장하게 되었다. 이해당사자 간 집단적 대립이 아닌 개인들이 형성하는 사회의식 간 대립에 초점을 맞출 필요가 있다.

갈등의 진행과정에 작용하는 것으로 갈등의 기저를 이루는 원천은 행위자 가치관의 차이, 신념 또는 규범에 대한 충성심의 충돌 등 다분히 심리적인 것과 희소자원에 대한 배분이나 권한 등 사회적인 원인으로 구분된다. 일반적으로 갈등의 직접적인 원인은 특정한 정책이나 사업 및 이슈 등과 관련하여 나타나는 원인으로 주변상황이나 구체적

3) 인식분석 부분은 '국토개발과정에서 지역 간 갈등관리 및 해소방안(박형서 외, 2010)' 연구의 자료를 일부 수정한 것임.

이고 객관적인 조건의 변화에 따라 변동될 수 있는 원인이라면, 갈등의 원천으로 작용하는 원인들은 상당히 주관적인 요소가 강해 변화시키기가 어렵다. 근원적이고 효과적인 갈등관리를 위해서는 원천적인 요소에 대한 고려가 필수적이다. 상호 이해의 폭을 넓히고 능동적인 갈등관리를 위하여 갈등의 발생-확산-축소-해소에 이르는 갈등의

표 6 광주-무안 공항기능이전 갈등에 대한 인식 표본

번호	항 목
1	지역발전을 위해 국제공항이 매우 중요하다.
2	국제공항은 대도시와 가깝게 있어야 한다.
3	공항 활성화를 위해서는 국제선과 국내선이 동시에 있어야 한다.
4	국제선과 국내선 이전 문제를 해결하기 위해서는 민간부문이 앞장서야 한다.
5	국가에서 건설한 국제공항 시설은 적극적으로 활용할 필요가 있다.
6	공항 문제로 갈등이 생겼으나, 광주와 전남은 하나의 공동체라 생각한다.
7	언론에서 우리지역의 공항문제를 과대 포장하여 갈등을 심화시키는 경향이 있다.
8	광주시장과 전라남도지사가 협의 · 조정하지 못했기 때문에 갈등이 심화되었다.
9	일단 결정된 국가정책(공항건설)에 대해서는 지역이 적극 협조해야 한다.
10	국제선과 국내선 유치는 시장수요 원칙에 따라 결정하면 된다.
11	중앙정부가 광주-무안 공항기능이전 갈등해결에 적극적이다.
12	국제선과 국내선이 융합하면 무안국제공항의 항공수요는 충분히 창출될 것이다.
13	광주와 무안의 거리는 매우 가깝다고 생각한다.
14	군사공항은 우리 지역발전에 도움이 된다.
15	공항입지로 지자체의 재정상황이 개선되었다.
16	양 시 · 도 대립은 광주와 전남의 상생발전에 제약을 준다.
17	무안국제공항은 국제공항으로서의 경쟁력 있는 입지를 가지고 있다.
18	광주공항은 도시 한가운데 있어 도시발전에 장애를 초래한다.
19	무안국제공항의 개항시기는 적절하였다
20	무안국제공항 명칭은 국제 인지도가 높은 지명을 활용할 필요가 있다.
21	호남 KTX 개통으로 국내 항공수요가 크게 줄어들 것으로 생각한다.
22	광주와 무안의 공항기능은 서로 달라야 바람직하다.
23	이해당사자들이 문제해결을 위해 상호의견을 교환할 기회나 장소가 많았다.

진행과정에서 주요한 요인으로 작용하는 갈등을 바라보는 갈등행위자(주체)의 인식유형과 인식차이 등 심리적인 인식구조를 분석한다.

광주-무안 공항기능이전에 대한 인식분석을 통하여 첫째, 광주-무안 공항기능이전 갈등과 관련해서 다양한 갈등행위자들이 지니는 가치, 신념, 믿음, 태도, 의견, 선호, 평가 등 인식은 어떻게 나누어지며, 그 유형별 특성은 무엇인가? 둘째, 발견된 각 인식유형에 걸쳐 나타나는 공통된 차원과 차이점은 무엇인가? 셋째, 각 인식유형의 심리적 특성을 고려하여 갈등을 조정하고 해결을 위한 시사점은 무엇인가?를 밝혀본다.[4] 인식분석을 위한 모집단은 관련 문헌 및 미디어 조사, 그리고 심층 면접 등을 통하여 구축하고 이를 기초로 23개 표본(Q)을 추출하였다. Q표본에 대한 인식조사를 위해 설문대상자(P표본)에게 표본에 대한 인식정도를 조사하여 QUANL 프로그램을 활용하여 분석을 실시하였다.

2) 분석결과

분석결과, 광주-무안 공항기능이전 유치에 대한 이해당사자들의 인식유형은 크게 ① 대도시 시장결정형, ② 지역통합 우선형, ③ 국가정책 신뢰형의 세 가지로 도출되었다. 이들 3개 유형의 상관관계계수는 매우 낮은 것으로 보아 각 유형은 서로 독립적인 관계에 있음을 알 수 있다.

표 7 광주-무안 공항기능이전 유치에 대한 인식유형별 상관관계계수

구분	1유형	2유형	3유형
1유형	1.000	.102	.090
2유형	.102	1.000	.546
3유형	.090	.546	1.000

(1) 제1유형: 대도시 시장결정형

제1유형은 경제적 가치와 국제공항의 시장기능을 가장 중시하는 유형으로, 공항의 입지, 국제·국내선 취항 등 공항기능은 시장에서 모두 해결할 수 있다는 생각을 가지고 있다. 국제공항은 대도시와 가깝게 있어야 한다는 생각을 강하게 가지고 있으며, 지

4) 인식분석(주관성 분석) 방법은 전게서(박형서 외, 2010) p. 57 참조.

역발전을 위해서도 국제공항이 매우 중요하다는 생각을 가지고 있다. 이들 인식유형에서 나타난 공통점은, 국제선과 국내선은 시장수요 원칙에 따라야 하며, 인위적으로 조정시 광주와 전남이 공멸할 수 있다는 위기의식을 가지고 있다. 무안국제공항에 대하여 매우 비판적인 입장이어서 무안국제공항이 경쟁력 있는 입지도 아니며, 국내선이 이전하여 국제선과 융합하더라도 무안국제공항의 항공수요는 창출되지 못할 것이라고 생각한다.

중앙정부가 광주공항, 무안국제공항 갈등해결에 적극적이라 생각하지 않고 있으며, 군사공항도 달가워하지 않았다. 중앙정부의 역할에 대하여 추가질문을 한 결과, 제1유형은 중앙정부가 시장원칙을 무시했기 때문에 공항문제는 현 상태로는 결코 해결할 수 없는 문제라는 믿음을 가지고 있다. 이들은 중앙정부의 역할부재에 대하여 많은 불만을 털어놓았는데, 중앙정부가 문제해결에 적극적이지 못하고 갈등을 더욱 악화시킨 이유도 결국 경제적으로 합리적인 근거를 제시하지 못하기 때문이라 생각하였다. 지역발전을 위해서는 군공항이 없는 것이 좋다는 생각을 가지고 있다.

표 8 제1유형(대도시 시장결정형)의 표준점수 ±1.00 이상인 항목

항 목	표준점수
2. 국제공항은 대도시와 가깝게 있어야 한다.	1.63
1. 지역발전을 위해 국제공항이 매우 중요하다.	1.60
10. 국제선과 국내선 유치는 시장수요원칙에 따라 결정하면 된다.	1.55
21. 호남 KTX 개통으로 국내 항공수요가 크게 줄어들 것으로 생각한다.	1.18
14. 군사공항은 우리 지역발전에 도움이 된다.	−1.38
11. 중앙정부가 광주공항, 무안국제공항 갈등 해결에 적극적이다.	−1.53
12. 국제선과 국내선이 융합하면 무안국제공항의 항공수요는 충분히 창출될 것이다.	−1.54
17. 무안국제공항은 국제공항으로서의 경쟁력 있는 입지를 가지고 있다.	−1.66

(2) 제2유형: 지역통합 우선형

제2유형은 광주와 전남이 서로 협력해야 한다는 이상적인 지역 통합적 가치를 중시하는 유형으로, 양 시도의 대립은 광주와 전남의 상생발전에 제약을 주며, 비록 공항문제로 갈등이 생겼으나, 광주와 전남은 하나의 공동체라 생각하고 있다. 광주와 전남이 대립하기 이전에 무안국제공항은 국가에서 건설한 국제공항이기 때문에 적극적으로 활용해야 하며, 이를 위해서는 국제선과 국내선이 동시에 있어야 한다고 생각하는 유형이다.

광주공항과 무안국제공항의 거리는 광주공항을 지지하는 사람들과 무안국제공항을 지지하는 사람들에게서 인식하는 정도가 다르다는 것이 심층인터뷰 결과에서 나온 결과이다. 특기할 점은 제2유형의 사람들이 광주와 무안의 거리는 매우 가깝다고 생각하는데, 이러한 점은 제1유형과는 매우 다른 특징이라 할 수 있다. 광주공항 국제선 재취항을 주장하는 사람들은 광주~무안 거리가 '1시간이나 걸린다'는 생각인 반면, 무안국제공항 활성화를 주장하는 이들은 '1시간밖에 안 걸린다'는 의견을 제시한 바 있다.

제2유형은 중앙정부의 역할 부재를 가장 크게 지적하고 있다. 제1유형에서는 중앙정부가 시장에 맡기지 않고 성급하게 추진했다는 이유로 중앙정부가 소극적이라는 의견임에 반해, 제2유형은 중앙정부가 이미 결정하고 추진한 사업을 정치적 이해관계로 인하여 추진하지 못하고 있다는 견해를 나타내고 있다. 이 같은 상황은 국제선과 국내선 유치가 시장수요 원칙에만 따를 수 없다는 의견, 국가에서 건설한 시설의 적극적 활용, 공항활성화를 위해 국제선, 국내선 동시 필요의 입장과 일맥상통하는 것이다.

제2유형에서도 군사공항을 기피시설로 인식하고 있어 국제공항에 대한 선호도와 상반되는 입장을 보이고 있으며, 특히 공항입지로 인하여 지자체의 재정상황이 악화된다는 의견을 제시하고 있다. 이러한 결과는 무안국제공항이 지역에 있는 것에는 동의하지만, 현실적으로는 활성화가 되지 못하여 오히려 전라남도에 부담이 되고 있다는 점을 나타내는 것이라 할 수 있다.

표 9 제2유형(지역통합 우선형)의 표준점수 ±1.00 이상인 항목

항 목	표준점수
16. 양 시 · 도 대립은 광주와 전남의 상생발전에 제약을 준다.	1.55
6. 공항 문제로 갈등이 생겼으나, 광주와 전남은 하나의 공동체라 생각한다.	1.49
5. 국가에서 건설한 국제공항 시설은 적극적으로 활용할 필요가 있다.	1.28
3. 공항 활성화를 위해서는 국제선과 국내선이 동시에 있어야 한다.	1.19
13. 광주와 무안의 거리는 매우 가깝다고 생각한다.	1.00
10. 국제선과 국내선 유치는 시장수요원칙에 따라 결정하면 된다.	−1.09
15. 공항입지로 지자체의 재정상황이 개선되었다.	−1.18
14. 군사공항은 우리 지역발전에 도움이 된다.	−1.65
11. 중앙정부가 광주–무안 공항기능이전 갈등해결에 적극적이다.	−1.95

(3) 제3유형: 국가정책 신뢰형

제3유형은 국가사업의 가치를 가장 중시하는 인식유형으로, 새로 추진된 사업에 대해서는 계속 추진해야 한다는 믿음을 가지고 있다. 지역발전을 위해 국제공항이 매우 필요하며, 공항 활성화를 위해서는 국제선과 국내선이 동시에 있어야 한다는 주장을 하고 있어, 광주공항의 국내선을 무안국제공항으로 조기 이전해야 한다는 입장을 뒷받침하고 있다. 또한 제1, 제2유형에서와 달리 무안국제공항의 국제공항으로서의 경쟁력 있는 입지, 국내선과 국제선 융합으로 새로운 항공수요 창출가능성에 대한 표준점수가 높게 나와 무안국제공항에 대한 애착이 매우 강한 것으로 드러났다. 또한 일단 결정된 국가정책은 지역이 적극적으로 협조해야 한다는 항목에 대한 선호도가 높은 것으로 분석되어, 시작부터 잘못된 계획은 수정할 수 있다는 광주공항 지지자들의 주장과는 사뭇 다른 행태를 보이고 있다.

제3유형에서는 공항입지로 지자체의 재정이 나빠졌다는 생각을 하고 있으며, 그 동안 이해당사자들이 광주공항, 무안국제공항 문제해결을 위해 상호의견을 교환할 기회나 장소가 많지 않았음을 지적하고 있다. 제1, 제2유형에서와 마찬가지로 중앙정부가 광주공항, 무안국제공항 갈등해결에 적극적이지 못했다고 생각하고 있는 것으로 분석되었다.

표 10 제3유형(국가정책 신뢰형)의 표준점수 ±1.00 이상인 항목

항목	표준점수
1. 지역발전을 위해 국제공항이 매우 중요하다.	1.68
3. 공항 활성화를 위해서는 국제선과 국내선이 동시에 있어야 한다.	1.55
17. 무안국제공항은 국제공항으로서의 경쟁력 있는 입지를 가지고 있다.	1.32
12. 국제선과 국내선이 융합하면 무안국제공항의 항공수요는 충분히 창출될 것이다.	1.22
9. 일단 결정된 국가정책(공항건설)에 대해서는 지역이 적극 협조해야 한다.	1.06
16. 양 시 · 도 대립은 광주와 전남의 상생발전에 제약을 준다.	−1.13
11. 중앙정부가 광주−무안 공항기능이전 갈등해결에 적극적이다.	−1.44
23. 이해당사자들이 광주공항과 무안국제공항 문제해결을 위해 상호의견을 교환할 기회나 장소가 많았다.	−1.49
15. 공항입지로 지자체의 재정상황이 개선되었다.	−1.49

3) 광주공항과 무안국제공항 갈등 인식분석 결과

광주−무안 공항기능이전 갈등사례를 인식분석한 결과, 종합 및 시사점은 다음과 같

이 몇 가지로 정리할 수 있다. 우선 갈등원인에 대한 인식은 3가지 유형(경제적 가치 중시, 지역 통합적 가치 중시, 국가사업 가치 중시)으로 구분 가능하며 인식마다 고유한 특성을 지닌다는 것을 확인할 수 있었다. 제1유형인 '대도시 시장결정형'이 갈등의 이슈를 제기하고 갈등현장을 지배하고 있는 반면, 제3유형 '국가정책 신뢰형'은 제1유형과 대척점에 있는 유형으로 정부정책의 일관성과 신뢰성 등 원론적인 입장에서 공항이전의 당위성을 주장하면서 갈등자체를 회피하려는 행태를 보이고 있다. 따라서 갈등상황을 지배하지 못하고 수동적인 입장에 있다고 볼 수 있다. 이러한 구조속에서 제2유형인 '지역통합 우선형'은 다소 감성적인 측면에서 갈등을 봉합하려는 그룹이라고 할 수 있다.

둘째, 광주–무안 공항기능이전 갈등해결을 위하여 유형별로 차별적인 대안을 강구할 필요가 있다. 제1유형은 현재의 시장수요를 중시하고 무안국제공항에 대해서는 계획단계에서부터 신뢰를 보이지 않는 유형이다. 갈등해소를 위해서는 무엇보다도 중앙부처의 명확한 입장 표명이 중요할 것이다. 국토해양부가 이들과의 의사소통을 위해 보다 적극적인 자세를 취해야 하며, 생업이 지장을 받지 않도록 적절한 조치를 취해야 한다. 제3유형은 국가가 수립한 계획은 수정할 수 없다는 주장을 하면서 무안국제공항 활성화를 주장하는 유형으로, 갈등해결을 위해서는 이들을 다양한 협의의 장으로 이끄는 작업이 매우 필요할 것으로 보인다. 이들 유형은 갈등전개에 매우 소극적인 유형으로 정부가 추진한 사업이기 때문에 무안국제공항은 계획대로 진행되어야 한다고 주장한다. 그러나 이들이 주장하는 바는 중앙부처의 의견을 되풀이하는 것으로 무안국제공항 활성화에 대한 당위성만 있을 뿐 갈등해결을 위한 구체적인 방안이 부족한 것이 사실이다. 갈등협상을 위한 디자인을 구상할 때 반드시 이들 유형의 상호간 연합가능성을 고려하고 특히 이슈의 우선순위 선정시 유형별로 공유할 수 있는 구체적 이슈에 초점을 맞춤으로써 찬 · 반진영의 대립전선을 보다 협력적 상황으로 변화시킬 수 있는 계기를 마련할 필요가 있을 것이다.

셋째, 광주–무안 갈등구조를 기존 광주–전남–국토해양부 간 갈등구조로 일반화시킬 수 없다는 점이다. 기존 갈등이 이해당사자들만의 갈등구조 분석이었음에 반하여 인식분석의 결과를 보면, 광주–무안의 갈등은 중앙정부–지자체 또는 지자체–지자체 간 갈등으로만 국한시키기에는 무리가 있음을 알 수 있다. 실제로 제1, 제2, 제3유형에 사람들의 지역적 속성이 특정한 지역에만 국한되지 않고 있으며, 기존 이해당사자들 간의 갈등관계 이면에 다양한 인식유형이 존재하고 있음을 확인할 수 있었다. 특히 제2, 제3유형의 인식유형에 해당하는 사람들은 광주공항 국제선 취항에 대하여 대척점에 있는 사람들이라는 공통점을 발견할 수 있으나, 이들의 지역구성을 보면 매우 다양한 것을 확인할 수 있다. 결국 광주-무안 공항기능이전 갈등을 바라보는 사람들의 인식차이는 지역 또는 이해당사자집단이라는 구분으로는 해석할 수 없으며, 따라서 광주와 전남의 갈등이라는 이분법적 구조에서 탈피하여 다양한 사람들의 인식유형을 고찰할 필요성이 있게 되는 것이다. 이러한 관점에서 볼 때 광주-무안 공항기능이전 갈등을 해결하기 위해서는 지자체 간 협의에 모두 의존하기 보다는 공항과 지역관계가 어떻게 설정되어야 하는가에 대한 공감대 형성이 선행되어야 할 것이다. 국토해양부, 광주시, 전라남도 등에서 책임 있는 관계자가 머리를 맞대고 상호 이해와 협력을 강화할 수 있는 중재자 역할이 무엇보다 중요하다고 하겠다.

그림 4 광주-무안 공항기능이전 인식유형별 찬성/반대 항목 비교

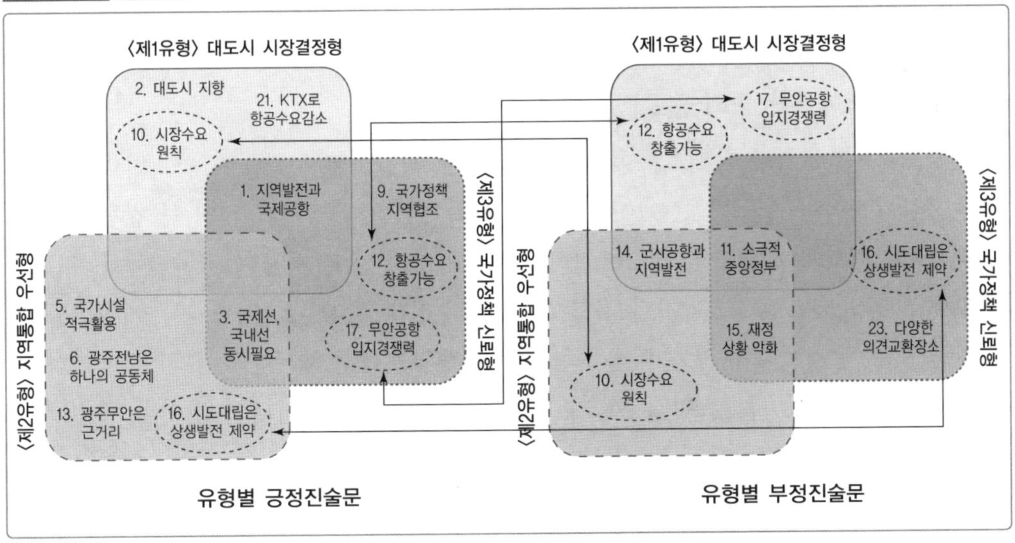

넷째, 인식분석을 통해 광주-무안 공항기능이전 갈등해결을 위한 정책적 우선순위를 설정할 수 있다. 시장수요원칙, 항공수요 창출가능, 시 · 도 대립은 상생발전 제약, 무안국제공항 입지경쟁력 등은 찬 · 반이 극명하게 갈리는 항목들로 이들 항목이 갈등해결을 위해 가장 중요한 화두임을 알 수 있으며 그 만큼 합의를 이루기가 힘든 이슈들이다. 따라서 제1, 제2, 제3 모든 유형에서 공통적으로 제시된 항목을 통해 현재의 문제점을 진단하고 갈등해결 방안을 도출하여 상호신뢰를 구축하고 본질적인 이슈로 접근하는 것이 바람직할 수 있다. 예를 들면, 모든 인식유형에서 소극적 중앙정부를 지적하고 있음을 확인할 수 있는데, 중앙정부 입장에서 보는 광주-무안의 갈등과 현지 입장에서 보는 광주-무안의 갈등은 상당한 차이가 있다. 중앙정부는 광주와 전남의 갈등관계로 파악하고 양 시 · 도 간 협의를 중시하고 있지만, 현지에서는 중앙정부가 보다 적극적인 자세를 취해줄 것을 요구하고 있다는 점이다. 더구나 군사공항 이전문제도 광주-무안 공항기능이전 갈등해결을 위해 반드시 짚고 넘어가야 할 이슈이다. 현재는 이슈의 파급력이 매우 커서 양 시 · 도 가 군사공항 문제에 대한 논의를 기피하고 있는 실정이나, 실제 군사공항이 광주시 핵심지역에 자리하고 있어 미래 광주시 발전에 많은 제약을 가져다 줄 수도 있고, 동시에 무안 국제공항의 수요창출도 현재 상태에서는 쉽지 않다는 사실을 감안해서 군사공항을 매개로 하여 갈등 이해당사자들 간의 절충점을 찾을 수도 있다는 것이다.

2. 갈등사례 분석의 시사점

1) 갈등초기에 갈등관리 필요

첫째, 갈등진행으로 이해그룹이 분화되기 전에 적절한 갈등관리가 필요하다. 광주-무안 공항기능이전 갈등사례는 10년 이상을 지속하는 갈등이지만 지역 간 갈등의 전선이 허물어지면서 이해집단 간의 갈등으로 변모해 가지 않고 지금까지 지역갈등의 특징을 그대로 간직하고 있다. 이처럼 지역 간 갈등의 형태로 머물고 있기 때문에 인식유형의 분화도 크게 일어나지 않고 있다. 즉, 갈등진행과정에서 새로운 이슈의 생성이나 갈등전선의 혼란이 없다보니 인식구도가 비교적 단순하고 간단하다는 것이다. 일반적으로 이해관계자의 소그룹화가 진전되면 갈등현장에서 주도권을 쥐고 협상에 책임 있게 나설 수 있는 핵심그룹의 존재 가능성이 그만큼 줄어들고, 동시에 갈등해소는 더욱 어려워진다. 따라서 갈등상황의 초기에 이해당사자들의 인식을 파악하고, 이들 특성에 따라 적절한 대화나 협상기법을 적용하는 것이 매우 중요함을 알 수 있다.

2) 이해관계자 유형별 특성파악과 대응

첫째, 지역 간 갈등현장에서 가장 많이 나타나는 유형이 지역 이기주의형이었다. 이 유형은 자기중심적 가치특성을 지니며, 당해 사업이 지역의 발전과 개인의 이익에 어떤 영향을 미치는가에 일차적 관심이 있는 실리추구형이다. 대체로 겉으로는 대의명분을 내세우지만 이슈의 작용이 자기에게 부정적인 영향을 미치면 집단적 또는 폭력적 행동도 불사하는 이중적인 행태를 보인다. 이러한 유형에 대응해서는 경제적 유인수단을 동원하거나 비공식협상을 통한 합의형성을 도출하는 기법이 유효할 수 있다.

둘째로 많이 나타나는 유형은 여론 지향형이다. 이 유형은 정치적인 움직임에 민감한데 대부분의 이슈를 정치적으로 확대 · 해석하고 문제의 해결보다는 정치적인 게임에 열중하며, 집단적 행동에 매몰되기 쉽다. 대의명분을 중시하면서 갈등상황을 전 국민에게 알리거나 쟁점화하는 것이 문제해결을 위해 유리하다고 생각하고 과격한 행동이나 선동적 집단행동 등 돌출행동도 불사한다. 유리한 고지확보를 위해서는 대중매체를 활용하고 선전전에 힘을 쏟는다. 외부세력을 끌어들이는 시도를 하게 되는데 결국에는 이로 인한 갈등은 더욱 심화될 가능성이 있다. 갈등협상과정에서 핵심집단으로 가장 초점을 맞추어야할 대상이기도 하다.

세 번째 유형은 공공정책 순응형으로 법적 절차를 밟은 정책은 합법성과 정당성을 부여 받았다고 믿고 정해진 프로세스에 순응하여 따른다. 한번 정해진 정책은 일관성 있게 추진되어야 한다고 믿으며, 국가정책에 대체적으로 협력하는 자세를 보인다. 갈등현장에서는 주도권을 잡지 못하는 집단으로 갈등협상과정에 서도 자기 목소리를 높이지 않는다. 이들 유형을 대상으로는 자신들의 의견과 견해를 개발하고 토론하는 시나리오 워크숍을 활용하여 갈등을 해결하는 것이 바람직하다.

네 번째, 합리적 판단형은 개인의 이익과 국가의 이익이 상충될 경우 국가나 지역의 이익이 우선되어야 한다고 생각하면서, 합리적 형평성에 관심을 갖고, 움직임에 신중을 기한다. 다만, 과학적 수요분석이나 형량분석을 맹신하며, 인간의 심리적 변화나 인간관계에 대한 고려를 간과하는 경향이 있다. 이들을 대상으로 하는 갈등해결방법은 전문가 자문그룹을 활용하는 합의회의, 시민배심원 등의 합의형성기법이 효과적일 수 있다. 이와 비슷한 유형으로 공동발전 화합형이 있다. 상호 상생하도록 협상적 태도를 보이며 새로운 대안을 창출하는 창의적 노력을 한다. 사회공익적 가치지향으로 자기의 이익보다 공동의 이익을 우선시하며 협력적 행태를 보이려고 노력한다.

마지막으로, 방임 및 무관심형은 당해 사업이나 또는 갈등상황 자체에 무관심하거나 관여하기를 꺼린다. 어떤 결과가 나오든지 결과에 무임승차하는 것으로 만족한다. 갈등협상에도 자연히 소극적일 수밖에 없다.

3) 유형별 연합 가능성

이해관계자 그룹을 어떤 정책이나 사업에 대한 단순한 찬반 의견에 의해 구분되는 것이 아니라 당해정책이나 사업과 관련된 다양한 이슈들에 대한 의견이나 관심, 태도 등의 합집합 중에서 가장 두드러지는 특징을 잡아내서 분류하는 것이 필요하다. 어떤 한 유형에 속한다고 해서 한 두개 의견만을 지니는 것은 아니며, 사람의 심리상태가 그렇듯이 복잡하게 연결되어 있다. 따라서 상이한 유형들이더라도 이슈에 따라서는 상호 연합가능성이 있다는 것이다. 이러한 유형 간 연합가능성은 갈등관리과정에서 기존의 찬반 대립적 구도를 깨뜨리는 새로운 양상을 만들 수 있으며, 이것이 곧 갈등해소를 위한 합의형성 가능성을 높여줄 수 있을 것이다. 본 갈등사례에서 '대도시 시장결정형'이 갈등의 이슈를 제기하고 갈등을 불러온 그룹으로 갈등현장을 지배하고 있는 반면 대척점에 있는 '국가정책 신뢰형'은 정부정책의 일관성과 신뢰성 등 원론적인 입장에서 공항이전의 당위성을 주장하면서 갈등자체를 회피하려는 행태로 갈등상황을 지배하지 못하고 수동적인 입장에 있다고 볼 수 있다.

이런 구도속에서 우리는 하나라는 '지역통합 우선형'은 다소 감성적인 측면에서 갈등을 봉합하려는 그룹이다. 그러나 이 그룹의 행동에 따라 갈등의 향방이 크게 변화할 수 있으므로 제1유형과 제2유형은 이 그룹을 대상으로 설득과 협상을 통해 연합전선을 형성하려고 하면 결국 이 그룹이 갈등현장에서 casting vote를 쥐고 있으며 동시에 조정자 역할을 할 수 있을 것이다. 따라서 갈등협상을 위한 디자인을 할 때 이들 상호간의 연합가능성을 고려하고 특히 이슈의 우선순위 선정시에 유형별로 공유할 수 있는 구체적 이슈에 초점을 맞추어 찬반진영의 대립전선을 보다 협력적 상황으로 변화시킬 수 있는 계기를 마련할 필요가 있다.

그림 5 해당이슈에 대한 인식유형 세분화

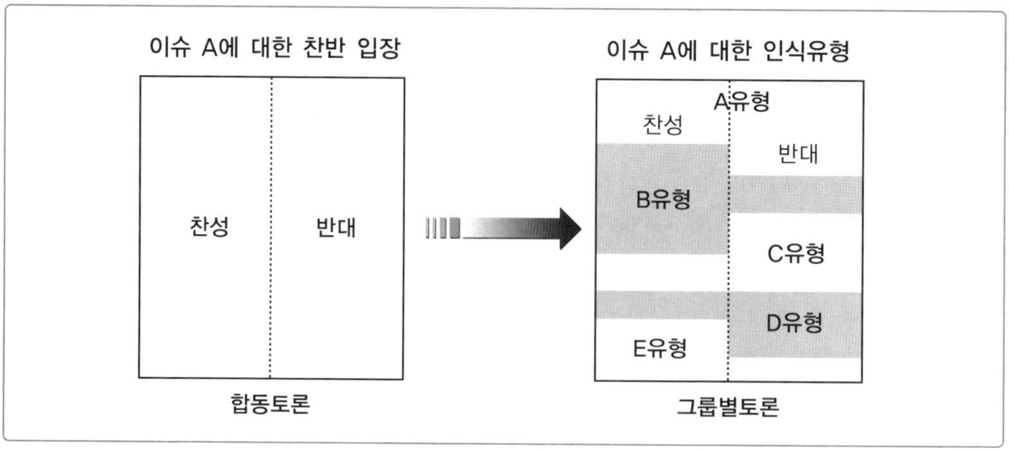

4) 이해관계 및 영향의 정확한 파악 필요

갈등의 원인을 어떤 측면에서 보느냐에 따라 갈등주체를 기준으로 보는 방법, 갈등시기를 기준으로 보는 방법, 갈등을 일으키는 이슈나 시설을 기준으로 보는 방법 등 그 구분이 다양하다. 대체로 가장 쉬운 방법이 갈등주체에 따라 구분하는 방법을 택하게 되는데 이해당사자가 주장(position)을 하는 것과 궁극적인 목표, 그리고 실제로 이해관계(interest)는 무엇인지를 구분하여 파악하는 단계가 필요하다. 직접적인 이해관계인 갈등이슈(원인) 분류체계를 크게 경제적 원인(형평성), 권한 · 제도적 원인, 가치 · 인식 원인, 환경적 원인으로 구분할 수 있으며 원인별 갈등요소와 인자를 추출하여 이를 지표화하고 평가하여 갈등관리에 활용하여 갈등을 사전에 예방하고 효율적으로 갈등을 관리할 수 있다.

갈등 대상이 되는 시설 종류와 규모는 시설의 외부효과의 발생정도와 배분, 시설이용권과 비용배분, 대규모 집중시설과 소규모 분산시설의 영향, 기피시설과 선호시설, 시설의 공간적 시간적 영향범위 등이 갈등요소로 작용함에도 불구하고 이에 대한 전문적 분석이 어려워 대부분 피하기 때문에 각자 이해당사자는 자기에게 유리한 방향으로 판단하고 주장을 하게 되어 갈등협상에 장애로 작용한다.

5) 갈등이해관계자의 책임성

갈등현장에는 대부분 시민사회단체의 참여가 이루어진다. 시민사회발전은 정책참여와 합의구축에서 그 기능과 역할을 하고 있음에도 불구하고 책임행정이라는 측면에서는 불안한 모습을 보이는 것도 사실이다. 본 갈등사례에서도 볼 수 있듯이 시민사회단체는 정책형성과 집행에 영향을 미치고 있지만 정책결과에 대한 직접적인 책임이 없다. 이제는 공공정책이나 이슈화가 된 문제에 대한 시민참여의 결과에 상응하는 책임도 공유할 필요가 있다. 감시와 비판의 입장에서 문제를 함께 풀어가는 파트너의 입장으로 스스로의 대안제시와 결과에 대한 평가가 이루어지는 풍토가 마련되어야 한다.

6) 외부경제효과에 대한 고려

사업추진에 따른 외부효과 중 불경제효과의 영향력이 크고 넓은 지역으로 확산될 경우 또는 불특정 다수인이 관련되는 시설의 입지는 갈등해소가 어려워지는 경향이 있다. 불경제효과를 발생하는 시설입지는 편익과 비용의 분리현상이 크게 나타나기 때문에 입지지역에서의 갈등강도는 높은 것이 보통이다. 본 갈등사례의 경우 광주군사공항과 관련된 이슈가 이런 경우에 해당된다고 볼 수 있다. 이 경우에는 갈등해소를 위하여 당사자 간의 직접대화나 협상이 물리적으로 어렵기 때문에 일반적으로 제3자 전문가가 개입하여 갈등해소를 시도하게 되며, 특히 불특정 다수인이 관련될 경우 외부 정치세력의 개입이 있게 되면 그만큼 갈등해소는 어려워지게 된다.

Ⅴ. 시사점

1. 결 론

공공정책 추진을 둘러싼 사회갈등의 원인을 추적해 보면 대부분의 경우 다양한 이해당사자들의 주장과 의견에 귀를 기울이지 않고 정책을 수립·집행하는 정부가 한정된 전문가 그룹을 중심으로 일방적으로 정책을 결정하고 집행하는 데에서 오는 부작용이라고 평가할 수 있다. 그 결과 정책결정의 합리성과 타당성, 민주성과 수용성의 결여로 정책의 실패를 가져오는 경우가 있다. 광주-무안 공항기능이전 갈등도 이런 과오를 밟은 정책에 속한다고 볼 수 있다. 특히 국민에게 미치는 영향이 큰 국책사업의 경우 정책입안에서부터 수립, 결정과 집행에 이르는 일련의 과정이 합리적인 정책결정이 되어야할 사안이 정치적 결정으로 변질되면서 갈등이 발생되는 경우가 많다. 따라서 정책이나 사업을 효과적으로 추진하기 위해서는 정부의 일방적인 수립과 결정 방식을 지양하고 정책구상 및 결정과정에 정책참여구조를 넓혀 다양한 가치와 의견을 수렴하고 반영하는 참여적 정책결정방식이 필요하다. 동시에 정책집행 과정에서도 이해관계자의 의견을 수렴하고 참여를 보장하여 사회적 수용성을 높여 정부의 정책 및 사업에 대한 신뢰성을 확보하여야 한다.

2. 정책적 제언

1) 정책의사 결정과정에서 합의형성 절차의 제도화

광주-무안 공항기능이전 갈등사례에서도 지적한 바와 같이 정책결정에 대한 불신과 타당성에 문제가 있음을 보았다. 이런 정책결정의 오류를 감소하기 위해서는 의사결정과정에 이해관계자의 의견을 폭 넓게 수렴하기 위한 규정 마련이 시급하다. 공공사업의 경제적, 사회적 의의와 역할에 관한 민주적인 참여를 통한 광범위한 토론을 공공사업 또는 정책결정 이전단계에서 실시하도록 규정하고 관련 합의형성 절차를 제도화하는 방안을 검토할 필요가 있다. 아직 법제화가 되지 못하고 있는 '공공기관의 갈등관리에 관한 법률(안)'이 조속히 제정된다면 기존의 개별법에서 부분적이고 소극적으로 운영되던 제반 시민참여제도와 협의제도가 대폭 강화되고 개선될 것이다. 또한 정책수립에 필요한 과학적이고 객관적인 결과를 도출하는 데 있어서 현재 경제성 중심으로 이루어지고 있는 비용 · 편익분석을 개선하여 비용편익분석의 정확성은 물론이며 사회적 수용성과 환경성을 함께 반영할 수 있도록 할 필요가 있다.

2) 갈등영향분석과정에서 인식분석과정 도입

갈등영향분석은 통상 이해당사자 면담준비, 이해당사자 면담, 면담결과 분석, 합의절차 설계, 갈등영향분석서 작성 및 제출의 5단계로 진행된다. 기존의 갈등영향분석은 객관적 사실에 입각한 행위자의 호불호를 기초로 이해관계구조를 파악하고, 이에 따른 갈등예방을 위한 합의형성기법을 제안하도록 하고 있다. 따라서 내면적 흐름을 파악하지 못하기 때문에 객관적 · 주관적 분석이 결합된 갈등영향분석이 이루어져 좀 더 현실적이고 효과적으로 합의형성기법의 제안과 더불어 정책결정권자의 판단자료의 신빙성을 높일 수 있도록 하여야 한다. 갈등영향분석 단계에서 인식분석의 도입 및 활용방안은 다음과 같다.

먼저 1단계 자료수집과정에서는 광범위한 미디어분석을 통해 객관적 사실과 함께 인식분석을 위한 이해당사자들의 의견을 수집하고, 질문내용 준비과정에서도 해당이슈에 대한 개방형 질문을 통해 다양한 내면의 의견표출이 가능하도록 설계를 한다. 2단계 면담과정에서는 직접적인 갈등당사자는 물론이고, 해당사업이나 이슈에 관심이 있는 제3자에 대한 면담을 실시함으로써 사회구성원의 인식을 파악할 수 있도록 한다. 3단계 면담결과 분석과정에서는 인식분석을 실시하고, 분석결과로부터 이해당사자들의 인식유형과 특성을 도출한다. 4단계 합의절차 설계단계에서는 인식유형별 갈등관리방안을 모색하게 되는데, 이때에는 기존의 대립적 합의형성기법이나 경제적 수단을 마련하여 제시하는 것 이외에도 인식유형별 소그룹 또는 비공식 화합 등 다면적 또는 다층적 합의기법수단도 고려해 볼 수 있다. 5단계 갈등영향분석서 작성단계에서는 객관적 이해관계의 분석 및 갈등관리방안과 함께, 이해당사자 인식유형 및 특성의 분석결과와 인식유형별 갈등관리방안을 포함시킨다.

갈등영향분석에서 이해당사자들의 의견취합을 위한 인터뷰 시 숨은 의도, 또는 의견을 외부로 표출하기를 꺼리는 경향이 매우 농후하므로 세밀하게 디자인하도록 제도적 장치를 마련하여 활용한다.

3) 갈등조정과정에서 인식분석절차 추가

갈등조정과정은 일반적으로 조정준비 및 구성, 갈등원인 분석, 실제 원하는 것 찾기, 해법 찾기, 합의 조정의 5단계로 진행된다. 갈등조정 단계별 인식분석의 도입 및 활용방안은 3단계인 실제 원하는 것 찾기 단계에서 해당이슈에 대한 사람들의 인식유형별로 특성과 차이점을 발견함으로써, 유형별 내면심리와 표출되지 않은 주장 등을 파악한다. 4단계인 해법 찾기 단계에서는 해당이슈에 대한 인식유형별로 대표자를 선정하는 방법, 인식유형별로 그룹을 설정하여 토론 등 비공식적 회의를 구성하여 상호이해접근을 시도하는 등 갈등해결을 위한 방안을 모색한다. 5단계인 합의조정단계에서는 갈등 이해당사자 인식분석결과를 합리적인 조정방안 도출에 활용한다. 갈등조정과정에서는 갈등예방을 위한 갈등영향분석 등 기존 조정절차에 인식유형 분석결과를 추가하여 활용하는 것이 바람직하다.

4) 협상기법 설계 개선

갈등영향분석과정에서 이해관계 구조를 파악할 때 지금처럼 찬반 집단만을 파악하는 단순분석에 그치지 말고 갈등을 보는 인식유형별로 그룹화 하여 협상기법을 개발하거나, 이들의 행동특성을 분석하고 돌출 가능성이 있는 행동을 미리 예측하여 갈등을 사전에 예방할 수 있도록 한다. 정책집행자나 사업시행자 입장에서는 갈등의 사전예방 차원에서 먼저 이해당사자들이 실질적으로 바라는 욕구나 의견 등 다양한 내면의 의도를 찾아내야만 하는데, 인식분석 및 결과는 이런 내면적 구조분석의 단초를 제공해 줄 수 있을 것이다. 이렇게 함으로써 갈등영향분석 후 합의형성을 위한 다양한 기법을 제안하는 데 유용한 기초자료로 활용할 수 있고, 보다 효율적이고 효과적인 협상진행이 이루어질 수 있을 것이다.

5) 커뮤니케이션전략 및 참여방안 마련과정에서 활용

정보는 우연하게 상호 교환하는 것이며, 오해는 통상적이고 소통은 쌍방향의 성질을 띈다. 일반적으로 소통의 시기와 방법이 갈등진행과정에서 발생되는 단계와 불일치하는 경우가 많다. 그런데 상호간에 소통이 되지 않고 대화가 중지되면 정보는 자기입지를 강화하거나 승기를 잡는 무기로 사용된다. 결국 소통, 즉 커뮤니케이션의 문제가 갈등문제의 발단이 될 수 있으므로, 상대방과 인식차이를 이해하고 좁혀나갈 수 있도록 하는 다양한 커뮤니케이션기법이 적정시점에 활용되어야만 하는 것이다. 이때 해당 이슈에 대하여 지니는 사람들의 인식을 유형화하고 특성을 분석한 결과는 이해당사자 간 정보공유와 소통을 개선하기 위한 가장 적합한 수단을 모색하는 데 유용하게 활용될 수 있을 것이다. 동시에 갈등현장에서 이슈와 관련되는 메시지와 서비스는 정책대상자, 즉 이해당사자가 중심이 되어야 한다는 관점에서 이들의 인식체계와 인식차이 등 주관성 구조에 따른 적정한 커뮤니케이션기법 도입을 제도적으로 마련하고, 각 기관의 규정에 제도화할 필요가 있다.

예를 들어 효과적인 커뮤니케이션 제도화 방안으로 첫째, 조기 공식협상의 실시이다. 이해당사자 간 인식차이를 감지할 때는 지체 없이 조기에 협의의 장을 마련하여 상호이해의 차이를 줄이는 노력이 필요한데, 이때 인식의 차이와 소통의 정도를 파악하고, 이슈를 보는 인식유형별로 그룹화하여 이들 간의 상호 토론과 협상이 이루어지도록 유도한다. 둘째, 실질적인 시민협상기법의 도입이다. 각 부문의 개별법이나 조례 등에 담고 있는 시민협의제도를 공청회 등 공식적인 회의 전에 도입하도록 제도화가 필요한데, 이 때 인식분석을 적절하게 활용해 인식유형별 행동특성을 파악하고, 특성별로 맞춤형 소통기법을 제안하여 갈등이 촉발되는 것을 예방하도록 한다.

6) 독립적 갈등관리기구 설립

공공정책에 대한 합의형성 촉진과 참여적 의사결정 설계와 진행에 있어서 중립적인 전문기구의 역할이 무엇보다 중요하다. '공공기관의 갈등관리에 관한 법률(안)'의 갈등관리지원센터나 갈등관리심의위원회 등으로 정책형성 및 결정단계에서 시민참여와 토론을 촉진시키고 도출하는 장치가 있으나 관련되는 정책에 중립적으로 활용되기엔 무리가 있다. 따라서 대통령자문기구로 되어있는 사회통합위원회를 프랑스의 국가공공토론위원회(CNDP)와 같이 조직 및 구성원과 예산 등에서 독립기관화하여 다양한 갈등을 중립적 입장에서 조정 · 권고할 수 있는 역할과 사회적 교육을 전파하는 역할을 부여한다. 이를 위해서는 법 · 제도적 기반을 마련하여 사업체계와 기존의 분쟁조정제도와의 조율이 요구된다. 이때 기관 내에 사회자본 형성을 위한 교육기능을 강화하여 인간의 심리적 상태에 따른 특성과 이를 적극적으로 갈등관리에 활용할 수 있는 장치를 마련할 필요가 있다.

7) 갈등유발지표 활용 가능성 검토

공공사업에 있어서 공공기관장이 갈등영향분석의 시행에 대하여 정확한 판단으로 대처할 수 있으며 공공사업 정책 수립과 갈등관리에 대한 종합적인 판단을 하는데 지원을 할 수 있도록 갈등영향분석시에 갈등유발지표 분석을 실시한다. 갈등유발지표는 갈등에 대한 사전파악을 위하여 계량적으로 접근할 수 있는 계기를 마련하고 갈등관리자에게 정확한 정보를 제공하여 공공갈등관리를 효과적이고 객관적으로 수행할 수 있게 하는 수단이 될 것이다. 특히 지표상 취약한 부분에 대한 관리를 중점적으로 실시하여 사전적 갈등예방에 유효하다. 동시에 갈등유발지표나 지수를 개발, 선정할 때 이해당사자의 심리적 인식과 차이를 분석할 수 있는 지표를 포함하여 갈등관리의 실효성을 제고한다. 동시에 효과적인 갈등관리를 위한 기본지침(가이드라인) 구축 시 이해당사자의 행동특성을 사전에 예측하여 대비할 수 있도록 한다. 공공사업에서 갈등지표를 유용하게 제도적으로 활용하기 위해서는 갈등지표의 표준안을 만들고 정책 또는 사업형태에 따라 변형된 지표를 활용할 수 있도록 다양한 지표개발이 이루어져야 하고, 동시에 지표를 실제 사업현장에서 적용하여 평가하기 위해서는 지표의 지수화 등 계량화가 필요하며 이를 바탕으로 실제 정책이나 공공사업에 적용을 통한 검증 작업이 필요하다.

8) 합의형성 촉진을 위한 교육 및 전문가 육성

공공갈등 합의형성 촉진을 위해서는 사회전반에 합의문화가 확산되도록 갈등관리와 합의형성을 위한 교육 프로그램을 더욱 강화하고, 독립적이고 중립적인 중재와 조정자 역할의 중요성을 인식하고 전문가 육성 프로그램 운영으로 합의형성 전문가가 지속적으로 배출되도록 한다. 갈등의 문제는 일반적으로 어떤 객관적인 사실에 있기보다 개인의 머릿속에 있으며 개인의 문제는 대부분 서로 간의 인식, 감정 그리고 의사소통과 관련된다. 이는 갈등관리나 해소에 있어서 갈등당사자나 제3자를 포함한 참여자의 주관적인 요소가 정형화된 시스템이나 제도, 방법보다 중요함을 말한다. 즉 공공정책에 대한 협력과 갈등은 개개인의 인식차이가 결합하여 특정한 방향으로 나타나는 결과이다. 결국 사람의 머리와 마음에 의해 특정 정책이나 이슈에 대하여 어떤 반응을 보일지의 향방이 결정되는 것이다. 이런 측면에서 갈등관리 전문가 교육에 있어서 그동안 소홀했던 갈등행위자의 인식차이와 이들의 특성분석에 대한 교육을 강화하여 실제 갈등현장에서 활용될 수 있도록 해야 할 것이다.

참고문헌

1. 국내문헌

광주경실련(2009. 12). 광주공항과 무안공항의 문제해결을 위한 해법과 대안 찾기 토론회 결과보고서.

김선희 · 박형서(2008). '선진한국을 향한 갈등관리 시스템 구축방안', 『공공갈등관리 과제와 해법』 (홍준형 편저), 법문사.

박형서(2003). '공공시설의 외부효과와 입지갈등에 관한 연구', 『국토연구(37권)』, pp.47-63, 국토연구원.

_____ (2005). '국책사업 사회갈등의 원인과 특징', 『국토(2005. 5월호)』, pp. 6-14, 국토연구원.

박형서 · 이순자 · 박경현 · 장은교(2010). '국토개발과정에서 지역간 갈등관리 및 해소방안'(갈등행위자 인식분석과 정책적 활용방안 모색), 국토연구원.

박형서 · 이순자 · 장은교(2007). '갈등유발지표의 설정과 활용에 관한 연구', 국토연구원.

박형서 · 정윤희(2005). '공공갈등이 지역사회에 미치는 영향연구', 국토연구원.

신창현(2005). '갈등영향분석 이렇게 한다', 예지.

유희숙 · 김예승(2011). "지역개발을 위한 공공갈등 관리 방안 연구(광주공항 갈등사례를 중심으로)", 『대한부동산학회지』 29권2호 pp. 205-225, 대한부동산학회.

한중문화교류회 중앙회(2010). 광주공항 국제성 유치의 필요성에 대한 토론회 자료집 2010(9).

2. 보도자료

전남뉴스 (2011. 1. 5)

한국일보 (2011. 1. 5)

「조력발전소 건설」 관련 갈등사례 분석
-가로림만 조력발전을 중심으로-

박홍엽(고려대학교 정부학연구소 선임연구원)

Ⅰ. 사례선정의 이유

1. 조력발전소 건설 관련 갈등의 개요

조력발전이란 조석간만의 차이를 이용하는 발전 형태로 조차가 큰 갯벌에 방조제(댐)를 건설해 밀물 때 물을 가두었다가 썰물 때 흘려보내면서 그 낙차의 힘으로 터빈을 돌려 전기를 생산하는 것을 말한다. 화석연료를 사용하지 않아 온실가스 배출량이 적어 신재생에너지로 분류되고 있고, 대규모 개발이 가능하다는 점이 장점으로 지적되고 있지만, 다른 한편으로는 조력발전을 위해 댐건설이 불가피하고 그로 인해 갯벌 감소 등 환경피해가 우려된다는 점이 단점으로 지적된다.

충청남도 서산 · 태안지역에 위치한 가로림만을 비롯해 아산만, 인천만, 경기만 등 우리나라 서해안이 조력발전 건설을 둘러싸고 사업을 추진하려는 발전사업자 측과 조력발전에 반대하는 주민 사이의 충돌로 인해 갈등이 격화되고 있다. 특히 조력발전사업이 가장 빨리 추진되고 있는 가로림만의 경우에는 최근 환경부가 환경영향평가서를 반려하면서 발전사업자 및 찬성 측 주민들과 반대하는 주민단체들 사이에 사업의 추진 여부를 놓고 조속히 추진할 수 있도록 해주어야 한다는 주장과 이번 기회에 사업철회를 결정해야 한다는 주장이 강하게 부딪치고 있다.

현재 우리나라의 조력발전소는 5개 지역에서 건설되고 있지만 시화지역의 경우에는 공사가 마무리단계에 있기 때문에 실질적인 공공갈등은 서산 · 태안지역의 가로림만 등 4개 지역에서 발생되고 있다. 4개 지역 가운데에서도 가로림만 조력발전 계획만이 사실상 정부로부터 최종 인허가단계에 있고, 나머지 지역들은 이제 사업초기에 있기 때문에 가로림만 조력발전 추진사업이 가장 큰 갈등의 중심에 있다고 볼 수 있다.

2. 조력발전소 건설사업의 현황

정부가 온실가스 감축을 위해 발전사업자로 하여금 신재생에너지를 활용한 전력발전으로의 이행비율을 의무적으로 부과하는 신재생에너지 의무할당제(RPS, Renewable

그림 1 서해안 조력발전소 건설 위치

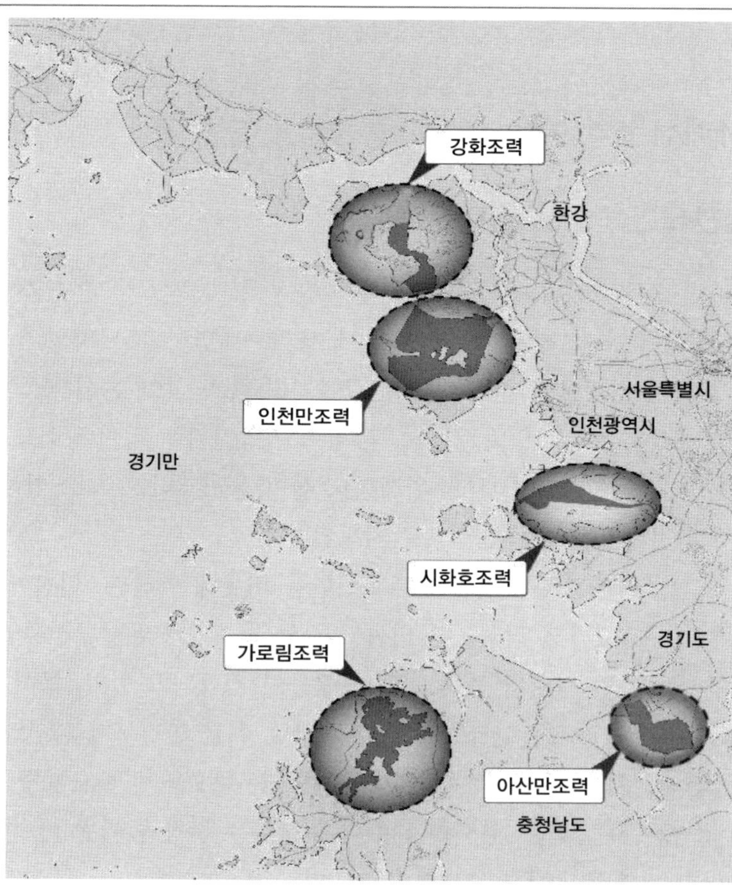

자료: 한국서부발전(주)

Portfolio Standard)를 시행하면서 조력발전을 신재생 해양에너지 가운데 하나로 지정하였다. 이에 발전사업자들은 투자비 대비 전력생산량이 가장 많아 의무할당을 단기간에 손쉽게 달성할 수 있는 조력발전소 건설을 서해안의 4개 만에서 동시에 추진하고 있다.

가로림만 조력발전소는 충남 태안군 이원면 내리에서 서산시 대산읍 오지리 일대에 조성될 계획이며, 설비용량은 52만kW로 건설될 경우 최대 조력발전소가 된다. 방조제 길이가 2,053m이며 수면적이 96km²에 이른다. 총사업비는 1조 22억 원이며 사업자는 한국서부발전이다.[1] 가로림만 조력발전은 1980년 1월에 후보지가 결정됐으며, 2005년 7월에 당시의 산업자원부와 서부발전의 신재생에너지 공급협약이 체결됐고, 2010년 3월 발전사업 허가가 났으며, 2010년 10월 환경영향평가 주민설명회와 공청회를 거쳐 현재는 환경영향평가 협의 및 전원개발사업 실시계획 승인 단계에 있다.[2]

인천만 조력발전소 건설 사업은 인천시 중구 · 강화군 · 옹진군 일원에 조성될 계획이며, 설비용량은 1,320MW이고, 수면적이 157km²에 이른다. 총사업비는 3조 9,214억 원이며 사업자는 한국수력원자력이다. 2006년 2월부터 2011년 8월까지 인천만조력 실용화에 관한 연구가 이루어졌고, 2009년 3월 타당성조사가 완료됐으며, 현재는 공유수면매립기본계획 반영 관련 협의가 진행 중에 있다.

강화조력발전소 건설 사업은 인천 강화군 석모도 해협 일대에 조성될 계획이며, 설비용량은 420MW이고, 수면적이 36.9km²이다. 총사업비는 1조 2,473억 원이며 사업자는 한국중부발전이다. 2009년 3월에 타당성조사가 완료됐고, 2010년 12월 제5차 전력수급기본계획에 반영됐다. 2011년 12월 현재 사전환경성검토서에 대한 보완작업이 진행되고 있다.

아산만 조력발전사업은 충남 당진군 서해대교 인근 해상에 조성될 계획이며, 설비용량은 254MW이다. 수면적은 31km²이며, 총사업비는 7,834억 원이고, 사업자는 한국동서발전이다. 2011년 5월 주민설명회가 무산되면서 공유수면매립 관련 심의도 보류되었다.

---

1) 현재까지는 프랑스의 랑스조력의 설비용량이 24만kW이며, 건설 중인 시화조력의 설비용량은 25만kW이다.
2) 2012년 4월 현재 환경영향평가서를 환경부에 제출했으나 멸종위기종에 대한 대책이 미흡하다는 사유로 반려되었다(한겨레신문, 2012. 4. 23).

표 1 조력발전소 제원현황

구분		가로림만	인천만	강화만	아산만
사업위치		• 충남 태안군 이원면 내리–서산시 대산읍 오지리	• 강화남단–장봉도–영종도 북단–동검도–강화남단	• 화점면 망월리–삼산면 상리 • 화도면 장화리–삼산면 매음리	• 아산만 지역 평택 · 당진항 항계 내부
발전방식		• 단류식 낙조발전	• 단류식 낙조발전	• 단류식 낙조발전	• 단류식 낙조발전
설비용량		• **520MW** (26MW×20기)	• **1,320MW** (30MW×44기)	• **420W** (30MW×14기)	• **254MW** (25.4MW×10기)
연간발전량		• 950GWh	• 2,414GWh	• 710GWh	• 545GWh
입지 현황	최대조차	• 8.14m	• 9.1m	• 9.3m	• 9.38m
	조지면적	• **96km²**	• **157km²**	• **36.9km²**	• **31km²**
설비 규모	수차대수	• 20기	• 44기	• 14기	• 10기
	수문대수	• 16문	• 20문	• 4문	• 8문
	방조제 연장	• **2,020m**	• **18,300m**	• **4,000m**	• **2,500m**
이용률		• 20.8%	• 20.9%	• 21.6%	• 24.5%
송전선로		• 154kV 대산변전소(가공 10km)	• 345kV 신김포변전소(지중10km, 가공45km)	• 강화도내 변전소 예정	• 154kV 송악변전소
총투자비		• 1조 22억 원	• 3조 9,214억 원	• 1조 2,473억 원	• 7,834억 원
공사기간		• '11.1~'15.12 (5년)	• '11~'17(6년)	• '12~'17(5.6년)	• '13~'18(6년)
사업주체		• 가로림조력발전(주)(서부 49%, 민간 51%)	• 국토해양부 연구과제에 참여중 • 한수원/GS건설	• 인천시, 강화군, 중부발전, 대우, 현대, 롯데, 코오롱	• 동서발전, 대우건설
비 고		• 인허가 추진중 – 전원개발사업실시 계획승인협의 중	• 타당성조사 완료 • 공유수면매립기본 계획 반영 신청	• 타당성조사 완료 • 공유수면매립기본 계획 반영 신청('10.6)	• 타당성조사 완료 • 공유수면매립기본 계획 반영 신청('10.6)

자료: 한국서부발전(주)

3. 사례선정의 이유

이와 같이 조력발전사업은 특정 지역에 국한된 사업이 아니고 인천, 경기, 충청지역 등 광역차원에서 이루어지고 있을 뿐만 아니라 사업도 4개 사업이 동시다발적으로 진행되고 있다는 특징을 지니고 있다.

따라서 조력발전소 건설 관련 갈등사례를 사례분석의 사례로 선정한 가장 큰 이유는 갈등의 범위가 상당히 확대되고 갈등의 강도도 점차 강화되고 있어서 보다 적극적으로 갈등관리에 임할 필요성이 크다는 점이 고려됐다.

두 번째 이유는, 현재 가로림만 조력발전소가 가장 먼저 시작되어 최종 인허가 단계에 와 있기 때문에 가로림만 조력발전소를 둘러싼 갈등의 전개상황이 다른 지역에 미칠 영향이 매우 크다는 점을 감안했다.

세 번째 이유는, 아직까지 조력발전 건설과 관련해 발생되고 있는 갈등에 대해 갈등영향분석이나 갈등조정협의기구 구성 등 갈등관리가 전혀 이루어지고 있지 않아 갈등진단 및 갈등해결 방안을 강구하는 것이 필요한 시점이라는 점이 고려됐다.

Ⅱ. 연구의 목적 및 내용

1. 연구의 목적

본 사례분석은 현재 진행되고 있는 조력발전 건설사업과 관련해 발생되고 있는 갈등의 원인을 진단하고, 향후에 어떻게 대응하는 것이 보다 효과적인지를 제시하는 데에 목적을 두고 있다. 따라서 본 연구에서는 무엇보다도 갈등의 원인을 정확히 이해하는 것이 필요하고, 이를 위해서는 조력발전 건설사업을 둘러싼 갈등의 성격과 사업의 추진을 둘러싸고 첨예하게 대립하고 있는 쟁점별로 각 이해관계자의 입장과 이해관계를 분명하게 파악할 필요가 있다.

2. 연구의 내용

1) 가로림만 조력발전의 주요 내용

가로림만은 조석간만의 차가 8.1m이고 방조제 길이가 2km이며, 설비용량이 520MW로서 2014년 국내 신재생에너지 설비용량(5,778MW)의 9%를 담당하게 된다. 이 용량은 2007년 국내 전체 풍력(191.9MW)의 2.7배, 태양광(37.8MW)의 13.7배에 해당한다.

가로림만 조력발전소의 건설로 사업자측은 지역경제의 활성화, 지방세수의 증대, 특별지원금(약 140억 원)의 지급, 관광 활성화 등의 사업효과를 제시하고 있다. 특히 서산-태안을 연결하는 연육교 건설로 교통소요시간의 단축 등 지역주민에게 경제적 편익이 증가할 것이라는 예측을 제시하고 있다.

2) 갈등의 성격

충남 서산 · 태안의 가로림만 조력발전소 건설을 비롯해 전국적으로 4개 지역에서 조력발전소 건설이 동시에 추진되자 각 지역의 조력발전 반대 주민 및 단체들이 반대활동을 전개하였고, 지역별 반대활동이 점차 전국적인 연대로 확대되면서 사회적 갈등으로 대두되었다.

조력발전소 건설 사업에 대한 주민 및 시민사회단체는 조력발전이 갯벌을 훼손시켜 생태계를 파괴하는 등 환경에 부정적 영향을 초래할 것이라는 점과, 수산자원 감소로 인한 주민생존권이 위협받을 것이라는 점을 가장 우려하고 있다.

(1) 비선호시설의 입지와 관련된 입지갈등

발전사업자는 조력발전이 환경을 보전하면서 지속가능발전을 이룰 수 있는 최적의 신재생에너지이고, 해당 지역의 지역발전을 도모할 수 있는 계기가 될 수 있다는 주장을 지속적으로 전개하고 있다.

그러나 조력발전에 반대하는 주민 및 환경단체들은 조력발전이 이루어지기 위해서는 댐을 건설해야 하고, 물을 가두어야 하기 때문에 그 과정에서 생태계가 파괴되고, 갯벌 훼손 및 수산자원 감소로 인해 어민생존권이 위협받는다고 주장하며 4개 조력발전후보지역 주민 및 시민단체 간의 연대를 구성해 반대활동을 전개하고 있다. 조력발전소 건설에 찬성하는 주민들은 보상대책위원회를 구성해 사업의 조기추진을 원하고 있지만, 갈등이 점차 확대되고 있는 현재의 상황에서 '조력발전소'를 비선호시설로 인식하는 경향이 점차 커지고 있는 실정이다.

(2) 비용-편익의 불일치 구조

비선호시설의 입지갈등 사례에서 흔히 관찰되는 비용집중-편익분산의 특징을 쉽게 찾아볼 수 있다. 조력발전 건설로 전력생산이 이루어질 경우 그에 따른 편익은 모든 국민이 얻게 되겠지만 조력발전소가 세워짐으로써 환경변화 및 새로운 규제가 생성되고 그에 따라 생태계에 혼란이 야기되며, 어민들의 생계에 지장을 줄 경우 조력발전소 건설에 따른 환경상, 재산상의 손실과 비용은 고스란히 해당 지역 및 주민이 부담해야 하는 상황이 초래될 수 있다.

이와 같은 비용과 편익의 불일치가 발생할 경우 손실을 입는 측은 강하게 반대할 수밖에 없게 된다. 비용-편익의 불일치로 발생하는 갈등의 경우에는 과도한 비용부담을 떠안는다고 생각하는 지역 및 주민에게 그에 상응하는 유인(incentive)을 부여하는 방향으로 해결방안을 찾는 것이 바람직하다. 그렇게 하지 않으면 지역정치인을 비롯한 주민들은 어떻게 하든 비용-편익의 불일치를 바로잡기 위해 끊임없이 반발할 것이고 갈등은 지속되게 마련이다.

(3) 가치갈등과 이익갈등이 혼재한 복합갈등

공공갈등이 어떠한 성격을 갖느냐에 따라 전개과정 및 해소과정에서 많은 차이가 있다. 조력발전에 대한 반대 이유 가운데 가장 큰 쟁점이 생태계 파괴 우려이기 때문에 환경보전이라는 가치갈등 요소가 크게 작용하고 있다. 아울러 주민들의 생존권, 생계보호, 보상대책 등 이익갈등 관련 요소도 중요하게 작용하고 있다.

가치갈등의 성격이 강하거나 가치갈등과 이익갈등이 혼재한 복합갈등의 경우에는 해결의 실마리를 찾기가 쉽지 않기 때문에 갈등이 오래 지속되고, 결국에는 소송과 같은 사법적 판단을 구하는 경우가 많다. 이익갈등의 성격이 강한 경우에는 타협에 의해 해결되는 경우가 있지만 본 사례의 경우에는 가치갈등과 혼재해 있어 쉽게 해결되기 어려운 상황이다.

3) 갈등사례로서의 특이사항

(1) 지방자치단체장 간의 입장에 차이

대부분의 공공갈등에서 공공기관장이 갖는 역할은 매우 크다. 특히 지역주민의 여론을 업고 중앙정부의 정책에 대해 강한 반대운동을 전개하는 지방자치단체장의 경우에는 갈등의 핵심당사자로 부상하는 경우가 많다. 인구 16만 명이 넘는 서산지역의 기관장인 서산시장은 조력발전에 대한 지역주민의 의사를 반영해 적극적인 반대 입장을 견지하고 있다.

반면에 인구 6만 명이 넘는 지역인 태안군수는 조력발전소가 들어설 경우 서산과 태안을 연결하는 연육교 건설, 관광시설 건설 등으로 지역발전을 앞당길 수 있다는 생각으로 적극적인 찬성 입장을 보이고 있다. 충청남도의 경우에는 조력발전으로 인한 생태계 훼손이 우려된다면서 반대 입장이지만 적극적인 반대는 하지 않고 있으며, 시화조력발전의 경우를 2~3년 관찰한 후 시간을 갖고 추진하자는 입장을 내놓고 있다.

(2) 갈등상황을 제로섬으로 인식하는 강한 경향

조력발전에 반대하는 주민 측은 조력발전과 환경보전, 그리고 어업생존권 보장 간의 관계를 제로섬으로 인식하는 경향이 매우 강하다. 이 경우 갈등을 해결하기 위해서는 갈등상황을 제로섬이 아닌 넌제로섬으로 인식하게 만들 수 있는 계기가 필요한데 아직까지 그런 계기가 마련되지 못하고 있다. 넌제로섬 상황인식은 갈등해결을 위한 협상에서 상호 만족하는 결과를 창출해 내는 데 매우 중요한 역할을 한다.

4) 갈등의 쟁점과 주요 이해관계자 분석

(1) 갈등의 핵심 쟁점과 핵심 이해관계자

가장 핵심적인 갈등쟁점은 댐건설을 통한 조력발전소 건설을 끝까지 추진할 것인가 하는 점이다. 즉 발전사업자의 조력발전과 주민 및 환경단체가 요구하는 어업생계보호 및 생태계 보전 주장이 양립가능한가 하는 점이다.

핵심적인 이해관계자로는 발전사업자, 찬성 측 주민, 반대 측 주민, 반대 측 시민사회단체 등이다. 광의의 이해관계자로는 조력발전사업을 국가정책으로 추진하고 있는 지식경제부와 해당 지방자치단체, 그리고 인천만의 경우 반대 입장을 표명한 국방부와 농림부 등이 이해관계자라 할 수 있다. 현재는 추진세력과 반대세력 모두 언론 등을 통해 동조세력을 확대하고, 각자의 입장을 관철시키려는 노력을 경주하고 있다.

표 2 갈등의 핵심 쟁점 및 핵심 이해관계자 파악

쟁점	댐 건설방식을 통한 조력발전소 건설		
주요 이해관계자	발전사업자/지식경제부	찬성 측 주민	반대 측 주민/시민사회단체
입장	• 조력발전은 신재생에너지로 환경피해 및 어업피해를 최소화하면서 조력발전이 가능	• 조력발전을 통해 지역발전 가능	• 조력발전은 환경피해 및 어업피해가 크므로 반대
이해관계	• 신재생에너지 의무할당제(RPS, Renewable Portfolio Standard) 2% 충당의무 충족	• 보상최대화 • 이미 사양화된 어업이 아닌 새로운 지역발전 기회 모색	• 갯벌훼손으로 인한 생태계 파괴 • 어민생존권 위협
동조세력	• 대규모 건설회사 등 컨소시엄 참여자 • 찬성 측 주민	• 발전사업자	• 4개 조력발전후보지 반대주민 및 단체 간 연대 • 인천만 조력발전의 경우 국방부 농림부가 반대의사 표명

이제 조력발전 건설을 둘러싸고 발생되는 갈등관계를 살펴본다. 이해관계자 간의 대립 또는 협력관계는 갈등지도(conflict map)를 통해 살펴볼 수 있다.

갈등지도란 갈등 이해관계자 간의 쟁점과 관계를 알기 쉽게 도식화한 것으로 어떠한 쟁점을 중심으로 어떠한 이해관계자들이 얼마만한 힘의 크기로 어떠한 세력을 형성하며 존재하는지를 파악하는 데에 유용하다. 아울러 직접적 이해관계자뿐만 아니라 간접적 이해관계자도 파악할 수 있으며 영향력이 어느 방향으로 미치는지도 쉽게 알 수 있다. 갈등지도를 통해서는 파트너와 목표 집단을 구분하는 것이 가장 중요하다.

지식경제부와 발전사업자를 한 축으로 하고 다른 축으로는 4개 발전소 후보지역 반대대책위원회 주민들과 환경단체들이 조력발전소 건설사업의 추진여부를 놓고 대립하고 있다. 그리고 반대 측 주민들과 찬성 측 주민 간에는 사실상 관계가 단절되어 있으며, 그 관계는 조력발전사업에 반대하는 환경단체들과 찬성 측 주민 간에도 그대로 적용된다.

환경부는 발전사업자가 제출한 환경영향평가서에 대해 3번째 반려하면서 보완할 것을 요구하고 있다. 특히 3번째 반려하면서 제시한 사유로는 계절적 변동이 반영되지 않아 계절에 따른 침식과 퇴적 변화 예측의 어려움, 이끼 등 규조류 변화에 따른 수질 영향요인 고려 미흡, 법정 보호종에 대한 조사 미흡 등을 제시했다. 따라서 환경부는 발

그림 2 조력발전 건설 사업을 둘러싼 이해관계자 간의 갈등지도

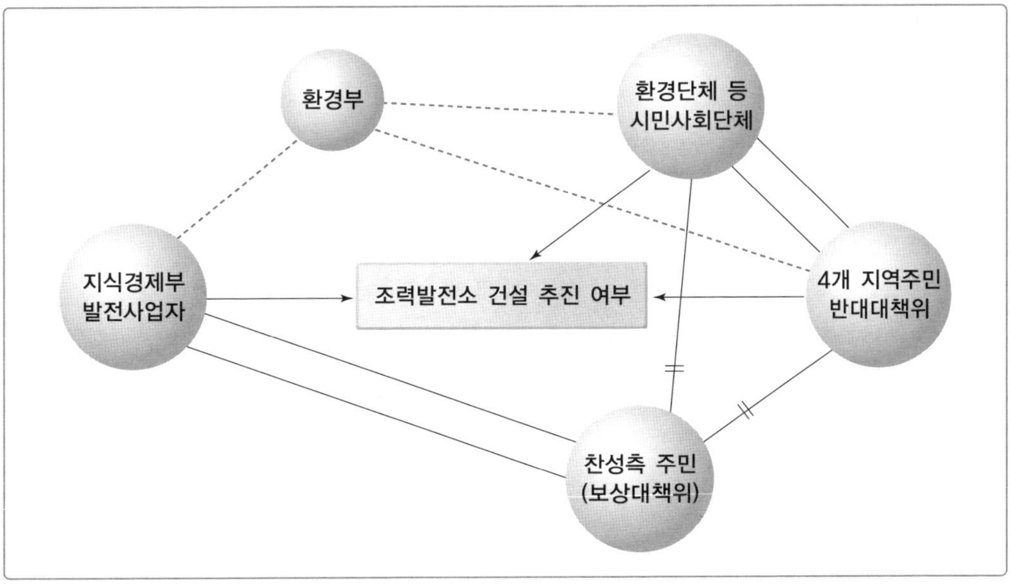

전사업자, 찬성 측 주민, 반대 측 주민 등 어떤 이해관계자와도 공식적인 관계가 아닌 비공식적 관계임을 알 수 있다.

(2) 주요 쟁점

조력발전소 건설을 둘러싸고 제기되고 있는 주요 쟁점 및 그에 대한 찬성과 반대의 논리는 다음과 같다. 먼저 대규모 자연환경 훼손 여부에 관한 쟁점에 대해 반대 측에서는 갯벌훼손으로 인해 생태계에 혼란이 야기되고, 철새서식지가 파괴되며, 대표적인 희귀동물인 잔점박이 물범 서식지가 파괴될 것이라는 주장을 제기하고 있다. 이에 대해 찬성 측에서는 조력발전소를 건설해도 가로림만의 경우에는 기존 갯벌의 11.3%만 감소할 뿐이며, 해수유통 확대로 해양환경에의 영향을 최소화할 수 있다는 설명을 제시하고 있다.

어업권 침해 여부 쟁점에 대해 반대 측에서는 생태계 변화로 어장이 형성되지 않아 어업소득이 감소할 것이라는 점과 수산자원이 감소해 맨손어업을 하는 어민들이 피해를 입을 것이라는 주장을 하는 반면, 찬성 측에서는 하루 두 차례 물이 드나들 때를 제외하고는 어업이 가능하다는 점과 치어방류 등으로 어업피해를 최소화할 수 있다는 주장을 제시하고 있다.

현재 반대 측과 찬성 측 주민들이 가장 민감하게 받아들이고 있는 환경영향평가에 대해 반대 측에서는 환경영향평가 실시 과정에 반대 측 의견이 반영되지 않았으므로 초안의 내용을 받아들일 수 없다는 것이고, 찬성 측에서는 주민설명회 개최 등 필요한 절차를 거쳤으므로 문제가 없다는 의견이다.

조력댐 건설로 인해 발생할 수 있는 농작물 및 농경지 피해 우려에 대해 반대 측에서는 연무나 농경지 침수 등으로 피해발생이 불가피하다는 주장을 제시하고 있고, 찬성 측에서는 피해가 크지 않을 것이고 적절한 보상이 이루어지면 큰 문제가 되지 않을 것이라는 주장을 내놓고 있다.

조력발전소가 지역경제에 미치는 영향에 대해서도 이해관계가 엇갈리고 있다. 태안지역은 연륙교 건설로 관광객 수가 증가할 것으로 예상해 조력발전소 건설을 환영하는 반면 서산의 내륙지역은 오히려 관광객 수가 감소할 것으로 예상해 조력발전소 건설을 반대하고 있다.

표 3 조력발전소 건설을 둘러싼 주요 쟁점

쟁점	조력발전 반대 측 주장	조력발전 찬성 측(사업자) 주장
대규모 자연환경 훼손 여부	• 갯벌훼손으로 인해 생태계 혼란 및 파괴 발생 • 철새서식지 파괴 • 잔점박이 물범 서식지 파괴	• 기존 갯벌의 11.3%만 감소(가로림만) • 해수유통 확대로 해양환경에의 영향 최소화 • 해양환경 모니터링을 통해 생태자원 관리 가능
어업권 침해 여부	• 생태계 변화로 어장이 형성되지 않고 그 결과 어업소득 감소 • 수산자원 감소(아산만의 경우 주 소득원인 황복, 실뱀장어, 참게 등이 감소, 가로림만의 경우 낙지, 굴 등이 감소, 강화의 경우 새우, 꽃게 등이 감소) • 맨손어업 5,000여 명 피해(가로림만)	• 하루 두 차례 물이 들고 나는 때를 제외하면 조업 가능 • 치어방류사업 등 어장보호활동과 양식장 설치로 어업피해 최소화 가능 • 적정한 보상대책 마련 • 만내 개발 및 활용 방안 마련 시 소득 증대 가능
환경영향평가 결과의 수용성 여부	• 주민들이 추천하는 전문가가 참여하지 않아 환경영향평가 초안의 내용을 믿을 수 없음(사업자들이 자신들에게 유리하게 짜 맞추려 함) • 환경영향평가 재조사 필요	• 사전환경성검토 주민설명회 개최, 환경영향평가 주민설명회 및 공청회 개최, 환경영향평가서 보완서 제출 등으로 주민의견수렴절차 등 적정 절차를 모두 거쳤음(가로림만)
농작물 및 농경지에의 피해 여부	• 댐에서 발생되는 연무 등으로 농작물 피해 예상 • 집중호우 때 농경지 침수 등 홍수 피해 불가피	• 피해가 크지 않을 것이고 적절한 보상대책이 마련될 것임
지역발전 여부	• 방조제가 만들어지면 내륙 쪽의 서산 주민들은 교통량 감소로 피해 예상	• 가로림만 방조제 공사시 서산과 태안을 잇는 연륙교가 완성되어 지역발전 가속화 • 해양종합 관광단지 조성으로 다수의 관광객 유치 가능

5) 갈등의 원인 분석

(1) 일방적 추진과 대화와 타협의 미흡

조력발전에 반대하는 주민들이 제기하는 가장 큰 반대 사유 가운데 하나는 사업추진 결정 이전 단계에서 주민들과 충분한 협의가 이루어지지 않은 채 사업자가 일방적으로 추진했다는 점이다.

이에 대해 사업자 측은 환경영향평가 초안 협의 → 사전환경성검토 → 공유수면매립 기본계획 반영 → 환경영향평가 협의 → 전원개발사업 실시계획 승인 등의 인허가 절차가 많아 계획대로 추진할 수밖에 없었고, 그 과정에서 필요한 주민설명회 등을 가지려 했으나 반대 측 주민들의 시위로 인해 제대로 진행되지 못했다는 설명을 제시하고 있다.

문제는 조력발전 사업에 대해 이해관계가 있는 주민들이 참여해 정확한 정보를 얻을 수 있고, 의견을 교환할 수 있는 공식적인 소통기구가 부재했다는 점이 갈등을 확대시킨 원인이라 할 수 있다.

(2) 획일적인 신재생에너지 의무할당제(RPS, Renewable Portfolio Standard) 부과로 인해 4개의 세계 최대 규모의 조력발전사업을 동시에 추진

신재생에너지 의무할당제는 발전사업자에게 공급량의 일정 비율을 신재생에너지로 의무 공급하도록 하는 제도로 2012년부터 시행되고 있다.[3] 이 같은 의무가 부과된 상황에서 발전사업자는 투자비 대비 생산량이 가장 많아 의무할당을 단기간에 손쉽게 달성할 수 있는 조력발전소 건설을 선호해 4개의 조력발전을 동시에 추진하고 있다.[4]

그런데 문제는 조력발전이 재생가능한 에너지이지만 생태계와 지역주민의 생존권에 커다란 영향을 미치기 때문에 긍정적, 부정적 파급효과를 면밀히 조사할 필요가 있는데도 4개의 대규모 조력발전을 동시에 추진하고 있다는 점이 문제라 할 수 있다.

한편으로는 재생가능한 전력생산의 필요성에 공감하면서도 다른 한편으로는 생태계를 훼손해가면서까지 일거에 그렇게 많은 조력발전을 동시에 추진해야 하는가라는 점에 의문이 제기되고 있다.

(3) 일관되고 조율된 사업추진 계획 및 갈등관리 방안의 미흡

현재 조력발전사업은 발전사업자에게 일임된 상태이고, 해당 사업의 주무부처인 지식경제부는 사업의 필요성만 언급하고 있지, 구체적인 추진계획은 부재한 상황이다. 아울러 4개 조력발전소 건설 계획을 둘러싸고 모든 후보지역에서 갈등이 발생되고 있지만 구체적인 갈등관리방안이 제시되지 않고 있는 상황이다.

이와 같은 상황에서 정부의 인허가 과정의 마지막 단계에 있는 가로림만 조력발전사업이 흔들릴 경우, 다른 지역의 조력발전사업도 영향을 받게 될 것으로 보인다. 정부가 최종적으로 가로림만 조력발전사업을 허가한다고 해도 지금까지는 사업의 계획 및 결정과정이었고, 향후 사업의 집행과정에서 더 큰 갈등이 발생할 가능성이 있다.

---

3) 한국수력원자력, 중부발전, 서부발전 등 14개 발전사업자는 2012년부터 전력생산량의 2%를 재생에너지로 충당해야 하고, 2022년까지 10%로 확대해야 한다.

4) 신재생에너지 가운데 태양광은 넓은 부지를 필요로 하고, 풍력은 소음이 크다는 이유로 조력발전에 비해 선호도가 낮다.

4) 갈등완화기(conflict mitigation)

갈등의 확대속도 및 규모, 강도가 점차 완화되는 단계로 갈등당사자 간의 공식, 비공식 의사소통을 통해 이견의 조정가능성을 탐색하는 시기이다. 본 갈등사례의 경우에는 아직까지 갈등완화기에 접어들었다고 보기는 어렵지만 갈등을 완화할 수 있는 협의기구 구성 등 이견을 조정하거나 해소할 수 있는 기회가 마련될 경우 갈등완화기에 접어들었다고 볼 수 있다.

5) 갈등해결기(conflict settlement)

이해당사자 간에 이견조정을 위한 구체적인 협상이 진행되는 단계로 공식, 비공식 접촉과 활발한 의사소통이 진행된다. 합의문을 작성하여 서명하는 경우도 있고 그렇지 않는 경우도 있지만 일단 갈등해소기를 거치게 되는 갈등은 소멸되거나 아니면 다시 잠복기로 들어가 순환하게 된다. 본 갈등사례의 경우에는 아직 갈등해결기에 접어들지는 않았지만 본격적으로 갈등해결안에 대한 논의가 진행될 경우에는 갈등해결기에 접어들었다고 볼 수 있다.

2. 갈등의 전개과정 분석

1) 갈등생성 및 잠복기(conflict generation and dormancy)

조력발전소 건설의 타당성을 조사하고 기본설계를 마칠 때까지의 시기가 여기에 해당된다. 주민들과 환경단체들도 구체적인 건설계획을 알지 못하는 시기이기 때문에 갈등이 구체화되지 않은 시기이다. 4개 조력발전 후보지 가운데 가로림만 조력발전 후보지가 1980년 1월에 결정됐기 때문에 가장 먼저 사업이 시작됐다.

이 시기에는 먼저 지식경제부(당시 산업자원부)를 중심으로 정부에서 신재생에너지 공급의 필요성을 인식하고 정부의 전력수급계획에 조력발전을 포함시킨 것이 사업의 출발점이 된다.

이 같은 정부의 결정에 따라 지역주민들은 각기 지역의 입장에 따라 성격이 각기 다른 주민기구를 발족시키게 된다. 먼저 조력발전이 지역발전을 앞당길 것으로 여기는 태안지역을 중심으로 '가로림조력발전소 유치위원회'가 발족되지만, 가로림 조력발전소 건설에 부정적인 서산지역을 중심으로는 '가로림조력발전소 대책위원회'가 발족된다. 이 같이 지역에 따라 상호 성격이 다른 주민들의 기구가 만들어짐으로써 지역주민

간의 갈등 또한 커지게 되는 계기가 마련된다.

- ○ 1980. 1: 가로림만 조력발전 후보지 결정(경제장관회의)
- ○ 2002. 12: 국가에너지 기본계획수립(산업자원부)
  ⇒ 2011년까지 1차 에너지 소비량의 5%를 대체에너지로 공급
- ○ 2005. 7: 신재생에너지 공급협약 체결(산업자원부 → 서부발전)
- ○ 2006. 3. 6: 가로림조력 건설사업 환경 · 교통영향평가 착수(2006. 3. 6~2008. 7. 22)
- ○ 2006. 12: 제3차 전력수급기본계획 반영(가로림조력 2012년 준공)
- ○ 2007. 8. 14: 환경 · 교통영향평가 초안 공고(8. 13) 및 주민 설명회(8. 21~23)
  (공람 기간: 2007. 8. 13 ~ 10. 26)
- ○ 2007. 9. 19: 가로림조력발전(주) 설립
- ○ 2008. 3. 14: 가로림조력발전소 유치위원회 발족(태안)
- ○ 2008. 3. 30: 가로림조력발전소 대책위원회 발족(서산)
- ○ 2008. 4. 7: 공유수면매립기본계획 반영 협조 요청(지식경제부 → 국토해양부)
- ○ 2008. 4. 11: 사전환경성검토 작성 협조 요청(국토해양부 → 충청남도)
- ○ 2008. 5. 1: 가로림조력발전소 건설사업대책위원회 청원서 제출(→ 청와대)

갈등생성 및 잠복기에서의 갈등관리 과정을 분석하면 다음과 같다. 먼저 이 시기의 주요행위자는 지식경제부를 중심으로 하는 정부와 사업추진 주체인 한국서부발전(주), 그리고 서산과 태안지역 지역주민들이다.

이 시기의 주요 행위는, 정부는 신재생에너지를 중심으로 하는 대체에너지 공급계획을 수립하고, 그에 따라 사업자는 조력발전소 건설 계획을 세우고 추진하게 되며, 지역주민들은 조력발전에 대해 찬성과 반대의 입장을 서서히 굳혀가게 된다.

갈등쟁점은 조력발전이 지역주민들의 의사에 부합하는가 여부로 사업초기 단계에는 갈등이 구체화되지는 않았지만 태안지역과 달리 서산지역 주민들은 조력발전이 지역의 이익에 부합되지 않는다는 생각을 가지고 있었기 때문에 갈등의 쟁점이 점차 형성되기 시작했다.

갈등관리 과정을 분석해 보면, 사업시작 단계에서 조력발전의 내용 및 장단점을 중심으로 논의가 활성화되지 못했으며, 그 과정에서 주민들도 조력발전에 관한 구체적인 정보와 사실을 인지하지 못한 채 막연하게 찬성과 반대의 입장을 갖기 시작했기 때문

에 정부의 정책결정에 대한 사전갈등관리가 이루어지지 못한 것으로 보인다.

2) 갈등표면화기(conflict surfacing)

조력발전소 건설이 가시화되면서 찬성 측 주민들과 반대 측 주민들이 사업의 추진과 반대에 관련된 활동을 본격적으로 개시한 단계이다. 찬성 측 주민들은 사업의 조기 추진을 요청하는, 반대 측 주민들은 사업철회를 요청하는 진정서와 탄원서를 제출하고 찬반활동을 전개하기 시작했던 시기이다.

사업자는 조력발전소 건설에 필요한 사전환경성검토 등 행정절차를 밟아가는 과정에서 먼저 2009년 2월에 조력발전에 찬성하는 주민들을 중심으로 '가로림보상대책위원회'가 먼저 구성된다. 이 같은 주민들의 기구가 발족된 것은 가로림만 조력발전소 건설을 둘러싼 갈등이 '이익갈등'의 성격이 초기에 강하게 드러났다고 볼 수 있다.

이 시기의 갈등의 첫 번째 특징은 정부기관 간에도 조력발전을 둘러싼 입장에 차이점을 보이고 있다는 점이다. 지식경제부는 국토해양부가 사업자가 제출한 사전환경성검토서에 대한 접수를 거부하자 국토해양부에 협조를 요청하여 몇일 후 사전환경성검토서를 접수하게 하는 등 적극적인 추진입장을 보인 반면, 환경부 등은 조력발전이 초래할 환경영향에 대해 매우 민감하게 반응하여 사전환경성검토서를 보완할 것을 요구하는 등 지식경제부와는 다르게 조력발전 추진에 매우 신중한 자세를 보이고 있다.

보상대책위원회를 중심으로 조력발전사업이 조기에 추진되기를 바라는 지역주민들은 충청남도청에 사업추진에 적극적인 자세를 가져달라고 요청하고, 보상 관련 협의에 착수하게 된다. 그러나 2010년 5월부터 본격적으로 서산지역 주민들을 중심으로 하는 반대투쟁위원회가 조력발전소 건설 계획 중단을 촉구하는 시위를 하는 등 갈등이 표면으로 드러나기 시작한다. 그리고 이때의 반대시위의 가장 큰 쟁점은 조력발전으로 인한 갯벌파괴 우려 등 환경에의 부정적 영향을 가장 전면에 내세우게 된다. 조력발전소 건설에 반대하는 이유로 환경훼손 우려를 제시함으로써 초기의 이익갈등적인 성격은 점차 가치갈등적인 성격으로 전환되게 된다.

그리고 반대투쟁위원회의 활동이 표면화되자 보상대책위원회를 중심으로 조기착공 호소문을 지식경제부, 국토해양부, 환경부, 청와대 등 정부 각 기관에 보내는 등 찬성 활동도 강화된다.

○ 2009. 1. 5: 가로림 조력발전소 건립관련 사전환경성검토서 검토의견 제출

○ 2009. 1. 7: 가로림 조력발전소 건설에 따른 제2차 사전환경성검토 의견 제출(서태환경운동연합 → 국토해양부)

○ 2009. 2. 10: "가로림만 어촌계장과의 토론회" 개최(서산수협 회의실)

○ 2009. 2. 19: "가로림보상대책위원회" 창립 총회 개최

○ 2009. 2. 23: 보상대책회의(가로림조력(주), 가로림건설처, 보상대책위)

○ 2009. 2. 25: 사전환경성검토서 초안 제출(→ 국토해양부)했으나 국토부 접수 거부

○ 2009. 3. 2: 사전환경성검토서 초안 제출 및 접수(→ 국토해양부)

○ 2009. 3. 3: 사전환경성검토서 초안 주민 공람 및 설명회 장소 요청(국토해양부 → 서산시, 태안군)

○ 2009. 3. 4: 가로림 조력발전소 사업 관련 협조요청(지식경제부 → 충청남도, 서산시, 태안군)

○ 2009. 3. 5: 사전환경성검토서 초안 주민공람 및 설명회 장소 통보(태안군 → 국토해양부)

○ 2009. 3. 5: 서산 · 태안 보상대책위원회 보상 양해각서 체결(가로림조력(주) 서부, 보상대책위원회)

○ 2009. 3. 6: "가로림조력발전소 건립 관련 사전환경성검토서 초안에 대한 의견수렴을 위한 협조요청"에 대한 의견 제출(서산시 → 국토부)

○ 2009. 3. 10: 태안군 2009/2010 어장이용개발계획 수립에 따른 협의(← 태안군)

○ 2009. 3. 12: 가로림조력발전소 건설관련 어촌계대표 호소문 송부(← 충청남도)

○ 2009. 3. 18: 태안군 어장이용개발계획 협의에 대한 회신(→ 태안군)

○ 2009. 4. 1: 가로림조력 건설사업관련 자료 제출 및 협의(→ 충청남도)

○ 2009. 4. 27: 가로림조력 사전환경성검토서 초안 주민설명회 개최
- 태안: 오전 10시, 문화예술회관
- 서산: 오후 2시, 농업기술센터 교육관

○ 2009. 5. 1: 가로림조력 사전환경성검토서 초안 주민공람 완료

○ 2009. 5. 4: 가로림 조력발전소 사전환경성검토서(초안) 주민공람 의견서 제출(태안군 → 국토해양부)

○ 2009. 5. 14: 가로림조력발전소 관련 사전환경성검토서(초안)에 대한 주민 의견 취합 결과 제출(서산시 → 국토해양부)

○ 2009. 6. 15: 가로림조력 사전환경성검토서 본안 보완 제출(SPC → 국토해양부)

○ 2009. 7. 14: 가로림조력발전소 건설사업관련 사전환경성 검토서 보완 요청(환경부 → 국토부)
○ 2009. 7. 15: 보상대책위원회와 보상 협상 착수 회의 개최
○ 2009. 8. 31: 가로림조력발전소 건설사업 관련 사전환경성검토서 보완 사항 제출
○ 2009. 9. 3: 가로림조력발전(공유수면매립) 사전환경성검토서 재보완 요청(환경부 → 국토부)
○ 2009. 9. 7: 가로림조력발전 건설사업 관련 사전환경성검토서 재보완 요청 알림(국토부 → SPC)
○ 2009. 9. 14: 가로림조력발전소 건설사업 관련 사전환경성검토서 재보완 사항 제출(SPC → 국토부)
○ 2009. 9. 28: 가로림조력발전소 건설사업 사전환경성검토서 보완 요청(3차)(환경부 → 국토부)
○ 2009. 9. 29: 가로림조력발전소 건설사업 사전환경성검토서 보완 요청(3차) 알림(국토부 → SPC)
○ 2009. 10. 12: 가로림조력발전소 건설사업 사전환경성검토서 보완 요청(3차) 제출(SPC → 국토부)
○ 2009. 10. 28: 가로림조력발전소 건설사업 사전환경성검토서 협의완료
○ 2009. 11. 18: 공유수면매립기본계획 반영 고시
○ 2009. 11. 22: 서산 · 태안보상대책위원회 조기착공 호소문
○ 2009. 11. 26: 가로림조력발전소건설 어업피해보상 협상을 위한 협조 요청(보대위 → 서부)
○ 2010. 3. 18: 가로림조력 보상 약정 체결(태안문화예술회관)
○ 2010. 3. 24: 가로림조력 발전사업 허가(지식경제부)
○ 2010. 5. 4: 반투위, 서산시민 건설계획 중단 촉구 집회(반투위, 서산어민 약 300여 명, 서산시청 앞)
○ 2010. 7. 22: 보대위 가로림만 조기 착공을 위한 호소문 제출(→ 국토부, 지경부, 환경부 등 8개 정부기관)
○ 2010. 10. 20: 환경영향평가서 공고 · 공람
○ 2010. 10. 27: 환경영향평가 초안 주민설명회
[장소: 원북면 주민자치센터 회의실(태안), 팔봉면사무소(서산)]

○ 2010. 10. 28: 환경영향평가 초안 주민설명회
[장소: 태안군 문화예술회관(태안), 지곡면사무소(서산)]
○ 2010. 10. 29: 환경영향평가 초안 주민설명회
[장소: 종합사회복지관 대산분관(서산)]
○ 2010. 12. 23: 가로림조력발전소 건설관련 주민과의「대화의 장」개최
[장소: 서산시 문화회관 대강당]

갈등표면화기의 갈등관리 과정을 분석하면 다음과 같다. 먼저 갈등의 주요 행위자는 2개의 부류로 구분되는데 하나는 정부기관 간의 갈등이고, 다른 하나는 조력발전소 건설에 찬성하는 보상대책위원회와 반대하는 반대투쟁위원회 간의 갈등이다. 정부기관 간의 갈등을 보면, 지식경제부가 가장 적극적으로 조력발전사업을 추진하는 반면, 환경부는 매우 신중하게 접근하고 있고, 국토해양부는 중립적인 입장에서 행동하고 있음을 알 수 있다.

지역주민 간의 갈등을 보면, 이제는 조력발전에 대해 서산과 태안지역 간의 상반된 입장을 뛰어 넘어 보상대책위원회와 반대투쟁위원회로 구체적인 조직을 가지고 반대활동을 전개하기 때문에 주민 간의 갈등이 구체화되고 있다. 그리고 두 집단 모두 정부를 상대로 조기착공과 건설계획 철회 등 전혀 상반된 요구를 강하게 제기하고 있다.

이 시기의 주요 행위는 사업추진에 필요한 사전환경성검토서 등 행정절차를 둘러싸고 정부기관 간의 서로 다른 입장에 따른 행정행위가 중요하고, 찬성과 반대에 대한 구체적인 입장을 정한 주민기구 간에 조기착공과 공사 절대 반대라는 전혀 상반된 행동이 이 시기에는 주요한 행위이다.

따라서 이 시기의 갈등 쟁점은 조력발전소 건설을 추진할 것인지 여부로 찬성 측에서는 더 이상 어업이 잘 되지 않고 있고, 지역발전을 가져오기 위해 조력발전소를 건설해야 한다는 입장인 반면, 조력발전소 건설에 반대하는 측에서는 조력발전소 건설로 인해 생태계 파괴가 가속화될 것이고, 서산지역의 경우에는 오히려 지역의 이익에 반할 수도 있기 때문에 조력발전소 건설에 반대해야 한다는 입장을 갖게 됐다.

이제 갈등관리 과정을 분석하면, 조력발전소 건설에 대해 찬성과 반대하는 입장이 명확해졌기 때문에 먼저 갈등영향분석을 통해 주요 이해관계자 별로 갈등의 쟁점별 입장과 이해관계를 파악하고, 갈등의 해결 가능성을 진단하는 것이 필요함에도 그렇게 하지 못하고 있다. 갈등영향분석 결과 갈등해결이 가능할 경우에는 갈등조정기구 등을

구성해 조력발전이 가져올 지역발전 및 환경에의 영향을 구체적으로 조사하는 등 사실 확인(fact-finding)과 정보제공의 과정이 필요한데 그렇게 되지 못하고 있다는 점이 지적될 수 있다.

3) 갈등확대기(conflict escalation)

반대 측 주민들뿐만 아니라 찬성 측 주민들이 사업의 추진여부를 놓고 대립과 반목이 커지고, 각자의 요구사항 관철을 위해 집단시위를 벌이며 반대 측 주민들이 조력발전 건설계획 자체를 중단하라는 강한 성명서를 발표했던 시기이다. 반대 측에서는 10만 명 서명운동을 전개하고, 4개 지역 반대단체들이 연대해 반대집회가 개최되었다.

먼저 갈등확대기에서의 가장 큰 특징은 정부 내에서 환경부가 환경영향평가서를 4차례에 걸쳐 반려함으로써 조력발전소 건설로 인한 환경훼손 우려가 현실적으로 크다는 점이 드러났다는 점과 반대투쟁위원회가 활동을 보다 적극적으로 전개해 정부청사 및 청와대에서의 시위가 이루어지고 있고, 조력발전소가 건설된 4개 후보지역의 반대단체들이 연대해 공동의 반대활동을 전개하고 있다는 점이다.

반면에 찬성 측 주민들은 국무총리에게 사업의 조기추진을 건의하는 청원서를 제출하는 등 2,000여 명의 주민들이 모여 건설촉구 시위를 하였다.

○ 2011. 4. 13: 대책위와 시민사회단체 반대 속에 가로림조력댐 건설 환경검토서(초안)주민 공청회 개최
[장소: 태안군 문화예술회관]

○ 2011. 5. 11: 조력발전 추진 협조요청(지식경제부 → 국토해양부)

○ 2011. 5. 25: 환경영향평가서 본안 제출(SPC → 지식경제부)

○ 2011. 6. 22: 반투위원장 정부청사 앞 1인 시위

○ 2011. 6. 23: 강화 · 인천만 · 아산만 · 가로림만 조력발전반대투쟁위, 조력발전 중단촉구 공동기자회견

○ 2011. 7. 20: 강화, 인천만, 아산만, 가로림만 조력발전반대투쟁위 시민사회단체, 서울광장에서 '조력발전 백지화를 위한 범국민대회' 개최

○ 2011. 8. 1: 강화, 인천만, 아산만, 가로림만 조력발전 반투위와 시민사회단체, 9월 정기국회 입법청원서 제출을 위한 10만 명 서명운동 시작

○ 2011. 8. 9: 서산 · 태안보상대책위원회 도의회 방문 및 지원 호소(주민동의서 전

달 및 도의장 면담 · 지원 호소)

○ 2011. 9. 30: 환경영향평가서 보완 요청(환경부 → 지식경제부 → SPC)

○ 2011. 10. 23: 조력댐 백지화 전국대책위(준), 가로림 조력댐 백지화 총궐기대회 개최

○ 2011. 11. 9: 반투위 및 시민단체 건설 백지화 투쟁 기자회견(충남도청)

○ 2011. 11: 찬성 측 주민, 국무총리에게 사업의 조기추진을 위한 청원서 제출

○ 2011. 11. 11 ~ '12 .4: 반투위 및 시민단체 건설 백지화 투쟁 천막농성 [장소: 서산시청 앞]

○ 2011. 11. 16: 반투위, 충남시민단체, 환경연합 등 건설백지화 기자 회견 (반투위 약 10명, 과천청사 앞)

○ 2011. 11. 23: 서산 · 태안 보상대책위원회 정부 인 · 허가 조기 허가 촉구 집회 (내용: 지역주민 약 200여 명, 과천 청사 및 충남도 정문, 안희정 도지사 면담후 해산)

○ 2011. 11. 28: 환경영향평가 3차 보완요구(환경부 → 지식경제부)

○ 2012. 2. 9: 환경영향평가서 3차 보완서 제출(SPC → 지식경제부)

○ 2012. 2. 11 ~ 17: 반대투쟁위원회 건설 백지화 촉구 도보행진(서산~과천)

○ 2012. 2. 13: 보상대책위 조속 승인 촉구 정부규탄 성명 발표

○ 2012. 2. 17: 반대투쟁위원회가로림만 조력 댐 백지화 촉구 대회 (정부 종합청사에서 가로림, 강화, 인천 등 약 300여 명 참여)

○ 2012. 2. 20: 환경영향평가서 3차 보완서 협의요청(지식경제부 → 환경부)

○ 2012. 3. 15: 환경영향평가서 3차 보완서 기술검토 자문회의 개최(환경부)

○ 2012. 3. 15: 반투위, 시민단체 건설반대 기자회견 (반투위, 시민단체 약 20여 명, 광화문 광장)

○ 2012. 4. 2: 서산 · 태안보상대책위원회 착공지연 및 건설반대 국회의원 후보 규탄기자회견 [장소: 태안군청 브리핑룸]

○ 2012. 4. 4: 서산 · 태안보상대책위원회 건설 촉구 궐기 대회 개최 (지역어민 약 2,000여 명, 서산중앙호수공원)

○ 2012. 4. 12 ~ 18: 반대투쟁위원회 1인 시위(충남도청 정문)

○ 2012. 4. 20: 환경영향평가서 반려(환경부 → 지식경제부)

갈등확대기의 갈등관리 과정을 분석해 보면, 먼저 갈등의 주요 행위자는 지식경제부와 환경부로 주로 환경영향평가서를 놓고 갈등을 벌이고 있다. 또한 보상대책위원회와 반대투쟁위원회도 중요한 갈등행위자로 부상했다.

이 시기의 갈등행위는 환경부가 조력발전소 건설에 따른 환경파괴 우려를 고려해 환경영향평가서에 대한 보완을 4차례나 요구하면서 환경영향평가서를 반려하고 있다는 점이다. 또한 조력발전소 건설에 찬성하는 측에서는 2,000여 명의 주민들이 모여 조기착공을 주장했던 것과 반대 측 주민들도 기자회견, 집단시위, 1인 시위 등 다양한 형태의 반대 할동을 전개하고 있다는 점이다.

갈등 쟁점은 조력발전소 건설이 환경에 미치는 부정적 영향을 극복하거나 최소화할 수 있을 것인가 여부로 사업자와 찬성 측 주민들은 사전에 철저히 대비해 환경에의 부정적 영향을 최소화할 수 있고 지역발전을 가져올 수 있으므로 조기에 착공해야 한다는 입장인 반면, 반대 측 주민들과 단체들은 환경훼손이 돌이킬 수 없는 것이므로 건설계획 자체를 철회해야 한다는 점을 점점 강하게 주장하고 있다.

갈등확대기에서의 갈등관리 과정을 분석하면, 정부가 조력발전에 대해 찬성과 반대하는 이해관계자 간에 상호 주장하는 바가 명확하게 드러나고 있기 때문에 이견을 해소하려는 노력을 기울일 필요가 있는데, 지식경제부와 환경부는 환경영향평가서 등 행정행위에만 몰두하고 있다. 또한 조력발전소 건설을 둘러싸고 대립하고 있는 주민단체 간에도 이견을 좁히려는 노력이 전혀 이루어지지 못한 채 상호평행선을 달리며 각자의 주장을 관철하기 위해 더 많은 자원과 노력을 기울이고 있는 실정이다.

이렇게 갈등이 확대되고 대립이 격화되면 될수록 주민들이 생업에 종사하지 못해 발생하는 기회비용 등 사회적 비용이 점차 확대될 뿐만 아니라 상호 반대 입장을 가진 주민 간 감정의 골도 깊어져 지역 내 화합과 공동협력도 더욱 어려워지게 된다.

조속히 갈등조정협의기구를 구성해 각자의 입장과 이해관계를 조정할 수 있는 대화의 장이 마련될 필요가 있다. 이를 위해서는 지역 내 상호 인정받는 사람을 조정자로 내세워 대화를 시작할 수도 있지만 그렇지 않을 경우에는 외부 전문가를 통해 갈등을 분석하고, 이견을 조정하는 과정을 밟는 것도 검토할 필요가 있다.

Ⅳ. 갈등의 해결과정

조력발전 건설 사업에 있어서의 갈등관리를 갈등관리 매뉴얼 또는 갈등프로세스에 제시된 내용에 따라 분석해 보면 다음과 같은 점을 지적할 수 있다.

1. 갈등관리 프로세스의 개요

국무총리실에서 제공하고 있는 갈등관리 매뉴얼에 나타난 갈등관리 프로세스는 크게 갈등영향분석, 갈등관리심의위원회, 참여적 의사결정, 갈등조정협의회로 나뉜다.

먼저 공공기관의 장이 (갈등관리심의위원회를 통해) 갈등영향분석이 필요한지 여부를 판단해 만일 필요하다고 결론을 내리면 갈등영향분석은 공무원 혹은 중립적인 제3자에 의해 실시된다.

갈등영향분석 결과를 갈등관리심의위원회에서 심의해 만일 갈등을 예방하거나 해소하는 절차가 필요하다고 판단될 경우 참여적 의사결정 방법을 활용하거나 갈등조정협의회를 통해 합의형성절차를 밟게 된다.

합의형성절차를 통해 합의안이 도출되고 공공기관의 장이 이를 수용할 경우 입안된 공공정책은 수정 및 보완 과정을 거쳐 정책으로 결정된다.

갈등관리 매뉴얼에서 제시하고 있는 중요한 갈등관리 프로세스는 크게 4가지로 구체적인 내용은 다음과 같다.

표 4 갈등관리 매뉴얼에 제시된 중요한 갈등관리 프로세스

갈등영향분석	공공정책을 결정하기 전에 사회에 미치는 갈등의 요인을 예측 · 분석하고 예상되는 갈등에 대한 대책을 강구
갈등관리심의위원회	해당기관의 갈등관리관련 정책, 법령, 교육훈련 그리고 갈등영향분석서를 심의
참여적 의사결정 방법의 활용	정책결정에 있어 사회적 합의가 중요한 요인이라고 판단될 경우에 채택 · 활용
갈등조정협의회	공공정책 등으로 인하여 발생한 갈등을 조정하기 위하여 필요하다고 판단되는 경우에 사안별로 사회적 합의촉진을 위한 갈등조정협의회를 설치

2. 갈등관리 매뉴얼에 제시된 갈등관리 프로세스에 따른 분석

1) 사업계획의 수립단계에서 사전갈등예방을 위한 갈등영향분석의 미실시

갈등영향분석이란 공공정책을 결정하기 전에 사회에 미치는 갈등의 요인을 예측·분석하고 예상되는 갈등에 대한 대책을 강구하는 것을 말한다. 4개 조력발전 후보지역 모두에서 갈등발생이 충분히 예상됨에도 불구하고 갈등을 분석하고, 예상되는 갈등에 대한 대책을 수립할 수 있는 갈등영향분석을 실시하지 않고 있다. 이 같은 경우에는 갈등에 대한 체계적인 대응이 어렵고 임기응변식으로 대응할 수밖에 없게 된다.

아울러 갈등영향분석의 가장 큰 목적은 갈등의 발생가능성 예측과 갈등의 해소가능성 판단, 그리고 합의형성 절차의 설계에 있다. 그런데 그러한 갈등영향분석을 실시하지 않음으로 인해 현재는 갈등이 어느 정도의 범위에서 어느 정도의 강도로 발생할 것인지를 예측하기 어렵고, 갈등이 해소될 가능성도 판단하기 어려우며, 합의형성절차를 설계하는 것은 더욱 더 어려워지고 있다.

2) 주요 이해관계자 간의 핵심 쟁점 해소를 위한 참여적 의사결정 기법의 미적용

가장 큰 쟁점인 '조력발전으로 인한 환경(생태계) 변화 정도'를 파악하기 위해 주요 이해관계자가 참여하는 중립적이고 객관적인 조사연구위원회를 운영해 보는 것도 검토해 볼 수 있었을 것인데 현실적으로 그러한 움직임이 전혀 없었고 앞으로도 그러한 계획은 수립되어 있지 않은 것으로 파악되고 있다.

현재는 가장 큰 쟁점이 사업자가 실시한 '환경영향평가 보고서'의 내용을 반대 주민 및 단체들이 신뢰하지 못하고 재조사를 요구하고 있는 것인데 이는 환경영향평가 실시과정에서 주요 이해관계자의 참여와 협력을 이끌어내지 못했기 때문이다.

3) 주요 이해관계자 간의 이견 및 이해관계 조정을 위한 갈등조정협의회의 운영 실적이 전무

현재까지 반대주민들의 의견수렴을 위한 공식적인 절차는 주민설명회와 공청회뿐이다. 이 같은 소통절차는 비정기적으로 개최될 뿐만 아니라 시간적 제약으로 인해 이슈를 깊이 있게 다루지 못하기 때문에 반대주민들이나 단체 입장에서 의사소통이 충분히 이루어졌다고 생각하지 않게 될 가능성이 높다.

발전사업자는 사업자대로 조력발전사업의 필요성 등 최대한 홍보를 하려고 하지만 반대주민들은 반대세력 확대를 위한 결집 움직임을 강화하고 있어 사회적으로는 서로 상반된 활동이 동시에 진행되고 있다고 볼 수 있다.

따라서 사업자와 반대주민이 서로 다른 홍보수단을 통해 사회적 비용을 지불하기보다는 서로 협의할 수 있는 갈등조정협의기구를 구성하여 운영해 볼 수 있었을 터인데 현실적으로는 전혀 그러한 움직임이 없었고, 향후에도 그러한 계획은 파악되지 않고 있다.

Ⅴ. 시사점 및 향후 갈등관리 관련 제언

1. 조력발전 후보지역 내에 조력발전소 건설이 환경에 미치는 영향, 그리고 어업에 미치는 영향을 객관적으로 검증, 조사할 수 있는 기구를 이해관계자 간 합의를 통해 구성하는 것을 검토할 필요

현재 발생되어 확대되고 있어 갈등을 임시적으로 덮거나 도외시한 채 사업을 계속 추진하기에는 어려움이 있다. 따라서 주민들이 가장 크게 요구하는 것이 위 두 가지 사항이므로 이를 정부가 주도적으로 나서서 조사할 필요가 있다.

발전사업자가 이 같은 검증 및 조사 기구를 운영할 경우 공정성 및 객관성이 의심받을 수 있으므로 정부가 앞장서서 하는 것도 검토할 필요가 있다. 위 조사 기구에는 해당 분야 전문가가 중립적인 제3자로서 참여하는 것도 검토할 수 있을 것이다.[5)]

2. 경주방폐장 후보지 결정시 활용(4개 지역이 경합)하였듯이 지역공모제를 실시하는 것도 검토할 필요

조력발전소가 선호시설일 경우 사업반대가 크게 발생하지는 않았을 것이다. 4개 지역에서 모두 반대하는 것이 반드시 더 많은 보상을 바라기 때문으로 단순하게 결론을 내릴 수 없는 상황이다. 조력발전소가 비선호시설로 인식되고 있는 경우에는 비용집중-편익분산의 특징을 갖기 때문에 '비용-편익의 불일치' 구조를 시정하기 위한 방안을 마련하는 것도 검토할 필요가 있다. 즉 적정한 보상대책과 함께 조력발전소 건설시 지역발전을 앞당길 수 있다는 긍정적 전망을 제시할 필요가 있다.

5) 이와 유사한 사례로 '시화지역 MTV 건설' 관련 갈등사례를 참조할 수 있다.

3. 갈등의 발생가능성 및 해소 가능성, 그리고 합의형성절차 설계를 위한 갈등 영향분석을 실시하는 것도 검토할 필요

현재는 찬성과 반대 측이 서로 옳다고 믿는 정보를 바탕으로 치열하게 홍보전을 전개하고 있어 양측이 서로 얼굴을 맞대고 협의하는 데에 어려움이 있다. 이 같은 경우에는 중립적인 제3자가 나서서 양 측의 입장과 이해관계를 정확하게 분석하고 진단해 합의형성 기구의 운영 가능성 및 합의의 가능성을 평가하는 것이 필요하다. 갈등영향분석을 4개 지역을 대상으로 동시에 실시하는 것보다는 1개 지역을 대상으로 실시한 후 추후에 확대, 실시하는 것도 검토해 볼 수 있을 것이다.

4. 조력발전사업이 가져올 영향에 대해 우려가 커져가고 있는 상황에서 4개 지역 모두에서 동시에 사업을 추진하기 보다는 1개 지역씩 순차적으로 사업을 추진하는 것도 검토할 필요

현재 신재생에너지 의무할당 규정이 경직되게 적용되고 있기 때문에 각 발전사업자가 시일을 다투며 경쟁적으로 조력발전에 뛰어들고 있는 상황이다. 4개 지역에서 동시에 사업을 추진할 경우 반대 측도 연대와 동맹을 강화하며 갈등이 증폭될 가능성이 매우 큰 상황이다. 이 같은 상황에서는 사업을 지역별로 순차적으로 실시하는 것도 검토할 필요가 있고, 그렇게 할 경우에는 신재생에너지 의무할당 규정을 보다 유연하게 적용하는 것이 선행되어야 할 것이다.

참고문헌

1. 국내문헌

한국동서발전(주)(2011). "아산만조력발전소 건설사업 추진현황".

한국서부발전(주)(2011). "가로림조력발전소 건설 추진현황".

한국수력원자력주식회사(2011). "인천만조력 건설사업".

한국중부발전(주)(2011). "강화조력발전소 건설사업 추진현황".

2. 보도자료

경향닷컴. "선진국은 조력발전 꺼려 - 조류발전이 대세", 2011. 12. 12.

서울신문, "충남 가로림만 조력발전 민-민 갈등 고조", 2011. 11. 24.

에너지경제, "RPS와 조력발전의 관계", 2011. 11. 30.

연합뉴스, "충남 가로림 조력발전 민-민 갈등 지속", 2011. 11. 23.

파이낸셜뉴스, "가로림조력발전 조기 허가 촉구", 2011. 11. 23.

한국경제신문. "지금 충남에선 - 가로림만 조력발전소 건설 시끌", 2011. 11. 30.

탄소세 도입 관련 에너지정책갈등과 합의형성기법 활용연구

이강원(경실련 (사)갈등해소센터 소장)

Ⅰ. 사례선정의 이유

한국사회가 민주화, 다원화되면서 정부정책의 수립 및 집행을 둘러싼 공공갈등이 심화되고 있다. 공공갈등은 환경, 노사분야뿐만 아니라 장사시설 설치, 쓰레기 소각장, 군사시설 등 공익적 측면에서 필요한 시설이지만 해당시설이 설치되는 주민들이 반대하는 갈등과 원자력발전소 건립, 석유제품(휘발율, 경유)에 부과되는 세금(교통에너지환경세)을 둘러싸고 에너지 정책분야에서의 갈등도 포함되며 이는 사회적 현안이 되고 있다. 따라서 에너지 정책분야를 둘러싼 효율적인 갈등관리를 위하여 에너지정책관련 갈등사례 분석이 중요하다.

지구온난화에 따른 자연재해의 피해와 에너지 자원의 고갈이 심화되면서 전 지구적 차원에서 기후변화 대책 마련과 지속가능한 성장이 국가경제의 화두가 되고 있다. 특히 2006년 2월 기후변화 협약에 관한 교토의정서가 발효되면서 온실가스 감축을 둘러싼 대책마련이 국가별 산업정책 및 에너지 정책의 핵심 사안이 된다. 이명박 정부는 2008년 8월 저탄소 녹색성장을 새로운 국가발전 전략으로 표방하면서 자발적인 국가 중기 온실가스 감축목표설정 및 탄소세 도입 등 적극적이고 다양한 대책을 추진한다. 그러나 온실가스 배출에 따라 세금을 부과하는 탄소세 도입은 탄소세 부과에 따른 국내 산업의 경쟁력 상실에 대한 우려와 비용을 최종적으로 누가 부담할 것인지를 놓고 정부, 산업계, 소비자, 환경단체 간 갈등을 야기했다. 정부는 기획재정부를 중심으로 탄소세 도입방안을 검토해 왔지만 명확한 결론을 내리지 못한 채 정책 혼선을 가중시켰고 이는 산업계, 환경단체 등 이해관계자들의 불만을 초래했다.

탄소세 도입여부가 불투명한 상황에서 정책혼선에 따른 산업계, 환경단체 등 이해관계자들의 불만이 커지자 2011년 2월 경실련(사)갈등해소센터는 국회 기획재정위원회와 함께 정부, 산업계, 환경단체, 소비자단체, 전문가 등 탄소세 시행에 관한 이해관계자가 참여하여 합의형성을 도모하는 '연속기획토론회'를 5차례 진행하고 잠정적인 합의를 도출한다. 물론, 정부가 탄소세 도입은 차기 정부에서 검토한다고 최종입장을 정리하면서 탄소세 도입에 따른 논란이 최종적으로 해소된 것은 아니다. 그러나 이해관계자들이 참여한 '연속기획토론회'를 통해서 탄소세 시행을 둘러싼 정책혼선을 해소하고 탄소세 도입을 두고 이해관계자 간 공감대를 합의문 형태로 도출함으로써 추후 탄소세 도입에 따른 합의 전망을 높일 수 있게 되었다. 탄소세 도입 관련 갈등사례 및 합의형성기법의 활용에 관한 연구는 원자력 발전문제 등 최근 한국 사회 갈등사안으로 부각되고 있는 에너지정책관련 갈등의 예방 및 해결에 시사점을 줄 것이다.

Ⅱ. 연구의 목적과 내용

1. 배경 및 목적

한국사회의 공공분야에서 발생되는 다양한 갈등을 효과적으로 대처하기 위해서는 갈등사례 분석을 통해 실효성 있는 시사점 및 대책을 마련해야 한다. 그동안 우리 사회는 새만금 간척사업 갈등사례와 같은 환경 분야나 자원회수시설(쓰레기소각장설치), 장사시설 설치 등과 같은 비선호시설 설치를 둘러싼 갈등사례 분석은 비중 있게 다루어져 왔지만 탄소세 도입 등 국가 에너지정책에 관한 갈등 사례 분석은 상대적으로 많지 않아 보인다. 그러나 지구온난화에 따른 기후변화 대응이 전 지구적 화두가 된 상황에서 탄소세 도입 등 효과적인 온실가스 감축방안을 마련하기 위한 다양한 정책방안을 두고 선진국과 개발도상국 등 국가 간 및 정부, 산업계, 환경단체, 소비자단체 등 이해관계자 간 갈등은 증폭될 전망이다.

한국 사회는 2006년 2월 기후변화 협약에 따른 교토의정서가 발효되면서 국내 환경단체와 일부 전문가를 중심으로 온실가스배출을 감축시킬 수 있는 탄소세 도입 및 에너지세제의 친환경적 개편의 필요성을 주장해 왔다. 이들은 우리사회의 산업구조가 지나치게 에너지를 많이 소비하는 구조이며 에너지의 97% 수입에 의존하고 온실가스 배출량이 세계 9위라는 상황에서 환경보호 및 세계적 차원의 기후변화 대응에 동참하기 위해서 에너지 사용을 억제하고 온실가스감축이 필요하다고 주장한다. 이처럼 환경단체와 일부 전문가 집단에서 제기되어 온 탄소세 도입 및 친환경적인 에너지 세제 개편이 필요하다는 주장은 이명박 정부가 2008년 8월 '저탄소 녹색성장'을 국가발전전략으로 표방하면서 탄소세 도입여부가 탄력을 받게 된다. 이명박 정부가 온실가스감축 및 녹색성장의 일환으로 탄소세 도입을 적극적으로 검토하자 산업계는 국가 경쟁력 상실을 이유로, 소비자단체는 에너지 비용 증가를 우려하면서 탄소세 도입을 각각 반대한다.

탄소세 도입에 따른 정책 혼선과 이해관계자 간 갈등이 표출되자 경실련(사)갈등해소센터는 2011년 2월 국회 기획재정부소속 여 · 야 의원과 함께 정부, 산업계, 환경단체, 소비자단체, 국책연구기관 및 전문가가 참여하여 합의형성을 도모하는 '온실가스감축과 친환경 에너지세제개편 방안을 위한 5차례 연속기획토론회(이하 연속기획토론회)'를 개최하고 가칭 「에너지세제개편 7대 원칙 및 3대 과제」라는 합의문을 도출한다. 5차례 진행된 연속기획토론회는 온실가스감축을 위한 친환경적 세제개편방안이 대주제였지만 핵심은 탄소세 도입여부를 두고 합의형성을 도모했으며 탄소세 도입방안으로 탄소세를 신규로 도입하는 방안과 현행 에너지 세제를 분할 · 조정하는 방안을 검토하기로 했다. 형식적으로만 볼 때 연속기획토론회는 탄소세 도입에 대한 명확한 결론을 도출하지는 못했다고 볼 수 있다. 그러나 탄소세 도입여부는 차기 정부에서 결정한다는 것을 명확히 하여 정책혼선을 해소했고 산업계를 포함해 모든 이해관계자가 원칙적으로 탄소세 도입에 동의했다는 것은 의미가 있다. 특히 탄소세 도입방안인 신규 도입안과 분할 · 조정안이 단계적으로 적용 가능하다는 점에서 상호 대립적이지 않기 때문 추후 탄소세 도입 실행단계에서 합의가 가능하다고 보여 진다.

경실련(사)갈등해소센터와 국회 기획재정위 여 · 야 의원이 주관이 되어 탄소세 도입여부를 두고 제기된 이해관계자 간 갈등해소와 합의형성을 도모했던 연속기획토론회는 탄소세 도입을 두고 이해관계자들이 잠정적인 합의를 도출했다는 성과도 있지만 향후 이해관계자들의 실질적인 합의형성 자리가 필요하다는 한계도 지닌다. 정부가 탄소세 도입여부를 차기 정부 과제로 넘기면서 연속기획토론회에서 도출되었던 합의사항을 진전시킬 수 있는 동력이 상실된 것이다. 만일 정부가 탄소세 도입방안에 대한 명확한 결론을 내릴 의지가 있었다면 연속기획토론회에서 도출된 합의사항을 구체화할 수 있는 조직이나 기구를 구성하고 이해관계자 간 추가적인 협상을 진행하여 결론을 내릴 수도 있었다고 본다.

이 글은 탄소세 도입을 둘러싼 갈등해소와 합의형성을 모색하기 위하여 연속기획토론회를 기획하고 진행한 필자의 개인적인 경험을 토대로 향후 차기정부 때 탄소세 도입을 둘러싼 실질적인 합의형성을 도출하는 방안을 제시하고자 한다. 아울러 기후변화대책과 관련하여 유사한 갈등사례 및 원자력발전 등 에너지 정책관련 갈등사례를 합리적으로 해소하기 위하여 합의형성 기법의 유용성 여부를 규명하고자 한다.

2. 연구 내용 및 방법

연구 내용은,

첫째, 탄소세 도입과 관련해서 갈등의 배경 및 구조 등 갈등의 전개과정과 쟁점 이슈별 이해당사자의 요구를 파악한다.

둘째, 에너지 정책분야 갈등해소를 위한 합의형성 방법론의 개념 및 탄소세 갈등에 적용된 연속기획토론회 기획 및 진행과정을 분석한다.

셋째, 연속기획토론회 결과 및 사례분석을 통해서 차기 탄소세 도입방안에 대한 갈등예방 방안을 도출한다.

넷째, 기후변화 대책에 따른 유사한 갈등사례 및 에너지정책 관련 갈등 예방 및 해소를 위한 교육요소를 도출한다.

연구방법은 이해당사자들에 대한 인터뷰 결과 및 연속토론회 결과, 그리고 「연속기획토론회」 기획 및 진행자로서 참여한 개인적 경험을 종합한다.

Ⅲ. 갈등의 전개과정 및 구조

1. 갈등개요 및 전개과정

지구온난화에 따른 기후변화 대응이 전 지구적인 이슈가 되면서 온실가스 감축 및 에너지 사용 억제가 국가 에너지 정책수립에 주요한 의제가 된다. 2006년 2월 기후변화 협약에 따른 교토의정서(선진국의 온실가스 감축을 의무화하는 조치 등) 발효를 계기로 국내 환경단체와 일부 전문가를 중심으로 온실가스배출을 감축하기 위한 에너지 다소비형 산업구조의 개편과 친환경적인 에너지 세제개편을 주장한다.[1] 에너지의 97%를 수입하는 현실과 휘발유, 경유에 부과되는 유류세(교통에너지환경세) 등 현행 에너지 세제 및 가격에 관한 문제점은 학계와 환경단체를 중심으로 지속적으로 제기되어 왔다. 또한 정부차원에서도 교토의정서가 만료되는 2012년을 두고 국제 사회의 온실가스 감축 요구에 부응하기 위하여 온실가스 감축을 위한 다양한 방안을 검토한다. 이처럼 온실가스 감축을 위한 사회적 요구는 2008년 8월 이명박 정부가 저탄소 녹색성장을 국가 발전 전략으로 표방하면서 전기를 마련하게 된다.[2] 2008년 9월 총리실은 '기후변화대응 기본계획수립'을 발표하면서 오염자부담원칙하에 중 · 장기적 탄소세 도입을 발표하고 2009년 2월 정부가 저탄소녹색성장기본법 제정을 추진하자 탄소세 도입에 대해서 산업경쟁력 상실을 이유로 산업계는 반대한다.

탄소세란 지구온난화를 방지하기 위하여 이산화탄소를 배출하는 석유, 석탄 등 화석 연료에 탄소배출량에 따라 부과하는 세금을 말한다. 1990년 1월 핀란드에서 처음 도입된 이후 스웨덴, 덴마크, 네덜란드, 노르웨이, 영국 등에서 탄소와 관련된 세금을 부과하고 있다. 환경세라는 큰 범주 아래 명칭은 다양하다. 탄소세 도입에 대한 산업계의 반대에도 불구하고 기획재정부는 2009년 한국조세연구원을 중심으로 탄소세 도입 방안에 대한 연구용역을 실시했고, 지식경제부, 환경부, 녹색성장위원회는 조세연구원과 환경정책평가연구원에 '에너지 세제개편과 배출권 거래제 연구방안' 용역을 추진했다. 그러나 정부는 탄소세 도입에 대한 연구용역을 수행하고도 공식적으로 탄소세 도

1) 한국사회의 지속가능한 발전을 도모하기 위해서는 에너지 다소비형 산업구조의 개선과 환경오염 및 온실가스 감축효과가 취약한 현행 에너지 세제개편 및 가격의 개선이 필요하다는 주장의 공감대를 형성하였다(2007. 한국재정학회 주관 에너지세제 정책세미나).

2) "녹색성장은 온실가스와 환경오염을 줄이는 지속가능한 성장이며, 녹색기술과 청정에너지로 신성장 동력과 일자리를 창출하는 신국가 발전 패러다임이다(2008년 8.15경축사)."

입여부를 명확히 밝히지 않은 채, 탄소세 도입여부를 검토한다는 언급만 되풀이함으로써 산업계, 환경단체 등 이해관계자들부터 우려를 조성했다. 산업계는 정부가 탄소세 도입에 관한 연구용역을 종료함으로써 갑자기 시행할지 모른다는 우려가 있었고, 환경단체와 한국재정학회 등 전문가들은 정부가 탄소세 도입을 검토만 할 뿐이라며 적극적인 추진을 촉구했다.

2010년 8월 환경부 장관이 앞장서 환경세를 도입하겠다고 밝혔지만 기획재정부는 공식적 언급을 하지 않은 상황에서 탄소세 도입에 대한 정책혼선은 또 다시 가중되었다. 2010년 10월 국회 기획재정위원회 김성권의원은 정부가 탄소세 도입 방안에 대한 연구용역을 마치고 탄소세 도입을 시도하고 있다며 정부의 탄소세 도입 시나리오를 공개한다.[3] 그러나 기획재정부는 국회 기획재정위원회 소속 이정희 민주노동당 의원에게 제출한 국감자료에서 탄소세 도입 계획이 없다고 밝히면서 기후변화 대응, 에너지절약 유도 및 녹색성장 지원을 위해 중 · 장기적으로 현행 에너지 세제를 친환경적으로 개편해 나갈 예정이라고 덧붙였다. 탄소세 도입을 주관하는 기획재정부가 탄소세 도입 계획이 없다고 밝혔지만 탄소세 도입 방안에 대한 용역결과가 공개됨으로써 산업계는 정부의 갑작스런 탄소세 시행을 우려하게 되었고 탄소세 도입을 주장해 온 환경단체 및 일부 전문가 등은 정부의 녹색성장 정책이 실효성이 없다며 적극적인 탄소세 도입을 촉구하게 되었다.

정부의 탄소세 도입에 대한 정책혼선과 이해관계자 간 우려와 불만이 제기되는 상황에서 경실련(사)갈등해소센터는 국회 기획재정위원회 유일호의원(한) · 이용섭 의원(민)실과 함께 2011년 2월~5월까지 정부, 산업계, 환경단체, 소비자, 전문가 참여를 기반으로 합의형성기법을 활용한 '5회 연속토론회'를 개최하고 탄소세 도입 여부에 대한 합의문을 도출한다.

탄소세 도입을 둘러싼 갈등일지는 〈표 1〉과 같다.

---

3) 최종보고서에서는 조세충격 완화를 위해 단기적으로 연간 1조 원의 세수를 목표로 중기적(5~10년)으로 연간 3조 원의 세수를 목표로 추진해야 한다고 제안했다. 보고서는 탄소세율로 GDP대비 0.4~1%를 적정선으로 했으나 경제적 부담을 완화하기 위해 초기에는 0.1~0.2%로 해야 한다고 제안했다. 또한 탄소세 추진시기에 대해 최종보고서는 온실가스 중기감축목표 달성, 녹색성장 재원 및 재정건전성 확보를 위해 탄소세와 배출권거래제를 동시에 추진할 것을 권고하고 있다. 목적세 일몰이 도래하는 2012년 말 이전에 관련법을 개정하고 온실가스 목표관리제 이행 실적에 따른 인센티브로서 탄소세 및 에너지세 경감 및 환급조치를 고려할 필요가 있다고 지적하고 있다(2010. 10. 5 김성곤의원보도자료).

표 1 갈등사례 일지

일시	개 요
2007. 12	• 녹색연합 등 NGO 17대 대선 환경/에너지정책토론회개최, 탄소세 도입 기후변화 대비 주장
2008. 11	• 재정학회, 에너지이용 효율성위해 탄소세 도입 검토해야 함
2008. 8	• 이명박 대통령 저탄소 녹색성장을 새로운 국가비전선포
2008. 9	• 총리실, 기후변화대응 기본계획수립, 오염자부담원칙하에 중장기적 탄소세 도입
2009. 1	• 정부, 저탄소 녹색성장 기본법 제정공청회, 탄소세 도입 조항 신설 산업계 기업경쟁력제한 반대
2009. 7	• 정부, 탄소세 도입 등 녹색성장 국가전략 및 녹색성장5개년계획 발표
2009. 10	• 조세연구원, 추가감세 없이 녹색세제개편 주장
2009. 11	• 정부, 중기 국가온실가스감축목표 발표(2020년 BAU 30%감축)
2009. 12	• 국회 저탄소 녹색성장 기본법 심의 의결
2010. 1	• 이명박 대통령 신년연설, 기후변화 선제대응 강조(탄소세, 배출권거래제 도입검토)
2010. 3	• 에너지경제연구원, 탄소세, 소득 · 법인세감면과 함께 단계적 도입주장 • 한국환경학회/재정학회, 녹색성장위한 탄소세도입방안토론회 개최
2010. 4	• 대한상의, 탄소세 도입때 2013년 일자리 5만 5,000개 감소 주장
2010. 6	• 정부 하반기 경제운용방향 발표, 배출권거래제 및 탄소세 도입검토
2010. 8	• 환경부장관, 환경세 앞장서 도입추진
2010. 10	• 국회 김성곤의원, 정부탄소세 연구용역종료 발표
2010. 10	• 기획재정부, 국감 탄소세 도입시기 미정 답변
2010. 12	• 경실련갈등해소센터, 온실가스감축관련 대국회 연속토론회 제안
2011. 2	• 열린사회포럼 '공정하고 효과적인 온실가스 감축정책' 토론회 개최
2011. 2	• 경실련갈등해소센터 에너지사용에 대한 대국민설문조사결과 발표 • 국회, 경실련갈등해소센터주관 온실가스감축관련 1차 연속토론회
2011. 3	• 국회, 경실련갈등해소센터주관 온실가스감축관련 2차 연속토론회
2011. 4	• 국회, 경실련갈등해소센터주관 온실가스감축관련 3차 연속토론회
2011. 5	• 국회, 경실련갈등해소센터주관 온실가스감축관련 4차 비공개 토론회
2011. 6	• 국회, 경실련갈등해소센터주관 온실가스감축관련 최종 토론회 – 합의문발표
2011. 8	• 백서발행

2. 쟁점이슈별 이해관계자 및 입장

탄소세 도입과 관련하여 쟁점이 된 이슈와 이해관계자의 입장을 살펴보기 위하여 2010년 10월 경실련(사)갈등해소센터가 수행한 이해관계자 인터뷰 결과 및 2011년 2월부터 5월까지 경실련(사)갈등해소센터와 국회 기획재정위가 공동주관한 연속기획토론회 토론내용을 재구성하여 정리해 보고자 한다.

1) 이해관계자 인터뷰대상 및 연속기획토론회 참석 패널 현황

경실련(사)갈등해소센터는 탄소세 도입에 관련한 핵심 이슈 및 이해관계자 입장 파악을 위해서 정부, 국책연구기관, 환경단체, 재정/조세학자 등 15인에 대한 인터뷰를 비공개적으로 진행했다. 아울러 경실련(사)갈등해소센터와 국회가 공동주관한 연속기획토론회에 새롭게 참석한 5인의 패널 등 총 20여 명의 이해관계자들의 면담 및 연속기획토론회 발언 내용을 대상으로 이슈와 이해관계자별 입장을 분석하였다. 참고로 전체

표 2 인터뷰대상자 그룹별 대상자 수

그 룹		면담대상자 수
이해관계자 인터뷰 (비공개)	국책연구기관	3
	조세 · 제정학자	4
	정부	2
	환경단체	2
	소비자단체	2
	전문가	2
연속기획토론회 패널 (공개)	기획재정부	2
	환경부	1
	녹색성장위원회	1
	산업계	1
	환경단체	2
	소비자단체	1
	전문가	2
	국책연구기관	3
참여 대상자 수 합계		20명*

* 그룹 내 중복자 8명을 제외해서 총 참여 대상자 수는 20명임.

인터뷰 대상 및 연속기획토론회 참석자는 면담자 중 8인이 연속기획토론회 패널로 참석했기 때문에 실제 인터뷰대상 및 연속기획토론회 참석대상은 20명이다.

2) 인터뷰 내용 및 연속기획토론회 발언 요약

(1) 탄소세 도입 관련 주요 관심

구분	내용
정부	○ 탄소세 도입을 통해 녹색성장 재원마련과 세금부담에 따른 정치적 고려해야 함 ○ 고유가 상황에서 유류세가 부담인 시기에 신규 세금신설은 어려움 ○ 국내 산업계 경쟁력 유지 및 에너지 수급에 따른 믹스 중요 ○ 국가경쟁력을 고려해야, 우리나라만 부과하는 것은 우려됨 ○ 환경부담 강화를 통한 환경보호
국책연구기관	○ 기후변화 대응위해 친환경에너지 세제 개편이 중요함 ○ 녹색성장을 위한 재원마련이 중요함 ○ 수송 분야 세제 형평성 및 에너지 수급대책 현실화 필요함 ○ 에너지 수급과 관련한 에너지 믹스가 중요함
산업계	○ 에너지 다소비형 현행구조의 점진적 개선에 동의함 ○ 산업경쟁력 유지 중요, 일본, 중국, 인도 등 주요 수출국가 경쟁력 유지가 관건임 ○ 수송용 연료에 지나친 세제 개선해야 함. 에너지원 간에 세제 형평성 중요함
환경단체	○ 기후변화 대응 및 에너지 다소비형 산업구조 개선을 위한 특단의 조치가 필요함 ○ 정부 규제하에서 에너지 가격정책(고비용저효율) 문제점 개선해야 함 ○ 에너지 소외계층을 배려해야 함
소비자	○ 고유가 상황에서 급격한 에너지 가격 상승 반대 ○ 온실가스를 배출하는 산업, 발전분야에서 선도적인 감축이 이루어져야 함
전문가 A	○ 온실가스 감축을 위한 탄소세 관점에 입각한 과세기준도입 필요 ○ 전기요금과의 통합적 관점에 입각한 세제조정이 중요함 ○ 산업계의 자발적인 동참이 중요함
전문가 B	○ 무리한 탄소세 도입에 따른 산업경쟁력 우려 ○ 에너지 다소비형 산업구조를 무시해서는 안 됨

(2) 현행 에너지 세제 개선방향

정부	○ 기후변화 대응 및 녹색성장재원마련을 위해 에너지 과세가 강화 되어야 함 ○ 지난 1, 2차 에너지 세제개편과정의 문제점을 통한 점진적 개선 ○ 현행 저에너지 가격정책을 지양하고 산업지원이 아닌 환경문제로서 접근해야 함
국책연구기관	○ 에너지 사용에 대한 사회적 비용을 적정가격으로 반영하기 위한 세제 기능을 강화해야 함 ○ 신규 탄소세 도입과 기존에너지 세제를 조정하는 two-tract접근해야 함 ○ 에너지 가격의 현실화 및 에너지 사용에 따른 사회적 비용을 재평가 해야 함 ○ 에너지사용에 따른 각종보조금 폐지해야 함
산업계	○ 친환경적 에너지 세제개편 방향에는 동의하지만 산업계 경쟁력 실현을 위해서 급격한 가격인상은 반대함 ○ 수송용 연료에 집중되어있는 현행 에너지 세제는 문제가 있음. 에너지원 별로 부과되는 세제의 형평성 및 공정성이 실현되어야 함
환경단체	○ 낮은 에너지 가격문제, 고비용 저효율 에너지 세제 개선해야 함 ○ 온실가스 감축을 위한 친환경적 에너지 세제개편이 되어야 함 ○ 도로건설에 투자되는 교통에너지환경세가 개선되어야 함 ○ 원가에 못 미치는 가스, 전기요금 정상화 필요함
소비자단체	○ 석유제품에 부과되는 높은 교통에너지환경세(유류세)가 개선되어야 함 ○ 에너지 사용에 따른 산업계 부담을 강화해야 함
전문가 A	○ 현행 에너지 세제는 산업지원, 물가관리 대책이지 에너지 정책이 아님 ○ 단순과세/불공정과세가 시급히 개선돼야 함. 난방용 세제(등유/LNG)도 과세해야 함. 낮은 전기요금의 정상화 필요 ○ 2012년 일몰되는 교통에너지환경세를 대폭 개선해야 함
전문가 B	○ 친환경적 에너지 세제개편을 추구하더라도 산업계의 부담을 가중시켜서는 곤란함

(3) 탄소세 도입 여부 및 도입 방안

정부	○ 어떤 형태로든 탄소세 도입이 필요함. 기존 틀을 유지하면서 과세를 강화거나 신규 탄소세 도입 방안 중 고민하고 있음 ○ 만일 도입한다면 신규도입이 효과적이라고 봄 ○ 탄소세를 도입하더라도 예고제를 통한 충분한 준비시간이 필요함 ○ 프랑스, 일본이 환경세 도입에 실패한 만큼 조속한 환경세 도입은 어려움 ○ 에너지 목표관리제, 배출권거래제 등을 고려하여 도입방안을 결정해야 함 ○ 탄소세 도입 부과기준 및 도입 시기는 신중히 결정해야 함
국책연구기관	○ 세수의 증대효과 및 정책효과 측면에서 온실가스감축을 위한 조치라는 점을 부각하고 경제 전반에 변화된 시그널을 주기 위해서는 탄소세 신규 도입이 필요함 ○ 2020년 BAU대비 30% 온실가스감축을 위해서는 탄소세 도입, 기존 에너지 세율을 강화해야 함 ○ 신규 탄소세를 수송/산업/발전/가정 전 부문에 부과해야 함 ○ 신규 탄소세는 낮은 세율에서 출발해서 점진적으로 부과기준 높여 가야 함. 감축효과보다는 강력한 시그널과 녹색성장 재원마련이 중요함 ○ 탄소세 도입 시기는 법인세 인하 유예조치가 만료되고 교통에너지환경세 일몰이 돌아오는 2012년부터 시행하거나 늦어도 2013년부터 시작해야 함 ○ 고유가 상황에서 신규 세목조성은 조세저항을 초래할 수 있음 ○ 탄소세 도입과 함께 현행 에너지세제를 동시에 개선해야 함 ○ 현행 에너지 세제조정으로 대체가 가능함 ○ 탄소세 부과를 위해서는 에너지원별 사회적 비용의 객관적 평가가 선행되어야 함
산업계	○ 산업경쟁력을 위축시키는 신규 탄소세 도입을 반대함 ○ 현행 교통에너지 환경세 개선 등을 통해서 탄소세 도입 효과 가능함 ○ 에너지 목표관리제, 배출권거래제 등 산업계 부담을 가중시키는 것임 ○ 가정, 수송 분야와 형평성이 결여됨, 가정, 수송분야는 탄소세만 적용되지만 산업분야는 에너지목표관리제, 배출권거래제, 탄소세 등 이중부담 가중 ○ 만일, 탄소세를 도입한다면 산업계 부담을 완화시킬 수 있는 지원체계가 필요함
환경단체	○ 온실가스감축을 위한 탄소세가 도입되어야 함 ○ 탄소세 도입에 따른 국민적 공감대 형성을 위해서 교통에너지환경세의 획기적인 개선, 환경 유해보조금 개선이 선행되어야 함 ○ 에너지 취약계층에 대한 지원이 필요함 ○ 고유가상황과 정부의 감세기조하에서 신규 세금조성은 국민적 동의가 어려울 것임
소비자단체	○ 교통에너지환경세 개선으로 탄소세 효과 가져올 수 있음 ○ 교통에너지환경세의 80%가 SOC건설 지원 등으로 지출되고 있는 세출 개선이 필요함 ○ 에너지 가격상승을 초래하는 신규 탄소세 도입을 반대함 ○ 고유가로 소비자 부담이 가중되는 시점에서 탄소세 도입은 명분이 없음

전문가 A	○ 원칙적으로 탄소세(환경세) 도입이 필요함 ○ 정부의 강력한 의지와 산업계의 적극적인 동참의지가 중요함 ○ 탄소세를 도입하더라도 전기요금과의 통합적 관점에서 입각한 세제 개편이 필요함 ○ 산업/발전분야도 세제가 부가되어야 함 ○ 영국사례와 같이 온실가스감축효과가 미약하더라도 분명한 시장의 시그널을 주는 것이 중요함. 산업계의 전향적인 접근이 필요함 ○ 고유가, 감세정책추진, 기존세제의 문제점이 있는 상황에서 신규 세목 도입은 어려울 것임. 국민적 동의를 구하기 위한 선행조치가 필요함 ○ 고유가하에서 세수의 추가부담을 피하기 위해서 기존 세수 범위 내에서 에너지 소비의 사회적 비용의 반영비율을 내부적으로 조정하는 방식의 탄소세 체계 도입이 바람직함
전문가 B	○ 신규탄소세 도입은 산업경쟁력을 훼손시키기 때문에 반대함 ○ 주요경쟁국이 탄소세 도입을 하지 않고 있는 상황에서 우리만 도입한다는 것은 오버하는 것임 ○ 현행 에너지 세제 기능을 조정해도 충분함

(4) 탄소세 도입과 조세중립

정부	○ 조세중립을 유지해야 함 ○ 장기적으로 법인세, 소득세와 연계해서 과세 ○ 기업/국민의 세 부담 논의가 필요함
국책연구기관	○ 초기 GDP 0.1%~0.2%등 낮은 세율에서 시작하기 때문에 조세중립을 유지할 필요 없음 ○ 유럽과 달리 법인세, 소득세가 높지 않은 상황에서 중장기적으로 조세중립을 지양함 ○ 기업과 소비자 부담을 완화시키기 위해 조세중립이 필요함
산업계	○ 만일 탄소세가 도입된다면 당연히 조세중립이 유지되어야 함
환경단체	○ 소비자 부담을 고려해서 조세중립으로 설계되어야 함
소비자단체	○ 소비자 부담을 고려해서 조세중립으로 설계되어야 함
전문가 A	○ 산업계 참여 및 국민적 동의 획득을 위해 조세중립으로 설계되어야 함
전문가 B	○ 탄소세 도입에는 반대하나 만일 도입한다면 당연히 조세중립이어야 함

3) 주요 쟁점 및 직접이해관계자별 입장종합

탄소세 도입과 관련한 주요 쟁점과 주요 이해관계자들 간 입장 차이는 〈표 3〉과 같다.

표 3 주요 쟁점 및 직접이해관계자별 입장 종합[4)]

이슈	정부	산업계	환경단체	소비자
주요 관심	-녹색성장재원확보 -산업경쟁력 고려 -환경보호 강화 -국민부담등 정치적 고려	-산업경쟁력 유지 -부담 최소화	-온실가스감축 -에너지세제 개선	-소비자 부담 -경제 주체 간 공정한 부담
현행 에너지세제	-친환경세제로 기능 강화 -세입 및 세출구조를 개선해야 함	-환경오염, 교통혼잡, 온실가스감축 비용 반영하지 못함 동의 -수송용에 집중된 세제를 개선해야 함	-교통에너지환경세 폐지 -세입 및 세출 구조 개선해야 함 -낮은 전기요금 문제를 개선해야 함	-고유가 상황에서 유류세 개선해야 함 -교통에너지환경세 개선 -세출구조를 개선해야 함
탄소세 도입방안	-신규도입방안이 효과적임 -낮은 단계로부터 점진적 강화 -현행 에너지세제 개편을 선행해야 함	-탄소세 도입 반대 -현행 교통환경에너지세제 개선으로 충분함	-탄소세 원칙적 찬성 -교통에너지환경세, 유가 보조금 등의 개선을 선행해야 함 -기존세수 범위내에서 개별소비세와 탄소세로 분할하는 방안도 가능	-고유가 상황에서 신규 세금반대 -현행 에너지 세제 개편을 선행해야 함
탄소세 도입시점	-고유가 상황에서 힘듦. 차기정부에서 해야 함 -교통에너지환경세 일몰시점인 2012~2013년	-반대	-교통에너지환경세가 일몰되는 2012년부터	-반대
조세중립성	-조세중립성 유지 -초기 낮은 단계에서 조세중립성 유보	-조세중립성 필수	-조세중립성 유지	-조세중립성 필수

4) 갈등의 성격

탄소세 도입 관련 갈등은 복합 갈등성격을 갖는다. 우선, 정책적 측면에서는 에너지

4) 국책연구기관(한국조세연구원, 한국정책평가연구원, 에너지경제연구원)의 입장은 소속 정부(기획재정부, 지식경제부, 환경부)의 입장에 반영함, 전문가 그룹의 입장도 산업계, 환경단체, 소비자 단체 입장에 반영함.

세제의 세입 및 세출구조라는 조세정책, 산업구조 개선이라는 산업정책, 온실가스 감축 및 환경규제 강화라는 측면에선 환경정책이 중첩되어 있다. 또한 이해관계자 간 "환경과 성장"을 둘러싼 가치관 대립이며 온실가스 배출에 따른 환경 비용을 국가 경제 주체 간 누가 지불할 것인지 "경제적 이해관계" 대립 및 갈등구조를 갖고 있다. 아울러 기획재정부는 세수 확보가 주목적이며 지식경제부는 산업계 보호, 환경부는 온실가스 감축과 관련한 소관부처 재원 마련과 주도권 강화가 주요 관심으로 부처 간 권한 갈등 측면도 노정한다. 아울러 탄소세 도입갈등은 〈표 4〉와 같이 현행 에너지 세제 및 요금에 관한 구조적 문제점에 기인한다.

표 4 에너지 세제 및 관련 부과금 현황 (2011년 1월 현재)

구분		휘발유 (원/ℓ)	경우 (원/ℓ)	LNG(원/kg)		LNC (원/m3)	등유 (원/ℓ)	중유 (원/ℓ)	유연탄	전력 (원/kwh)	에너지관련 회계 / 기금
				부탄	프로판						
관세	기본	3%	3%	3%	3%	3%	3%	3%	1%	–	
	할당	3%	3%	2%	2%	2%	3%	3%	–	–	
개별소비세(a)	기본	–	–	(252)	20	48	90	17	–	–	
	할당	–	–	275	–	–	–	–	–	–	
교통에너지환경세(b)	기본	(475)	(340)	–	–	–	–	–	–	–	교특(80%)/환경(15%)/에·특(3%)/균특(2%)
	탄력	529	368	–	–	–	–	–	–	–	
교육세(a,b＊15%)		79	55	41	–	–	14	3	–	–	
지방주행세(a,b＊26%)		138	96	–	–	–	–	–	–	–	
부가가치세		10%									
수입부과금		16	16	–	–	20	16	16	–	–	에·특
판매부과금		36 (고급)	–	62.28	–	–	–	–	–	–	
안전관리부담금		–	–	4.5	4.5	3.9	–	–	–	–	
품질검사수수료		0.47	0.47	0.03	0.03	–	0.47	0.47	–	–	
전력산업기반기금		–	–	–	–	–	–	–	–	3.7%	전산기금

현행 에너지 세제는 세입측면에서 세제/보조금/각종부담금 체계가 복잡하고 특히 석유류에 집중적으로 조세가 부과되어 있어 과세체계의 단순화가 필요하며 저율과세되

는 석탄 · LNG 등 정상과세로의 전환, 에너지원별 세제 형평성 및 일관성이 결여되어 있다는 비판이 제기되어 왔다. 또한 휘발유 경유에 부과되는 교통에너지환경세는 당초에 일몰시한이 2009년 이었으나 최근 다시 2012년까지 연장되었고 세수 중 80%가 교통시설특별회계로 나머지는 일반회계로 편입되어 운영되는 문제점(편입분 중에서 3%는 에너지 및 자원특별회계로, 15%는 환경개선특별회계로 운용되고 있어 석유류에 부과되는 세금의 대부분이 교통시설특별회계로 사용된다는 세출구조의 문제점)이 지적되어 왔다. 따라서 탄소세 도입과 관련한 갈등은 기존 에너지 세제의 운용(세입/세출구조)의 전면적인 개선에 대한 요구와 맞물려서 논의가 진행될 수밖에 없다. 특히 석유류에 부과되고 있는 교통에너지환경세(매년 약 20조 원)를 어떻게 활용할 것인지 그리고 2012년 일몰시점이 다가온다는 점이 탄소세 도입과 관련해서 이해관계자 간 핵심적인 논점으로 작용한다.

Ⅳ. 갈등의 해결과정

1. 합의형성방법(Consensus Building Approach)

1) 정의와 배경

합의형성(consensus building)은 어떤 이슈나 갈등에 연계되어있는 이해당사자의 대표자 모임에서 합의를 알선하고 촉진하는 절차(Process)이다. 참여를 통해 동의를 찾아가는 과정으로 문제 해결의 새로운 접근방식이다(L, SussKind 1999). 이러한 과정은 일반적으로 다수의 이해관계자가 존재하고 다수의 갈등이슈에 따른 사안의 복잡성이 내재된 갈등사안을 해결할 때 효과적이며 정보취합, 협상과정, 그리고 문서화된 합의 형식을 갖춘다. 사안의 복잡성과 이슈의 기술적 속성에 기인하여 환경/에너지 정책 분야 갈등에서 시도되는 합의형성은 고도로 단련된 중립 혹은 중재자에 의해 일반적으로 관리되고 있다. 그리고 합의는 이해당사자의 만장일치만을 의미하는 것이 아니라 압도적인 동의(참석자의 2/3이상 동의)를 포함한다. 갈등과 연관되어 있는 이해관계자들이 모든 합의를 도출하기 위한 모든 노력이 경주되었다고 이해관계자들 안에서 받아들여진 후에 이루어진 압도적인 동의는 합의로 간주된다.[5] 합의형성방법론은 이해당사자 간의 상호이익 추구협상(mutual gains approach negotiation)을 중심으로 합의 도출을 위한 주

5) Lawrence Susskind and Jeffery Cruikshank, Breaking Robert's Rules: The consensus building alternative to parliamentary procedure, Cambridge MA: MIT-Harvard Public Policy Dispute Resolution Program, 2005.

요수단 – 갈등분석(conflict assessment), 공동의 사실 확인 연구(joint fact finding), 단일안 중심의 협상(single text negotiation)–을 활용하며 전문적이고 중립적인 중재자의 개입을 통한 갈등해소 과정의 기획과 관리를 주요시하고 있다. 이러한 방법론은 효율적인 합의도출을 위해 5단계의 점진적 절차를 갖고 있다. 또한 합의형성 방법론은 미국사회 안에서 다수결에 의한 문제해결 방식의 한계를 극복하면서 대안적 갈등해소 방안의 모색, 대중의 참여와 합의에 기초한 의사결정체계 실현, 그리고 과학적 정보와 의사결정체계의 연계를 강화하려는 이론적 실천적 노력의 산물이다.

1970년대부터 미국의 갈등해소 전문가 들은 정치적 대결과 소송이 아닌 이해당사자의 참여와 협력, 그리고 협상을 통한 대안적 갈등해소를 시도하였다. 이는 전통적인 갈등해소 방식–대립과 소송–이 노정하는 시간 낭비와 고비용과 같은 문제점을 극복하고 안정적인 갈등해소 방식을 도모하는 일환이었다. 합의형성방법론은 이러한 대안적 갈등해소 방식 모색의 오랜 산물이다. 이러한 방법론은 정부정책의 의사결정체계 개선을 통하여 민주주의를 심화하기 위한 노력의 산물이기도 하다. 일반적으로 민주주의 의사결정체계는 투표와 다수결에 의해서 이루어지는 것으로 이해되어 왔다. 그러나 다수결에 기초한 의사결정 방식은 많은 부작용을 초래한다. 다수결에 따른 결정은 소수자의 반대에 직면하여 불안정하며 소수자의 의견이 중요한 시사점을 갖더라도 결과적으로 배제되어 합리적이지 못하며 정당성을 결여하고 있다. 투표와 다수결이 아닌 토론과 합의에 의한 의사결정은 의사결정의 투명성을 제고하고 합리적인 결과를 도출한다. 따라서 정부차원의 의사결정은 이해당사자 간의 토론과 합의를 통하여 이루어지는 것이 중요하다는 인식과 노력의 합의형성방법론에 내재되어 있다. 합의형성 방법론은 미국의 환경/에너지 분야 정책결정과 갈등 해소에 있어서 NEPA(National Environmental Policy Act)의 문제점을 극복하고 실질적인 이해당사자의 참여를 실현하고 과학적 정보에 따른 의사결정을 도모하는 노력의 일환이다. 미국은 1969년 NEPA 제정과 1979년 적용방안을 통해 연방정부가 추진하는 주요사업에 환경영향평가를 의무화하고 이해관계당사자를 포함한 대중의 참여를 보장했다. 이는 대중의 참여를 토대로 협력적이고 합의적 의사결정을 추진하려는 노력의 일환이었다. 그러나 NEPA에 따른 대중의 참여는 단순한 공청회 참석과 문서화된 의견개진과 같은 요식적 절차에 그쳤으며 정책결정에 주요한 기초인 과학적인 사실조사에서 주요 이해관계당사자가 배제되었다. 그 결과 정책판단의 근거가 된 과학적 정보에 대한 신뢰성 상실과 주요 이해관계당사자가 의사결정에서 배제된 절차상의 문제점으로 인해 NEPA에 대한 이해관계자의 불만과 소송이

제기되고 있다.[6)]

2) 합의형성협상방법론의 주요 5단계(step)

합의형성협상방법론은 상호의 이익을 추구하는 협상-이해관계자가 함께 가치를 창조하고 이익의 몫을 확대한다(expand the pie of benefits)-을 추구하는 협상에 기초하고 있다. 상호이익 추구 협상은 타협이나 제로섬 협상-어느 이해관계자가 이익을 얻기 위해서는 다른 이해관계자가 무언가를 포기해야 하는 협상-과 구별된다. 이해관계 당사자들은 서로의 이익을 최소한의 비용으로 충족시킬 수 있는 방법을 찾기 위하여 협동적이고 창조적으로 협상을 진행한다.

또한 합의형성협상방법론은 합의 도출을 촉진하는 주요한 수단을 활용하며 전문적이고 중립적인 촉진자(facilitator)에 의한 협상의 기획과 관리를 강조하고 있다. 이해관계 및 가치관의 대립에 따른 갈등을 해결하고 과학적, 기술적 사실 규명을 올바로 하기 위해서는 정교한 협상 절차와 관리가 필요하기 때문이다. 이러한 합의 형성을 위한 여러 요소들은 〈그림 1〉과 같은 5단계 과정으로 진행 된다.

(1) 회의소집(Convening)

갈등 해소를 위한 협상을 진행하기 위해서는 회의 소집과 협상을 위한 사전준비가 필요하다. 갈등의 성격과 갈등 해소를 가로막는 장애물에 대한 사전 평가가 필요하다. 환경/에너지 분야 갈등을 해소하기 위한 협상은 주로 정부에 의해서 소집된다. 정부는 중립적인 촉진자(facilitator)에게 협상에 참여할 이해관계자(stakeholder)-의사결정으로 인해 영향을 받는 개인이나 집단-들의 범주와 그들의 이해관계, 그리고 합의형성절차가 적합한지에 대한 평가를 의뢰한다. 협상 촉진자는 이해관계자 각각에 대한 비공개적인 개별면담을 통해 갈등평가(conflict assessment)를 수행하고 적합한 대표, 의제 및 이슈를 정립한다. 그리고 협상절차와 방식을 기획하여 회의 소집자와 개별면담 당사자들의 협상진행 여부를 판단하게 한다. 회의 소집단계에서 이해관계당사자들은 협상 수행에 관한 능력 향상과 회의 참석에 대한 준비의 필요성을 제기할 수 있다. 이러한 요구는 합의형성협상 과정에서 그 자체에서 충족될 수 있다. 협상 촉진자는 협상과정에

6) R. M. Solomon, S. Yonts-Shepard, and others "Public Involvement under NEPA: Trends and Opportunities" in Environmental Policy and NEPA: Past, Present, and Future, Ray Clark and Larry Canter, eds. Boca Raton, FL: St. Lucie Press, 2000. Jenifer Leigh Peyser. "How does participation in the framing, Review, and Incorporation of scientific Information Affect stakeholder perspectives on Resource Management Decisions." 2005.

그림 1 합의형성 5단계 과정

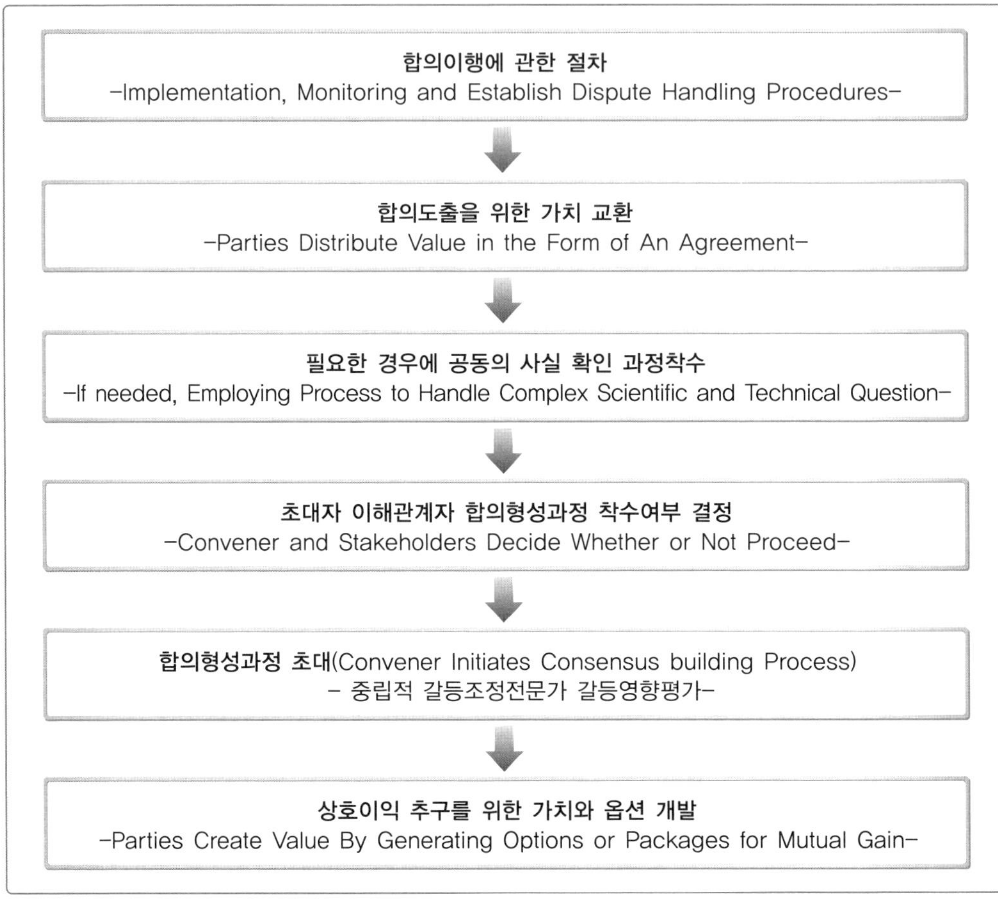

자료: Consensus Building Institute, 2002

서 이해관계자들이 생산적으로 함께 일할 수 있도록 교육을 제공할 뿐만 아니라 이슈와 연계된 과학과 기술적인 개념에 대해서 도움을 제공한다.

(2) 역할과 책임 확인(clarify of the role and responsibility)

협상진행에 대한 사전준비가 완료되면 이해당사자들은 갈등평가서를 기초로 함께 협상 참석자, 소집자, 촉진자, 사회자 등을 결정한다. 그리고 참석자들의 역할을 분명히 한다. 또한 협상의 목표와 원칙, 구체적인 회의 운영규칙(ground rules), 그리고 일정표 등을 확정하고 합의형성 협상과정 추진여부를 최종 결정한다. 특히 관찰자에게 회의 내용을 공개할 것인지 여부를 결정하는 것이 중요하다. 관찰자의 회의 참가가 허락

된다면 모든 관찰자들은 그들의 참석과 관련하여 운영규칙을 준수할 것이 요구된다.

(3) 심의 및 숙고(Deliberation)

협상추진을 위한 준비와 일정이 공유되면 문제 해결을 위한 본격적인 심의와 숙고 단계가 시작된다. 이 단계에서는 협상 참석자들은 협상절차에 대한 동의를 이미 이룬 단계이고 상호 간의 관계증진과 생산적인 대화를 중시하는 노력을 경주해야 한다. 심의 기간의 주요한 원칙은, 협상 참석자들은 무조건적으로 생산적인 방법으로 각자의 관심(concern)을 표현해야 하며 적극적으로 상대방의 주장을 경청해야 한다는 것이다. 또한 불쾌함 없이 반대하며 가능한 최고의 투명한 협상과정이 되도록 노력해야 한다.

아울러 심의단계에서 합의를 문서화하는 것은 매우 중요하다. 문서로 작성된 합의문은 협상 참석자들의 회의 결과 공유 이외에 직접 협상에 참석하지 않는 각자의 지지기반이나 구성원들과 의견교환을 위한 수단이 된다. 합의를 문서화하는 일반적인 방법은 회의 결과의 개요를 구체적으로 나타내는 단일한 보고서를 작성하는 것이다. 그리고 보고서는 모든 협상 참석자들과 그들의 지지기반이 최종적으로 동의하기 전까지 하나의 초안의 성격을 갖는다. 합의 초안이 만들어지면 협상 참석자들은 각자의 이익을 교환할 수 있는 지점을 인식하게 되고 초안이 각자의 이익에 부합한지 여부를 분명히 알 수 있다.

이러한 단일안 문서(single/one-text)의 협상절차는 합의형성 협상방법론의 주요한 수단으로써 이해관계자들이 상호 이익을 실현하기 위한 방안을 개발하는 것과 최종적인 의사결정을 하는 것과의 차이를 분명하게 구별하게 해 준다.[7] 이해관계자들은 가능한 합의를 도출하기 위해 자유롭고 창의적인 생각을 제안하면서 가능한 옵션을 구상해 간다. 옵션을 개발하는 과정에서 이해관계자들은 제안된 옵션에 대해 각자가 최종적인 판단을 할 수 있을 때까지 확약을 요구받지 않는다.

또한 심의기간 동안에 협상 참석자들은 논의 생산성을 제고하기 위해 참석자와 전문가들이 결합된 하위조직(subcommittees)을 구성할 수 있다. 이러한 하위조직의 구성은 특별한 주제에 대한 자유로운 옵션탐구나 문서 초안을 작성할 때에 보다 효율성을 발휘할 수 있다. 하위조직은 의사결정단위가 아니고 협상참석자 전체 모임의 활동을 지원하는 성격을 갖는다. 만일 협상의 결과가 과학적, 기술적 판단에 의존한다면 모든

7) Fisher, Robert, William Ury and Bruce Patton. Getting to Yes: Negotiating Without Giving In(Second Edition). Houghton Mifflin Company, 1991.

이해관계자가 함께 과학적, 기술적 정보를 확인하고 논의하는 공동의 사실 확인 연구(joint fact finding)를 진행한다.

(4) 의사결정(Deciding)

협상 참석자들은 의사결정을 할 때에 상호이익을 극대화하는 합의를 모색하여야 한다. 일반적으로 합의는 참석자들의 만장일치를 목표로 하지만 최종 제안에 대한 압도적인 지원-주요 이해당사자를 포함하여 참석자들의 2/3이상의 동의가 확보된 상황-을 포함하기도 한다. 그리고 협상의 최종 제안을 고려할 때 협상회의를 소집한 정부 부서는 최종 결정에 대한 각각의 협상 참석자들의 입장과 근거를 주목해야 한다. 단일안 중심의 협상은 협상 참석자들이 의견을 협상테이블에서 직접 개진할 수 있고 협상초안에 대한 다른 참석자들의 의견에 대해서 함께 논의할 수 있게 한다. 모든 협상 참석자들은 협상초안을 각각의 지지기반과 최종 논의를 하여야 한다. 이때 협상 초안에 대한 수정이나 추가적인 제안이 있을 수 있고 협상 참석자들은 이에 대한 논의를 거쳐 최종적인 합의를 결정하게 된다. 만일 제안된 안의 불확실성이 합의를 가로막을 때는 조건부적인 약속(contingent commitments)을 추가하여 합의를 시도할 수 있다.

(5) 합의이행(Implementation)

이 단계에서는 협상 참석자들은 각자의 지지집단이 합의문을 승인하도록 노력을 하여야 한다. 협상테이블에서 참석자들은 항상 광범위한 지지기반을 대변하고 있다. 따라서 합의형성협상의 성공여부는 광범위한 이해관계자 조직들이 협상 참석자들이 도출한 합의를 최종적으로 승인하는지 여부에 달려 있다. 따라서 협상 참석자들은 협상 과정 동안에 각자의 후원집단과 긴밀한 연계를 유지하기 위한 노력이 중요하다. 협상 촉진자(facilitator or mediator)는 협상 참석자들이 협상에서 도출된 최종합의가 협상 참석자들의 후원집단으로부터 승인을 받을 수 있도록 적극적인 도움을 준다. 이를 위하여 풍부한 경험과 능력 그리고 모든 이해관계자들로부터 신뢰를 받는 협상 촉진자를 선정하는 것이 중요하다. 만일 합의이행과 관련하여 정부기관 내의 유관기관의 의견이 필요하다면 함께 검토되어야 한다.

다음으로, 합의를 이행하기 위하여 이해관계자들은 합의의 효과적인 점검(monitoring)을 고려해야 한다. 특히 최종합의에 대하여 예상하지 못했던 사안이 발생했을 때 참석자들은 협상을 재개하고 합의를 수정할 수 있는 절차를 마련해야 한다. 최종적으로 이해관계자들은 합의형성과정에 각자의 평가를 통해 차후에 협력적인 노력을 위한 교훈을 배워야 한다.

2. 합의형성기법 활용 및 설계

1) 탄소세 도입 관련 합의형성절차 기획

2010년 10월, 경실련(사)갈등해소센터는 탄소세 도입과 관련한 이해당사자 간 갈등해소를 위해서 합의형성절차를 진행하기로 하고 이를 위한 기획과정에 들어간다. 우선, 경실련(사)갈등해소센터 내 갈등해소 절차 전문가들과 탄소세 도입에 대한 외부 전문가 2인을 중심으로 8인의 준비팀을 꾸린다. 8명의 준비팀은 탄소세 도입 관련 합의형성절차를 진행하기 위하여 아래 〈표 5〉와 같은 기획단계를 구성했다. 탄소세 도입과 관련한 합의형성절차는 미국을 중심으로 활용되고 있는 합의형성방법 5단계를 참고했고 현실적으로 실행가능한 절차를 기획한다는 것에 목표를 두었다.

표 5 탄소세 도입 관련 합의형성 기획 단계

단계	기획 내용
1단계	참여와 합의프로세스 절차 구성을 위한 준비
2단계	관련 이해관계자 및 전문가 인터뷰
3단계	인터뷰 결과 분석 및 종합
4단계	탄소세 관련 합의형성절차 제안 및 협의
5단계	탄소세 관련 합의형성절차 역할 분담

2) 탄소세 도입 관련 합의형성절차 기획 내용

(1) 1단계: 참여와 합의프로세스 절차 구성을 위한 준비

탄소세 도입과 관련한 합의형성기법을 적용하기 위하여 준비팀은 1차적으로 실질적인 대표자의 참여와 현실 가능한 합의프로세스를 어떻게 설정할 것인가에 주안점을 두었다. 준비팀은 이를 위해서 탄소세 도입과 관련한 문헌 및 자료를 분석하여 1차 면담대상자 15명[8)]을 선정하고 개별 면담을 위한 관련 질문지를 작성했다.

8) 기획재정부, 지식경제부, 환경부, 조세연구원, 환경 정책 평가연구원, 에너지경제연구원, 전경련 지속가능발전협의회, 기후변화행동연구소, 에너지관련 전문가 국회 기획재정위소속 의원 등.

(2) 2단계: 관련 이해관계자 인터뷰

이해관계자 면담은 2인 1조로 팀을 나누어서 1차 면담대상자를 면담하고 탄소세 도입과 관련한 핵심이슈를 중심으로 면담을 진행했다. 면담은 직접면담을 원칙으로 했으나 여건이 안 될 경우 서면 면담과 전화 작업을 병행했고 연락이 되지 않은 경우 그동안 탄소세와 관련된 각종 토론회에서 한 공식적인 발언 내용으로 면담대상자의 입장을 확인했다. 면담의 주요 내용은 탄소세 도입과 관련하여 면담대상자 각자가 생각하는 핵심이슈는 무엇인지? 핵심이슈에 대한 각자의 핵심 관심과 입장은 무엇이며 주요 이해관계자는 누구라고 생각하는지? 그리고 합의형성절차 진행을 위해서 누가 이해관계자들을 합의형성절차에 초대해야 하고, 합의형성절차를 진행할 수 있는 필요한 요소는 무엇인가 등이다.

(3) 3단계: 인터뷰 결과 분석 및 종합

준비팀은 15명에 대한 1차면담 결과와 그 동안 제기된 이해당사자 간 주장을 토대로 이해관계자 간 우선순위, 핵심 이슈에 대한 이해관계자 간 공통점과 차이점, 현실적인 합의형성절차 등을 분석했다. 분석의 주안점은 핵심이슈를 무엇으로 설정할 것인지, 그리고 합의형성절차를 누가 초대할 것인지, 합의형성절차에 누구를 참석시킬 것인지, 안정적 논의구조를 어떻게 형성할 것인지? 합의구조는 어떻게 진행할 것인지가 분석의 주된 사안이었다.

(4) 4단계: 탄소세 관련 합의형성절차 제안 및 협의

준비팀은 탄소세 관련 합의형성절차를 진행하기 위하여 우선, 정부 의지가 불투명한 상황에서 이해관계자의 참여 동기 부여 및 구속력을 갖기 위해 경실련(사)갈등해소센터와 국회 기획재정위원회 여 · 야 의원실이 공동으로 주관하는 5차례 연속기획토론회를 설계했다. 그리고 합의형성절차의 참석 대상자는 탄소세와 관련하여 핵심이해관계자들인 정부(기획재정부, 지식경제부, 환경부) 및 탄소세 도입과 관련한 연구를 수행한 국책기관(한국조세연구원, 에너지경제연구원, 한국환경정책평가연구원) 담당자와 산업계, 환경단체, 소비자단체, 전문가 참석을 제안하기로 했다.

합의형성절차의 참석자와 관련해서 3개 국책연구기관을 참석시키는 것은 정부기관이 솔직한 속내를 쉽게 말할 수 없는 상황에서 상대적으로 자유로운 국책연구기관의 참여를 통해 정부 부처 간, 이해관계자 간 실질적인 논의를 유도하기 위함이었다. 또한 합의형성절차에 참석할 산업계와 환경단체, 소비자단체, 전문가 선정은 각각의 집단의 대표성과 전문성, 합리적인 협상 태도를 고려하여 선정했고 소비자의 의견을 보완하기 위하여 '대국민설문조사'를 실시하기로 했다. 그리고 이해관계자 간 논의의 연속성과 합의구조를 위해서 고정 패널 중심의 논의를 공개적으로 진행하되 솔직한 의견 개진과 합의도출을 위해 1차례 비공개회의를 갖고 합의 수준에 따른 합의문을 작성하기로 했다.

(5) 단계: 탄소세 도입 관련 합의형성절차 역할 분담

탄소세 도입과 관련한 최종 합의형성절차는 아래 〈표 6〉과 같다. 연속기획토론회 패널참석자와 관련해서 공동주관자인 국회 유일호/이용섭 의원실에서 참석자 수가 너무 많다는 지적이 있었고 환경부와 지식경제부의 입장을 일정하게 대변하는 국책연구기관이 고정적으로 참석하기 때문에 연속기획토론회 정부 참석은 세수 주무 부서인 기획재정부를 중심으로 토론회를 갖기로 했다. 다만 비공개토론회와 종합토론회 자리에는 지식경제부와 환경부 담당자가 참석하여 정부부처의 다양한 목소리를 실제적으로 반영하기로 했다. 아울러 연속기획토론회의 전체 진행은 경실련(사)갈등해소센터가 맡고, 정부 부처 섭외 및 후속조치 이행은 국회 기획재정위원회 유일호의원(한), 이용섭의원(민)이 각각 맡기로 했으며 비용은 3개 공동주관단체가 각각 분담하기로 했다.

표 6 탄소세 도입 관련 최종 합의형성절차

<table>
<tr><th>명칭</th><th colspan="3">온실가스감축과 친환경에너지세제개편을 위한 연속기획토론회</th></tr>
<tr><td>기간</td><td colspan="3">2011. 2 ~ 2011. 8</td></tr>
<tr><td>초대자</td><td colspan="3">국회 기획재정위원회 유일호(한) · 이용섭(민) 의원실과 경실련(사)갈등해소센터 공동주최</td></tr>
<tr><td rowspan="2">참석자</td><td rowspan="2" colspan="2">기획재정부 재산소비세 정책관 외 10인</td><td>※ 소비자 의견을 보완하기 위해 대국민 설문조사 실시 및 반영</td></tr>
<tr><td>※ 지식경제부, 환경부, 녹색성장위 4차 비공개토론회, 5차 종합토론회 참석</td></tr>
<tr><td rowspan="5">논의 구조</td><td rowspan="5">고정 패널구성과 5차례 연속토론 진행</td><td>1차</td><td>현행 에너지세재개편 문제점과 개선방안</td></tr>
<tr><td>2차</td><td>탄소세 도입과 수용성</td></tr>
<tr><td>3차</td><td>수송분야 세제개편</td></tr>
<tr><td>4차</td><td>공통점과 쟁점</td></tr>
<tr><td>5차</td><td>종합토론회</td></tr>
<tr><td>합의 구조</td><td colspan="3">공통점 확인 및 이견 해소를 위한 브레인스토밍: 비공개토론회 개최</td></tr>
<tr><td>합의 이행</td><td colspan="3">백서 발행 및 합의이행 TF구성</td></tr>
</table>

3. 합의형성절차 진행 및 결과

1) 1차 토론회 진행 및 대국민 설문조사결과 발표

1차 토론회는 아래 〈표 7〉과 같이 진행되었고 토론회 중에 경실련(사)갈등해소센터가 한국리서치에 의뢰한 대국민 에너지 사용에 관한 설문조사결과를 발표했다.

표 7 1차 토론회

온실가스감축과 친환경에너지세제개편을 위한 연속기획 1차 토론회 - 주제: 현행 에너지세제 문제점과 개선방향 -
□ 일시: 2011년 2월 24일 (목) 14:00 - 17:00 □ 장소: 국회 의정관 105호 □ 좌장: 이선우 경실련(사)갈등해소센터 이사장 ○ 주제발표: 김승래 한국조세연구원박사 조영탁 한밭대 경제학교수 한국리서치 조사결과 발표 ○ 지정토론: 김형돈 기재부 재산소비세 정책관 강만옥 한국환경정책평가연구원 박사 김형건 에너지 경제연구원 박사 강희정 건국대 교수(지속가능발전기업협의회 수석연구원) 김창섭 경원대 교수(소비자를 위한 시민의 모임 정책위원) 안병옥 기후변화 행동연구소 소장 홍종호 서울대 환경대학원 교수

□ 에너지관련 국민 인식조사 결과[9)]

① 조사 목적과 방법

에너지관련 국민 인식조사는 최근 유류세 인하 여부 및 온실가스감축을 위한 탄소세(환경세) 도입에 대한 논란이 있는 상황에서 국민들의 에너지 이용실태와 에너지가격 및 세금에 대한 인식을 알아보고자 하는 것이 그 목적이다. 전국에 거주하는 만19세 이상 59세 이하 700명을 대상으로 지역별, 성별, 연령별, 직업별 인구구성비에 따라 할당 후 무작위 추출하여 2011년 2월 16일 ~ 2011년 2월 18일(3일간) 진행됐고 95% 신뢰수준에서 최대표집오차는 ±3.7%이며 한국리서치가 주관했다.

9) 경실련(사)갈등해소센터가 수행한 에너지관련 국민인식 조사보고서(2011) 중 주요부분을 인용했다.

② 조사 결과

표 8 에너지관련 국민인식조사결과 요약

- 응답자 86.1%, 탄력세율 조정을 통한 유류세 인하 찬성
- 고유가 원인, 민간기업(46%), 정부세금(43.3%)
- 가격인상시, 중 · 상위 자동차연료비, 200만 원 이하 난방비 & 전기요금 부담
- 응답자 41%, 온실가스감축을 위한 탄소세 도입 찬성

한국리서치의 패널 웹조사를 의뢰한 결과 우리 국민 10명 중 8명이 넘는 86.1%가 탄력세율 조정을 통한 유류세 인하가 필요하다고 답했다. 탄력세율 조정을 통한 유류세 인하에 매우 동의한다가 61.5%, 약간 동의한다가 24.6% 이었고 유류세 인하에 반대한다는 응답은 13.9%였다. 특히 유류세 인하에 찬성한다는 응답은 40대(90.4%), 100만 원 이하 저소득층(95.7%), 고유가 원인이 정부에 있다는 응답자(92.8%) 등에서 상대적으로 높았다.

그림 2 탄력세율을 통한 유류세 인하에 대한 주장

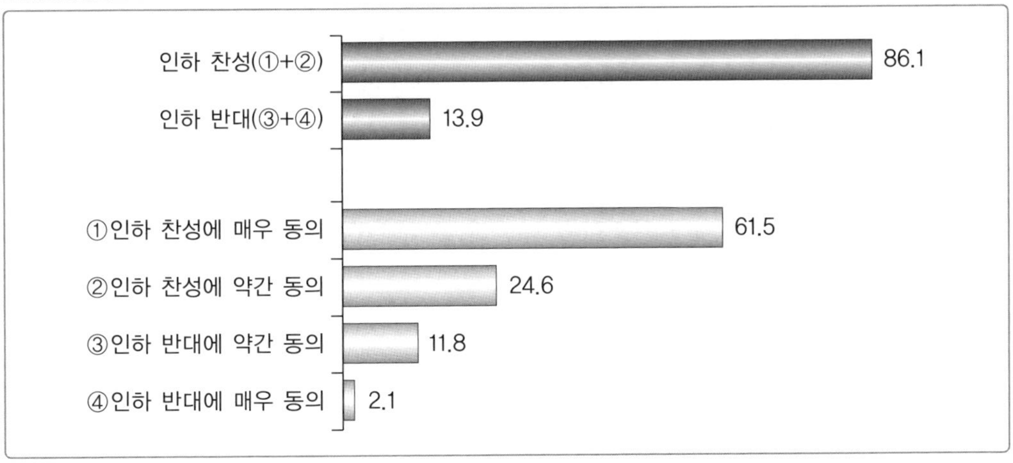

또한 최근 고유가 원인에 대해서는 민간 기업이 세전가격을 올려 이득을 취하기 때문이라는 입장(46%)과 정부가 고유가 상황에서 세금을 낮추지 않아서라는 입장(43.3%)이 팽팽히 맞섰다. 해외의 고유가 탓이라는 응답은 4.3%에 불과했다. 국민 대다수는 유류세에 대한 부담을 크게 느끼고 있으며 고유가의 원인으로 정유회사의 이윤추구와 정부의 높은 세금을 비슷하게 인식하고 있으나 국민들은 명시적으로 드러난 정부세금을

낮추기를 더 희망하는 것으로 보인다.

그림 3 고유가 원인에 대한 인식

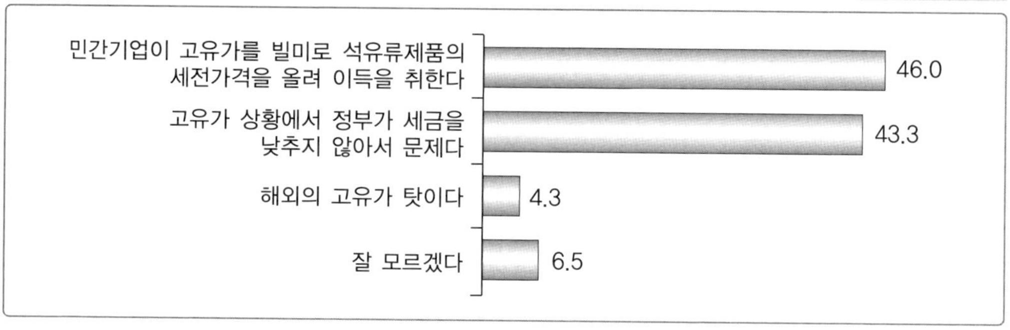

지구 온난화 방지를 위해 현행 에너지세제에 탄소세(환경세)를 추가로 부담하는 것에 대하여 탄소세 도입 찬성(41%)여론이 반대(53.7%)여론에 비해 낮은 것으로 조사됐다. 탄소세 도입에 적극 동의 한다는 응답은 11.9%, 미약한 수준의 탄소세 부과에 동의한다는 응답은 29.2%, 당분간 도입 반대한다는 응답은 34.1%, 절대 반대한다는 응답은 19.6%였다. 특히 소득 중하위계층에서는 상대적으로 탄소세 도입 반대 여론이 높은 것으로 나타났다. 현행 에너지 가격과 세금에 대한 부담이 높은 상황에서 추가적인 에너지관련 세금을 수용하기가 어려운 것으로 이해된다. 그러나 다수의 응답자가 현행 유류세에 부담을 느끼고 있는 상황에서도 탄소세 도입에 동의한다는 응답이 41.1%인 것은 탄소세(환경세) 도입에 대한 최소한의 국민적 공감대가 있는 것으로 보인다.

그림 4 탄소세 부과에 대한 입장

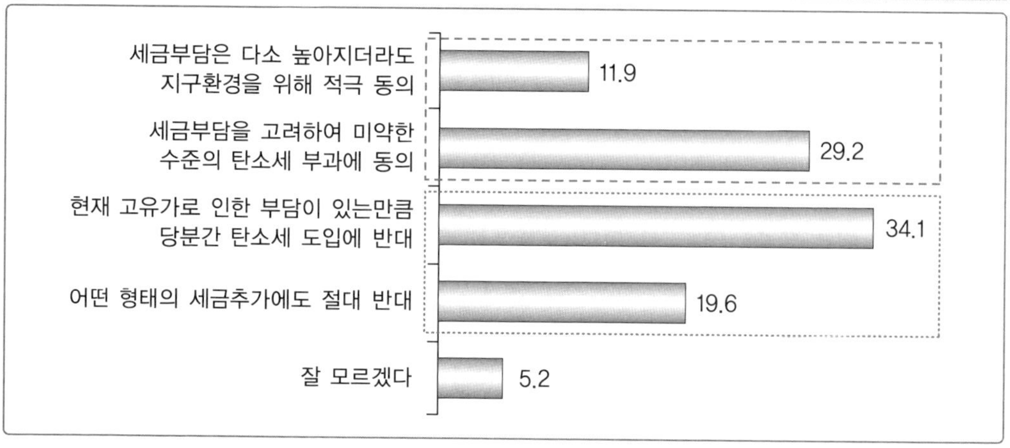

2) 2차 토론회 진행

2차 토론회는 아래 〈표 9〉와 같이 진행되었다.

표 9 2차 토론회

온실가스감축과 친환경에너지세제개편을 위한 연속기획 2차 토론회
- 주제: 탄소세 도입과 사회적 수용성 -

□ 일시: 2011년 3월 21일 (월) 14:00 - 16:30
□ 장소: 국회 의원회관 소회의실

□ 좌장: 이선우 경실련(사)갈등해소센터 이사장

○ 주제발표: 강만옥 한국환경정책평가연구원 박사

○ 지정토론: 김형돈 기재부 재산소비세 정책관
김승래 한림대 경제학과 교수
김형건 에너지 경제연구원 박사
강희정 건국대 교수(지속가능발전기업협의회 수석연구원)
김창섭 경원대 교수(소비자를 위한 시민의 모임 정책위원)
안병옥 기후변화 행동연구소 소장
조영탁 한밭대 경제학 교수

3) 3차 토론회 진행

3차 토론회는 아래 〈표 10〉과 같이 진행되었다.

표 10 3차 토론회

온실가스감축과 친환경에너지세제개편을 위한 연속기획 3차 토론회
- 주제: 수송분야 세제개편 어떻게 할 것인가? -

□ 일시: 2011년 4월 21일 (목) 14:00 - 16:30
□ 장소: 국회 헌정기념관 대강당

□ 좌장: 손양훈 인천대 경제학 교수

○ 주제발표: 김형건 에너지경제연구원 박사

○ 지정토론: 김형돈 기재부 재산소비세 정책관(사정상 불참)
강만옥 한국환경정책평가연구원 박사
김승래 한림대 경제학 교수
김창섭 경원대 교수(소비자를 위한 시민의 모임 정책위원)
민만기 녹색교통운동이사
조영탁 한밭대 경제학교수
강희정 건국대 교수(사정상 불참)

4) 4차 비공개 라운드테이블 진행

3차 토론회가 종료된 후 경실련(사)갈등해소센터는 그간 진행된 토론회 발제자에게 각자가 생각하는 이해관계자 간 공통점과 차이점을 정리해 달라고 제안했고, 경실련(사)갈등해소센터는 이를 취합하여 4차 비공개 라운드테이블 회의 초안을 마련했다. 4차 비공개 토론회는 그동안 3차례 토론회 참석하지 못했던 지식경제부, 환경부, 녹색성장위원회 담당자 참석을 요청하였고 환경부, 녹색성장위원회 담당자 및 국회 공동주관 의원실 보좌관이 참석하여 경실련(사)갈등헤소센터가 마련한 초안을 대상으로 논의를 진행했다. 비공개 라운드테이블 회의는 아래 〈표 11〉과 같이 진행되었다.[10]

표 11 4차 비공개 라운드테이블 회의

온실가스감축과 친환경에너지세제개편을 위한 연속기획 4차 비공개 라운드테이블
□ 일시: 2011년 5월 12일 (목) 14:00 - 17:00 □ 장소: 국회 의원회관 125호 간담회실 □ 사회: 이선우 경실련(사)갈등해소센터 이사장 ○ 초안설명: 이강원 경실련(사)갈등해소센터 소장 ○ 참석패널: 박춘호 기재부 환경에너지세제과장 강만옥 한국환경정책평가연구원 박사 김형건 에너지 경제연구원 박사 김승래 한림대 경제학 교수 김창섭 경원대 교수(소비자를 위한 시민의 모임 정책위원) 안병옥 기후변화 행동연구소 소장 조영탁 한밭대 경제학 교수 오종훈 환경부 녹색환경정책관실 녹색기술경제과 과장 장영규 녹색위 녹색성장기획팀 재정경제과장 위평량 경실련 (사)갈등해소센터 이사 김문구 국회 유일호 의원실 보좌관 김동석 국회 이용섭 의원실 보좌관

5) 5차 종합토론회 진행

경실련(사)갈등해소센터는 4차 비공개 라운드테이블 회의 결과에서 도출된 잠정적인 합의안 초안 가칭 「에너지세제개편 7대 방향 및 3대 과제」를 정리하여 그동안 연속

10) 4차 비공개 라운드테이블과 관련해서 지식경제부에 담당자 참석을 요청했으나 당일 담당과 전체 일정이 있어 불가피하게 참석하지 못했다.

기획토론회에 참석한 패널들에게 검토를 의뢰했다. 5차 종합토론회는 경실련(사)갈등해소센터가 마련한 합의안 초안을 중심으로 토론회에 참석한 패널 및 방청석에 참석한 여러 이해관계자들로 부터 최종의견을 취합하는 자리였다. 5차 종합토론회는 탄소세 도입에 관한 합의형성절차를 최종마무리 하는 자리인 만큼, 기획재정부, 지식경제부, 환경부 등 관련부처 담당자가 참석하였고 아래 〈표 12〉와 같이 진행되었다.

표 12 5차 종합토론회

온실가스감축과 친환경에너지세제개편을 위한 연속기획 5차 종합토론회
- 주제: 에너지세제개편 10대 원칙과 과제 -

□ 일시: 2011년 6월 9일 (목) 14:00 - 17:00
□ 장소: 국회도서관 소회의실
□ 좌장: 이선우 경실련(사)갈등해소센터 이사장

○ 주제발표: 이강원 경실련(사)갈등해소센터소장

○ 지정토론: 김형돈 기재부 재산소비세 정책관
이효준 지경부 에너지자원정책과장
황재영 환경부 녹색기술경제과장
강만옥 한국환경정책평가연구원 박사
김형건 에너지 경제연구원 박사
김창섭 경원대 교수(소비자를 위한 시민의 모임 정책위원)
안병옥 기후변화 행동연구소 소장
조영탁 한밭대 경제학 교수

6) 합의문 내용 및 탄소세 관련 합의형성절차 평가

(1) 합의문의 내용은 아래 〈표 13〉과 같다.[11]

표 13 에너지세제개편의 7대 원칙과 과제

〈에너지세제개편의 7대 원칙〉

1. 온실가스감축 및 녹색 성장을 지원하기 위한 환경세 개혁(Environmental Tax Reform) 논의가 필요함.
   - 에너지의 효율적인 소비와 이산화탄소 감축을 위해 탄소세 도입을 비롯한 에너지관련 세입 및 세출상 개혁이 필요함.
   - 환경세의 도입과 재정지출구조의 전환 등을 포함한 사회적 논의를 교통에너지환경세의 일반세 전환시점인 2012년까지 완료해야 함.

11) 온실가스감축과 친환경에너지세제개편을 위한 연속기획토론회백서 인용, 경실련(사)갈등해소센터 (2012).

2. 세입의 측면에서 환경세(탄소세)의 도입은 국민경제의 충격과 일반국민의 부담을 최소화하는 방식이어야 함.
   - 고유가 기조를 고려하여 환경세의 도입은 국민경제적 부담과 사회적 수용성을 고려하여 추진해야 함.
   - 낮은 세율의 신규도입이나 세수부담의 증가 없는 기존 세수의 내부 조정을 통한 도입 등 다양한 방안을 고려할 필요가 있음.

3. 세출의 측면에서 에너지와 환경과 관련된 재정지출의 증대가 필요함.
   - 현재의 교통에너지환경세와 같은 관행적인 지출구조를 혁신하여 전체 재정에서 도로건설 등과 같은 온실가스 유발형 사업이 아니라 녹색성장과 온실가스감축을 유도하는 에너지 및 환경부문에 대한 지출확대가 필요함.
   - 고유가와 에너지요금 현실화에 따른 에너지빈곤층의 부담을 경감하기 위해 직접보조방식의 에너지복지제도의 체계화와 관련재정지출의 확대가 필요함.

4. 환경세 논의를 계기로 기존 에너지세제 구조를 재평가하되, 국가 온실가스감축과 국가에너지믹스까지 고려해야 함.
   - 에너지세제의 경우 복잡한 과세구조 및 부과기준의 단순화가 필요하며, 근거 없는 목적세의 폐지가 필요함.
   - 에너지세제개편은 에너지의 사회적 비용(외부비용), 형평성, 그리고 온실가스감축과 수급 안정성을 위한 국가에너지믹스를 동시에 고려해야 함.

5. 수송용 유류를 포함하여 에너지소비가 유발하는 사회적 비용을 객관적으로 재평가하고, 수송용 연료 간 과세형평성을 도모해야 함.
   - 최근 기술진전과 자동차 보급추이 등을 반영하여 에너지소비가 유발하는 사회적 비용(대기오염비용, 혼잡비용)에 대한 객관적인 평가가 필요함.
   - 휘발유, 경유, LPG(부탄) 외에 CNG 과세 등을 통해 수송용 에너지 간 과세형평성을 제고해야 함.
   - 총보유비용(Total Cost of Ownership)의 관점에서 친환경차 보급지원을 위한 자동차 세제 개편이 필요함.

6. 난방용 세제의 경우 당분간은 전기요금과 통합적 관점하에서 가능한 낮은 세율로 운용되어야 함.
   - 국가에너지효율개선과 온실가스감축을 위해 높은 유가와 낮은 전기요금 간의 괴리로 인해 발생하는 고탄소 전기난방의 확산방지가 중요함.
   - 최근 전기요금의 개편 작업이 추진되고 있는 만큼 이와 병행하여 난방용 연료에 대한 낮은 세율과 발전용 유연탄에 대한 점진적 과세를 통해 난방용 유류와 전기요금 간의 괴리 축소를 추구할 필요가 있음.

7. 환경세 도입과 관련하여 에너지 보조금 문제를 점진적으로 해결해야 함.
   - 유가보조금 등이 불가피한 경제적 및 사회적 근거하에 지급되고 있으나 에너지절감이나 환경세 효과를 도모하기 위해서 이를 순차적이고 점진적으로 개선할 필요가 있음.
   - 관련 세금은 현실화하면서 그 부담을 직접보조방식으로 전환하는 방안을 고려할 필요가 있음.

〈에너지세제개편의 3대 과제〉

1. 환경세의 도입방식 문제

1) 신규도입안: 세수의 증대효과 및 정책효과 측면에서 온실가스감축을 위한 조치라는 점을 부각하고 경제 전반에 변화된 시그널을 주기 위해 탄소세의 신규 도입이 필요함. 하지만 새로운 세제의 도입에 따른 세수 부담과 이에 따른 사회적 수용성을 고려하여 단기적으로는 낮은 세율로 하여 탄소비용 중 일부만 반영하고 이후에 세율을 증가시킴.
2) 내부조정안: 고유가하에서 세수의 추가부담을 피하기 위해 기존 세수 범위내에서 에너지소비의 사회적 비용(대기오염, 혼잡비용, 탄소비용)의 반영비율을 내부적으로 조정하는 방식으로 탄소세 체계를 도입하고 이후 세율을 증가시킴(결과적으로 기존 세수의 개별소비세와 탄소세로의 분할 방안).
   ※ 소수의견(도입유보안): 에너지세수의 지출구조 개선에는 동의하나 세입의 측면에서 추가부담을 유발하는 신규도입방안이나 향후 추가부담을 유발할 수 있는 내부조정안 등의 탄소세 도입 유보.

2. 환경세 도입과 유류세의 인하 문제

1) 현행유지안: 화석연료 사용 억제 및 에너지 저소비형 고효율의 경제체제로 나가기 위해서 유류세를 인하할 계제는 아니며, 인하에 따른 경제적 효과도 크지 않음.
2) 인하고려안: 기존 세제의 내부조정을 통해 고탄소 에너지원(유연탄 등)에 과세하고 그 세수만큼 기존 유류세의 하향조정이 가능. 이는 높은 유류가격과 전기요금 간의 격차문제를 해소하는 데에도 유용함.

3. 유가보조금의 축소방안

1) 현행유지안: 화물업계(유가보조금)와 농어업(면세유)의 산업적 여건이 개선되지 않으면 문제해결이 어려운 측면이 있음.
2) 보조금 개선안: 동일한 유류제품에 대한 조세차별로 에너지절감문제는 물론 면세유의 불법유통 등 부작용이 발생하고 있음. 해당업계의 어려움이 있다면 세제는 현실화하고 보조방식을 달리하는 방안을 모색.

(2) 탄소세 도입 관련 합의형성절차 성과와 한계

탄소세 도입과 관련한 갈등을 해소하기 위하여 경실련(사)갈등해소센터 및 국회 유일호(한), 이용섭(민)의원실이 공동으로 주관한 합의형성절차(연속기획토론회)는 몇 가지 성과를 도출했다.

첫째, 탄소세 도입과 관련한 모든 이해관계자가 한자리에 모여서 논의를 했다는 점이다. 그간 탄소세 도입과 관련해서 정부 내에서 관련부처 간 협의가 미흡했다. 탄소세와 관련된 주무부서인 기획재정부는 한국조세연구원을 중심으로 탄소세 도입에 대한 방안을 검토해 왔고 지식경제부, 환경부, 녹색성장위원회, 한국조세연구원, 환경정책평가원, 에너지경제연구원을 통해서 각각의 용역을 추진해 왔다. 연속기획토론회라는 합의형성절차를 통해서 정파를 초월한 양당의 국회의원과 정부부처(기획재정부, 환경부, 녹색성장위원회)와 국책연구기관(한국조세연구원, 에너지경제연구원, 환경정책평가연구원)학계와 산업계, 소비자단체와 환경단체가 참석하여 문제해결을 위해 노력했다는 것만으로도 의미가 있다.

둘째, 합의형성절차를 통해 탄소세 도입과 관련하여 잠정적 합의를 도출했다는 점이다. 물론 구체적인 탄소세 도입방안에 대해서는 이해당사자 간 합의를 도출하지 못했다. 그러나 탄소세(환경세) 도입이 원칙적으로 필요하다는 점 등 탄소세 도입여부와 관련된 다양한 논점들에 대하여 폭넓은 공감대를 확보함으로써 향후 탄소세 도입여부가 본격적으로 논의될 때 합의도출 가능성이 높다. 합의형성절차에 참석한 참석자들이 상호 공감대를 확인했고 탄소세 도입에 관한 2가지 방안이 상호 대립적이지 않고 단계적 시행이 가능하다는 점에서 합의 전망은 밝다.

셋째, 이해관계자 간 합의를 구체적인 합의문 형태로 작성했다는 점이다. 연속기획토론회는 일반적인 토론회와 달리 다양하고 폭넓은 구성원들이 토론회에 참석하여 개괄적인 차원에서 일정한 공감대를 문서형태(7대 원칙과 3대 과제)로 구체화함으로써 향후 탄소세 도입 및 에너지세제개편을 구체적으로 추진할 때 근거 기반이 될 것이다. 연속기획토론회 참석자가 서명날인은 하지 않았지만 합의문에 대한 검토의견을 수렴했고 5차 종합토론회 때 공개적인 추인과정을 거쳤기 때문에 최소한의 도덕적 구속력은 갖추었다고 본다.

넷째, 합의문의 구체적인 실행을 위해서 경실련(사)갈등해소센터 등 주관단체는 관련 백서를 발행했고 합의문의 구체적인 검토 및 추진을 위한 가칭 「탄소세 도입 및 에너지세제개편개선 국민위원회」 구성을 제안하여 합의사항이행을 추구했다.

그러나 탄소세 도입과 관련한 합의형성절차는 문제점을 노정하기도 했다.

첫째, 정부와 국회의 의지가 빈약해서 합의안의 후속이행이 현실화되지 못했다. 정부가 탄소세 도입에 관한 결정을 차기 정부로 넘긴 상황에서 합의안의 후속조치를 이행할 수 있는 동력이 상실된 것이다. 국회 또한 다른 정치 현안에 몰입하여 더 이상 논의를 진전시키지 못했다.

둘째, 고정패널들 개인 사정으로 인해서 일부 패널의 경우 5차례 연속토론회를 완주하지 못했고 합의형성절차 결과가 언론에 크게 홍보되지 못한 점도 한계점이라 할 수 있다. 고정 패널 중 지식경제부, 산업계 대표가 한 두 차례 토론회에 참석하지 못한 아쉬움이 있고 1차 토론회 때 정부가 탄소세 도입을 현 정부에서는 검토하지 않겠다고 공식적으로 밝히자 언론의 관심이 급격히 감소되었다.

V. 시사점

1. 당해 사례 해결 방안 모색

탄소세 도입여부에 대한 정책갈등은 합의형성절차를 통해 잠정적인 합의를 도출했지만 탄소세 도입여부에 대한 판단이 차기 정부로 넘어가고 탄소세 도입방안에 대해 크게 두 가지 연구 과제를 남겨뒀다는 점에서 갈등의 미해결 사례라고 할 수 있다. 그러나 합의형성절차는 향후 본격적인 탄소세 도입에 관한 정책결정 단계에서 갈등을 예방할 수 있는 시사점을 준다.

1) 이해당사자 간 합의형성절차의 활용이 필요하다.

탄소세 도입여부는 정부 부처 내, 그리고 국민주체 간 이해관계 및 가치관의 대립을 내포하고 있기 때문에 정부주도의 정책결정은 갈등을 필연적으로 초래할 수밖에 없다. 특히 탄소세 시행에 따른 부담의 실질적인 주체인 산업계와 소비자의 동의가 관건이라는 점에서 모든 이해관계자가 참여하여 합의를 도모하는 정책 결정 프로세스가 필요하다. 차기 정부는 탄소세 도입을 포함한 가칭「에너지세제개편 국민위원회」구성 및 운영을 통하여 합의형성절차를 진행해야 한다. 에너지세제개편논의와 이해 조정을 위해서는 국회와 관련 부처의 적극적인 의지와 상호 협조가 필수적이다. 또한 이해당사자 간 공론화와 설득작업이 필수적이며 환경단체, 산업계도 합의형성절차에 참여하는 것이 정부 주도로 이뤄지는 정책결정의 폐단을 막을 수 있다.

2) 탄소세 도입여부는 2011년 경실련(사)갈등해소센터 및 국회가 공동주관하여 도출한 합의문(에너지세제개편원칙 7+3의) 활용이 필요하다.

2011년에 활용된 합의형성절차인 연속기획토론회는 탄소세 시행과 관련한 모든 논점을 다루었고 이해관계자 간 잠정적 합의를 도출했기 때문에 합의안을 기초로 논의를 전개하는 것이 문제해결에 효과적이다. 즉 탄소세 도입여부는 기존 에너지세제에 대한 재평가와 관행적인 에너지세제의 지출구조와 에너지 사용을 왜곡 시키는 현행 에너지

세제개편을 전제로 경제의 부담을 최소화하는 방식을 모색할 필요가 있다. 특히 낮은 차원(G에 0.1%~0.2%)의 신규 탄소세 도입과 현행 에너지세제 내에서 개별소비세와 탄소세로 분할 · 조정하는 방안은 상호 대립적이지 않기 때문에 충분한 검토를 거친다면 합의전망이 밝다고 볼 수 있다.

2. 유사 사례에 대한 정책적 시사점

1) 탄소세 도입과 관련한 갈등사례는 유류세, 기타 기후변화 대응관련 이슈, 원전 문제 등 에너지 정책 분야의 갈등예방 및 갈등 해소 과정에 적용할 수 있다.

최근 휘발유, 경유에 부과되는 교통에너지환경세(유류세)를 두고 정부와 정유업계, 소비자단체 간 갈등이 표출되고 있다. 또한 기후변화 대응과 관련하여 정부가 발표한 2020년 국가 중기 온실가스감축방안을 두고 산업계와 환경단체, 소비자 간 다양한 갈등이 발생할 수 있으며 원자력 발전의 활용문제는 일본 후쿠시마 원전의 사고로 인해 우리사회 핵심 갈등현안으로 이미 부각되고 있다. 유류세, 기후변화대응과 관련한 다양한 이슈는 탄소세 도입여부와 관련된 갈등의 성격이 유사하다. 다수의 이해관계자와 다수의 이슈가 존재하며 갈등의 기본 성격이 환경/성장 간 가치갈등, 경제주체 간 부담 등 이익갈등, 그리고 국가 에너지 수요와 공급을 둘러싼 산업 간, 경제주체 간 철학과 이해관계가 중첩되어 있다.

2) 에너지 정책분야 갈등은 정부 주도가 아닌 이해관계자의 실질적 참여와 합의를 통한 정책결정(합의형성절차 활용)이 갈등 예방 및 정책 수용성을 제고한다.

에너지 정책분야 갈등은 에너지 사용에 따른 산업계와 환경단체, 소비자단체 간 이익갈등을 본질적으로 내포한다. 또한 기후변화와 관련한 에너지 정책은 우리사회의 패러다임에 대한 전환을 야기하기 때문에 국민 주체 간 충분한 정보 제공과 동의가 정책결정에서 관건이 된다. 정부 주도의 밀실정책 추진은 필연적으로 이해관계자의 불신을 초래하고 기후변화 대응에 따른 에너지 사용문제는 사회적 합의가 정책수용성의 지름길이기 때문 정부는 에너지 정책분야의 정책결정 시 합의형성절차를 활용하는 것이 효과적이다.

3) 중립적인 제3자의 지원에 의한 합의형성절차의 기획 및 운영이 효과적이다.

에너지 정책분야의 갈등은 경제주체 간 이익갈등, 가치관의 갈등을 초래하기 때문에 이해당사자 간 생산적인 논의와 합의를 유도할 수 있는 절차를 기획하고 관리하는 것이 쉽지 않다. 특히 에너지 정책이 고도의 전문성을 동반하고 에너지 분야에 관한 소비자의 목소리가 상대적으로 조직화되지 않은 상황에서 이해관계자 간 힘의 균형 및 공정성을 유지하는 것이 중요하고 상호 협력적 분위기를 유지하는 것이 중요하다. 또한 이해관계자 간 공통점과 차이점을 생산적으로 해소하여 합의문을 작성하기 까지 중립적인 갈등해소 전문기관의 역할이 중요하다. 탄소세 도입여부와 관련된 갈등사례는 에너지 정책 관련 갈등 예방 및 해소를 위하여 중립적인 기관에 의한 합의형성기법의 활용이 효과적이라는 것을 보여준다. 또한 중립적인 갈등해소 전문기관은 합의형성절차의 필요성을 정부와 국회에 제안할 수도 있다는 사실을 보여 준다.

4) 에너지 정책분야 갈등과 관련한 합의형성절차에서 정부(정치권)의 적극적인 참여 및 역할이 중요하다.

탄소세 도입과 관련한 갈등사례는 합의형성 프로세스의 효과를 극대화하기 위하여 정부의 적극적인 참여와 의지가 중요하다는 점을 확인시켜준다. 탄소세 도입 갈등사례는 이해당사자 간 유의미한 합의안을 도출하고 합의안 이행을 위한 후속조치가 마련되었지만 정부가 탄소세 도입에 관한 본격적인 검토를 차기 정부로 넘기면서 추가 논의를 진행할 수 없었다. 국회 또한 정부가 소극적인 상황에서 합의안의 이행여부에 관심이 덜할 수밖에 없다. 따라서 에너지 정책분야의 갈등 예방 및 해소를 위해 합의형성절차를 활용할 때 정부와 국회의 적극적인 의지가 중요하다.

3. 학술적 · 교육적 시사점 포함

1) 환경/에너지 정책분야 갈등 속성에 대한 이해 및 갈등관리 원칙

첫째, 탄소세 도입 여부와 같이 환경/에너지 정책분야 갈등은 다수의 이해관계자가 존재한다. 정부 내에서도 환경규제 부서인 환경부, 산업지원부서인 지식경제부, 세수 업무를 주관하는 지식경제부 등 다양한 이해가 존재하고 산업계와 환경단체, 소비자 단체, 관련 국책연구기관 등 전문가 그룹이 이해관계자가 된다. 따라서 정부 부처 내 이견 조율과 경제주체 간 갈등관리가 중요하며 산업계도 업종별로 이해관계를 달리할 수 있어 산업계 내에서도 다양한 이해관계자가 존재할 수 있다.

둘째, 환경/에너지 정책분야 갈등은 다수의 이슈가 존재하는 갈등의 복합성을 지닌다. 이해당사자 간 성장과 환경 보호 등 가치관 대립과 에너지 수요와 공급을 둘러싼 철학 및 에너지원별 종사자(유류/LPG/석탄/전기) 산업계 내부의 이해관계 대립도 발생한다. 또한 현행 에너지세제 및 요금 체계에 대한 제도적인 문제점이 갈등이슈의 배경이 된다.

셋째, 환경/에너지 정책분야 갈등은 이슈의 전문성으로 인해 소비자의 권리가 과소대표되는 경향이 있다. 에너지 사용과 그에 따른 세금 및 요금은 소비자의 생활과 직결되지만 관련 세제 및 기술상의 문제를 내포하고 있어 일반 소비자가 쉽게 인지하고 참여하기가 쉽지 않다. 특히 기후변화에 따른 에너지 문제에 대해서 소비자 역할이 상대적으로 미흡하기 때문에 에너지 정책분야의 정책결정단계에서 소비자의 목소리를 충분히 반영할 수 있는 절차가 활용되어야 한다.

넷째, 환경/에너지 정책분야의 갈등을 예방하고 사회적 합의를 도모하기 위해서 모든 이해관계자들이 실질적으로 참여하고 합의를 통한 정책결정이 이뤄지도록 합의형성절차를 활용해야 한다. 합의형성절차의 활용은 다수의 이해관계자, 다수의 갈등이슈, 이해관계자 간 힘의 불균형 상황에서 공정하고 합의를 도모하는 효과적인 정책결정과정이다.

2) 중립적 3자의 활용 및 상황에 맞는 합의형성절차 기획 및 운영

미국을 중심으로 활용중인 합의형성절차의 한국적 적용이 용의하지 않을 때가 있다. 특히 정부를 비롯하여 한국의 이해관계자들이 미국의 합의형성 5단계 활용에 익숙하지 않은 상황에서 미국식 방법의 즉각적인 활용은 어려움이 있다. 탄소세 도입여부와 관련된 갈등사례는 이런 어려움을 반영하여 현실적인 상황에 맞게 설계된 하나의 사례이다. 중립적 갈등해소 전문기관에 의한 이해관계자 인터뷰 실시 및 10인의 패널 선정, 국회 기획재정위원회 공동주최로 패널 간 공개 토의, 패널 간 공통점 확인 및 이견 해소를 위한 비공개 라운드테이블 회의개최, 합의문 초안 마련 및 패널 간 회담, 그리고 합의문 작성 과정은 상황적 산물이다. 따라서 합의형성절차는 다양하게 기획되고 운영될 수 있다. 단, 이해관계자의 실질적인 참여와 합의를 도모하는 논의 절차를 제공하는 것이 중요하며 특히 어떤 형태로든 하나의 문서(single-text)를 중심으로 이견을 좁혀가면서 문서화된 합의문을 작성하기 위한 진행자의 역량이 중요하다. 아울러 과소대표되는 소비자의 이익을 반영하기 위하여 설문조사 및 공론조사 기법을 활용할 수 있다.

3) 환경/에너지 정책관련 갈등발생시 정부가 소극적일 때

환경/에너지 정책관련 갈등과 관련해서 정부가 문제해결에 소극적일 때 합의형성절차를 진행시키기 위한 다양한 방안이 모색될 필요가 있다. 중립적인 갈등해소전문기관과 국회가 주관하여 이해관계자가 참여하는 합의형성절차를 활용할 수 있고 환경단체나 소비자단체, 학계 등 이해관계자를 활용하여 정부를 합의형성절차에 참여시킬 수 있다. 그러나 합의형성절차의 활용 여부는 정부의 적극적인 의지가 관건이다. 이를 극복하기 위한 방안 모색이 필요하다.

▒ 참고문헌 ▒

1. 국내문헌

경실련(사)갈등해소센터(2011). “에너지관련 국민인식 조사보고서”.

__________________ (2011). “온실가스 감축과 친환경에너지세제개편을 위한 연속기획 토론회 백서”.

김승래 외(2008). “세제의 환경 친화적 개편에 관한 연구”, 한국조세연구원.

김승래 · 강만옥(2008). “기후변화협약 대비 환경친화적 에너지세제 운용방안 연구”, 한국조세연구원.

이선우 · 오성호(2004). 『협상론』, 한국방송통신대학교.

정한경(2006). “에너지가격정책의 개선, 에너지세제 및 요금제도의 개선방향”, 에너지시민연대.

한국재정학회(2007). 에너지정책세미나 “지속가능한 발전을 위한 에너지세제 및 가격의 개선방향”.

2. 국외문헌

Fisher & W(1981). Ury, Getting to Yes: Negotiating Agreement without Giving In (Boston: Houghton Mifflin).

Jenifer Leigh Peyser(2005). “How does participation in the framing, Review, and Incorporation of scientific Information Affect stakeholder perspectives on Resource Management Decisions”.

Lawrence Susskind, Field, P(1996). Dealing with an Angry Public. New York, NY: Free Pres.

Lawrence Susskind and Jeffery Cruikshank(2005). Breaking Robert's Rules: The consensus building alternative to parliamentary procedure. Cambridge MA: MIT-Harvard Public Policy Dispute Resolution Program.

R. M. Solomon, S. Yonts-Shepard, and others(2000). “Public Involvement under NEPA: Trends and Opportunities” in Environmental Policy and NEPA: Past, Present, and Future, Ray Clark and Larry Canter, eds. Boca Raton, FL: St. Lucie Press.

Pruit, Dean G, and Jeffrey Z, Rubin(1986). social conflict: escalation, stalemate, and settlement, New York: McGraw-Hill.

Susskind, L.,and Mckearnen, S., and J. Thomas-Lamar(Eds)(1999). The Consensus building handbook: A comprehebsuve guide to reaching agreement. Thousand Oasks, CA: Sage Publications.

국립공원 내 백두대간 보호지역 관련 갈등사례

이선우(한국방송통신대학교 행정학과 교수)

I. 사례선정의 이유

우리 국민들에게 산은 매우 중요한 의미를 갖는다. 단순히 건강을 위하여 주말마다 집에서 가까운 산을 찾는 것 이외에도 명산을 찾아다니면서 개인과 국가의 발전과 미래의 행복을 기원하는 순례의 의미를 갖기도 한다. 또, 환경을 중히 여기고 사라져가는 동식물을 안타깝게 여기면서 보호와 복원을 위하여 산을 찾는 이들도 있다. 그리고 산이 좋아 산에 오르는 산악 전문인들도 있고, 그 중에는 백두대간 종주로 로망을 즐기는 이들도 있다.

그런데 이처럼 다양한 산에 관련된 관심에는 마루금의 보호, 백두대간 종주를 위한 산행으로 생기는 샛길로 인한 동식물 번식과 생태계보존의 문제, 비법정구간 불법 입산과 종주로 인한 안전상의 문제 등이 존재한다. 이 갈등은 국립공원의 관리를 책임지고 있는 환경부와 국립공원관리공단, 백두대간의 생태계 보전을 위해 활동하는 시민단체, 산악인들을 대변하는 산악단체 간의 이해관계가 서로 얽혀 있다.

이러한 갈등의 배경에는 원천적으로는 국립공원 지정과 백두대간의 비법정구간의 입산통제와 연관이 된다. 국립공원 지정의 목적은 미국에서 1872년에 옐로우스톤의 경관을 온 국민이 감상할 수 있게 할 뿐만 아니라 후손들도 그 경관과 생태계를 즐길 수 있도록 국가가 국립공원으로 지정하고 관리하는 것을 목표로 도입된 제도가 '국립공원 지정제'이다. 이 제도는 전 세계 150여 개국에서 도입하고 있으며, 우리나라에서도 1967년 지리산 국립공원을 시작으로 국립공원을 지정 및 관리하고 있다.[1] 이때 자연공원법에 의해 산악인들이 다니던 주요 등산로를 탐방로로 정해서 출입을 허가하지만, 탐방로가 지정되어 있지 않은 자연보전지구에는 산행 등을 하지 못하게 하고 있다.

그런데 최근 출입이 제한된 국립공원 내의 특정 자연보존지구의 마루금(능선과 능선이 연결된 지점)에 많은 산행객들이 백두대간 종주를 목적으로 불법적으로 들어가 생태계를 훼손할 가능성이 커지고, 안전사고가 잦아지면서 산행을 강행하고자 하는 측과 이를 막고자 하는 측 간에 백두대간 종주의 불법성을 두고 사회적 갈등을 야기하고 있다. 따라서 국립공원 내 백두대간 보호지역의 비개방지역을 둘러싼 갈등을 해소하기 위하여 진행된 갈등조정위원회가 구성되었고, 이 위원회를 통하여 갈등 해소를 위한 대안이 마련되었다. 이 글은 갈등당사자집단, 갈등쟁점, 합의과정 등 갈등조정위원회의 조정과정을 분석하는 것을 목적으로 한다.

백두대간 이용과 보존에 관한 갈등사례는 여섯 가지의 의미를 갖는다. 첫째, 정부 측이 의지를 가지고 갈등조정위원회의 운영을 통하여 갈등을 해소하고자 하였다는 것, 둘째, 여타 정부정책관련 갈등처럼 보상, 건강, 좌우 이념적 논쟁과 같이 첨예하고 심각한 대립을 일으키는 이해당사자가 존재하지 않는다는 것, 셋째, 산을 보호해야 한다는 데 모두가 동의하고, 법은 지켜야 한다는 데 모두 동의한다는 (공통점을) 공감대를 지니고 있다는 것, 넷째, 비법정구간 내 생태계가 얼마나 중요한 것이며, 보존할 가치를 가지는 동식물이 얼마나 있는지에 대한 과학적 증거를 명확하게 제시하고 있지 못하여 과학적 논쟁의 소지를 충분히 가지고 있다는 것, 다섯째, 특히 마루금은 사람이 다니는 '길'과 동물들이 다니는 '통로'라는 인식의 차이가 존재하고, 비법정구간으로의 통행을 무조건 막아야 한다는 입장과 생태계 교란과 위험성만 없다면 제한적으로 개방하여야 한다는 입장의 차이가 존재한다는 것 등 갈등당사자집단 간 분명한 인식의 차이가 존재하지만, 여타 사례들 보다 갈등의 정도가 크지 않다는 것, 여섯째, 정부 측을 비롯하여, 산악단체나 환경관련단체의 양측 모두 합리적인 방안을 찾고자 노력하였다는 것 등이다.

---

1) 오구균. "백두대간 마루금 종주권과 국립공원 능선부 고산생태계 보호", 국립공원 내 백두대간 보전과 이용에 관한 협의체 워크숍 자료.

Ⅱ. 연구의 목적 및 내용

1. 연구의 취지

갈등의 영향 정도에 따라 다양한 집단들이 관심을 가지게 되는 사회적인 갈등은 개인적인 차원의 갈등을 넘어서는 복잡한 양상을 띠고 있다. 처음부터 모든 이해관계자들이 분명히 갈등으로 인식하는 경우도 있지만, 어떤 경우에는 상황이 너무 복잡하거나 이해당사자들마다 주장하는 내용과 쟁점의 우선순위가 다양해서 지금의 상황을 갈등으로 봐야 할지 여부 등에 대해 이해관계자마다 의견이 다를 수도 있다. 그렇기 때문에 갈등해결의 출발점으로 갈등영향분석[2]을 고려해 볼 필요가 있다. 진행 중인 갈등의 배경과 발생원인, 이해관계자의 입장과 이해관계 등에 대한 자세한 분석이 이루어진다면 갈등 해소에 실질적인 도움이 되기 때문이다.

또한 다양한 갈등해소 방법 중에서 '참여적 의사결정'과 '대안적 분쟁해결'은 정부 혹은 다수의 횡포를 방지하여 국민과 소수도 따를 수 있는 사회적 합의를 도출하는 갈등해소 방법으로 주목을 받고 있다(신창현, 2005; 114). 특히 정부 정책과 관련된 문제해결을 위해 대안적 분쟁해결 방법 중에서도 '협상 및 조정절차를 통한 당사자 간 합의' 방식을 사용하기도 한다. 이때 조정(mediation)은 조정을 받는 갈등당사자들이 스스로 대안을 제시하고 협의를 통해서 서로가 만족할 수 있는 대안을 도출해 나가는 과정이다. 조정은 특히 쌍방 간 감정의 대립이 심하거나 의견의 차가 극명한 경우에 유용하게 사용될 수 있다. 이 과정에서 조정자들은 일단 당사자들의 감정을 관리하고 의사교환이 효과적으로 이루어지도록 돕는 역할을 하지만, 조정에 진전이 없을 경우에는 몇 가지 대안을 제시하거나 개별 회의 등을 통해 각각의 당사자들이 가지고 있는 이해(interests)를 파악하고 합의 가능한 대안을 협의하여 조정시간을 축소시킬 수도 있다. 그리고 협상(negotiation)[3]은 자신이 대표하는 사람을 위해서 본인의 협상능력을 발휘하는 협상가를 통해 회의 등을 진행하여 합의를 이루어 내는 방식이다(이선우, 2004:21, 59).

---

2) 갈등영향분석이란 법령, 정책, 사업계획 등의 입안단계에서, 중립적인 분석자에 의한 이해관계자 면담을 통해, 갈등요인들을 확인하고 합의 가능성을 분석하여, 사회적 합의절차의 진행 여부와 방법을 결정하기 위한 이해관계자 여론수렴 활동이다. '공공기관의 갈등관리에 관한 기본 법률' 제11조에 정부, 지방자치단체, 민간사업자들의 의무사항으로 규정되어 있다.

3) 조정자는 중립적으로 갈등당사자들의 감정을 정리하고 대안 도출을 위한 도우미 역할을 하는 자이고, 이와 달리 협상가는 대변하는 편의 이익을 도모해야 하므로 중립적일 필요가 없는 사람이다.

국립공원 내 백두대간 보호지역의 비개방지역을 둘러싼 갈등의 경우도 보호지역지정이라는 정부 혹은 공공기관의 정책과 관련되어 있으며, 다양한 이해관계자들 간의 가치, 이해관계 등이 복잡하게 얽혀 있는 상황이다. 따라서 국립공원 내 백두대간 보호지역의 비개방지역과 관련해 진행되고 있는 갈등의 배경과 그 원인, 갈등심화 가능성, 이해관계자의 입장과 이해관계, 핵심쟁점 등에 대한 갈등영향분석을 기반으로 이해당사자들이 협의체를 운영하여 대화와 협의를 통해 문제를 해결할 가능성이 있는지를 판단해 볼 수 있을 것이다. 이 사례에 적용된 갈등 해소과정을 면밀히 분석하기 위하여 본 연구의 내용은 다음과 같다.

첫째, 국립공원 내 백두대간 보호지역 갈등의 배경 및 갈등의 주요 원인, 쟁점 이슈별 이해당사자의 입장과 이해관계를 파악한다.

둘째, 국립공원 내 백두대간 보호지역 갈등의 해소를 위하여 정부 및 민간의 노력은 어떠하였으며, 이러한 노력들이 갈등에 어떠한 영향을 미치게 되는지를 고찰한다.

셋째, 국립공원 내 백두대간 보호지역 갈등영향분석을 통해서 갈등관리에 관한 시사점을 도출한다.

넷째, 국립공원 내 백두대간 보호지역 갈등사례분석을 통해 갈등관리를 위한 교육훈련 요소를 도출한다.

2. 갈등사례 개요

1) 백두대간 보호지역 지정의 의의 및 현황

(1) 백두대간[4]의 의미

백두대간이란 백두산에서 시작하여 금강산, 설악산을 거쳐 지리산에 이르는 한반도의 중심 산줄기로서, 총 길이는 약 1,400km에 이르며, 15개의 산줄기로 이루어져 있고 10개에 달하는 큰 강의 물길을 구획하는 울타리 역할을 한다. 지질 구조에 기반을 둔 산맥체계와는 달리, 이는 인간의 생활권 형성에 미친 영향을 고려한 산지 인식 체계로서 우리 민족 고유의 지리 인식체계라 할 수 있을 것이다.

이러한 백두대간이 세상에 알려진 것은 1984년에 산악인 남난희씨가 최초로 이 구

4) 백두대간 보호에 관한 법률 [시행 2011.4.6] 제2조(정의) 이 법에서 사용하는 용어의 뜻은 다음과 같다. 1. "백두대간"이란 백두산에서 시작하여 금강산, 설악산, 태백산, 소백산을 거쳐 지리산으로 이어지는 큰 산줄기를 말한다. 2. "백두대간 보호지역"이란 백두대간 중 특별히 보호할 필요가 있다고 인정되어 제6조에 따라 산림청장이 지정 · 고시하는 지역을 말한다.

그림 1 백두대간의 현황[5)]

1 대간	백두대간
1 정간	장백정간
13 정맥, 기맥	기맥: 산경표에 그 흐름은 있으나 이름이 없는 산줄기

간을 단독으로 종주한 것에서 시작되었다. 이후 산악인들 사이에 관심이 높아지면서 1990년대부터 백두대간 종주 산행이 유행하기 시작했고, 2000년대 초부터는 취미나 여가시간을 보내는 용도라든가 웰빙(well-being)이라는 개념을 덧붙여 건강을 유지하려는 이유 등으로 백두대간을 이용하는 목적이 개인화되고 다양해지고 있다.

(2) 백두대간 보호지역 지정의 이유 및 현황

「백두대간 보호에 관한 법률」의 입법 목적[6)]에서도 알 수 있듯이 백두대간은 수려한

5) 조우. "백두대간(갈등 워크숍)", 국립공원 내 백두대간 보전과 이용에 관한 협의체 워크숍 자료.
6) 〈백두대간 보호에 관한 법률〉 제1조(목적) 이 법은 백두대간의 보호에 필요한 사항을 규정하여 무분별한 개발행위

자연 경관을 지니고 있는 지역뿐만 아니라 멸종위기의 야생동물을 포함한 다양한 생물들의 서식처로서 그 의미가 크다. 그래서 인간의 간섭으로 인한 생태적 가치가 훼손되는 것을 막기 위해 보호지역을 설치하고 있는 것이다. 또한 백두대간 마루금이 대부분

그림 2 백두대간 보호지역 생태계 조사 결과[7)]

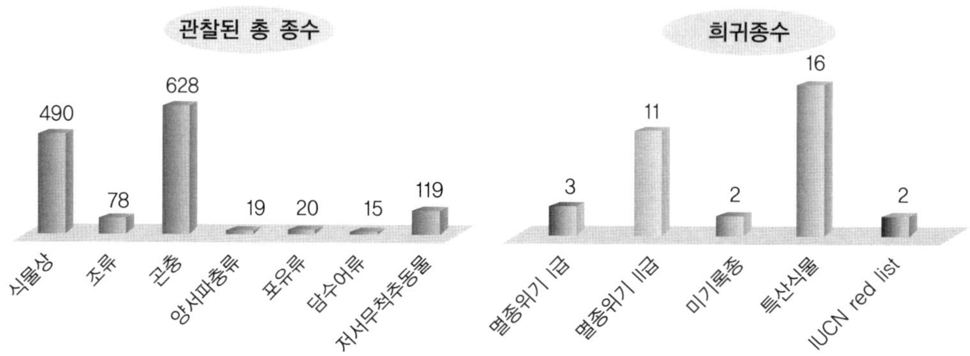

구분		내용
설악산	동물	산양, 삵, 담비 등 멸종위기종 서식처
	식물	솔나리 등 멸종위기 식물 생육
	기타	천연보호구역, 조난사고 위험
오대산	동물	산양, 담비, 삵, 하늘다람쥐, 검독수리, 참매 등 멸종위기 동물, 천연기념물 서식
	식물	멸종위기 식물 생육
	기타	
월악산	동물	산양의 최남단 서식지
	식물	꼬리진달래 등 특산식물 분포
	기타	
속리산	동물	하늘다람쥐, 삵, 벌매, 까막딱따구리 등 멸종위기종 및 천연기념물 서식
	식물	백작약, 지리고들빼기, 노랑갈퀴 등 귀중한 식물 분포
	기타	지형 험난 안전사고 위험, 훼손 가속화

로 인한 훼손을 방지함으로써 국토를 건전하게 보전하고 쾌적한 자연환경을 조성함을 목적으로 한다.

7) 이중효. "백두대간발표자료", 국립공원 내 백두대간 보전과 이용에 관한 협의체 워크숍 자료: 야생 동 · 식물 등 총 1,369종을 관찰하였고 그 중 희귀종으로 34종을 확인하였다. / 조우. "백두대간(갈등워크숍)", 국립공원 내 백두대간 보전과 이용에 관한 협의체 워크숍 자료.

고지대에 위치하고 있으며 지형이 험한 경우가 많기 때문에, 비개방구간을 지정하여 안전사고를 예방하려는 목적도 지니고 있다. 그래서 국유림관리소 및 여러 유관기관에서 위험 지역에 대해 이정표와 안전시설을 집중적으로 보강하여 추락이나 조난사고를 예방하거나 등산객 증가로 인해 등산로의 노폭이 확대되면서 식생이 파괴되고 있는 지역에는 생태계 보호시설을 설치하는 등의 노력을 하고 있다. 이렇듯 풍부한 생물적 다양성 등을 품고 있으면서 우리 민족 고유의 지리 인식 체계로서 국민적 정서가 담긴 문화적 장소라는 상징적 의미도 지니고 있는 백두대간이 미래의 세대에게 물려줄 수 있는 자산으로 보존되기 위해서는, 유관기관 간의 협력체계를 강화하여 합리적이고 체계적인 관리 방안을 모색할 필요가 있다.

그런데 아래의 〈표 1〉에서 볼 수 있듯이 백두대간이 언론 등의 관심을 받게 되자 점차 탐방객들이 늘어났다. 모집 산악회에 참가하는 회원 수가 연간 1,500만여 명이고 그 외에 일반 등산객까지 포함하면 숫자가 3,600만여 명에 이른다는 일부의 조사 결과도 나온 상황이며, 이러한 상황은 국립공원 입장료를 폐지한 2007년도부터 더욱 분명하게 나타나고 있다. 게다가 '지리산 둘레길'처럼 정상을 탐방하는 것을 지양하는 목적에서 만들어진 곳에도 지리산 국립공원 자체를 이용하려는 관광객이 폭증하였다는 것을 보면, 우리나라의 등산인구가 급격하게 증가했다는 것과 정상을 탐방하려는 등산객들의 욕구 또한 매우 강하다는 점도 짐작할 수 있다.

표 1 백두대간 4개 국립공원 탐방객 수 조사[8)]

연도	2003	2004	2005	2006	2007	2008	2009	2010
설악산	2,962,821	3,299,535	3,125,185	2,677,606	3,489,665	3,265,168	3,537,016	3,791,952
오대산	1,022,211	1,012,859	1,023,484	870,432	1,183,712	1,260,642	1,194,247	1,153,085
월악산	639,512	678,882	620,441	537,429	622,104	676,843	722,090	733,049
속리산	1,329,787	1,249,572	1,148,740	1,097,870	1,164,784	1,338,859	1,402,830	1,422,479

결국 급격하게 늘어나는 탐방 수요를 해소하지 못한 유관기관(산림청 등)에서 백두대간의 훼손실태를 알리는 보고서들을 발표하게 되었다. 다음 표와 같이 그 당시 조사자료가 많이 축적된 상황은 아니었지만 이러한 훼손이 지나친 이용으로 인해 일어났다고 판단하기에 무리가 없었으며, 특히 축제나 휴가 등 특정 시기에 집중적으로 이용하

8) 조우. "백두대간(갈등워크숍)", 국립공원 내 백두대간 보전과 이용에 관한 협의체 워크숍 자료.

는 국립공원의 경우에는 그 훼손의 정도가 심각하다고 판단한 것이었다. 그래서 2003년 12월에는 「백두대간 보호에 관한 법률」을 공표하였으며, 2005년에는 총 길이 684km, 총 면적 26만ha에 이르는 지역을 '백두대간 보호지역'으로 지정 및 고시하고, 이후에 백두대간 보호 기본 계획을 수립하여 백두대간 보호의 틀을 갖추게 된 것이다.[9)]

표 2 훼손 구간의 상황 보고[10)]

구간	거리 (km)	환경피해도 등급별 평균훼손폭(m)			주변훼손 (m^2/km)	분기수 (개/km)
		3~6	4~6	5~6		
■ 국립공원	**79.1**	**4.1**	**3.3**	**2.3**	**604.8**	**44.1**
북한산	28.7	4.3	3.9	2.8	775.3	82.7
설악산	22.4	4.9	3.9	3.0	631.2	47.6
가야산	17.8	3.8	2.7	2.3	674.5	38.7
내장산	10.2	3.5	2.5	1.0	338.1	7.3
■ 백두대간	**56.4**	**3.8**	**1.1**	**0.4**	**252.2**	**10.1**
만복대-복성이재	28.4	4.1	1.2	0.4	422.9	11.4
삿갓골재-소사고개	28.0	3.4	0.9	0.5	76.4	8.8

현재 백두대간 보호지역은 6개 도(道)의 32개 시 · 군에 걸쳐 2,634.27km^2의 면적을 차지하고 있으며, 이 중 국립공원 지역은 설악산, 오대산, 소백산, 월악산, 속리산, 덕유산, 지리산 등 총 7개 공원의 1,249.485km^2로써 전체 백두대간 면적의 48%를 차지하고 있다. 이 중 백두대간 마루금은 길이가 총 684km로서, 그 중 36%인 247km가 국립공원 내에 포함되어 있다. 그리고 마루금 내에서 법정탐방로인 개방구간은 171km(25개 노선)이고, 비개방구간인 비법정탐방로는 79.9km이다(〈표 3〉 참조).

2) 백두대간 보호지역 지정과 관련된 문제점

앞서 제시했듯이 과거에는 백두대간을 탐방하는 것이 일부 산악인들의 등반 기술의 향상이나 국가적인 보호 활동이라는 전문적인 목적에서 이루어졌다면, 1990년대 이후부터 '백두대간 종주'라는 새로운 등산 문화가 확산되면서 백두대간을 이용하는 목적이 개인화되고 다양해졌다.

9) 오구균. "백두대간 마루금 종주권과 국립공원 능선부 고산생태계 보호", 국립공원 내 백두대간 보전과 이용에 관한 협의체 워크숍 자료.

10) 조우. "백두대간(갈등워크숍)", 국립공원 내 백두대간 보전과 이용에 관한 협의체 워크숍 자료. / 권태호(2004). 숲탐방 활동에 의한 숲길 훼손실태 및 정비방안.

표 3 백두대간 마루금 및 통제구간 현황

구분	공원명	계		개방구간		비개방구간		통제구간 현황 및 연장(km)
		노선명	연장(km)	노선수	연장(km)	노선수	연장(km)	
7개 국립 공원	계	36	250.8	25	170.9	11	79.9	
	설악산	9	41.48	4	18.24	5	23.6	대관령~미시령(5.5) 미시령~마등령(7.5) 희운각~대청봉(2) 한계령~점봉산(7.5) 단목령~875 고지(1.1)
	오대산	3	26.1	1	12.3	2	13.8	두로봉~2110 고지 인근 공원경계(5.1) 노인봉~매봉(8.7)
	소백산	5	48.0	5	48.0			
	월악산	4	32.6	3	11.8	1	20.8	마골치~벌재(20.8)
	속리산	5	32.7	2	11.0	3	21.7	문장대~밤치(4.5) 밤치~늘재공원 인근 경계(2.3) 밀치~악휘봉(14.9)
	덕유산	3	27.4	3	27.4			
	지리산	7	42.2	7	42.2			

여기서 문제는, 백두대간 종주를 목적으로 비개방구간을 불법으로 출입하는 등산객들이 늘어나면서 보호지역 출입행위에 대해 벌금을 물리는 등 국립공원 측이 엄중하게 관리를 함으로써 탐방객과 마찰이 생겨 산악단체 등의 불만이 커지고 백두대간과 연계한 관광산업을 추진하는 지방자치단체마저도 보호지역의 개방을 요구하고 있다는 점이다. 이러한 상황은 포괄적으로 '자연환경의 보전'과 '이용'이라는 두 가치가 충돌하는 현상이라고 볼 수 있다. 또한 세부적으로 국립공원 내 백두대간의 보전가치와 종주 산행 문화, 지역경제 활성화 및 주민 생존권 등 경제적 이해, 백두대간의 현재적 이용과 보전의 미래 가치 등이 충돌함으로서 다양한 갈등이 야기되는 상황으로 생각할 수 있다. 이 내용은 갈등을 쟁점별로 분석하는 다음 단계에서 보다 자세히 논의하기로 한다.

또한 등산 인파가 증가하면서 이정표 등이 훼손되거나 위험지역의 로프 등 안전시설들이 노후 · 훼손되면서 안전 등에 대한 민원도 계속해서 제기되고 있어서 벌금 등으로 단속을 하고 있으나, 단속의 실효성을 담보할 수 있는 방법이 여전히 마련되고 있지 않다. 이는 보호지역을 다루는 관리주체 및 이해관계자 간의 업무 및 기능에 대한 인식의 차이가 존재하기 때문이다. 그런데 이러한 차이를 해소할 기준이 되는 관련법들 간에도 충돌이 일어날 가능성이 존재하며, 이에 대한 종합적인 분석 자료마저도 부족한 상태라서 백두대간의 보전과 이용을 둘러싼 이해관계자 간 이견 및 대립이 표출되는 상황을 실질적으로 해결할 만한 역량이 부족하다는 문제점도 존재한다.

3) 지역별 갈등 전개 사례

(1) 속리산 국립공원 대야산 구간

속리산 국립공원의 북동부 백두대간 마루금에 위치하고 있는 대야산(해발 931m)은 급경사 바위가 많은 위험 지역이어서 정규적인 탐방로가 없는데도 불구하고, 전문 산악인이나 소수의 백두대간 종주인들이 이 구간을 불법적으로 이용하고 있었다. 그런데 2000년에는 문경시에서 공원구역 외부에 대규모 주차장을 만들어 관광객들을 유치하고자 힘을 썼고, 2002년에는 산림청에서 이 산을 한국의 100대 명산으로 지정하기에 이르렀다. 그래서 주변 지역의 산악회원뿐만 아니라 단체로 모여 온 일반 산행객들까지도 그 구간을 탐방하는 상황이기에, 이러한 불법적인 탐방을 막기 위해서 속리산 사무소에서 통제 안내판을 설치하고 이에 위반하는 불법 행위를 단속하고 있다. 그러나 관리 인력 부족 등으로 인해 단속을 지속적으로 하지 못하는 상황이라서 현실적으로는 불법 탐방객들을 완벽하게 막지 못하고 있다.

또한 주변 관광 자원을 이용해 생계를 이어나가길 원하는 지역 주민들의 민원이 이어지고 있다. 특히 문경시와 용추계곡 상가 주민들은 현재의 단속활동을 중지할 것과 비개방구간을 개방하여 법정 탐방로로 지정해 줄 것을 계속 요구하고 있어서, 주민들과의 충돌을 감수하면서까지 더욱 적극적으로 이 지역을 관리하는 것도 어려운 상황이다.

물론 국립공원관리공단의 입장에서 주민들이나 산행객들의 탐방 수요가 급격하게 늘어난다면 새로운 탐방로 개설 등으로 이에 능동적으로 대처할 필요가 있다. 하지만 공단 측은 무조건적으로 탐방로를 개방하기 보다는 먼저 국립공원 내의 비개방구간이 왜 필요한지, 어떤 구간을 비개방구간으로 할 것인지 등에 대해 주민들 또는 지방자치단체와 공통적인 인식을 가져야 한다고 생각하고 있기 때문에 주민들의 요구에 빠르게 대응하지 못하여 갈등이 계속 생겨나는 것이다. 또한 보호지역 내의 안전시설 설치 문제, 문경시와의 공동 관리체계 구축 문제 등을 해결하는 과정에서도 갈등이 일어날 가능성이 크다.

표 4 속리산 백두대간 세부구간 현황

구간명	연장(km)	개방/출입금지 여부	비고
천왕봉~문장대	3.90	개방	총연장: 32.7km -개방: 11km -비개방: 21.7km
형제봉~천왕봉	7.10	개방	
문장대~밤치(밤티재)	4.50	출입금지	
밤치(밤티재)~늘재 인근 공원경계	2.30	출입금지	
밀치~대야산~장성봉~악휘봉	14.90	출입금지	

그림 3 훼손유형 위치[11]: 밤티재~늘재(총 거리: 2.5km)

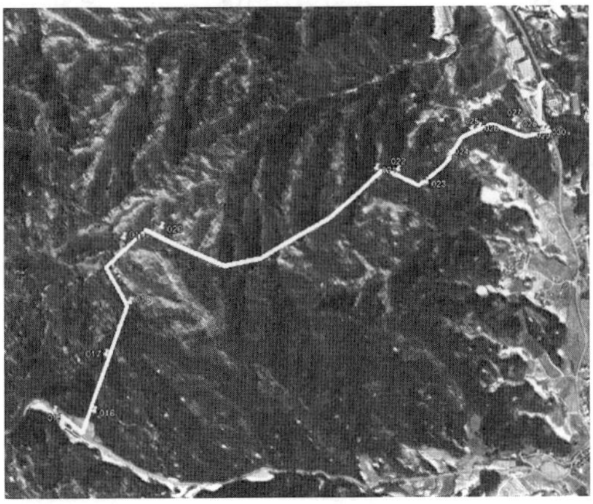

- 날짜:
  2010년 12월 4일(토)~5일(일), 1박 2일
- 구간:
  - 화령재~비재~피앗재(약 15km)
  - 밤티재~늘재(약 2.5km)
- 참석자:
  - 중앙 '백두야': 김동섭
  - 충북 '백두야': 김웅식(대장), 김정자, 김상일, 류진호
  - 사무처: 이수용(단장), 유영민, 채정원

(2) 설악산 국립공원 점봉산 ~ 단목령 구간

2011년 1월 10일에 국립공원계획이 변경됨에 따라서 점봉산~단목령 구간이 설악산 국립공원구역으로 편입되었다. 그래서 국립공원관리공단은 탐방객 수요가 늘어날 것을 예상하여 탐방로를 새로이 개방하되, 일률적으로 전 구간을 공개하지 않고 사전예약제나 총량제 등을 도입하여 탄력적으로 개방구간을 선정하는 방식을 추진하고 있다. 이

11) 유영민. "백두대간 현황과 종주 영향", 국립공원 내 백두대간 보전과 이용에 관한 협의체 워크숍 자료. / '생명의 숲 - 백두대간보전네트워크'에서 실시한 3차 모니터링 결과 보고서의 내용의 일부.

렇게 탐방객이 급증하는 것에 적극적으로 대처하려는 공단 측과는 달리 산림청에서는 이 구간이 산림유전자보호구역[12]으로 지정되어 있는 곳이라고 하여 새로운 탐방로를 개설하는 것을 반대하고 있다. 사전예약제 등을 수행하기 위해서는 탐방지원센터나 매표소 시설 등이 들어서야 하는데, 이는 산림유전자원보호림 구역 안에서는 허용될 수 없는 행위이기 때문에 기존의 탐방로만을 이용하라는 것이다.

이처럼 주민과 정부 또는 공공기관 간이 아닌 유관기관 간에서도 각 기관의 입장에 따라 갈등이 발생할 수 있다.

표 5 보호 지역 관리 현황[13]

(단위: 개소, ha)

보호지역 · 지구 명	개소	면적	근거 법	관리청
계(11개 종류)		227,410		
자연생태계보전지역	2	2,522	자연환경보전법	환경부
조수보호구	6	14,722	야생동 · 식물보호법	환경부
열목어서식지	1	21	자연환경보전법	환경부
자연공원(국립공원) (도립 · 군립공원)	7 (2)	126,934 (777)	자연공원법	환경부
문화재보호구역	21	29,973	문화재보호법	문화재청
산림유전자원보호림	44	8,109	산림법	산림청
자연휴양림지구	15	22,468	산림법	산림청
보안림	15	1,622	산림법	산림청
시험림	1	8	산림법	산림청
산지전용제한지역	69	20,254	산지관리법	산림청

* 일부지역은 면적이 중복되며, 법정보호지역 외에 사방지(10ha), 유네스코 지정 설악산생물권보전지역(39,349ha) 등이 있음.

12) 산림유전자원보호림이란 산림 내 식물의 유전자와 종 또는 산림생태계 등을 보전하기 위하여 법률로 지정하여 보호 · 관리하는 보호림이다. 원시림과 고산식물지대, 희귀식물 자생지, 유용식물 원생지, 산림습지, 자연생태계 보전지역 등이 지정 대상이다. 2005년 8월 '산림자원의 조성 및 관리에 관한 법률'이 제정되어 산림유전자원보호림의 지정 등을 규정하고 있다(47조). 이에 따르면, 시 · 도지사 또는 지방 산림관리청장이 '산림 내 식물의 유전자와 종 또는 산림생태계의 보전을 위하여 보호 · 관리가 필요한 산림'을 산림유전자원보호림으로 지정할 수 있고, 지정한 때에는 그 목적대로 보호 · 관리하도록 노력하여야 하며, 필요한 경우에 관리인을 지정할 수 있다.

13) 이중효. "백두대간 발표자료", 국립공원 내 백두대간 보전과 이용에 관한 협의체 워크숍 자료.

Ⅲ. 갈등 구조 및 쟁점

1. 갈등 조정 프로세스를 중심으로 한 분석 – 갈등영향분석을 토대로

1) 갈등영향분석의 의의

앞에서 제시한 사례에서 볼 수 있듯이 백두대간 보호구역과 관련된 갈등 문제는 다양한 이해관계자들이 얽혀 있는 구조이기 때문에, 현재 갈등의 배경과 그 원인, 이해관계자의 입장과 이해관계, 핵심 쟁점 등에 대해 보다 체계적인 분석이 필요하다. 그래서 갈등영향분석을 수행하여 이해관계자와의 심층적인 면담을 통해 갈등 요인들을 확인하고 합의 가능성을 분석하다 보면, 다양한 이해관계의 우선순위에 따라서 상대적으로 우선순위가 낮은 쟁점의 조정이 가능할 수 있어서 사회적 합의를 도출하는 데 도움이 될 수 있다. 또한 현재의 상황을 갈등으로 인식하고 있는지 등의 질문에 대해 이해관계자에 따라 의견이 다르다는 점도 분석 서면에 포함시키면, 면담 결과를 분석하는 과정에서 합의 가능한 쟁점을 파악하는 데에도 적지 않은 도움이 되기 때문이다(신창현, 2005; 141).

2) 갈등영향분석의 세부적 과정[14)]

국립공원관리공단은 백두대간 보호지역관련 갈등 해소방안을 모색하기 위하여 전문기관인 사단법인 갈등해소센터에 갈등영향분석을 의뢰하였고, 그 결과로 60일에 걸쳐 수행된 갈등영향분석 과정을 구체적으로 살펴보고자 한다.

먼저 갈등영향분석의 제1단계로서 이해관계자 면담을 준비하기 위해 갈등해소센터에서는 이해당사자 분석 팀을 꾸려 갈등 내용에 대한 사전 조사로서 신문기사 수집, 주관기관 관련자 면담 등을 시행했다. 이 조사 결과를 토대로 분석 주관기관인 국립공원관리공단이 제공한 이해관계자 명단과 합쳐 1차 심층 면담 대상자를 선정하였다. 그리고 1차 심층 면담 대상자 면담과정에서 추천받은 사람 또는 단체 중에서 새롭게 밝혀진 이해관계자들을 추가하여 2차 심층 면담 대상자를 선정하였다.

이렇게 면담 대상자로 선정된 이들에게 갈등영향분석에 대한 배경, 내용과 목적, 절차 등을 설명하고, 중립적인 분석 팀원들의 이력이 포함된 협조 공문을 발신하고 그 수신 여부를 확인하면 준비 과정이 마무리되는 것이다.

14) 국립공원공단 보고서(2011), “국립공원 내 백두대간 보호지역관련 갈등영향분석”을 참조하였다.

표 6 심층 면담 대상자

그 룹		면담 대상자 수
이해 관계자	국립공원관리공단 본부	4
	국립공원관리공단 지방사무소	9
	환경부	1
	산림청	3
	환경단체	6
	산악단체	4
	지자체	3
	지역주민	4
	전문가	6
합 계		40

다음으로 중립적인 면담 주관자가 작성해 둔 질문을 토대로 이해관계자 면담을 진행하는 것이 2단계이다. 미리 인터뷰 일정을 조정하여 이해관계자들과 심층 면담을 진행하되, 가급적으로 일대일 직접 면담을 원칙으로 하였다. 상황에 따라서는 팀 별로 면담을 진행한 경우도 있었으며, 불가피한 때에는 전화로 면담을 진행하기도 했다. 최소

표 7 심층 면담 질문지 개요

국립공원 내 백두대간 보호지역 관련 심층 면담 주제
* 아래 질문 주제의 순서는 상황에 따라 바뀔 수 있고, 추가 질문도 자유롭게 나올 수 있습니다.
1. 국립공원 내 백두대간 보호지역(출입금지구역) 운영과 관련하여 귀하/기관은 어떤 일을 해 왔나요?
2. 국립공원 내 백두대간 보호지역 운영에 대한 입장은 무엇인가요? 귀하께서 제일 중요하게 생각하시는 이슈나 문제점은 무엇인가요?
3. 귀하는 백두대간 종주에 대해서 어떻게 보시는지요?
4. 귀하는 백두대간 보존에 대해서 어떻게 생각하시는지요?
5. 귀하는 백두대간 보존과 이용을 동시에 충족하는 방안에 대하여 어떻게 생각하시는지요?
6. 귀하는 협상이나 합의 형성 절차를 통한 문제 해결에 대하여 어떻게 생각하시는지요?
8. 귀하께서 심층 면담 및 최종보고서에 가지는, 혹은 거는 기대는 어떤 것인지요?
9. 추가적으로 면담 대상을 더 소개하신다면 무엇인지요? 결론적으로 강조하고 싶은 것은 무엇인지요?

30분에서 최대 2시간까지 면담을 진행하면서, 미리 정해진 기준에 벗어나지 않도록 유의하였다.

그리고 수행된 면담 결과를 분석하는 단계가 3단계이다. 이 과정에서 이해관계자 별로 쟁점의 우선순위를 정리할 수 있으며, 합의의 가능성이나 장애요인 등을 자세히 파악할 수 있다. 보다 상세한 내용은 다음에 나오는 쟁점별 분석에서 다루도록 한다.

이렇게 파악된 내용에 따라 합의절차를 어떻게 진행할 것인지를 분석 팀에서 제안하여 구체적으로 그 절차를 설계하는 과정이 4단계이다. 그리고 마지막으로 갈등영향분석 보고서를 작성하여 제출하는 것이 5단계이다. 먼저 심층면담 분석결과를 바탕으로 보고서 초안을 만들고, 그 보고서 내용에 이해당사자들의 의견이 제대로 반영되었는지를 서면으로 이해당사자에게 보내거나 그들이 직접 회람할 수 있도록 한다. 이렇게 초안에 대한 의견이 수렴되고 나면, 보고서 초안을 수정하는 작업을 거쳐 최종적으로 보고서를 제출하는 것이다. 결국 이해당사자들이 볼 수 있는 보고서에 이해당사자들의 범위를 파악할 수 있고 합의체의 목적, 의제 및 절차의 세부적인 내용이 기술되어 있다면, 향후에 진행될 합의절차의 운영 및 실행에 관하여 구체적으로 논의를 할 수 있다는 장점이 있다. 이 두 단계도 합의형성 절차설계로 갈등을 해결하는 부분에서 구체적으로 기술하겠다.

2. 갈등 쟁점을 중심으로 한 분석

1) 갈등 쟁점의 전반적 정리

심층 면담을 거쳐 백두대간과 관련된 이해관계자의 범위는 환경부, 국립공원관리공단(이하 공단), 산림청, 산악단체, 환경단체, 지방자치단체(이하 지자체), 전문가로 구성하는 것이 합리적이라는 결론에 이르렀다. 이러한 이해관계자 간의 갈등은 구체적으로 무엇이며, 그 원인이 무엇인지 갈등영향분석결과를 토대로 정리해 보면 다음과 같다.[15)]

15) 국립공원공단 보고서(2011), "국립공원 내 백두대간 보호지역관련 갈등영향분석"을 참조하였다.

표 8 백두대간 비개방구간에 대한 이해관계자 갈등의 성격 및 원인

구분	원인	성격
공단	- 생태 가치를 경시하는 종주 문화 - 지자체/산림청/환경부 간 관리지침 차이 - 비개방구간에 대한 국민 공감대 부족	- 가치 - 부처 간 기능/관할권
환경부		
산림청	- 환경부(공단)의 보전 우선주의 - 환경부(공단)와 협력 부족	- 가치 - 부처 간 기능
산악단체	- 환경부(공단)의 일방적 보전 우선주의	- 가치
지자체/주민	- 지역경제 발전 제약/주민 재산권 제약	- 경제적 이해
환경단체	- 생태 가치를 훼손하는 종주 문화 - 산림청, 환경부(공단) 기능 차이 및 협력 부재 - 백두대간 보호와 이용을 위한 탐방기준에 대한 사회적 합의 부족 - 환경부(공단)의 보전 의지 미흡	- 가치 - 부처 간 기능 - 법/제도
전문가	- 종주 문화의 합리성 결여 - 산림청, 환경부(공단) 기능 차이 및 협력 부재 - 백두대간 보호에 관한 예산 및 정책 의지 부족	- 가치 - 부처 간 기능 - 법/제도

그리고 아래에서 이러한 다양한 갈등 쟁점들을 법 및 제도 또는 부처 간 기능과 관련된 내용, 경제적 이해와 관련된 내용, 가치관 및 종주산행 문화와 관련된 내용으로 크게 재분류하여 보다 구체적으로 살펴본다.

2) 갈등 쟁점의 구체적인 내용

(1) 가치관 및 종주산행 문화와 관련된 갈등

백두대간 종주산행이 정당한지에 대한 가치 및 백두대간 보전 및 이용 원칙에 관한 가치에 대한 갈등은 모든 이해관계자들 간에 존재하고 있어, 이 사안에서 핵심적인 내용이라 할 수 있다.

먼저 공단과 환경부, 환경단체, 일부 전문가들은 백두대간 마루금이 한반도의 핵심 생태 축이라는 중요한 역할을 하고 있기 때문에, 이곳이 훼손되는 것을 막기 위해 사적인 탐방을 자제해야 한다는 '자연 보전'의 가치 또는 철학[16]을 강조하고 있다.

16) 백두대간보호에 관한 법률 제1조에서 이 법의 입법 목적은 백두대간의 무분별한 개발행위로 인한 훼손을 방지하고, 국토를 건전하게 보전하고, 쾌적한 자연환경을 조성하는 것에 있다고 밝히고 있다. 즉 백두대간, 그리고 넓게는 국토의 보전을 최우선의 가치로 삼고 있는 것이다. 또한 산림청장이 환경부 장관과 협의하여 수립하는 기본계획에도 백두대간의 보호에 관한 기본방향을 설정하게 함으로써 백두대간의 보전이라는 목적을 달성하도록 요구하고 있다.

표 9 백두대간 종주와 보호에 대한 이해관계자별 입장

구분	종주에 대한 입장	비고	보호에 대한 입장	비고
공단	반대	마루금 훼손 우려	찬성	한반도 핵심 생태 축
환경부	반대	마루금 훼손 우려	찬성	한반도 핵심 생태 축
산림청	찬성	국민 권리	제한적 찬성	보호와 이용 조화
산악단체	찬성	국민 권리	제한적 찬성	보호와 이용 조화
지자체/주민	찬성	국민 권리	제한적 찬성	보호와 이용 조화
환경단체	반대 /조건부 검토	마루금 훼손 우려 /통제의 현실성 고려	찬성	한반도 핵심 생태 축
전문가	조건부 찬성	보전과 국민 권리 조화	찬성	한반도 핵심 생태 축

그림 4 숲길 훼손 등 백두대간 훼손 유형의 구체적인 사례[17)]

GPS좌표	N36 12 538, E128 00 691 외 다수		
훼손현황	고도		334m
	원인자		민간
	현재활용		사용 중
	면적	규모	선(다수 발견)
		강도	강(노폭 1.5m 이상, 노심 15cm 이상)
	훼손원인		등산객에 의한 숲길 훼손
	훼손형태		뿌리 노출, 세굴, 토양침식
	훼손양태		지형훼손, 식생훼손
	훼손영향		침식, 세굴 현상의 심화 우려
복원	가능성		지형복원, 복토 등의 과정을 통해 물리적 안정 및 식생도입 가능(Ⅰ)
	시급성		적절한 공법 및 방안 마련이 필요하며, 2차 피해 발생이 우려됨(Ⅱ)

그러나 산림청, 산악단체, 지자체 및 지역 주민들은, 백두대간 종주산행은 국민의 기본적인 권리 중 하나이기 때문에 개인적인 욕구를 충족하기 위하여 산행을 하는 것을 막을 수 없다고 주장한다. 일례로 면담 중 산악단체 측에서 백두대간 종주의 문제점을 든 내용을 참조하면 아래와 같다.

■ 백두대간 종주와 문제점

물줄기의 흐름이 도중에 끊어지지 않는 것 같이 산줄기도 강이나 바다 즉 물을 만날 때까지는 끊어지지 않고 이어진다. 그래서 백두대간 종주는 지리산 천왕봉 또는 남해대교 북단에서 진부령까지 이어간다. 그런데 국립공원관리공단은 그 중 일부 구간을 특별보호구 또는 비법정탐방로라고 출입을 막고 이를 위반하면 과태료를 부과한다. 특별보호구나 비법정탐방로를 빼고 간다면 백두대간은 완주할 수 없다. 그래서 백두대간을 종주하는 사람들은 과태료를 물 것을 각오하고 불법 출입을 하게 된다. 이들의 주장은 이렇다.

– 능선의 마루금은 길이다.

이어지는 능선의 마루금은 사람과 짐승이 같이 사용하는 길이다. 남한의 30km이상 산줄기 2/3를 다녀본 결과 모든 능선에는 길이 있다. 오랜 동안 통행이 없어 길 흔적이 희미한 곳도 있고, 나뭇가지가 뒤엉켜 있지만 그 아래에 길 흔적이 보이는 곳도 있다. 우리 선조들이 이동수단으로 사용했고 그 흔적이 주요 고개에 돌무덤으로 남아있다. 이 길이 지금은 이동수단이 아닌 여가수단으로 이용되고 있고, 짐승들은 예나 지금이나 이동수단으로 이용한다. 경부고속도로가 찻길의 대표 격이라면 백두대간 마루금은 걷는 길의 대표 격이다. 골목길도 아닌 큰 길을 막는다면 막는 자와 걷는 자의 갈등은 불을 보듯 뻔하다.

– 백두대간 종주는 애국의 체험 현장이다.

백두대간 종주는 나라사랑, 국토사랑을 체험으로 느끼는 애국의 현장이다. 계속 이어간다면 두 달을 쉬지 않고 가야하고, 하루에 7~10시간 동안 평균 20km씩 걷는다면 35회 내외를 가야하며 한 달에 두 번씩 빠짐없이 간다고 치면 1년 반이 걸리는 대장정이다. 그래서 종주를 마친 사람은 누구나 자연을 사랑하고 우리의 국토를 자랑스럽게 여기는 애국자가 된다. 그래서 뜻있는 사람들은 초등학생이나 중학생인 아들 · 딸을 데리고 백두대간을 종주하기도 한다. 이런 사람들을 보고 국민들은 모두들 박수치며 환호하는데 나라는 아버지뿐만 아니라 철모르고 따라간 아들 · 딸 까지도 범법자로 몰아 부친다. 국가가 이들에게 상을 주지는 못 할망정 벌을 내려서야 되겠는가? (이하 생략)

17) 유영민. "백두대간 현황과 종주 영향", 국립공원 내 백두대간 보전과 이용에 관한 협의체 워크숍 자료.

물론 이들도 다른 이해관계자들과 공통적으로 자연을 보전해야 하는 당위성이 존재한다는 점을 인식하고는 있다. 하지만 자연을 보전하는 것과 이용하는 것이 조화될 수 있다는 가치관 또는 철학을 가지고 있기 때문에, 인간의 적절한 개입을 배제하는 보전은 현실적이지 않다고 생각할 수 있다.

사실 백두대간보호에 관한 법률을 처음으로 제정할 당시(2004.5.12)에 '백두대간 보호지역 지정 원칙과 기준'에서 제시한 보호에 대한 원칙이 있음에도 불구하고 이를 산림청이나 공단에서 적극적으로 환기하지 못하고 있다. 이처럼 서로가 지닌 철학의 차이를 좁히지도 못하면서, 백두대간의 보전 및 이용에 관한 기본 원칙이 사회적으로 충분히 논의되지 않은 상황에서는 현재와 같은 갈등을 해소하기가 어려울 것이다.

그림 5 출입금지 등 현황[18)]

(2) 경제적 이해와 관련된 갈등

다음으로는 현실적인 문제로서 경제적 이해관계를 둘러싸고 공단 측과 지자체 및 지역주민들 간의 갈등이 존재한다.

산악단체에서 주장하는 국민의 권리와 달리 지자체나 지역주민들은 지역 발전으로 인한 경제적 재산권 및 주민의 생존권을 권리로 생각한다. 어떤 지역이 백두대간 보호지역으로 지정되게 되면, 그 근방에서 고로쇠를 채취하는 식으로 자연자원을 이용해서 생계를 이어나가는 주민들은 자원보호가 가능하기 때문에 개방구간을 늘리지 않기를 원할 수도 있다. 그러나 이와는 반대로 숙박업이나 식료업 등 장사를 하고 있던 지역주민들은 부수적인 수입을 늘릴 수 있기 때문에 보호지역 주변의 관광지 개발을 주장

18) 조우. "백두대간(갈등워크숍)", 국립공원 내 백두대간 보전과 이용에 관한 협의체 워크숍 자료. 출입 금지 표지판에도 불구하고 등산객들은 불법 출입을 계속 하고 있으며, 과태료 스티커를 발부 받아도 종주를 멈추지 않는 산악회원들이 많다는 조사 결과가 있다.

할 것이다. 지자체 역시 개발로 인한 관광 수입을 얻을 수 있기 때문에 비개방구간보다는 개방구간을 늘려서 관광 또는 탐방 수요를 증진시키는 것을 원하고 있다. 하지만 공단이나 산림청 측에서는 자연 보전을 위해 비개방구간을 무조건적으로 개방하지 못하도록 하고 있으며, 보호지역 내에서 자원보호와 관련되지 않은 시설을 짓지 못하도록 단속하고 있기 때문에 이해관계자들 간에 갈등이 지속되는 것이다.

그림 6 관광 또는 휴양지 개발의 사례[19]

(3) 법 및 제도 또는 부처 간 기능과 관련된 갈등

마지막으로 위에서 언급한 여러 갈등 상황을 관리하고 판단하는 기준이 되는 법 및 제도에도 부족한 측면이 존재한다. 먼저 「백두대간 보호에 관한 법률」에 따르면 동법은 환경부와 환경부 장관, 그리고 농림수산식품부에 소속하고 있는 산림청이라는 두 기관 간의 협의를 통해 입법 목적을 달성하도록 하고 있다.[20] 그러나 법률상 상위 기관인 환경부와 환경부 장관은 백두대간 보호에 관한 원칙과 기준을 정하는 소극적인 역할을 담당하고 있을 뿐이며, 법률 집행에 관한 업무와 역할은 산림청이 담당하는 이원적인 구조로 되어 있다. 게다가 산림청장이 수립하게 되어 있는 기본 계획이 비록 환경부장관과 협의를 통해 수립되더라도, 사후적으로 백두대간 보호를 위한 원칙과 기준에 합당하게 수립되었는지 평가 또는 심사할 수 있도록 환경부장관의 권한이 설정되어야 하는데 그렇지 못하다. 따라서 기관 간 위계구조가 불분명하게 설계되어 있고 환경부 장

19) 조우. "백두대간(갈등워크숍)", 국립공원 내 백두대간 보전과 이용에 관한 협의체 워크숍 자료.

20) 백두대간 보전이라는 입법목적을 달성하기 위하여 환경부와 환경부장관은 백두대간 보호에 관련한 원칙과 기준을 정하도록 동 법에 규정되어 있으며(제4조1항), 환경부장관이 정한 원칙과 기준에 따라 산림청장은 환경부장관과 협의하여 10년마다 기본 계획을 수립하도록 하고 있다(제4조4항).

관의 실질적인 권한이 불명확하게 설정되어 있어서, 환경부와 산림청 간의 협력적 관계가 확립되지 못하고 오히려 이들이 대립하는 상황으로 나아가고 있다.

그림 7 산림청의 백두대간 등산로 정비 매뉴얼 등[21)]

또한 국립공원의 보전과 관리를 둘러싸고 법령의 충돌에 의해 갈등이 일어날 수 있다. 일례로 국립공원구역 내일지라도 산림청은 「산림보호법」 제7조제1항제5호에 따라 산림유전자원의 보호 등을 위하여 필요한 행위를 환경부 또는 공단에게 사전 통보만으로도 할 수 있다. 이는 국유림에 대한 토지소유권을 갖고 있는 산림청과 국립공원의 관리권을 갖고 있는 환경부 및 공단 간의 법률상 관할권이 충돌하는 상황[22)]이라 할 것이다.

그림 8 안내판 사례[23)]

21) 이렇게 산림청이 제작한 백두대간 CI와 등산로 관리매뉴얼이 있음에도 불구하고 제대로 활용되고 있지 못한 상황이다. 조우. "백두대간(갈등워크숍)", 국립공원 내 백두대간 보전과 이용에 관한 협의체 워크숍 자료.

22) 상위법인 자연공원법에 명시되어 있는 환경부와 국립공원관리공단의 관할권이 오히려 하위법인 자연공원법 시행령 제14조제2항에 의해 제약받는 상황이라는 의미이다.

23) 백두대간 등산로 안내 표시판이 각각인 것의 예이다. 이처럼 관리청과 지자체 간의 협의가 필요한 사항이 많다. 조우. "백두대간(갈등워크숍)", 국립공원 내 백두대간 보전과 이용에 관한 협의체 워크숍 자료.

덧붙여 「산림문화 · 휴양에 관한 법」 제22조3에 의해 등산 · 트레킹 · 산악레저스포츠 · 탐방 및 휴양 · 치유 등의 활동을 증진하기 위하여 제22조2에 따른 숲길의 종류별로 전국 산림에 대한 숲길의 조성 · 관리 기본계획을 산림청장이 10년마다 수립하도록 하고 있다. 이때 동법 제22조3 4항에 따라 자연공원법에 해당하는 국립공원을 포함하는 자연공원에 해당하는 산림은 숲길기본계획에서 제외하여야 하는데, 현재 산림청에서 추진하고 있는 '국가등산로 계획'[24]은 자연공원법에 해당하는 국립공원지역 내의 비개방탐방로까지 포함하고자 하고 있다. 그래서 환경부, 공단 및 관련 환경단체 등과 산림청 사이에서 갈등이 일어날 가능성이 있는 것이다.

마지막으로 국립공원관리 기준에 대한 국민적 공감대가 부족한 것도 제도적 측면의 갈등 가능성을 드러내는 문제로 볼 수 있다. 현재 우리나라에는 총 20개의 국립공원[25]이 지정되어 있는데, 앞서 설명한 것처럼 주 5일제 정착, 웰빙 문화 및 등산 문화의 확산과 더불어 국립공원 입장료 폐지정책 등으로 국립공원을 이용하려는 국민들이 급증하고 있다. 이러다 보니 국립공원 지정의 근본 목적인 자연생태환경 보전이라는 가치를 지키면서 동시에 국제적인 관리기준에 의해 국립공원을 체계적으로 관리하려는 환경부와 공단 측에서는 이러한 부분에 대해 미리 국민적인 공감을 얻어야 할 필요가 있다.

여기서 말하는 국제적인 기준은 'IUCN[26]의 관리체계'를 의미하는데, IUCN은 2004년 2월에 열린 생물다양성에 관한 제7차 주요당사자국회의에서 'IUCN 보호지역 카테고리 시스템'을 공식적으로 채택하였다. 이 카테고리 시스템은 나라마다 다른 다양한 보호지역 명칭으로 인한 혼란의 방지와 각기 다른 목적을 지닌 보호지역 유형의 정리, 통합적인 보호지역 시스템 구축, 국제적 이해와 교류 증진 등을 목적으로 하고 있다. 본래 우리나라의 20개 국립공원 지역은 카테고리 V로 분류되어 있었으나, 공단 측에서는 국립공원 지역의 관리목적이 그와는 다르다고 판단했다. 그래서 2007년부터 IUCN의 현장 실사를 단계적으로 거쳐서 내장산, 변산반도, 치악산, 가야산, 한라산 국

---

24) 산림문화 · 휴양에 관한 법 제22조3에 의해 산림청장은 등산 · 트레킹 · 산악레저스포츠 · 탐방 및 휴양 · 치유 등의 활동을 증진하기 위하여 제22조2에 따른 숲길의 종류별로 전국 산림에 대한 숲길의 조성 · 관리 기본계획을 10년마다 수립하도록 하고 있다. 단, 동법 제22조3의 4항에서 자연공원법에 따른 국립공원을 포함하는 자연공원에 해당하는 산림은 숲길기본계획에서 제외하고 있다.

25) 16개의 산악형 국립공원(지리산, 설악산, 치악산, 한라산, 오대산, 속리산, 가야산, 계룡산, 내장산, 덕유산, 주왕산, 북한산, 월악산, 소백산, 월출산, 변산반도), 3개의 해상 · 해안형 국립공원(한려해상, 태안해안, 다도해해상), 1개의 사적형 국립공원(경주)이 있다.

26) 1948년에 창설된 국제자연보호연맹(International Union for Conservation of Nature, IUCN)은 82개의 국가, 114개의 정부기관 및 836개의 NGO 연합체의 형태인데, 세계 각 지역의 자연현상과 생물 다양성 보전을 위한 독려와 협조 및 자연자원의 균형적 이용을 도모하는 것을 목적으로 한다.

립공원 등 총 15개 국립공원 지역이 카테고리 Ⅱ로 승격 인증을 받아 관리되고 있다.[27]

하지만 그 과정에서 국제적 관리기준이 무엇인지 널리 홍보하고 설명한다든지, 공원구역의 자원이나 문화 자원을 대상으로 기타 교육을 한다든지, 공원 지정에 대비해 적절한 서비스 시설을 갖추는 등의 노력을 충분히 하지 못했다. 그래서 국립공원의 지정 목적 및 보전에 대하여 주민들이 공단 등과 동일하게 인식하거나 이해하지 못하였고, 결국 '엄정한 자원보전과 지속가능한 이용'이라는 중요한 의미를 내포하고 있는 이 기준이 정부 측의 자의적인 기준이라는 식으로 인식되어 버리면서 관련 정책 및 사업을 주민들이 수용하지 못해 갈등이 심화되는 것이다.

3. 쟁점 관련 집단과 각각의 입장 분석

백두대간 보호지역인 비개방구간을 둘러싼 이해관계자 간 이견 및 갈등 해소를 위하여 이해관계자 간 입장 등을 분석해 보았다. 이 때 동일한 이해관계자 그룹 내에서도 의견이 다른 부분이 있다는 점까지 반영해서 이해관계자들을 종합적으로 이해해 보고자 하였다. 또한 심층 면담 결과를 토대로 그 중 다수 의견인지 그리고 갈등 해소 측면에서 차지하는 비중이 어떠한지를 고려하여, 갈등 해소 측면에 중요하다고 생각되는 주요 쟁점인 비개방구간에 대한 대안 모색, 사실관계에 관한 이견, 합의형성절차에 관한 내용을 살펴볼 필요가 있을 것이다.

1) 이해관계자 간 입장과 이해관계

직면한 문제를 해결하기 위해서 다양한 이해관계자끼리 폭넓은 대화를 진행하는 것도 중요하지만, 그 이해관계자들이 공식적으로 제기하는 주장 또는 입장(Position)과 특정 입장을 갖게 되는 근본적인 요인 또는 이해(Interest)를 구분할 필요도 있다. 근본적인 이해(Interest)를 파악하면, 이후 이해당사자 간의 대화나 협상을 시도하면서 갈등을 해소하려고 할 때에 실질적으로 도움이 되기 때문이다.

일단 백두대간 보호지역에 관하여 공단 등 이해관계자들의 입장은 개방 또는 제한적 탐방 아니면 비개방으로 나뉜다.

좀 더 상세히 살펴보면, 공단과 환경부는 백두대간 마루금을 한반도의 핵심 생태

27) 카테고리 시스템은 Ⅰ-a(학술적 엄정 보호구역), Ⅰ-b(원시야생지역), Ⅱ(국립공원), Ⅲ(자연기념물), Ⅳ(종 및 서식지관리지역), Ⅴ(육상, 해상 경관보호지역), Ⅵ(자원관리보호지역)으로 구성되어 있다. 국립공원연구소 정책연구부, "IUCN 카테고리 재분류 추진 현황 및 향후계획", 2005, P 2.

축으로서 보전하여 생태적 가치를 지키는 것을 우선으로 삼으면서도, 백두대간을 탐방하고자 하는 국민들의 욕구가 폭증하는 것에 적절히 대응할 수 있는 방법을 찾으려고 한다. 이는 산림청의 입장과 비슷해 보이지만, 산림청의 경우에는 백두대간의 보전 가치를 인정하되 등산로길 정비나 숲길 가꾸기 등의 사업을 통해 보전과 이용의 조화를 추진하기를 원한다. 오히려 산림청 측은 공단이 배타적인 행위를 하고 있다고 생각한다.

산악단체들은 종주인들의 탐방을 제한하는 행위는 보전을 명분으로 국민의 권리를 침해하는 것으로 생각하며, 사전 예약제 등을 통해 백두대간 마루금을 탄력적으로 이용할 수 있는 대안을 모색하는 데에 공단이나 환경부가 소극적이라고 비판한다.

지자체나 지역 주민의 경우에는 백두대간의 생태적 가치를 인정한다 해도, 재산권이나 생존권이라는 이해관계가 보다 중요하다. 이때 숙박업 등을 하는 주민이냐, 아니면 그 주변 지역에 거주하는 주민이냐에 따라 이해관계가 달라서 오히려 비개방구간의 단속을 강하게 원하는 주민이 있기도 하다.

환경단체나 전문가들은 대체로 지금과 같은 상황이라면 생태계가 훼손될 가능성이 크다고 인식하고 있다. 그래서 관련 기관들이 유기적으로 협조하면서 보다 실질적인 조치가 취해져야 백두대간의 효율적인 보전 및 이용이 이루어진다고 생각한다.

표 10 비개방구간에 대한 이해관계자 간 입장과 이해

구분	입장(Position)	이해(Interest)	비고
공단	제한적 탐방 검토	보전 원칙하 이용	조직 내 미세한 이견 존재
환경부	제한적 탐방 검토	보전 원칙하 이용	
산림청	제한적 탐방	보전과 이용 조화	- 필요구간 비개방 - 사전예약제 활용
산악단체	전면 개방	종주권 실현	
지자체	제한적 탐방	보전과 지역경제발전 조화	문경시 대상
주민	개방 / 제한적 탐방	경제적 이해	상가 주민 vs 고로쇠 채취 주민 간 차이
환경단체	비개방 / 제한적 탐방 검토	생태계 보전 / 사회적 합의	경미한 입장 차 존재
전문가	제한적 탐방	생태계 보전 / 종주권	경미한 입장 차 존재

2) 비개방구간에 대한 대안 모색

공단과 환경부는 비개방구간 중 일부 구간을 개방하거나 특정 지역에 한해 사전예약제를 도입하는 등의 대안을 검토하고 있으며, 다른 이해관계자들도 사전예약제와 같은 탄력적이고 제한적인 이용 방안에 찬성할 가능성이 크다.

그림 9 곰배령 사전 예약제[28)]

그러나 이러한 사전예약제 같은 대안을 폭넓게 시행하기 전에 전제 조건으로서 일정 정도의 예산 및 인력이 필요하다는 것과 국민들이 이에 자발적으로 협조할 수 있어야 실질적인 효과가 나올 수 있다는 점을 고려해 볼 필요가 있다. 또한 산림청이 현재 사전예약제로 운영하고 있는 울진 금강 소나무숲길 사례처럼 일단 비개방구간을 개방하게 되면 그 이후에 예상치 못한 부작용이 있더라도 이전으로 되돌릴 수 없다는 점 등도 현실적으로 인식하고 있어야 할 것이다.

그 외에도 둘레길 등 다양한 형태로 탐방 욕구를 분산시키자는 대안, 마루금 노선선정위원회 등을 구성하여 종주노선을 재구성하자는 대안, 지역 환경단체를 적극적으로 활용해서 훼손여부를 감시하자는 대안 등이 제시되기도 하였다.

3) 사실관계에 따른 이견

동일한 사실관계를 놓고서도 이해관계자 간의 정보의 불균형 등으로 인해 이견이 생기게 된다. 이러한 이견은 가치나 관점을 내포한 것이 아니기 때문에 사실관계에 대해 정확히 확인을 하지 않으면, 오히려 갈등을 발생시킬 수 있다. 그래서 이러한 문제

28) 2009년부터 산림청에서 곰배령 탐방예약 가이드제를 실시하고 있다. 이는 곰배령의 가치를 인식하고 환경 훼손 저감의 효과가 크다는 평가를 받고 있다. 조우. "백두대간(갈등워크숍)", 국립공원 내 백두대간 보전과 이용에 관한 협의체 워크숍 자료.

표 11 백두대간 비개방구간 이해관계자별 대안 모색

구분	입장	비고	
		가능성	장애물
공단	대안 검토	일부 구간 개방 및 특정 지역 사전예약제	- 인력/예산 - 국민 인식 부족
환경부			
산림청	대안 촉구	- 사전예약제 / 탐방 형태의 다양화 - 시민 / 주민 감시 등 참여 활동	
산악단체	대안 촉구	사전예약제	
지자체 / 주민	대안 촉구	사전예약제 / 자연휴식년제	
환경단체	대안 검토	- 사전예약제 - 시민 / 주민 감시 등 참여 활동	현실성
전문가	대안 검토	- 사전예약제 - 현실성 - 부처 간 비협조	대안적 종주 구간

를 해소하기 위하여 사실 확인(fact-finding) 작업을 거친다.

일반적으로 사실 확인이란 현재 진행 중인 분쟁이 가지고 있는 갈등의 요인이나 사실을 파악하기 위하여 갈등 당사자들이나 소속기관, 또는 사실 확인자(fact-finder)를 임명할 수 있는 권한을 가진 이가 객관적이고 중립적인 제 삼자에게 의뢰하는 확인 작업이다. 이때 사실 확인자들은 갈등의 해소를 위해 대안을 제시하거나 결정을 내리는 것이 원칙적으로는 금지되어 있지만, 분쟁의 요인들을 파악하고 평가하여 보고하거나 강제성을 띠지 않는 대안을 제시하여 차후에 있을 협상을 촉진시켜 줄 수도 있다(이선우, 2004; 58). 또한 보다 선진적인 기법으로 이해관계자들이 공동으로 사실관계를 확인하고 그 이견을 해소하는 공동 조사 기법(joint-fact-finding)을 활용할 수 있다.

사단법인 갈등해소센터가 사실 확인자로서 사실 확인 작업을 한 결과, 백두대간이 한반도의 핵심 생태 축으로서 보전이 필요하다는 점은 여러 이해관계자들이 공통적으로 인식하고 있으나, 이해관계자 내부에서 비개방구간의 생태적 가치를 객관적으로 공유하지 못하여 갈등이 증폭되고 있었다. 사실 「백두대간 보호에 관한 법률」이 제정된 이후에 백두대간에 대한 자원조사가 진행되었으나 그 조사 내용이 이해관계자 간에 공유가 되지 않았고, 종합적인 차원에서 자원보전 실태 및 훼손 여부가 정리되지 못하여 비생산적인 논쟁을 야기하고 있었기 때문이다. 그래서 환경부와 산림청이 조사해 왔던 백두대간 자원조사 현황 및 훼손 실태를 중심으로 백두대간의 생태적 가치에 대한 사실관계를 재확인하거나, 과학적 근거를 갖춘 조사를 추가적으로 진행하여 사실관계를 확인할 필요가 있다. 또한 백두대간 마루금 종주나 탐방에 대한 수요 조사 및 현재까지의 단속 현황, 종주 산행과 마루금 훼손 사이의 인과관계, 통제나 단속이 초래하는 부작용 등의 사실관계도 보다 정확하게 확인할 필요가 있다. 덧붙여 우리나라의 기존 사례 이외에도 외국의 자연유산에 대한 보전과 이용에 대한 사례 또한 객관적으로 확인하면 좋을 것이다.

표 12 사실관계를 둘러싼 이해관계자별 이견

구분	이슈
공단	백두대간의 객관적인 생태적 가치 / 종주에 따른 백두대간 훼손 여부
환경부	비개방구간의 생태적 보전 가치
산림청	비개방구간의 생태적 보전 가치
산악단체	비개방구간의 생태적 보전 가치 / 마루금 훼손의 원인
지자체 / 주민	비개방구간의 생태적 보전 가치
환경단체	- 마루금 종주 수요 / 비개방구간의 생태적 보전 가치 - 제한적 개방에 따른 백두대간 훼손 여부
전문가	제한적 개방에 따른 백두대간 훼손 여부

4) 다자간 합의형성절차의 활용

비록 국립공원 내 백두대간 비개방구간과 관련하여 이해관계자들 간에 철학이나 가치관의 차이, 이해의 차이 등이 존재한다 해도, 대부분의 당사자들이 대화를 통해 합의하여 문제를 해결하는 데에는 찬성하고 있다. 그러나 그 동안의 경험에 비추어볼 때 상대방의 입장이나 가치관을 이해해야 보다 생산적인 논의가 가능한데 그러기 위해서는 충분한 시간과 개방적인 자세 등이 필요하다는 점, 현재 관련법이나 제도가 지니고 있는 한계를 해결하지 않으면 오히려 장애가 될 수도 있다는 점 등을 여러 이해관계자들이 지적하였다. 또한 객관적이고 중립적인 기관에서 대화 및 협상을 맡아 진행하는 것이 효과적일 것이라는 의견도 많았고, 비개방구간의 제한적인 탐방에 대해 현실적인 논의뿐만 아니라 보전과 이용에 있어 지켜야 하는 탐방 원칙 등 기본 철학에 대한 논의도 함께 이루어져야 한다는 지적도 있었다.

표 13 이해당사자 간 합의형성절차 활용

구분	입장	비고	
		주요 의제	장애물
공단	찬성	- 보전과 이용의 원칙 및 방안 - 비개방구간 문제	- 개방성 부족 - 당사자 간 철학 차이
환경부			
산림청	소극적 찬성	비개방구간 문제	개방성 부족
산악단체	찬성	- 비개방구간 문제 - 중립적 진행자의 활동	- 개방성 부족 - 철학 차이
지자체 / 주민	찬성	비개방구간 문제	개방성 부족
환경단체	찬성	- 보전과 이용의 원칙 및 방안 - 비개방구간 문제	- 철학 차이 - 논의 구속력 미흡
전문가	찬성	- 보전과 이용의 원칙 및 방안 - 비개방구간 문제	- 철학 차이 - 논의 구속력 미흡

Ⅳ. 갈등의 해결 과정

1. 갈등해결을 위한 합의형성절차의 설계

1) 합의형성절차 가능성 여부

앞서 살펴본 바와 같이 참여적 의사결정과 대안적 분쟁해결은 사회적 합의를 도출하여 갈등을 해소하는 데 일조할 수 있는 방법이다. 이러한 방식들은 이해당사자 간의 대화와 협력으로 공공갈등을 해소한다는 점에서 행정기관의 결정이나 법원의 판결과 차이가 있고, 공정한 사실조사와 사회적 합의절차를 통해 다수는 소수를 존중하고 소수는 다수의견에 승복한다는 점에서 다수결에 의한 결정과 다르다(신창현, 2005).

이해관계자 심층 면담 및 갈등영향분석의 결과, 백두대간 보전 및 이용에 관한 가치갈등을 해소하기 위하여 대화를 통해 갈등 당사자 간 상호 가치를 이해하고 존중하며 공감대를 형성하려는 가치 갈등해소의 기본 원칙에 따른 대응 전략으로서, 이해관계자 간 공통점과 차이점을 종합적으로 고려하여 창조적인 대안을 검토할 수 있는 합의형성절차를 진행하는 것이 필요하다고 판단하였다.

따라서 환경부는 사단법인 갈등해소센터의 도움으로 여러 이해관계자들이 참여하는 협의체를 갈등조정위원회로서 시범적으로 운영하기로 결정하였다. 이 위원회의 목적은 국립공원 내 백두대간 보전 및 이용에 관한 갈등 해소를 위하여 이해관계자 간 상호 신뢰 및 협력을 증진시키고, 사실관계에 대한 이견들을 해소하며, 백두대간 보전과 관련된 문제점을 이해관계자들이 동반자로서 해결하는 데에 있다. 대부분의 이해관계자들이 대화를 원하고 있고, 이해관계자 간의 공통점이 존재하는 상황은 합의형성절차를 구성하는 데에 긍정적인 요인으로 작용하였다. 그러나 종주 산행 문화, 유관 기관별 기능의 조화 등 당사자들 사이에 존재하는 차이점은 단기간에 해결하기 어려운 것이기 때문에, 우선 합의가 용이한 영역부터 논의하도록 한시적으로 협의체를 운영하기로 한 것이다.

표 14 합의형성절차 진행여부

구분	다자간 협의체를 통한 합의형성절차	검토 의견	종합
가치갈등 대응전략	가능	백두대간 탐방 원칙에 대한 이해관계자 간 공감대 형성	시범적 차원에서 한시적으로 협의체 구성 및 운영
공단 내 쌍방향 소통 및 대안 요구 검토	가능	조직 내의 이견 해소 및 대안 검토에 도움	
이해관계자 간 공통점	가능	합의사항 도출	
이해관계자 간 차이점	유보	논의 주제 및 현실적 제약 요소 고려	

2. 합의형성절차의 구체적인 설계(가칭 국립공원 내 백두대간 보전과 이용에 관한 갈등조정위원회)

1) 이해관계자 범위 및 참여 대상 결정

합의형성절차에 참여할 수 있는 이해관계당사자는 정책결정으로부터 영향을 받거나 결정 사안에 대한 관심을 가지고 있는 개인 및 집단, 협의체로부터 도출되는 합의사항을 이해하는데 필요로 한 개인 및 집단, 협의체에 참여하지 않을 경우 절차의 진행이나 합의안의 이행을 지연시킬 수 있는 개인이나 집단이다. 그리고 그 중에서도 다자간 협의체에 참석하는 이해관계자 대표는 협의체의 목적 및 운영에 동의하는 그룹별 대표로써 대표성, 개방성, 협상 능력 등을 고려하여 원칙적으로 그룹 내에서 선정하는 것이

원칙이다. 단, 협의체를 구성하는 데 있어 효율적인 대화가 가능할 수 있도록 참가자 수를 제한하는 것이 좋으며, 사안에 대해 찬성과 반대 중 한쪽으로 치우치지 않은 균형 잡힌 참가자들로 구성하도록 한다.

앞서 제시한 바와 같이 '국립공원 내 백두대간 보전과 이용에 관한 갈등조정위원회'에서 이해관계자의 범위는 공단, 환경부, 산림청, 산악단체, 환경단체, 지자체, 전문가로 결정되었으며, 필요한 경우에는 참가자들의 협의를 거쳐 중립적인 제3자가 의사촉진자(Facilitator) 및 조정자(Mediator)[29]로서 참여하기로 하였다. 그래서 환경부(1인), 공단(2인), 산림청(1인), 환경단체(2~3인), 산악단체(2~3인), 전문가(2인), 지자체(1인), 조정자(2인) 등으로 참석자를 선정하는 방식을 사용하였는데, 이때 환경단체 및 산악단체의 경우에는 대표성을 고려해서 그 수를 조정할 수 있고, 문경시를 제외한 다른 지자체의 경우에는 당시 갈등 현안으로 부각되지 않은 상황이라면 그 구성에서 제외할 수도 있다.

결론적으로 이 위원회의 참석자는 환경부(1인), 공단(2인), 산림청(1인), 산악단체(3인), 환경단체(2인), 전문가(2인), 조정자(2인)로 결정하고, 위원회 운영과 관련하여 간사(1인)를 두기로 하였다. 또한 이해관계자를 초청하는 형식으로 그 구성이 이루어지며, 중립적인 사단법인 갈등해소센터가 운영을 주관하기로 하였다.

2) 위원회 내의 의사소통 및 행동의 규범

다자간 협의체 내에서 효과적으로 의견을 소통하고 창조적으로 대안을 모색하기 위하여 그 운영 규정을 회의에서 확정하는 것이 일반적이다. 먼저 초반부 회의에서 위원회 참가자들의 의견을 수렴해서 규정 내용을 결정한 후에, 모든 참가자들이 최종적으로 결정한 규범을 지지하도록 서명을 받는 등의 방법으로 협력하도록 구체적으로 요구할 수 있을 것이다. 세부적인 운영 규정의 예는 다음과 같다.

---

29) 제3의 의사촉진자 및 조정자는 이해당사자가 많고, 관련 쟁점이나 이슈가 다수인데, 이해당사자 간의 신뢰가 약하여 대화의 채널이 제대로 존재하지 않을 때 효과적으로 사용될 수 있다. 만약 현재 사안이 제3의 의사촉진자 또는 조정자를 활용하는 데에 적합하다고 판단하면, 누구를 어떻게 활용할 것인지를 협의체 초반에 결정해야 한다. 이때 이해당사자 분석을 실시한 중립자를 활용할 수도 있고, 새로운 중립자를 영입할 수도 있으나, 가장 중요한 것은 모든 참가자들로부터 중립성을 인정받아야 한다는 점이다.

- 한 번에 한 사람씩 발언하며, 발언 도중에는 간섭하지 않는다.
- 이해당사자 대표는 다른 참가자 대표를 대신하여 발언하지 않고 자신의 의견을 피력한다.
- 모든 참가자들에게 공평한 의사발언의 기회를 준다.
- 모든 참가자들은 논의에서 대화의 주제가 벗어나지 않도록 노력한다.
- 모든 참가자들은 언론과 접촉할 때, 언론 저촉규범 등(필요시 따로 제안)을 준수한다.
- 일반적으로 의사 결정은 합의를 통해 결정한다.
- 위원회에 참가하는 이해당사자 집단의 대표는 위원회의 단계마다 자신이 대표하는 집단의 구성원들과 긴밀하게 의사소통을 해야 한다.
- (이하 생략)

3) 합의형성절차의 세부적인 구조 등

(1) 합의형성절차의 구조 – 목적, 권한 및 논의 의제

'국립공원 내 백두대간 보전과 이용에 관한 갈등조정위원회'의 목적은 국립공원 내 백두대간 보전 및 이용과 관련하여 이해관계자 간 신뢰 및 협력을 증진시키고 백두대간 보전을 둘러싼 문제점을 창조적으로 해결하려는 데 있다. 그래서 이 위원회가 법적 기구는 아니더라도 모든 참여자들이 이곳에서 결정된 합의 사항을 존중하여, 공단은 그 사항을 백두대간 보전 정책에 반영하도록 노력하며 산림청, 산악단체, 환경단체 등 다른 참석자들도 그 내용을 성실히 실행하도록 노력할 필요가 있다.

위원회에서 구체적으로 다룰 의제들은 다음과 같다.

첫째, 당사자들이 생각하는 백두대간 보전과 이용에 관한 문제점 및 공단 또는 환경부의 관리방침에 대한 상호 인식 등을 초반에 공유할 필요가 있다. 포괄적인 논의로 흐를 가능성도 있지만, 이러한 논의를 통해 상호 간 불신을 낮추면서 앞으로 진행될 논의의 주제를 한정시킬 수 있기 때문이다.

둘째, 이해당사자 간 인식의 차이가 존재하는 사실관계 사항(백두대간 훼손 여부, 비개방구간의 생태적 가치, 단속 현황 등)을 우선적으로 확인하여 백두대간이 갖는 상징성을 종합적으로 검토한다. 이와 더불어 이해당사자들 간의 입장 차이를 존중하면서도 공동으로 시행할 수 있는 행동 방안이 존재하는지를 논의하다 보면, 백두대간 탐방 및 이용에 대한 원칙에 대한 공감대를 도출할 수 있을 것이다.

셋째, 탐방 및 이용 원칙에 관하여 일정한 공감대를 도출하고 나면, 이를 기반으로 비개방구간을 제한적으로 개방하되 이용성과 민감성 등 다양한 기준에 의해 가능한지를 검토해 본다. 이런 방식으로 결정된 합의안은 기존의 방안들보다 사회적 수용성 측면에서 보다 유리할 것이다.

마지막으로 백두대간 보호를 위하여 이해관계자들이 협력 방안을 구체적으로 논의하는 것이다. 특히 시범적으로 운영된 현재의 협의체를 향후에도 지속시킬 필요가 있는지, 그래서 만약 필요하다면 어떠한 형식으로 할 것인지 등도 검토해 볼 수 있다.

(2) 구체적인 운영방법과 일정

3개월(2011.6.20 ~ 2011.9.10) 동안 일시적으로 갈등조정위원회를 운영하기로 한 것은 회의에서 나오는 논의의 실효성을 확보하기 위함이기도 하지만, 그 결과를 공단의

표 15 위원회 일정 제안

기간	내용	비고
5월 20일까지	가칭 국립공원 내 백두대간 보전과 이용에 대한 갈등조정위원회 구성 여부의 결정	- 환경부의 위상 검토 - 종합 토론회 검토
5월 말까지	- 이해관계자의 갈등영향분석서 회람 및 다자간 협의체 참석 여부 확인 - 의견 수렴을 반영한 절차설계 제안서 마련 및 첫 번째 회의를 위한 회람	
6월 10일까지	- 위원회의 첫 번째 회의 - 상견례 - 위원회 운영 규정 및 절차 설계 제안서에 대한 논의	

표 16 갈등조정위원회의 일정표 제안

구분	논의 주제	비고
1. 정례회의	국립공원 내 백두대간 보전과 이용에 관한 갈등조정위원회 운영규정 검토 및 상호 입장 나누기	
2. 정례회의	백두대간 보전과 이용에 관한 문제점 및 공단의 지침에 대한 상호 입장 나누기	
3. 정례회의	국립공원 내 백두대간 탐방 원칙 1	사실관계 확인
4. 워크숍	국립공원 내 백두대간 탐방 원칙 2	사실관계 확인
5. 정례회의	국립공원 내 백두대간 비개방구간 합리적 이용 방안 1	
6. 정례회의	국립공원 내 백두대간 비개방구간 합리적 이용 방안 2	사실관계 확인
7. 정례회의	국립공원 내 백두대간 비개방구간 합리적 이용 방안 총괄	
8. 워크숍	백두대간 보호를 위한 협력방안 및 향후 위원회 운영방안	

'백두대간 관리 방안'에 반영하기 위해서 9월 말까지 논의가 종료될 필요도 있기 때문이었다.

그래서 매월 2회의 정기모임을 갖고 1일에 4시간씩 회의를 진행하였으며, 집중적인 논의를 위해 1박 2일 일정의 워크숍을 2차례 개최하여 총 8번의 모임을 가졌다. 위원회의 결과에 따라 필요한 경우에는 추가 모임을 개최할 수 있었으며, 사실관계 및 대안 모색과 관련하여 이해관계자 간 인식을 공유하기 위해서 중립적인 전문가를 초빙하여 공동의 사실관계를 확인하는 절차도 가지기로 하였다. 마지막으로 위원회 운영과 관련한 전반적인 비용은 공단이 지불하기로 결정했다.

3. 갈등해소의 성과 및 추가할 과제들

1) 성과물 - 갈등조정위원회의 합의문 포함

먼저 이전에 비개방구간의 개방 여부를 두고 개방이냐 비개방이냐 등 이분법적으로 논쟁을 해오던 것에서 벗어나 국립공원 내 백두대간 보전과 이용에 관한 갈등조정위원회를 통해 백두대간 전체 구간을 보전하면서도 지속 가능하게 이용할 수 있는지 등의 문제로 확대하여 논의를 했다는 점에서 일단의 성과를 거두었다.

또한 이해관계자와의 공감대를 형성해 나감으로써 앞으로도 공단의 업무에 도움을 줄 수 있을 가능성이 커졌고, 객관적인 사전 조사 등을 통해 사실 확인에 기초하여 단계적으로 문제를 해결할 수 있는 대안을 모색할 수 있게 되었다. 그리고 본 협의체가 종료된 이후에도 정부 및 관련 기관(산악단체, 환경단체 등)이 모여 포럼 등 이해관계자 네트워크를 구성하여 지속적으로 협력을 도모할 수도 있을 것이다.

위원회의 협의 결과에 따라 도출된 합의문은 아래와 같다.

국립공원 내 백두대간 보전과 이용에 관한 갈등해소 위원회 합의문

국립공원 내 백두대간의 보전과 이용에 관한 창조적인 대안 마련을 위하여 아래와 같이 합의한다.

1. 위원회에 참석한 기관과 단체는 국립공원 내 백두대간의 보전과 지속가능한 이용을 위하여 법정탐방로 이용, 출입금지지역 산행자제를 위한 공동 캠페인 등의 노력을 전개한다.

2. 국립공원 내 백두대간 중 대상구간을 선정하여 조사한 후, 그 결과를 바탕으로 탐방예약 시범사업 등 대안사업 추진여부를 결정한다.
   1) 법정탐방로 및 출입금지지역을 대상으로 생태계 민감도, 안전성 등 현지조사를 실시한다.
   2) 조사결과를 바탕으로 탐방예약제 등 대안 프로그램 적용 가능성을 평가하고 대안프로그램 추진여부를 결정한다.
   3) 탐방예약제 등 대안 프로그램이 적용 가능한 구간 2곳을 선정한다.
   4) 시범사업 대상구간에 대한 탐방예약제 등 대안(시기, 규모, 운영 시스템 등)을 마련한다.
   5) 사전조사 및 시범사업에 대한 지원과 협의, 백두대간 종주 대체노선 마련 등을 위한 환경부, 산림청, 국립공원관리공단, 환경단체, 산악단체, 갈등관리전문기관 등이 참여하는 가칭 「백두대간의 보전과 지속가능한 이용을 위한 시범사업 TF」를 1년 기한으로 구성, 운영한다.
   6) 환경부(국립공원관리공단)는 2012년 백두대간의 지속가능한 이용과 보전을 위한 시범사업관련 조사, TF 구성 및 운영 등 필요한 행정, 재정적 지원을 한다.
   7) 탐방예약제 시범사업의 성과에 따라 지속여부를 제안한다.

3. 가칭 「백두대간포럼」을 구성하여 백두대간 보전 및 지속가능한 탐방문화 정착을 위하여 이해관계자 간의 상호 협력을 증진하고 국민공감대 형성을 도모한다.
   1) 포럼은 정부(환경부 및 산림청 주관부서), 국립공원관리공단, 산악단체, 환경단체, 관련학회 등 단체 및 전문가로 구성한다.
   2) 포럼은 백두대간의 생태적 가치 홍보, 합리적인 백두대간 보전 및 관리체계 도모 및 탐방문화 개선을 목적으로 한다.
   3) 포럼은 정례 모임을 원칙으로 각종 토론회 개최, 교육, 대국민 캠페인 등을 전개한다.
   4) 포럼의 원활한 운영을 위해 환경부 주관부서가 사무국기능을 담당한다.
   5) 포럼은 3년간 운영하고 지속여부는 추후에 결정한다.
   6) 포럼의 운영비는 정부예산 지원을 원칙으로 한다. 단, 필요한 경우 포럼에 참여하는 단체가 운영비를 부담할 수 있다.

2011년 11월 28일

2) 추가적인 노력의 필요성

위와 같은 노력에도 불구하고 합의문이 성실히 이행될 것인지, 이와 관련된 업무가 지속적으로 이루어질 수 있는지 등은 환경부나 산림청과의 협력이 실질적으로 이루어져야 가능한 것이다. 그러기 위해서는 환경부와 산림청이 현실적이고 균형적인 정책 협력 방안을 구축하여 법이나 제도상에서 발생할 수 있는 갈등의 개연성을 극복하여야 한다.

또한 백두대간보호에 관한 법률이 도입된 입법취지와 목적이 무엇인지 공유할 수 있도록 관련 기관과 이해관계자들이 모두 참여하여 국립공원의 보전과 이용에 대한 국민적 공감대를 형성할 수 있는 기회와 토론의 장이 마련될 필요가 있다.

Ⅴ. 시사점

1. 갈등해소의 주요 요인

갈등해소에 기여한 주요 요인들은 ① 우선 환경관련 이슈로서 충분한 가치갈등의 가능성을 가지고 있으면서도 대체적으로 욕구갈등으로 전개되었다는 점, ② 가치갈등이라고는 하지만 좌우이념 간 대립이나 생존권에 관한 대립이 아니었다는 점, ③ 갈등 이해당사자들의 성향이 극단적이지 않고 합리적 합의형성과정을 존중하였다는 점, ④ 비법정구간 개방을 요구하는 정치적 압력과 비법정구간 내 안전사고에 대한 정치적 힐책이 상존하는 상황 속에서도 당사자 간 합의를 존중하겠다는 환경부와 국립공원관리공단의 입장이 확고하였다는 점, ⑤ 이해당사자 집단 모두 생태계 보전과 법질서 유지의 필요성을 인지하고 실천에 옮겨야 한다는 사실을 인지하고 있다는 점, ⑥ 이해당사자 집단 모두 현재의 백두대간 이용과 보전의 실태에 대해 회의적인 시각을 가지고 있다는 점, ⑦ 갈등해소를 위하여 도입한 방법인 전문가들과 함께한 워크숍이 상호이해를 증진시키는데 역할을 하였다는 점, ⑧ 갈등조정위원회 운영과 합의내용 실천에 대한 신뢰를 이해당사자 집단대표들로부터 확보하였다는 점을 들 수 있다.

1) 복합갈등으로의 전환차단 노력

이 갈등사례의 특징은 욕구갈등 중 이해관계갈등, 사실관계갈등을 포함하고 있으며, 환경보전과 이용에 관한 인식과 상황에 대한 과학적 해석의 차이를 가지고는 있으나 근본적으로 가치갈등의 일면도 내포하고 있다. 그러나 갈등조정위원회는 이 사례가 욕구갈등과 가치갈등을 모두 포함한 복합갈등으로 전이되는 것을 최대한으로 방지하기 위하여 노력하였다. 역대 정부정책과 관련된 갈등사례들 중 욕구갈등으로 시작된 후, 가치논쟁이 개입되면서 복합갈등으로 전환된 것들 중에서 쉽게 해소된 경우가 드물다. 제주해군기지건설 갈등, 평택미군기지 관련 갈등, 천성산 도룡뇽 사례 등이 여기에 해당된다. 반면, 끝까지 욕구갈등으로 진행된 사례들은 대부분이 긴 시간을 요하지 않고 해결되었다. 송파 군부대 경기도 이천 이전사례, 경기도 하남시 광역화장장유치 사례 등을 예로 들 수 있다.

백두대간 이용과 보전에 관한 갈등사례도 사례의 성격상, 완벽하게 가치 갈등의 여지를 차단할 수는 없지만, 갈등조정자들은 가능한 백두대간 이용과 보전에 대한 생태계의 가치적 중요성에 대한 추론적 논쟁을 자제시키고 과학적이고 사실적 측면에서 논의를 전개하고자 하였다.

물론, 회의진행과정에서 백두대간 마루금 주변의 생태계의 중요성, 마루금 훼손으로 인한 생태계 교란과 환경적 피해 등에 관한 논의가 있었고, 이를 위한 워크숍도 진행되어 어떤 생물체가 살고 있으며, 어느 정도 훼손되어 있고, 백두대간 비법정구간 내 안전상 우려하여야 할 정도의 위험구간이 어디이며, 샛길로 인하여 발생할 수 있는 우려사항들과 지역주민들의 피해가 어느 정도인지 등에 대하여 논의하였다. 이 과정에서 환경적 가치에 대하여 갈등당사자집단 간 이념논쟁이 불거질 수 있는 가능성이 상당히 높았고, 실제로 그 논쟁이 시작되었다. 그러나 이 이념논쟁을 가능한 회피하고자 하는 조정가의 노력과 함께, 국립공원관리공단이나 학계, 산림관련 연구원 등에서 백두대간에 살고 있는 동물, 식물 등에 대한 산발적 연구는 이루어져 있지만 백두대간 내, 그리고 마루금을 중심으로 한 주변의 생태계 등에 대해서는 체계적으로 연구가 이루어져 있지 않아서 산악인들을 대표로 조정회의에 참석하고 있는 측이나, 환경관련 시민단체를 대표하여 참가하고 있는 측 모두의 주장을 과학적이고 사실적인 증거자료에 근거하여 확인해주거나 반박(할 수 있지)하지는 못하였다. 따라서 각자의 일방적인 주장은 논리적으로 뒷받침해 주지 못하여 더 이상의 논쟁으로 발전하지 못하였다. 그렇다고 하여, 일부이기는 하지만, 학계나 공단 측에서 확보하고 있는 연구논문이나 보고서에 바탕을 두고 각자의 주장을 할 수는 있었다. 그렇지만, 백두대간 중 비법정구간의 생태적 가치나 중요성, 또는 안전성이나 훼손여부 등을 결정적으로 확인해 줄 수 있는 자료는 부족하였다. 따라서 서로의 주장을 입증하기 위해서는 구체적인 관찰 및 연구 자료의 확보가 필요하였고, 이는 결국 정부의 역할로 귀결될 수밖에 없었다. 이것이 갈등조정위원회에서 「백두대간의 보전과 지속가능한 이용을 위한 시범사업 TF」를 향후 운영하기로 한 이유이기도 하다.

2) 극한적 갈등발생의 가능성을 최대한 방지하고자 노력

갈등조정위원회에 참여하는 각 이해당사자 집단대표들의 성향도 갈등조정위원회가 차분하게, 논리적으로, 객관적으로 그러면서도 극한적 대립 없이 회의가 진행되게 된 결정적인 이유이다. 환경부와 국립공원관리공단의 대표들은 국립공원 내 백두대간 비법정구간에 대한 생태계보전과 환경훼손, 그리고 산악인의 안전을 확보하고자 하는 자신들의 주장을 하면서도 최대한 이해당사자들의 의견을 경청하고 합리적인 선에서 수용하고자 노력하였다. 산악단체대표들은 환경단체의 주장에 대하여 이성적이면서 논리적으로 대응하였고, 환경단체 역시 객관적 자료에 근거하여 분석적으로 접근하고자 노력하였다.

여타 갈등사례들처럼 재산권 침해에 따른 경제적 보상, 건강권 침해, 정치적 이해관계에 따른 외부적 압력이 있는 것이 아니었기 때문에 갈등당사자집단 간 극한적인 대립이 없었다. 더욱이, 산악단체나 환경단체 모두 댐건설, 송전선로건설, 쓰레기소각장건설 등 기피시설이나 혐오시설건설에 따른 직접적인 피해를 입는 지역주민들과 같은 직접적인 피해당사자들이 존재하지 않는다는 사실도 갈등당사자집단대표들 간 극한적 대립을 자제하게 만들었다.

나아가, 산악단체대표들 역시 백두대간의 비법정구간 종주에 대한 산악인들의 욕구를 합법적 범위 내에서 충족시켜야 한다는 의무감을 가지고 있기는 하였지만, 불법적 종주에 대한 사회적 비판에 대한 부담감을 가지고 있는 상황이었기 때문에 무리하여 환경단체나 정부 측과 심각한 갈등을 야기하고 싶은 의향을 가지고 있지는 않았다. 따라서 극한적 대립이 발생할 수 있는 가능성을 근원적으로 가지고 있지 않았으며, 정부정책과 관련된 갈등에서 이와 같이 조용한 갈등사례는 그다지 흔하지 않다.

3) 대안 중심 논의에 따른 합리적 합의형성과정에 대한 존중

감정적 대립은 합리적 합의형성과정을 힘들게 하며, 심지어 합의형성 자체를 어렵게도 할 수 있다. 갈등조정위원회를 시작하는 당시 이해당사자 집단의 대표들, 특히 시민단체를 대표하는 측에서는 과연 이 의제가 갈등조정의 대상인지에 대한 의문을 가지기도 할 정도로 이해당사자들 간 감정적 대립은 없었다. 물론 생태계 및 안전성, 그리고 산행의 불법성에 대한 이견의 차이에 따른 대립은 있었지만, 그것이 근본적으로 상호불신에서 오는 감정적 대립이 아닌 인식의 차이에서 오는 논쟁이었다.

수년간 감정적 대립과 불신으로 인한 갈등당사들이 아닌 백두대간은 보호되어야 한다는 기본적인 인식을 조정위원회에 참여하는 모든 이들이 함께 하고 있었기 때문에 대안 중심 사고를 가질 수 있었다. 따라서 대안 중심 논의는 합의형성과정을 자연스럽게 합리적으로 진행될 수 있도록 유도하였다.

4) 이해당사자 간 합의내용에 대한 정책담당부서의 수용의지

백두대간을 비롯하여 산행 중에 발생하는 인명 피해에 대해서는 국회를 비롯하여 정치권, 언론 등에서 환경부와 국립공원관리공단의 관리 소홀에 대한 책임론을 엄중히 제기하는 경향이 있다. 백두대간의 비법정구간에 불법적 또는 공원관리자의 저지에도 불구하고 입산을 강행하다 자초한 안전사고에 대해서도 정부당국의 관리소홀 내지는 직무태만에 대한 문제를 제기한다. 아무리 비개방구간이고 산행이 금지된 구역이라고 하더라도 국민의 안전을 책임져야 한다는 논리이다.

이런 상황에서 정부 측의 입장에서는 더 강한 제재를 가할 수 있는 입산금지법이나 더 높은 과징금을 설정하는 것이 마땅할 것이나, 그동안의 경험으로 미루어 백두대간 종주를 꿈꾸는 산악인들에게 어떤 법이나 아무리 높은 벌금액도 별반 소용이 되지 않는다는 사실을 깨달았기 때문에 산악단체와 시민단체 간의 합의를 통하여 최선의 대안을 찾고자 하는 의지가 강하였다. 무조건 입산을 금지시킨다고 하여 불법종주의 수가 줄어들지 않을 것이며, 기존의 개방구간이라도 생태계가 교란되고 있고 위험한 곳이 존재한다는 산악단체의 주장과 비법정구간을 일부라도 개방하기 시작하면 그나마 유지하고 있는 생태계가 교란될 것이라는 시민단체의 주장 모두가 사실임을 정책 부서는 인식하고 있다. 그렇기 때문에, 이 두 집단의 입장을 충족시킬 수 있는 대안을 그들 스스로가 만들어 제시할 때 가장 이상적인 정책대안이 마련될 것이며, 집행 후 효과성도 높을 것이라는 기대를 가질 수 있었다. 이러한 이유로 환경부와 국립공원관리공단은 자신들의 입장도 충분히 반영된 상황에서 도출될 이해당사자들의 합의내용을 수용할 의지를 가지고 있었다.

5) 법질서 유지 및 생태계 보전에 대한 공동의 인식

갈등조정위원회를 시작하는 시점에서 가장 먼저 제기된 질문은 '왜 법으로 금하고 있는 지역에 들어가고자 하는가?'였다. 이에 대한 산악단체대표들의 1차 답은 '법은 지켜야 한다. 그리고 생태계 보전은 중요하다'였고, 이어서 나온 2차 답은 '많은 산악인들이 지금도 범법자가 되고 있다. 그만큼 백두대간을 종주하고자 하는 욕구를 가진 산악인들이 많다. 그렇기 때문에 무조건 막는다고 하여 그 수가 줄어들지는 않는다. 모든 비법정구간이 생태적으로 중요하다면 무조건적으로 입산을 금지하는 데 동의한다. 만약 그렇지 않다면, 어떤 방식으로든 이들의 욕구를 충족시켜 줄 필요가 있다'였다.

국립공원 내 백두대간 중 비개방구간의 입산금지를 하고 있는 법 자체에 대해서는 인정하고 생태계의 중요성에 대해서도 이견이 없다고 하지만, 그 법 자체가 지니고 있는 문제점에 대해서는 지적하고 있다. 현재 비법정구간에 대한 무조건적 입산금지가 타당한 것인가에 대한 논의가 우선되어야 한다는 것이다. 비록 국립공원관리공단과 환경부 측에서 비법정구간 내 생태계의 중요성을 과학적으로 입증할 수 있는 연구 자료를 명확히 제출하지 못한 아쉬움은 있지만, 그렇다고 하여, 백두대간 내 생태계의 중요성을 부인하는 이들은 아무도 없었다.

6) 백두대간 이용과 보전의 실태에 대한 회의적 시각

이해당사자들뿐만 아니라 환경부와 국립공원관리공단 측에서도 현재 백두대간의 이용과 보전 실태에 대해서 재점검이 필요하다는 의견을 가지고 있었다. 같은 맥락에서, 백두대간 개념을 처음 도입하여 활용하기 시작한 산림청도 백두대간의 마루금과 그 주변 생태계를 보전하여야 한다는 사실을 인식하고 마루금을 활용한 백두대간 종주를 막고 그 주변의 생태계 교란을 방지하기 위하여 대안 길을 마련하고자 노력하고 있었다.

전문 산악인이 아닌 일반 산악인조차도 백두대간 종주를 꿈꾸고, 또 일반 산악인들을 인터넷을 통하여 모집한 후, 대규모 종주산행을 이끄는 행태도 문제로 지적되었다. 전문 산악인단체 역시 이러한 문제점을 인식하고 대규모 종주산행의 폐해를 회원들에게 알리는 등의 노력을 경주하고 있다.

그러나 현재의 법체제로는 이를 강제적으로 방지할 수 있는 방법이 없으며, 나아가 백두대간의 비법정구간의 보호만이 문제가 아니라 이미 개방된 구간에도 더 이상 방치할 수 없거나 이미 생명을 잃어 복원이 불가능한 지역도 점점 확대되고 있다는 견해를 이해당사자들 모두 공통으로 가지고 있었다. 무조건 산을 오르고 종주하는 등의 행태가 아닌 자신이 다니는 산의 역사, 그 산과 얽혀 있는 이야기, 산에 사는 동식물들에 대한 이해가 있어야 하며, 이를 도와주는 전문가들, 가칭 산해설가와 같은 이들이 함께 산을 오르면서 안내하고 다시 하산시켜 주는 일련의 스토리가 있고 안전한 산행문화를 제도화시킬 수 있다는 주장들을 한다. 그러나 문제는 산행을 즐기는 인구가 너무 많으며, 전국 거의 모든 산이 동일한 상황이기 때문에 기존에 개방되어 있는 구간을 일자별, 요일별, 시간별로 통제하거나 한번에 산행할 수 있는 사람 수를 제한한다는 것은 불가능하다는 점이다. 산행을 즐기는 국민의 욕구와 생태계를 보전하고 산을 살리기 위한 필요성을 어떻게 조화를 이룰 것인가가 중요한 화두이다.

뿐만 아니라, 법령충돌로 인하여 백두대간의 관리가 산림청과 환경부(국립공원관리공단 포함)로 분리되어 있다는 점이다. 산림보호법 등에 따라 국유림에 대한 토지소유권을 산림청이 갖고, 국립공원의 관리권을 환경부와 국립공원관리공단이 가지는 것으로 되어 법률상 관할권을 둘러싼 갈등의 소지를 나타내고 있다. 이런 상황에서는 백두대간의 관리가 원활히 이루어질 수는 없다는 것에 대부분의 이해당사자들이 동의하고 있었다.

7) 전문가 워크숍의 필요성

이해당사자들 간 오해를 줄이고 각자가 가지고 있는 지식을 공유하고 상대를 이해하기 위해서는 무엇보다도 전문가들과 함께 워크숍을 진행하는 것이다. 특히 왜 산악인들이 백두대간 종주를 하나의 로망으로 여기는지, 현행 법제도에 대하여 어떤 문제의식을 가지고 있는지에 대해 이해를 하는 계기를 제공하고, 생태계의 중요성과 비법정구간의 안전성에 대한 논의와 사실에 대한 확인을 할 수 있는 기회를 가질 수 있기 때문에 전문가들과 함께하는 워크숍은 갈등조정과정에서 매우 필요한 과정이다.

워크숍에 참여하는 전문가들의 범위에는 각 이해당사자들을 대변하는 전문가들과 중립적 입장을 견지하는 전문가들이 포함되는 것이 좋다. 여기서는 그동안 갈등의 쟁점이 되었던 사항 중 사실 확인에 중점을 두고 전문가들과 이해당사자들, 그리고 갈등관련자들 등이 참여하는 열린 형태의 워크숍을 진행하여 그간 지니고 있던 궁금증을 해소하고 맺혀 있던 오해를 풀어가는 계기로 삼을 수 있다. 과학적 검증이 필요한 부분에 대해서는 전문가들 간 이견이 있을 경우에는 합의형성이 어렵지만, 그렇지 않은 경우에는 사실 확인을 통한 과학적 검증마저도 이루어져 합의가 이루어지는 경우도 있다.

이 사례에서는 백두대간 비개방구간의 생태계를 보호하여야 할 정도의 중요성이 기존의 개방구간과 비교하여 어떤 차이를 가지고 있는지에 대한 논의와 사실 확인과정이 이루어졌고, 중요성에 대한 인식은 같이 하였지만, 개방구간과 비개방구간 간의 차이를 입증하는 데는 한계를 보였으며, 이를 어떻게 확인하느냐가 향후의 주요 갈등조정 의제가 되었다.

8) 갈등조정위원회에 대한 참여 이해당사자 대표들로부터의 신뢰확보

갈등조정위원회의 가장 중요한 조건 중 하나가 갈등조정위원으로 참여하는 각 갈등당사자집단대표들로부터 신뢰를 확보하는 것이다. 그리고 갈등조정기간 중 갈등조정에 참여하는 갈등당사자집단대표 및 그 구성원들 간 신뢰를 회복하는 것이다. 다행히도 산악단체 대표들과 시민단체대표들 간 대화는 이성적으로 이루어졌고, 합리적 사고에 바탕을 두고 논의가 진행되었다. 서로의 입장을 충분히 이해하였고, 이해하고자 노력하였다. 보상권, 재산권 행사 제한 등 경제적 이슈나 건강 등 생명과 연계된 여타 갈등사례들 보다 의제 자체가 무겁지 않고 당장에 수많은 집단구성원들이 길거리로 나서서 구호를 외치고 격한 투쟁을 할 수 있는 긴급성을 요하는 것도 아니기 때문에 회의의 긴박성이 높은 것은 아니었다. 그렇기는 하지만, 자신들의 삶의 터전이자 후손들에게 물려주어야 할 의무와 책임이 있는 백두대간의 이용과 보전이라는 측면에서는 산악단체나 시민단체 모두에게 여타의 갈등사례들 보다도 더욱 더 중요성을 띠고 있는 회의체였다.

그러나 회의 의제 자체가 미래지향적이기도 하였지만, 산이라는 공동의 대상을 두고 오랜 세월을 이용과 보전이란 공통된 의제를 다양한 장소에서 다양한 주제로 서로 논의하고 토론하여 온 사이였기 때문에 서로의 주장을 잘 이해하고 서로의 성향을 숙지하고 있어서 상호 간의 신뢰를 확보하는 것은 그렇게 어려운 일은 아니었다. 물론, 여기에는 조정자들의 대안 중심적 회의진행도 한 역할을 하였다.

이상과 같은 여덟 가지의 갈등해소를 위한 주요 요인들 이외에도 다수의 요인들이 존재할 수 있다. 예를 들어, 회의 진행상에 있어서 본위원회와 소위원회를 구분하여 구체적인 논의와 첨예한 대립이 필요한 부분들에 대해서는 소위원회에서 정리한 다음에 본위원회에 의제를 상정하여 정리하는 형식으로 운영함으로써 효율적으로 회의를 진행할 수 있었다는 점 등이 있으나, 주요 요인들은 대체로 앞서 언급한 여덟 가지 정도로 정리할 수 있다.

2. 정책적 시사점

1) 정책결정의 정당화과정 필요

산악단체들의 가장 큰 불만 중 하나가 '백두대간 보호에 관한 법률'을 제정하면서 산악인들의 의견을 제대로 반영하지 않았다는 점이다. 물론 정부와 국회 측에서는 충분한 여론수렴과정을 거쳐 법령을 재정하였다고 하지만, 정작 당사자들이 불만을 갖고 있다는 것은 사실이다. 이해당사자들이 수용하기 어려운 법령을 운영하기 위해서는 상당한 고충과 갈등을 야기할 수밖에 없다. 백두대간을 종주하고 싶어 하는 열망을 굳이 마루금을 통한 종주가 아닌 다른 방식에 의한 종주가 가능하도록 길을 열어 충족시켜 주어야 한다는 주장을 수용하지 않은 채 마련된 법령이 갖는 한계를 '백두대간 보호에 관한 법률'은 가지고 있는 것이다. 모든 이해당사자들을 충족시킬 수는 없어도 이해당사자들을 설득시키고 재정되는 법을 따르도록 강제할 수 있는 수단을 마련하는 것이 바람직하다. 그러나 다수가 수용하거나 설득되지 않은 상황에서, 특히 다수의 국민들이 산행을 즐기는 상황에서 국민적 동의가 이루어지지 않은 강제적 법령은 한계를 가질 수밖에 없을 것이다.

2) 법령 간 충돌로 인한 갈등초래

이미 언급이 되었지만 국유림 소유권을 갖는 산림청과 국립공원 관리권을 가지고 있는 환경부와 국립공원관리공단 간의 국립공원구역 내부에 관한 관할권 갈등은 법령 간 충돌에서 올 수밖에 없는 상황이다. 더욱이, 상급기관인 환경부가 산림청과의 산림보호 및 국립공원관리와 관련된 전반적인 법령의 관리권한을 가지고 있지 못하여 여러 가지의 정책들 간 부조화와 그로 인한 갈등을 야기하는 상황이다. 예를 들어, 자연공원법과 백두대간 보호에 관한 법률은 백두대간의 보호를 위하고 자연공원을 보호하기 위하여 숲길기본계획을 제외하고 있지만, 산림청의 국가등산로계획은 국립공원지역 내의 비개방구간까지도 포함하고 있어서 환경부와의 협조가 이루어지지 않고 있는 상황이다. 이는 결국 산림청과 환경부 및 국립공원관리공단 간의 업무협조가 산림보호법, 자연공원법, 백두대간 보호에 관한 법률이 가지고 있는 자체의 문제점과 법령 간의 충돌로 인하여 제대로 이루어지지 않고 있다.

따라서 국가정책의 효율적인 운영을 위해서는 국가기관 간 협조체제를 구축할 필요가 있으며 기존의 다양한 협의체가 운영되는 이유도 이 때문일 것이다. 같은 맥락에서, 국립공원, 백두대간 등 국유림을 포함한 산림 전반에 관련된 법령을 효율적으로 집행하기 위한 환경부, 국립공원관리공단, 산림청, 지방자치단체 등 간의 가칭 '정책조정협의체'의 구성이 필요할 것이다.

3) 백두대간 보전의 중요성에 준하는 사전대비 및 충분한 예산지원의 필요성

갈등조정위원회를 진행하면서 가장 아쉬웠던 점은 국립공원관리공단 차원에서 백두대간 중 비개방탐방로, 특히 마루금 주변의 생태계에 대한 과학적 연구가 체계적으로 이루어져 있지 못하다는 점이었다. 물론 학자들의 연구와 공단 자체적인 조사는 이루어져 있지만, 주변 생태환경에 대한 구체적인 데이터베이스가 마련되어 있지 못하여 산악단체에서 비개방탐방로 주변의 생태계가 어느 정도로 중요한지, 어떤 생태환경이 존재하는지에 대한 증거자료를 제출해달라는 요구에 적극적으로 대처할 수 없었다.

이는 공단의 의지가 없었다기보다 주어진 예산과 인력의 한계로 체계적인 자료준비가 이루어지지 못하였다고 보는 것이 정답일 것이다. 갈등조정위원회의 합의에 따라서 실태조사에 들어갔지만, 백두대간의 이용과 보전의 중요성을 인식하는 만큼 그에 준하는 책임 역시 주무기관에서는 가져야 할 것이며, 그에 상응하는 인력과 예산의 지원이 있어야 할 것이다.

4) 자발적 인식과 대처

백두대간과 관련하여서는 뚜렷한 이해당사자 집단이 형성되어 있는 것은 아니다. 그렇지만, 산악인 단체가 산행을 즐기는 회원들과 모든 국민들의 입장을 대변하고 있고, 시민단체들이 백두대간을 둘러싼 환경보전을 대변하고 있는 상황이었기 때문에 갈등당사자들 간 직접적인 충돌은 없었어도 항상 상황에 대하여 예의주시하고 있는 실정이었다. 뿐만 아니라, 산행 중 발생하는 안전사고 등에 대해서는 그 관할이 어디든 국립공원 내 발생 사고는 환경부와 국립공원관리공단이 여론과 정치권으로부터 책임을 추궁 받게 된다.

그렇기 때문에, 환경부와 국립공원관리공단에서는 백두대간 비법정구간의 탐방로에 대한 국민들의 불법적 입산에 대하여 민감할 수밖에 없으며, 이의 해결을 위하여 사전적 행동을 취할 수밖에 없었을 것이다. 갈등조정위원회 역시 환경부와 공단의 의지에 의하여 구성되었고 위원회의 합의사항을 성실히 이행하고자 노력하고 있다. 이는 정부가 갈등현황에 대처하는 시각의 변화를 시사하며, 정부의 일방적인 정책결정과 운영이 아닌 이해당사자들과의 합의에 의한 합리적 정책운영에 무게중심을 두고 있다는 단면을 보여주고 있는 것이다.

3. 학술적 · 교육적 시사점

1) 연구지원의 중요성

백두대간 이용과 보전에 관한 갈등조정위원회를 운영하면서 가장 아쉬웠던 점은 회의의 가장 중요한 의제 중 하나였던 생태계 보전 필요성에 대한 입증자료를 확보하는 것이었다. 산악단체가 법 준수의 당위성에 수긍하며 기존의 국립공원 개방구간 탐방로와 백두대간 비개방구간의 생태환경의 차이와 중요성을 과학적으로 입증할 수 있는 근거자료가 있다면 수용하겠다는 점을 분명히 하였음에도 불구하고 그 자료를 어디에서도 확보할 수 없었다.

학자들과 산림과학원 연구자들이 산발적으로 연구한 결과들이 있기는 하지만 비개방구간이 얼마나 위험하고 생태적 가치가 얼마나 높은 것인지를 확인하기에는 부족하였다. 그렇다고 학계차원에서 생태보전의 필요성을 과학적으로 연구하여 입증한 결과를 제시하고 이에 근거하여 정부 측에 백두대간 내 마루금과 그 주변 환경을 보호해 줄 것을 공식적으로 요청한 경우도 없다.

어느 지역에 어떤 생물 또는 미생물들이 존재하는지, 어느 지역이 지질학적으로 중요한지 등에 대한 조사를 환경부, 산림청, 국립공원관리공단, 산림과학원 등이 상호 협조하여 체계적으로 연구를 할 필요가 있으며, 정부는 이에 대한 연구지원을 하여야 할 것이다.

2) 생태연구자들의 어려움 극복을 위한 연구지원

백두대간의 생태적 환경을 연구하기 위해서는 연구자들이 직접 산행을 하여야 하고, 백두대간 마루금과 그 주변을 종주하여야 가능하다. 본인들의 생업이 연구이기도 하지만 강의도 하여야 하는 상황이기 때문에 계속 산에서만 생활하면서 연구를 진행할 수는 없다. 그래서 연구기간이 길 수밖에 없으며, 연구비 지원이 없는 한 지속적으로 연구를 진행하기란 쉬운 일이 아니다. 따라서 한국연구재단, 환경부, 교육과학기술부, 산림청, 국립공원관리공단, 산림과학원 등이 최소한 5년 이상의 장기 연구 과제를 지역별, 구간별로 발주하여 데이터베이스를 마련하는 것이 필요하다.

3) 갈등조정위원회의 운영과 조정자의 역할

갈등조정위원회의 운영은 갈등조정자의 역할이 무엇보다도 중요하다. 조정자가 어느 정도 중립적 입장에서 객관적으로 사안에 접근하여 갈등당사자집단 대표들로부터 신뢰를 확보하느냐에 조정위원회 운영의 성패가 달려있다고 하여도 과언이 아니다. 이는 말로써 설명이 될 수 있는 것은 아니지만, 적극적 듣기, 자기주장, Chunking 하기, 대안평가 등의 기법들에 대한 숙달도 조정자가 갖추어야 할 요건이다.

갈등조정위원회의 운영은 복잡하고 민감한 사안들을 모든 갈등조정위원들이 모여 있는 상황에서 다루게 되면 시간상 제약으로 인하여 구체적으로 다룰 수 없는 상황이 발생하기도 한다. 따라서 갈등조정위원회를 본위원회와 소위원회로 구분하여 기술적인 부분과 민감한 사안에 대해서는 소위원회에서 정리하도록 하고 본위원회에서는 소위원회에서 정리한 내용을 최종적으로 합의하거나 토론을 거쳐 정리하는 역할을 수행하도록 하는 것이 효율적 위원회 운영이 될 수 있다.

4) 갈등조정과정에서의 다양한 기법활용

갈등조정위원회는 갈등조정위원들 간 논의를 진행하기 때문에 가장 직접적으로 이해를 가지고 있는 사람들끼리의 회의 진행이 이루어진다. 그렇기 때문에 민감하거나 이해가 첨예하게 대립되는 부분들, 또는 과학적으로 입장을 달리하는 경우에는 갈등조정위원회 내에서 합의하기 어려운 경우가 발생한다. 이 경우에는 다른 중립적 전문가들의 도움을 받던가, 국민들의 일반적 상식차원에서 해답을 구해보는 공론조사, 합의회의, 시나리오 워크숍, 시민배심원단제 등을 활용하는 것도 방법이다.

5) 대안 중심적 회의운영 및 합의

어떤 갈등사례이든지 각 갈등사례들은 그 원인을 가지고 있다. 그런데 대부분의 갈등당사자들은 그 원인을 파헤치고 원인발생의 책임이 누구에게 있느냐를 따지는 데 많은 시간을 낭비한다. 그러나 갈등조정의 근본적인 목적은 이미 발생한 갈등의 원인을 찾아 누구에게 그 책임이 있는가를 따지는 것이 아니라, 어떻게 하면 서로가 만족할 수 있는 대안을 찾는가에 있다. 따라서 대안 중심적 회의운영과 합의가 중요하다.

이 사례에서도 조정자들은 백두대간 이용과 보전의 장애요인을 찾아서 누가 그 책임을 질 것인가에 초점을 맞춘 것이 아니라 백두대간 이용과 보전을 위하여 이해당사자들이 어떻게 협조하고 노력할 것인가에 초점을 맞추었고, 이를 위하여 어떤 역할을 각자하여야 하는가를 회의의 주요의제로 삼았다. 이는 자연스럽게 대안 중심적 논의로 회의를 진행할 수 있도록 하였다.

마지막으로 이 사례는 여느 갈등사례와는 다른 독특함을 갖는다. 앞서 언급한 것처럼 이해당사자들이 서로 반목하고 사회적 이슈로서 폭발적인 힘을 가지고 있는 사례는 아니지만, 현재의 백두대간 이용과 보전에 대하여 산악인과 시민단체들 모두가 잠재적인 불만을 가지고 있으며 현재뿐만 아니라 미래세대에도 영향을 미칠 수 있는 갈등사례이다. 특히, 정책당국에서 이러한 잠재적 문제를 인식하여 선제적으로 문제해결을 위한 화두를 던지고 갈등조정위원회를 구성하여 대안을 찾고자 노력하였다는 점과 갈등조정위원회에서 도출된 합의사항을 정책에 반영하겠다는 의지를 가지고 있다는 점을 이 사례의 특징으로 정리할 수 있다.

참고문헌

1. 국내문헌

강영진(2000). “갈등분쟁해결 매뉴얼”, 성공회대 NGO 연구보고서.

국립공원공단(2011). “국립공원 내 백두대간 보호지역관련 갈등영향분석”.

이선우 · 오성호(2004). 『협상론』, 한국방송통신대학교.

이선우 외(2009). 『765kv 신고리~북경남 송전선로건설사업 갈등영향분석』, 경실련(사)갈등해소센터.

산림청(2011). “2011년도 백두대간 보호 시행계획”.

_____ (2011). “점봉산 일원 국립공원 편입에 따른 협조 요청 회신 공문”.

신창현(2005). 『갈등영향분석 이렇게 한다』, 예지.

한국표준협회 · 국립공원관리공단 · 미래전략연구원(2008). “국립공원 이해관계자 갈등관리 중장기 전략수립에 관한 연구”.

홍성만(2008) “백두대간 보존을 둘러싼 다차원 갈등과 합의 형성”, 지방행정연구 제 22권 제 4호.

환경부 · 국립공원관리공단 · 제주특별자치도 · IUCN 공동(2009). “한국의 보호지역 –보호지역 시스템에 대한 효과성 평가–”.

2. 국외문헌

Fisher & W. Ury(1981). Getting to Yes; Negotiating Agreement without Giving in(Boston: Houghton Mifflin).

Howard Kunreuther, Lawrence Susskind and Thomas D(1990). The Facility Siting Credo.

Kindon, J. W(1984). Agendas, Alternatives, and Public Policies, Boston: Little.

Society of Professionals in Dispute Resolution(1997). Best Practice for Government Agencies: Guidelines for Using Collaborative Agreement-Seeking Processes. Washington, DC: Society of Professionals in Dispute Resolution.

Susskind, L., and G. McMahon(1985). “Theory and Practices of Negotiated Rule-making”. Yale Journal on Regulation 3: 133-165.

Susskind, L., and P. Field(1996). Dealing with angry public: The mutual gains approach to resolving disputes. New York: The free press.

Susskind, L., and Mckearnen, S., and J. Thomas-Lamar(Eds)(1999). The Consensus building handbook: A comprehensive guide to reaching agreement. Thousand Oasks, CA: Sage Publications.

과천시 하수처리장 및 봉안시설 설치 관련 갈등사례 -과천시 대 의왕시 및 안양시-

장문철(경찰대학교 법학과 교수)
고영국(한양대학교 법학과 강사)

Ⅰ. 사례선정의 이유

서울, 인천과 경기 일원을 포함하는 수도권이 고밀도 도시화가 진행되고 인구도 급격히 증가함에 따라 이러한 거대도시를 지탱하기 위하여 양질의 주거지와 산업기반의 확보뿐만 아니라, 하수종말처리장, 쓰레기처리장, 화장장, 봉안시설 등 혐오 내지 기피시설의 확보도 지방자치단체별로 중요한 현안이 되고 있다. 특히, 여러 법령상 각 자치단체별로 설치 및 운영이 요구되고 있는 하수종말처리장, 화장장, 쓰레기처리장 등의 혐오 및 기피시설이 해당 자치단체의 행정관할구역 내에서 전적으로 수용되지 못하여 다른 지방자치단체의 행정관할구역 내에 설치되거나, 자신의 행정관할구역 내에 설치가 가능하더라도 도시의 산업 및 주거 중심지역을 피하여 다른 자치단체와의 경계지역에 설치되어 그 부정적 영향권 내에 있는 인접 자치단체가 이에 반발하기도 한다.

지방자치단체의 활성화에 따라 그러한 영향권 내에 있는 인접 자치단체는 자신들의 주민의 피해 및 민원을 지방자치단체 차원에서 이를 적극적으로 수용하고 대변하려는 경향도 커지고 있다. 이미 다른 지방자치단체의 기피 및 혐오시설이 설치된 자치단체에서는 기존 설치시설의 사용연장 또는 새로운 시설의 확장설치에 대하여 반발하기도

한다. 즉, 지방자치단체장이 자신의 인 · 허가 권한 및 처분권 등 관리권한을 적극적으로 행사하거나 행사할 것임을 통보하여 자치단체 간 갈등이 심화되기도 한다. 이러한 자치단체 간의 갈등 과정에 중앙정부 및 정치권이 개입하여 조정을 시도하거나, 국가 예산의 지원을 통하여 해결을 모색하거나, 시설의 교차 · 상호 이용 등 자치단체 간의 이익의 교환을 통한 갈등해결을 모색하기도 한다.

2010년 6월 제5기 지방자치단체가 출범한 이후, 지방자치단체들 간에 혐오 또는 기피시설의 이전 및 설치 등과 관련한 분쟁이 빈번하게 발생되고 있다. 이러한 자치단체 간 분쟁이 우리 사회갈등 사건들 중 상당한 비중을 차지하고 있다.

이러한 갈등은 님비(NIMBY: not in my back yard, 자신의 뜰에는 절대 혐오 또는 기피시설을 들일 수 없음) 현상의 대표적인 예들이지만, 갈등상황이 장기화 되고 봉안시설 및 하수처리장 등 혐오 및 기피 시설의 설치가 지연되는 경우, 결국에는 주민들의 불편과 피해만이 가중될 우려가 있다.

다른 한편으로는, 이와 같은 갈등은 처음에는 관련 자치단체 주민의 민원에 의하여 갈등이 시작되지만, 이후에는 자치단체가 가지고 있는 여러 가지 행정권한(인 · 허가 권한, 처분권한 등)이 갈등을 증폭시키는 경향이 있다. 대표적인 사례로는 과천시 봉안시설 및 하수처리장 설치 관련 갈등(과천시 vs. 의왕시 · 안양시)이 있는데, 2010년 이후 대두된 분쟁 사안이며 아직도 진행 중이다. 그럼에도 불구하고, 현재까지 진행된 갈등의 배경과 갈등의 진행과정을 분석함으로써 지방단체 간 갈등해결의 적절한 모형을 제시하는 데 이 글의 의의가 있다고 하겠다.

본 연구에서는 과천시 시경계지역의 하수처리장 설치계획과 관련해 인접한 의왕시 · 안양시 간의 갈등을 중심으로 갈등해결의 적절한 모형을 제시하여 보고자 한다.

Ⅱ. 연구의 목적 및 내용

이 사례의 갈등은 현재 진행 중이라는 점을 감안하더라도, 갈등의 발생 및 해결의 모색 등을 살펴본다면 일정한 갈등처리방식을 반복하고 있다고 볼 수 있으며, 민원발생과정의 민원인들의 물리력의 행사 및 행사 가능성의 상존, 각 자치단체 차원의 법적 권한의 행사, 중앙정부 또는 정치권의 개입 등 정치적 해결의 모색이 주된 패턴으로 나타나고 있다.

이에 대하여 규범학적(법학적)인 분쟁해결 메커니즘의 도입 및 모색이 필요하다고 본다. 특히, 지방자치단체의 상급기관(국토해양부 또는 광역지방자치단체)에 의한 협상, 알선, 조정, 중재 등 대체적 분쟁해결 메커니즘의 활용이 가능하다고 보며, 이를 구체적으로 검토해 볼 수 있을 것으로 보인다. 즉, 이러한 대체적 분쟁해결 메커니즘이 현행 지방자치법상 이용 가능한지 여부의 검토가 필요하다고 본다.

또한 갈등해결의 객관적 기준으로서 "선례주의원칙"의 적용 여부를 언급하고자 한다. 이는 과거의 유사한 분쟁해결 과정에서 추출되는 사례들을 선례로 축적하고 모형화하여 향후의 분쟁의 해결방안으로 예시하는 과정이라 할 수 있다. 법학방법론으로 자주 사용되는 소위 "선례주의원칙"을 원용하여 다양한 유사 분쟁에 대한 분석을 통하여 해당사례의 해결점을 제시하고자 한다.

요컨대, 각 지방단체가 직면하고 있는 혐오시설 설치와 관련된 유사 갈등사례는 자주 발견되지만 갈등전개과정이나 그 해결방식은 다양하다. 따라서 아직 종결되지 않고 있는 과천시의 하수장 처리시설과 관련된 지방단체 간의 갈등사례를 유사사례와 연결하여 문제해결점을 제시할 필요가 있다고 본다.

이 연구를 통하여, 집필진은 (1) 혐오 및 기피시설의 영향에 대하여 사회과학적 또는 자연과학적 데이터나 분석을 통하여 혐오 및 기피시설의 영향을 절감시키거나 사회적 인식을 제고시키는 등의 노력보다는, 지역적 격차에 따른 상대적 박탈감의 표출이나 지방자치단체 외곽의 낙후지역 발전을 위한 인센티브의 확보의 수단으로 이러한 갈등이 용인되어 오지 않은 것인가 하는 의구심이 있다. (2) 또한, 이러한 갈등의 해결과정에서 적극적 참여자로 나서야 할 해당 지방자치단체장과 지방의회가 정치적인 타협점이나 해결책의 마련에는 소홀하고, 재선출 내지 재선이라는 단기적인 정치적인 타산 때문에 지역의 장기적 발전전략을 도외시한 것 아닌가 하는 의문을 제기하게 된다. (3) 그리고 경기도나 국토해양부와 같은 광역자치단체나 국가의 중앙부처가 법률 등에 규정되어 있는 조정기능을 적절하게 수행하여 국가의 균형발전과 지역 간 갈등의 해소라는 대의에 충실하였는지도 논의할 필요가 있다.

이 사례에서 관찰대상이 되는 갈등의 잠재적인 문제점을 유형화하고, 기존의 유사한 사례와 비교하여, 정형적인 모형으로 제시하고, 법학적 분석의 틀인 선례주의가 이러한 유사사례에서 어떻게 갈등해결의 방법으로 기능할 수 있는지에 대하여 결론으로 서술하여 보고자 한다.

Ⅲ. 갈등의 전개과정 및 구조

1. 갈등의 전개과정

1) 갈등배경 1-과천시 도시개발계획 공고

이 사례를 분석함에 있어서 배경상황은 다음과 같다. 과천에 소재하고 있던 행정부 아래 많은 중앙 부처들이 2013년까지 대부분 세종시에 위치한 행정중심복합도시로 이전하게 됨에 따라, 지방세 수입과 경제인구 면에서 상당한 손실이 불가피하게 된 과천시의 입장에서는 시의 미래성장동력을 확보할 필요가 있었다.

과천시의 오랜 숙원 사업이었던 지식정보타운의 조성을 위해 2008년 12월 8일 과천시 외곽인 갈현동과 문원동 일대를 도시개발구역으로 확정하기 위한 주민공람을 공고하였다(주민공람은 2008년 12월 24일까지). 당시 공람은 2008년 10월 도시기본계획의 확정과 11월 개발제한구역 관련 지침이 개정됨에 따라 과천시가 본격적으로 "과천지식정보타운개발사업"[1)]에 착수하게 된 것을 의미한다. 해당 공고에 따르면 개발대상 부지는 총 1.2744km^2 규모로 구체적인 개발구역의 경계를 정하고 있었다. 당시 과천시의 보도자료에 따르면, 2009년 1월 중에 공청회를 개최하고, 과천시 도시계획위원회의 심의를 거쳐 경기도에 도시개발구역의 지정을 요청할 계획이었다.

그림 1 과천시도시공간구조구상도[2)]

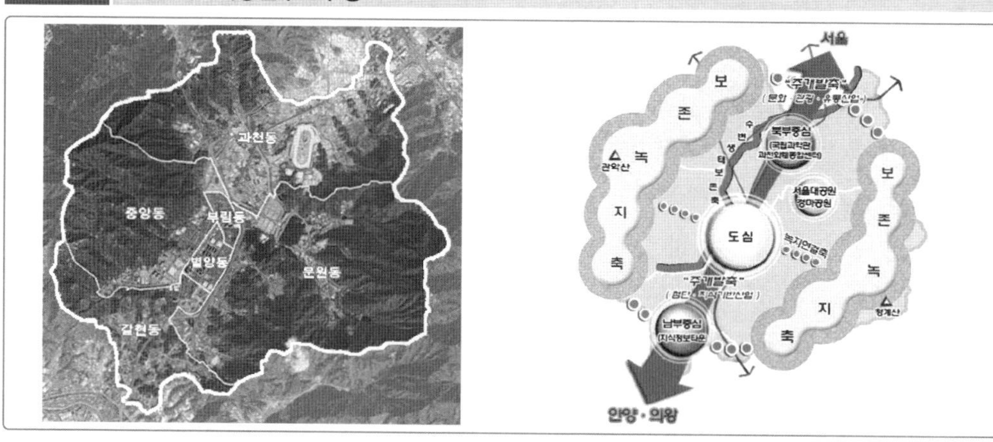

1) 이하에서 이 사업에 대한 개괄적 설명 및 그림은 과천시 공청회 자료(과천시, 「과천 지식정보타운 도시개발사업 구역 지정(안)」, 2009. 1. 16)를 참고하고 발췌하여 옮김.

2) 과천시, 「2020년 과천도시기본계획(안) -공청회-」 2007. 9. 18, 1면, 4면.

그림 2 과천지식정보타운의 배경 및 목적[3)]

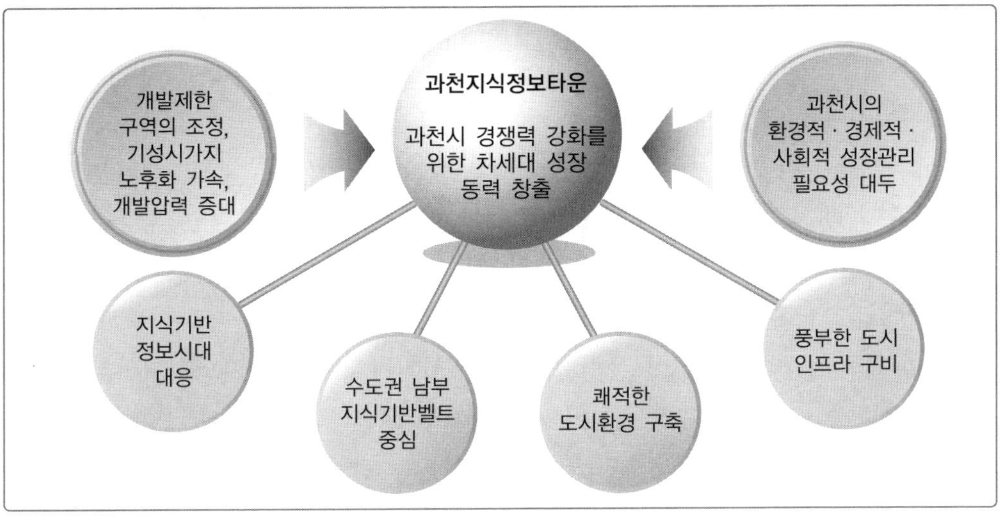

그림 3 과천지식정보타운 추진의 필요성[4)]

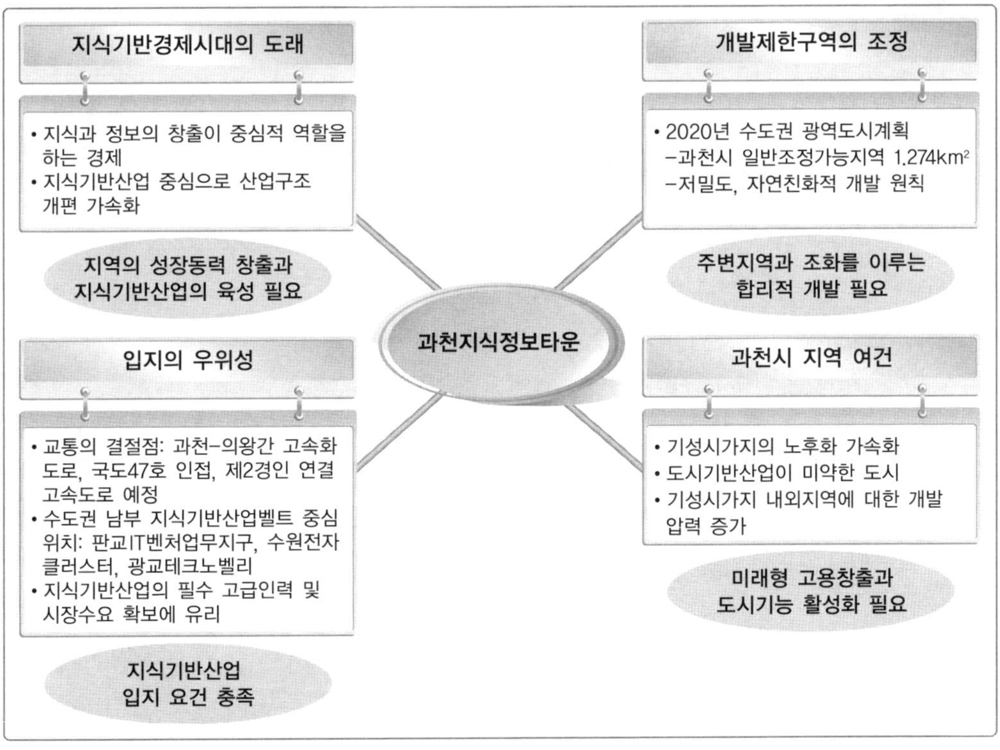

3) 과천시, 「과천 지식정보타운 도시개발사업 구역 지정(안)」, 2009. 1. 16, 3면.
4) 과천시, 「과천 지식정보타운 도시개발사업 구역 지정(안)」, 2009. 1. 16, 7면.

상기 공람 이후에 과천시는 2009년 1월 7일자 보도자료('과천지식정보타운 사업추진 본격화')를 배포하였는데, ① "지역경제 활성화와 미래 성장 동력 확보, 양호한 주거환경 제공을 목적으로 자연과 지식기반산업, 쾌적한 주거단지가 어우러진 친환경 복합단지 '과천지식정보타운' 조성사업을 2009년부터 본격 추진"하며, ② "갈현동과 문원동 일대 127만㎡(약 38만 5천 평)에 수용 또는 사용방식으로 진행되는 지식정보타운은 상업 및 업무용지(8만 5천㎡), 지식기반산업 및 도시기반시설 용지(89만 5천㎡), 주거용지(29만 4천㎡)로 나뉘어 건설될 예정"이며, ③ "전체 면적의 23%를 차지하는 주거용지에는 4,900세대의 주택을 건설하여 13,700여 명의 인구를 수용"한다는 계획을 밝히고 있다. 또한, 향후의 절차와 관련하여서는 ④ "공청회를 거쳐 경기도에 구역지정신청을 하고 2009년 상반기 내에 구역 지정을 받아 곧바로 개발계획을 수립하여 2010년에는 토지보상에 착수할 계획"을 밝히고, 늦어도 2013년까지는 사업이 완료될 예정이라고 하였다.[5]

그림 4 과천시가 예상한 동 도시개발사업 구역지정 절차[6]

과천시는 2009년 1월 16일 전문가 및 시민 의견청취를 위한 '공청회'를 예정대로 개최하였고, 2009년 4월에는 경기도에 도시개발구역 지정을 요청하였다. 경기도는 2009년 8월 도시계획위원회를 개최하여 이를 심의하였고, 2009년 9월에는 국토해양부에 그 승인을 요청하였다. 한편, 과천시는 2009년 9월 30일 과천지식정보타운 개발계획 용역 착수보고회를 개최하고 10월 8일에는 과천지식정보타운 조성사업 관련 보도자료를 배포하였다.[7)]

2) 갈등배경 2－경기도 도시계획위원회 심의

2009년 11월 20일 경기도 도시계획위원회는 과천시 갈현 · 문원동 일대 지식정보타운에 대한 도시개발구역 지정을 확정 공시하고 12월 3일까지 주민열람을 실시하였다. 2009년 11월 23일자 과천시 보도자료에 따르면, ① "과천시 갈현동 121번지와 문원동 880번지 일원 1,274,000㎡(약 38만 5천 평) 부지에 조성되는 과천지식정보타운은 수용 또는 사용방식으로 진행되며 오는 2013년 완공 예정"이며, ② "주요 토지이용계획은, 주택건설용지 298,000㎡, 업무용지 40,000㎡, 상업용지 44,000㎡, 지식기반산업용지 271,000㎡, 기반시설용지 621,000㎡로 계획됐고, 주거용지에는 단독주택 376가구와 공동주택 4,536가구 등 총 4,912세대가 들어설 예정이며, 13,755명의 인구를 수용"하고, ③ "이 지구는 쾌적한 주민 휴식공간 조성을 위해 도로, 공원, 녹지, 공공용지 등 도시기반시설을 전체 면적의 48.7%로 계획했으며, 나머지 21.3%에 해당하는 지식기반산업용지에는 e－런닝, 게임, IT기반의 R&D 등 첨단산업 연구단지 등이 들어서게" 되며, ④ "시는 이번 도시개발구역 지정에 따라 내년 하반기부터 토지보상에 착수, 오는 2011년까지 토지보상을 완료하고 기반조성 공사 착공과 함께 이르면 2012년부터 토지 및 주택분양에 나설 계획"이라고 한다.[8)]

---

5) 과천시의 계획과 설명에 따르면, 과천지식정보타운은 ① 교육과 연구, 문화와 여가, 주거가 가능한 지역으로 개발되며 대상부지 북으로는 서울의 테헤란밸리와 포이동 정보기술밸리, 동편에는 판교 IT벤처단지, 서편에 위치한 광명음악산업단지와 안양벤처밸리, 남으로는 수원 전자클러스터와 광교테크노밸리의 중심부에 자리잡아 지식산업 벨트를 구축하게 되며, ② 지리적으로는 수도권 중심부에 위치한 요지로 서울 중심부에서는 18km, 인천공항까지는 50km거리이며, 지하철과 국도 47호선, 과천~의왕고속도로 등 사통팔달의 교통망을 갖추고 있다. 아울러, ③ 지식정보타운의 미래비전으로 차세대 성장동력 확보와 지식기반산업의 핵심지역, 지속가능하고 쾌적한 웰빙타운 등 3가지를 과천시는 꼽고 있다. 과천시청 홈페이지 〈http://www.gccity.go.kr〉 참조.

6) 과천시, 「과천 지식정보타운 도시개발사업 구역 지정(안)」, 2009. 1. 16, 5면.

7) 과천시청 홈페이지 〈http://www.gccity.go.kr〉 참조.

8) 과천시청 홈페이지 〈http://www.gccity.go.kr〉 참조.

3) 갈등발생초기: 하수처리장 및 봉안시설 설치건 〈과천시-의왕시 갈등〉

2010년에 들어서 과천시는 7월 29일 갈현동 주민자치센터 4층 회의실에서 과천지식정보타운 추진상황 설명회를 개최한 후에, 10월에 '지식정보타운 도시개발사업에 따른 과천시 도시관리계획(개발제한구역 해제) 결정(변경)'을 게시하였다.[9)]

이 중에서 특히 문제가 되었던 사항은 과천지식정보타운의 '공간구상'이 핵심이었는데, 도시기반시설로서 주거용지 계획에 따라 필요한 학교시설 외에 지구 내 발생하는 하수처리를 위한 자체 하수처리장[10)]의 신설과 향후 과천시의 봉안수요를 고려하여 봉안시설의 설치를 포함하고 있었다.[11)]

한편, 공동주택용지 계획에서는 "하수처리장, 납골시설, 자원정화센터 등 정서적으로 주민이 기피하는 시설과 시각적으로 맞닿는 지역에는 주민 민원을 예상하여 우선적으로 주거지를 배제"한다는 내용을 담고 있었다.

그림 5 공간구상(안)도

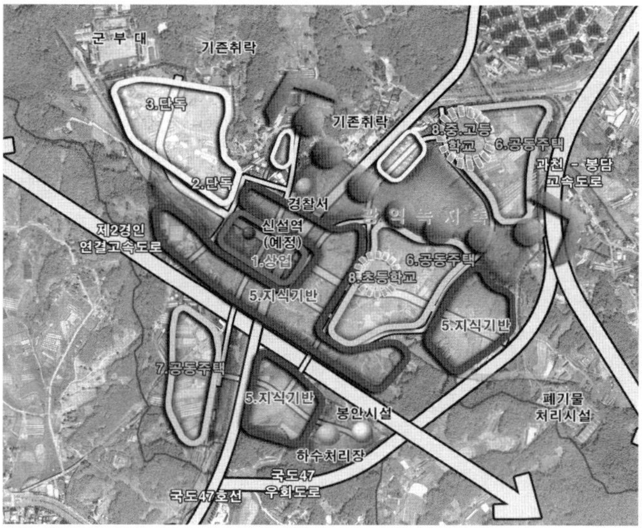

9) 게시된 사업의 개요는 다음과 같다.
- 사업명: 과천 지식정보타운 도시개발사업
- 위 치: 경기도 과천시 갈현동 121번지, 문원동 880번지 일원
- 면 적: 1,274,400㎡
- 사업기간: 기준년도 2009년 / 목표연도 2014년
- 사업시행자: 과천시, 한국토지주택공사
- 사업방식: 도시개발법에 의한 도시개발사업(수용방식)

2010년 11월 19일 과천시는 '지식정보타운 사전 환경성 검토서 초안 공람 및 설명회 개최 공고'[12]를 하였고, 11월 22일에는 의왕시 포일2지구[13]와 100~200m 거리에 있는 갈현 · 문원동 일대 127만 4,400㎡에 대한 도시개발사업(지식정보타운)을 추진하기 위해 주민공람공고를 실시하였는데, 이 주민공람공고에는 지식정보타운 안에 봉안시설과 하수처리장이 포함될 것임을 밝히고 있었다.

하지만, 인접한 의왕시 포일2지구에는 국민임대주택단지가 건설돼 2011년 2천 776가구가 입주할 예정이며, 의왕시는 이곳에 인텔리전트타운을 조성해 2014년까지 430개 첨단기업을 유치할 계획이었다. 11월 25일 의왕시의 김성제 시장이 직접 과천시에 항의전화를 걸어 사전 협의 없이 일방적으로 배치계획을 수립한 데 대한 유감의 뜻을 표명하고,[14] 전면 재검토할 것을 촉구하는 한편, 과천시와 시행사인 한국토지주택공사(LH공사)에 봉안시설과 하수처리장 입지선정에 대한 재검토를 요구하는 공문을 보냈다.[15]

---

10) 현행 「하수도법」(시행 2012.5.15, 법률 제11084호, 2011.11.14, 일부개정.)에 따르면, 하수를 처리하여 하천 · 바다 그 밖의 공유수면에 방류하기 위하여 지방자치단체가 설치 또는 관리하는 처리시설과 이를 보완하는 시설을 말하는 "공공하수처리시설"(동법 제2조 9호)은, 특별시장 · 광역시장 · 특별자치도지사 · 시장 또는 군수는 사람의 건강을 보호하는 데 필요한 공중위생 및 생활환경의 개선과 「환경정책기본법」에서 정한 수질환경기준의 유지를 위하여 종합계획을 바탕으로 관할구역 안의 유역별로 하수도의 정비에 관한 20년 단위의 기본계획(이하 "하수도정비기본계획"이라 한다)을 수립하여야 하고(제5조), 공공하수처리시설의 설치등에 있어서 환경부장관의 인가를 받아야 한다(제11조).

11) 하수처리장은 재해 가능성 및 환경에 따른 영향이 가장 유리한 지역에 배치하며, 하수처리장 시설은 지하에 설치하고, 상부는 평지형 공원으로 계획하여 체육시설 등 다양한 용도의 이용이 가능 하도록 할 예정이며, 봉안시설은, 주거지에 미치는 영향이 가장 적은 제2경인연결고속도로와 과천우회도로가 교차하는 지역에 배치하며, 주변 자연환경과 조화롭게 설치하여 혐오시설의 이미지를 탈피하도록 할 예정이라고 하였다.

12) 과천시 공고 제2010-632호(공람기간: 2010.11.22.~12.13(20일간), 설명회 일시 및 장소: 2010. 11. 30(화) 15:00, 과천시청 대강당).

13) 정식 사업명칭은 "의왕포일2택지개발사업"이며, 개발사업유형은 택지개발사업으로서 의왕시 포일동 일원의 528,881㎡ 면적으로 8,605명/2,776세대를 수용할 예정으로 2005.6.10. ~ 2011.9 진행예정이었다.

14) 오마이뉴스(http://www.ohmynews.com/) 2010년 11월 25일 게시.

15) 2010월 11월 29일자 의왕시의 과천지식정보타운 하수처리장 및 납골당 관련 민원답변을 보면, "2. 과천시에서 추진중인 과천지식정보타운 개발계획(11월 22일 발표)에 반영된 장묘시설과 하수처리장 시설은 우리시와 사전 협의 없이 과천시에서 일방적으로 추진하는 사업으로 3. 우리시에서는 11월 24일 시장께서 전언으로 유감의 뜻을 전달하였고, 11월 25일 과천시와 시행사인 한국토지주택공사에 공문을 발송하여 기피시설에 대한 입지선정을 전면 재조정토록 요구하였습니다. 4. 2011년에 입주예정인 포일2지구(2,776세대)와 2014년에 완공목표인 포일인텔리전트 첨단기업 유치를 추진 중에 있는 포일지구는 우리시가 명품도시로 발돋움하기 위한 최적지인 만큼 절대 혐오시설이나 기피시설로 인한 불편을 끼쳐드리지 않도록 최선을 다하겠습니다."라고 밝히는 등, 과천시의 하수처리장 및 봉안시설 입지선정에 대한 강한 반감을 보이고 있다.

또한 11월 25일자 의왕시 보도자료('과천지식정보타운 혐오시설 전면 재검토 강력 요구')에 따르면, "의왕시는 과천시에서 추진 중인 과천지식정보타운 개발계획이 11월 22일 주민공람공고된 것에 대해 2011년도 입주(2,776세대 8,605명 입주) 예정으로 국민임대 주택단지를 건설하고, 2014년 준공(430개 첨단기업 유치, 15,000명 입주) 목표로 포일인텔리젠트 타운 조성사업을 추진 중에 있는 포일2지구와 인접한 지역에 주민기피시설인 장묘시설과 하수처리장 시설을 배치하는 것으로 계획한 것에 대해 김성제 의왕시장이 지난 24일 직접 과천시 부시장에게 직접 전화 통화하여 사전 협의 없이 일방적으로 배치계획을 수립한 데 대해 유감의 뜻을 표명하면서 전면 재검토하도록 강력히 항의하는 한편 과천시와 시행사인 한국토지주택공사에 11월 25일 공문 발송과 아울러 도시개발국장 등 관이러한 의왕시의 반응에 대하여, 과천시는 주민들의 의견을 듣기 위해 공람공고를 냈지만 아직 확정된 것이 아니며 사전에 의왕시와 충분히 협의해 사업을 추진하겠다고 밝혔다.

앞서 과천시가 예정하고 있던 2010년 11월 30일 과천시청에서 열린 과천지식정보타운 도시개발사업에 따른 도시관리계획 사업환경성검토(초안) 주민설명회에는 의왕시 포일2지구 입주민 등 의왕시민 100여 명이 참석하여, 전면 재검토를 요구하였다.[16] 그리고 2010년 12월 2일에는 의왕시가 과천시에 재차 공문을 보내 "과천지식정보타운 내 봉안시설, 하수처리장 등 주민기피시설 설치 계획은 주민들에게 매우 부정적인 영향을 끼치는 중대한 사안으로 의왕시가 수용하기 불가한 사항"이며, "포일2지구와 불과 140m 거리에 있는 갈현동, 문원동 일대에 봉안시설과 하수처리장이 들어설 경우 시 발전을 저해하게 된다"며 "2km 이상 떨어진 지역으로 입지를 변경해 달라"고 요구했다. 또한, 의왕시는 과천시에 오는 17일까지 입장을 밝혀 달라고 주문하고 이 같은 요구가 받아들여지지 않으면 주민 서명운동 등을 통하여 강력히 대응하겠다는 뜻을 밝혔다.[17]

2010월 12월 17일 경기도 도시계획위원회에서는 '과천 도시관리계획(개발제한구역해제)변경 결정 자문–과천 지식정보타운 도시개발사업'에 대한 심의결과 '조건부자문' 결정을 하였다.[18][19] 12월 20일 과천시는 주민기피시설 건립 문제를 논의하기 위해 의왕시, 안양시 등 인근 지방자치단체에 실무자협의체를 구성할 것을 제안하고, 12월 23일 과천시에서 회의를 갖기로 하였다는 사실을 밝혔다. 과천시는 동 회의에서 봉안시설 및 하수처리장 건설에 대한 필요성을 설명하고 다른 지자체의 의견을 수렴해 이격거리 조정 등 대안을 마련할 방침이라 하였다.

4) 갈등심화기: 국책사업으로 변경 〈과천시–안양시 갈등〉

2011년 5월 17일 과천시와 국토해양부, 경기도, LH공사는 예정된 과천지식정보타운 부지에 보금자리주택을 건설키로 하고 합의서에 서명하였다.[20] 또한 기존계획을 국책사업으로 변경하고, 가구수를 6천여 가구로 늘려 9,600가구 규모로 2015년까지 완공

계공무원이 과천시를 직접 방문하여 기피시설에 대한 입지선정을 전면 재검토 하도록 강력하게 요구했다."고 한다.

16) 경인일보 2010년 12월 3일자 참조.

17) 2010월 12월 2일자 의왕시 보도자료('과천지식타운 주민기피시설 재검토 촉구–봉안시설, 하수처리수장 설치 계획 백지화 요구–').

18) 경기도 도시정책과, 「2010년도 제24회 도시계획위원회 개최결과」, 2010년 12월 17일.

19) 과천지식정보타운과 같은 대규모 개발계획의 경우, 개발제한구역 해제에 대한 최종의결은 중앙도시계획위원회에서 담당하고, 도 도시계획위원회는 의결은 하지 아니하고 심의만 하게 되어 있다.

20) 국토해양부 홈페이지(http://www.mltm.go.kr/) 2011년 5월 17일자 보도자료 참조.

예정으로 수정하였다. 이에 따라, 5월 18일 과천시는 과천지식정보타운 보금자리주택 지구지정 주민열람을 공고하면서 '사전 환경성검토서 토지이용구상도'를 통해 하수종말처리장을 안양시 경계에 건립하겠다고 밝혔다. 이러한 일련의 계획 변경은 LH공사가 자금난으로 지식정보타운 조성 사업사업에 참여할 수 없다고 통보함에 따라 과천시가 국토부와 협의하여 보금자리주택사업으로 전환한 것이다.[21]

2011년 5월 27일 안양시는 당초 의왕시 포일지구 옆에 계획된 하수처리장이 과천 보금자리주택지구 지정 공람과정에서 안양시와 연접한 것[22]으로 변경된 것으로 드러나자 국토부와 경기도, 과천시, LH공사에 수용불가 입장을 전달했다.

그림 6 공간구상의 변경

그리고 같은 날 관양지구[23] 입주예정자들은 관양1동사무소에 몰려가 이와 관련한

21) 관련 공고의 주요내용을 보면, 과천시 갈현 · 문원동 일대 135만 3천여㎡에 보금자리주택을 건설, 9천 600가구의 아파트를 건설하겠다는 내용과 하수처리장 예정지 등이 포함돼 있음(2011.05.18. 과천지식정보타운 보금자리주택 지구 지정을 위한 주민열람 공고(과천시 공고 제2011-304호)).
가. 지 구 명: 과천지식정보타운 보금자리주택지구
나. 위 치: 과천시 갈현동, 문원동 일원
다. 사업면적: 1,353천㎡
라. 열람 및 의견제출 기간: 2011. 5. 18 ~ 6. 1 (14일간)

22) 안양시는 과천시의 지구지정 제안서류와 사전환경성검토서 초안을 검토한 결과 하수처리장 부지가 국민주택사업 지구인 관양지구(3천 900여 가구)와 직선거리로 150m 떨어진 사실을 확인하였다.

대책 마련을 요구했으며 일부 주민들은 성남시에 위치한 LH 본사를 항의 방문하는 등 반발하였다. 한편, 안양시 관계자는 과천시와 LH공사는 주민들의 의견을 듣기 위해 열람공고를 냈지만 아직 확정된 것은 아니라며 사업계획을 확정할 때 안양시의 입장을 반영하겠다는 뜻을 구두로 통보해 왔다고 하였다.

2011년 6월 1일 국토해양부는 과천지식정보타운 보금자리주택지구 내 과천하수처리장이 안양시계 인근으로 계획돼 안양시와 인근 주민들이 크게 반발하고 있는 것과 관련 "과천하수처리장은 개념도 차원에서 나온 것으로 확정된 계획이 아니다", "하수처리장은 토지이용계획이 나온 뒤 관계기관 의견을 수렴해 조정해야 될 사안"이라며 "필요하다면 올 하반기 안양시 등 인근 지자체의 의견을 물어 판단할 계획"이라고 말했다. 이에 따라서 토지이용계획 확정과정에서 조정될 가능성이 높아졌다.

2011년 8월 30일 과천시는 국토해양부, LH공사와 '지식정보타운보금자리 기본합의서 보완 협약' 체결식을 개최하였다.[24] 이와 같이 보금자리 지구 지정에 따라 과천지식정보타운 지구에 하수처리장 및 봉안시설 설치가 어려워지게 되었다.

상기 과천시와 연접한 의왕시, 안양시의 갈등의 전개과정을 살펴보면, 후자의 두 지방자치단체 내에서 택지개발사업이 이미 개시되어 입주가 임박한 시기에 뒤 늦게 과천시가 기피 또는 혐오시설의 입지를 결정하거나 변경하게 됨에 따라 불필요한 지역갈등을 야기한 측면이 있다.

5) 갈등확대기: 혐오시설 설치 백지화 〈과천-의왕/안양 갈등의 발전〉

2011년 9월 29일 국토해양부는 과천지식정보타운을 보금자리주택지구로 지정 공고

---

23) 수원 안양권 무주택자 주거안정을 위한 주택단지 조성을 목적으로 한, "안양관양국민임대주택단지조성사업"은 안양시 동안구 관양동 일대에 585,205m² 사업면적으로 2005.06.10.~2012.12.31.까지 추진예정이었으며, 사업규모는 11,757명/3,919세대를 수용하는 것으로 되어 있었다.

24) 이 협약의 주요내용에 관한 과천시 보도자료는 다음과 같다.
- 협약에 따라 과천시와 LH공사, 국토부는 당초 정부 계획대로 보금자리주택 지구지정을 추진하되 주택 건설 물량을 4,800호로 하고, 주택 축소에 따라 발생된 토지는 유보지로 분류키로 했다.
- 유보지는 주택 4,800호를 건설한 뒤 부동산 시장 및 주택공급 상황 등을 종합적으로 고려, LH공사와 과천시가 합의해 개발사업을 추진키로 했다. 단, 합의가 이뤄지지 않을 경우 과천시가 유보지를 직접 매수할 수 있도록 했다.
- 또 개발예정지의 토지 등의 보상은 유보지를 포함, 전체 사업지구에 대해 일괄 보상을 실시한다.
- 이와 함께 유보지에 반영된 지식산업용지는 기업의 수요가 있을 시 적기에 개발 · 공급하기로 했으며 영구임대주택 등 임대주택은 과천시의 의견을 충분히 반영해 계획하고, 주택 분양시기 등은 LH공사와 과천시가 협의해 추진키로 했다.
- 시 관계자는 "국토부가 시의 건의를 수용함으로써 당초 시가 추진했던 지식정보타운 원안을 유지할 수 있게 됐다"며 "협약 체결로 시는 주택 소유자의 재건축 불안 요소를 해소하고, 지역의 자족기반 확충을 위한 기반 마련 및 무주택 서민의 주택마련을 실현할 수 있게 됐다"고 설명했다.
- 한편, 국토부는 지난 7월 11일 과천시의 요청으로 중단된 지구지정 절차에 즉시 착수키로 했다.

하고 사업시행자를 LH공사로 공고하였고,[25] 10월 13일 과천시는 '과천지식정보타운 보금자리주택지구 조성사업'의 환경영향평가서(초안)에 대한 공람과 함께 주민설명회 개최 공고를 하였다.[26] 이 환경영향평가서 요약서에 따르면, 보금자리주택지구의 "발생오수는 주변 박달하수종말처리시설 등 주변 하수종말처리시설에 연계처리"를 검토할 계획이라고 밝히고 있다.

이러한 환경영향평가 결과에 따라 2011년 12월 말 과천시는 안양시와 의왕시에 안양시의 박달하수처리장[27]과 의왕시의 하늘쉼터[28]를 과천시가 사용할 수 있도록 해주면

25) 이미 환경부, 지자체 등 관계기관과 사전협의 후 지난 5.17일 발표된 과천 지구는 주민공람(5.28~6.1) 및 중앙도시계획위원회의 심의(9.22)를 거쳐 보금자리주택지구로 최종 확정되었다. 과천주택지구의 지정 면적은 약 1,353천㎡이며, 전체 주택 호수는 과천시가 시민의견을 수렴하여 건의한 사항을 수용하여 기본합의서 보완서를 체결(8.30)한 바와 같이 주택 4,800호, 그 중 보금자리주택은 3,700호가 공급될 예정이며, 주택 축소로 발생하는 토지는 유보지로 계획할 예정이다(원래 계획된 주택수를 축소).

26) 과천시 공고 제2011-507호

1. 사업개요
   가. 사 업 명: 과천지식정보타운 보금자리주택지구 조성사업
   나. 위 치: 경기도 과천시 갈현동, 문원동 일원
   다. 면 적: 1,353,180㎡
   라. 시 행 자: 한국토지주택공사
   마. 사업기간: 지구지정일 ~ 2018년
2. 공람기간 및 장소
   가. 공람기간: 2011.10.13(목) ~ 2011.11.04(금), 20일간
3. 주민설명회 개최
   가. 일 시: 2011.10.20(목) 16:00
   나. 장 소: 과천시 갈현동 문화교육센터
4. 주민의견 제출
   가. 제출기간: 2011.11.11(금) 18:00까지(공람기간 만료일로부터 7일 이내)

27) 박달하수처리장은 안양시 만안구 박달동 655번지에 위치하고 있으며, 안양권 3개시(안양, 군포, 의왕) 거주 110만 주민의 생활하수 처리를 위해 1986년 착공하여 1992.4.1 준공 및 가동을 시작하였고, 1994년과 1997년 확장되었다. 일일 처리용량은 300,000톤인데, 시설 노후화로 인한 악취 민원이 제기됨에 따라, 2010년부터 지하화계획이 추진되고 있다. 특히, 2004년 광명KTX 역사 건립 당시부터 악취 문제가 불거지더니, LH가 시행하는 광명역세권지구 택지개발사업과 관련하여 주민들의 지하화 요구가 거세게 제기됐다. 안양시, 광명시, LH 등은 2004년부터 협의에 나서 2010년 5월 3,000억 원 가량 소요되는 사업비 재원조달 방안 및 사업시행 역할 분담에 따른 협약을 체결하였다. 이 협약을 통해 악취저감에 소요되는 시설개선사업비(지하화)는 LH가 부담하고, 고도처리시설 비용은 안양시(군포시 · 의왕시), 재원확보를 위한 박달하수처리장과 인접한 공원용지의 용도변경은 광명시가 협조해 추진하기로 결정했다. 또 광명역세권지구 등 인근 4개 택지개발지구에서 발생하는 하수의 박달하수처리장 유입처리와 용도변경으로 인해 감소되는 공원 · 녹지 · 저류지 등을 박달하수처리장 부지 내에 설치하기로 합의했다.

28) 의왕시 하늘쉼터는 오전동 710-6번지 일원의 기존의 공동묘지에 친환경적인 봉안시설과 편의시설을 설치하고자 지난 2006년 8월 용역을 시작으로 지난 2008년 9월 본격적인 공사에 들어가 2009년 9월 20일 준공하여, 2010년 2월부터 운영을 개시하였다. 이 시설은 자연장과 수목장, 봉안담을 갖춘 친환경적 장사문화시설로 준공되었으며, 특히 혐오시설이라는 느낌을 없애기 위해 친환경적 봉안공법과 봉안담 외벽에 역사적 인물과 사건, 불로장생을 의미하는 십장생, 사군자, 유네스코에 등록된 우리 문화재가 벽화로 새겨지는 등의 아름다운 조경으로 친숙한 느낌으로 조성돼 시선을 사로잡는다. 하늘쉼터는 고인 사망일을 기준으로 1년 이상 의왕시에 주민등록이 되어 있는 경우 사용자격이 주어진다. 의왕시는 2009년 11월 18일 하늘쉼터 조성과정에서 갈등을 빚어온 오전동 38통 주민들과 주민지원 협약을 체결하여, 의왕시 장사조례에 매장 전면금지와 화장장 설치 시 주민 80% 이상의 동의를 얻는 내용을 명시하고, 주민숙원사업이던 전 세대 상수도 설치, 하늘쉼터 사용료 수입액의 10% 마을기금 지원, 관리동

그림 7 갈등의 쟁점이 되는 과천시 인접도시의 택지지구 위치

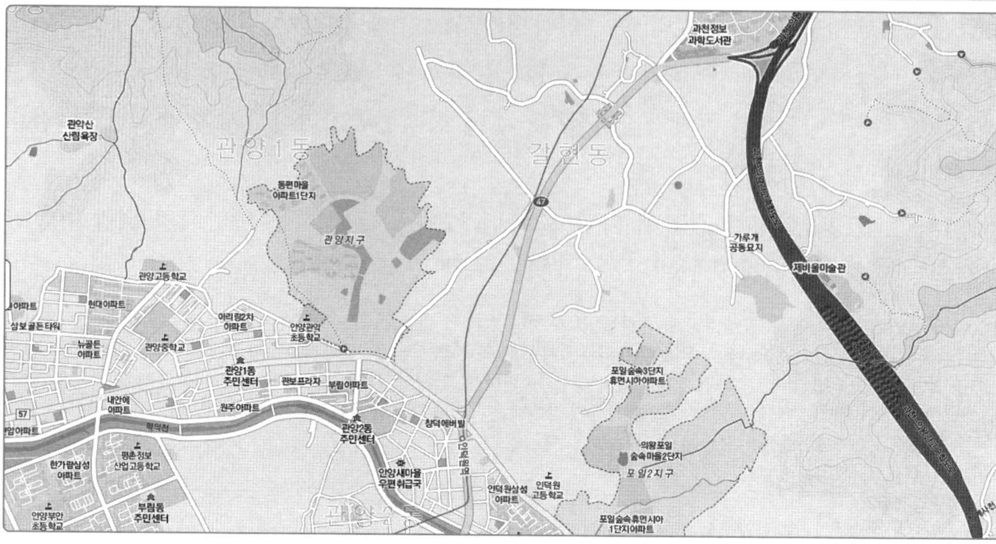

3개시 경계지역에 들어설 예정이었던 봉안시설과 하수처리장의 건설계획을 완전히 백지화하겠다고 밝혔다.[29] 그리고 2012년 2월 과천시는 안양시에 안양관양지구 도로개설에 대한 행정적 지원을 하는 대신 안양시 하수종말처리장을 이용할 수 있도록 하는 빅딜을 제안했다. 이러한 제안에 대해 안양시는 도로개설 사업은 국책사업이라며 제안을 거절하였다.

당시 2011년에 LH공사는 안양 관양 국민임대지구 교통개선대책사업 일환으로 안양시 관양동 동편마을과 과천시 갈현동 갈현삼거리 인근 47번 국도를 연결하는 도로개설 사업을 추진하고 있었다. 하지만, 과천시가 도로개설을 위한 도시관리계획 등 행정절차를 미루자, 국토해양부는 그해 두 지역의 시 관계자를 불러 지역현안에 대해 상호 협조하라고 조정했다. 그 후 과천시는 국토부의 요청에 따라 도시계획관리 등 도로개설을 위한 절차를 진행하고 있으나, 안양시가 또 다시 하수종말처리장 사용불가 방침을 밝혔다.

매점운영권 마을에 위탁하는 등의 내용 등을 담아내 주민기피 시설에 대해 주민들의 호응을 얻어 설치한 성공적인 사례로 평가되고 있다.

29) 2011년 12월 31일자 중부일보의 보도에 따르면, 과천시에서 함께 쓰자고 제안한 안양 박달하수처리장은 하루 30만 톤을 처리할 수 있는 규모이며, 현재 군포 · 의왕시와 함께 이용하고 있지만 10만 톤 정도로 더 처리할 수 있다. 그리고 의왕 하늘쉼터의 장사시설은 운영된 지 1년여가 경과된 시점에서 86위만 안치돼 이용률이 0.86%에 불과하고, 봉안 6천 900위, 자연장 1천 746위, 수목장 1천 위 등 총 9천 646위를 안치할 수 있다고 한다.

6) 갈등유지기 〈과천-의왕/안양 갈등의 현재 상황〉

과천시의 빅딜 제안에 대한 안양시의 초기 입장은 "안양 하수종말처리장은 인근 군포시와 의왕시도 함께 사용하고 있어 과천시가 이를 사용하기 위해서는 3개 시로부터 모두 동의를 받아야 한다"며 과천시의 제안을 받아들일 수 없다는 것이었다. 이에 대해 과천시 관계자는 2011년 "국토부 대책회의에서 양 시가 지역현안에 대해 상호 협조키로 협의한 만큼 약속이 이행되어야 한다"며, "앞으로 하수종말처리장 이용에 대해 안양시와 구체적인 협의를 진행해 나갈 계획"이라고 말했다.

2011년 12월 31일자 중부일보의 보도에 따르면, 안양시의 반응은 긍정적이며, 박달하수처리장 오·하수 차집관로 신규 설치 및 교체 비용만 과천시가 부담해 주면 함께 써도 무방하다고 하였다. 그리고 박달하수처리장은 환경부에서 하루 처리량을 20만 톤으로 줄이라고 권고한 상태여서 안양시는 과천시의 제안을 마다할 이유가 없다고 한다. 안양시 관계자는 "반대할 이유가 없다"면서 "큰 틀에서 합의가 이루어지면 과천시에서 부담해 주어야 할 예산을 산출해 볼 계획"이라고 하였다. 하지만, 의왕시는 신중검토라는 원론적인 입장으로 지역사회 주민과 시의회의 의견을 청취 중에 있는 바, 빅딜의 성사는 의왕시가 어떠한 조건을 제시하는가 여부에 달려 있다고 한다.[30)]

만약, 빅딜이 성사되면 3개 시는 모두 예산 측면에서 많은 이익을 얻게 되는데, 과천시는 봉안시설과 하수처리장 건립에 들어가는 예산 500억 원(추정액) 중 상당액을 절감할 수 있고, 안양시와 의왕시는 과천시가 여유 시설을 이용하는 데 따른 합당한 사용료 및 대응 투자를 받아 낼 수 있을 것으로 기대된다.

30) 이러한 빅딜의 논의에 대하여, 김상돈 의왕시의회 의장(민주당)은, "과천시의 주민기피시설 빅딜 제안은 광역행정 차원에서 효과가 크다고 볼 수도 있지만, 사안별 이익과 손해를 따지기보다 지속가능한 미래도시 건설을 준비하는 입장에서 생각해 보면 고려 대상이 아니다. 자치단체 집행부는 기피시설이 시민을 위해 꼭 필요하다면 완벽한 계획을 수립해 자신의 지역 내에 건설하려는 도시계획 마인드를 갖고 있어야 한다. 그런데 과천의 빅딜 제안은 사전에 인근 자치단체뿐만 아니라 과천시민들의 여론도 수렴하지 않고 도시계획을 수립해 갈등과 민원이 발생하자 나온 임기응변식 대책으로 보인다. 즉, 빅딜을 논의하기에는 그 신뢰성이 부족하다. 또 의왕 하늘쉼터는 의왕시민들만 이용해도 부족한 시설이다. 비록 현재는 이용률이 낮지만 인구증가에 따라 점차 찾는 시민이 많아질 것이다. 시설 확장도 어려운데 과천과의 공동이용은 바람직하지 않다."고 하면서 부정적인 입장을 개진한 반면, 서형원 과천시의회 의장(무소속)은, "안양시와 의왕시의 시설을 사용할 수 있도록 해주면 시 경계지역에 지으려는 봉안시설과 하수처리장 등 주민기피시설을 백지화하겠다는 과천시의 제안은 결코 무리한 것이 아니라고 판단된다. 이 제안이 설득력을 갖는 이유는 80톤의 처리용량을 가진 과천시자원정화센터(쓰레기 소각장)에 의왕시의 생활쓰레기가 반입돼 소각되고 있기 때문이다. 더욱이 의왕시의 쓰레기를 소각하며 과천시는 쓰레기 1톤당 최소한 15만 원의 처리비용을 받아야 하지만 현재 겨우 4만 원의 비용만을 받고 있는 상황이다. 이번 기회에 현실화를 논의해야 할 것으로 보인다. 이미 의왕시의 쓰레기를 받아 처리하고 있는 과천시의 이번 제안을 의왕시 집행부와 시의회가 긍정적으로 검토하는 등 주민기피시설 관련 협의를 진행하는 3개 시가 서로 머리를 맞대고 발전적인 방향을 모색해 나갈 것을 기대한다."고 긍정적인 입장을 표명하였다. 2011년 12월 31일자 중부일보의 보도.

2012년 4월 본 집필진이 과천시 도시과에 문의한 결과, 현재 하수처리장과 봉안시설 등 혐오시설은 과천지식정보타운 사업에서 배제되었으며, 의왕 · 안양 등 인접 지방자치단체와는 위 시설의 공동사용에 관하여 협의 중이라 한다.

2. 갈등의 구조

1) 갈등구조의 개요 및 속성

그림 8 갈등구조의 개요 및 속성

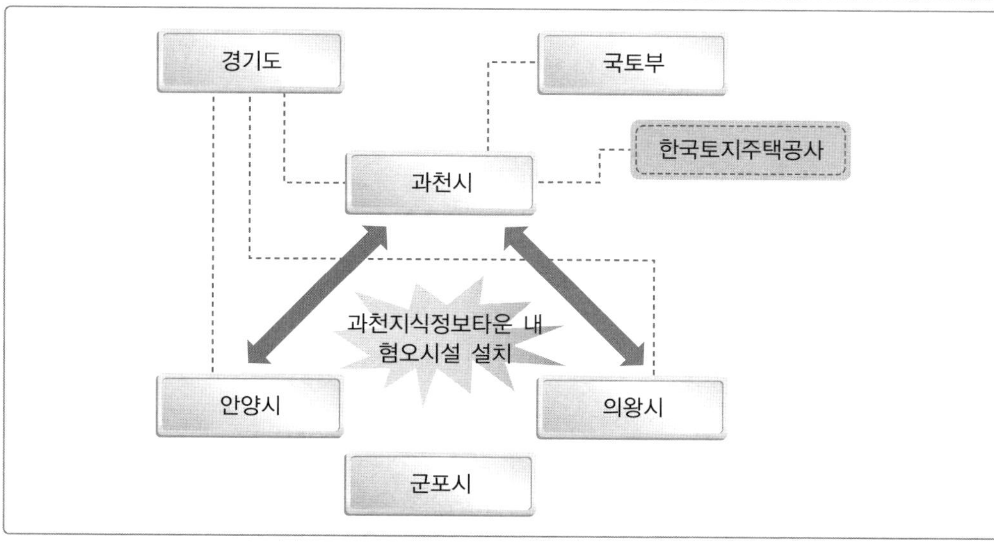

이 사례는 전형적인 지방자치단체 간의 지역갈등 사례라 할 수 있다. 수도권에 위치한 지방자치단체는 연접하고 있는 여러 지방자치단체와 여러 가지 도시 문제를 해결하기 위하여 협력하여야 할 뿐만 아니라 세수와 경제인구의 확보를 위하여 경쟁하여야 하는 관계에 있다고 볼 수 있다. 특히, 부동산거래에 지방자치예산의 상당 부분을 의존하여야 하는 기초자치단체의 경우에 자신들이 주도적으로 개발에 참여한 여러 택지지구의 지가 또는 아파트 등의 거래가가 인접한 다른 지방자치단체의 기피 또는 혐오시설에 의하여 하락하는 경우, 또는 거래가 활성화되지 아니하는 경우 세수의 확보에 있어서 어려움이 예상된다. 따라서 되도록 지방자치단체의 경우 자신의 관할하의 부동산거래의 활성화나 거래가에 민감하며, 결과적으로 해당 지역민과 일정부분 동일한 목표의식을 갖고 있다고 할 것이다.

과천시가 추진하던 과천지식정보타운 도시개발사업 속에 하수종말처리장이나 봉안시설의 설치가 포함되는 과정을 분석하여 본다. 폐기물처리시설, 하수종말처리시설, 봉안시설 등의 장의시설의 설치는 관련 법령에 의하여 광역단위 또는 기초자치단체 차원에서 자신의 관할지역에 설치함이 원칙이고 2개 이상의 지방자치단체가 광역으로 시설을 설치, 운영할 수 있으며, 이러한 사항에 대한 조정이 필요한 경우에는 광역자치단체나 국가의 관련 중앙부처가 이를 조정하거나 명령하도록 되어 있다. 과천시의 입장에서 본다면, 필수적으로 자기 관할지역 내에서 발생하는 오폐수의 처리와 봉안시설의 확보 측면에서, 가장 손쉬운 방법이 도시개발사업의 일부로 기피 또는 혐오시설의 입지를 끼워 넣어 처리하는 것이 목표의 달성이라는 측면에서 가장 손쉬운 방법일 수 있었을 것이다. 특히, 지식정보타운 도시개발사업의 경우 광역자치단체나 인구 50만 이상의 대도시에 해당하지 아니하는 과천시로서는 개발계획의 최종적인 결정권한이 없지만, 경기도 또는 경기도 도시계획위원회의 적극적인 개입이나 심의를 통과하는 과정 속에서 광역자치단체의 묵인 또는 협력을 기대할 수 있었으리라 보인다.

의왕시와 안양시의 입장에서 본다면, 두 자치단체 모두 과천시에 인접한 외곽에서 택지개발사업이 마무리 단계에 이르렀는데도 불구하고 사전에 아무런 조정이나 협력을 구하지 아니한 과천시가 하수처리장과 봉안시설 입지를 들고 나와 이에 대한 논의를 이끌어 간 데 대하여, 이러한 지방자치단체 간의 갈등을 자신들 관할의 택지지구 이주예정자 또는 인접주민의 분노 또는 물리력의 행사로 발전시켜 간 측면이 있다고 할 것이다.

그리고 경기도와 같은 광역지방자치단체나 국토해양부와 같은 중앙정부의 부서의 경우, 도시개발에 관한 법령이나 혐오 및 기피시설 관련 법령에 따르면 장기적인 행정계획의 작성 당시에 갈등을 미연에 방지하거나 갈등발생 후 조정권한의 행사를 통하여 적극적으로 개입할 여지가 시간적으로나 행정적으로 있었음에도 불구하고, 그러한 장단기적인 조정기능을 행사하지 아니한 것에 대한 책임이 있다 할 것이다.

또한 선출 및 구성과정에서 자기 관할하의 주민의 표를 의식할 수밖에 없는 지방자치단체장 또는 지방의원들이 수도권의 균형적인 발전이라는 장기적인 안목에서 정치력을 발휘하였는지 의문이다.

2) 갈등의 이해관계자

(1) 과천시

과천시는 본 갈등 사안의 주요 이해당사자로서 하수처리장과 봉안시설을 포함하는 과천지식정보타운이라는 도시개발사업 추진주체로서 본 갈등의 촉발자로서 역할을 하였다. 갈등의 시작 단계에서 법령이 요구하는 하수처리장과 봉안시설이라는 도시기반시설의 설치와 세수증대를 위한 도시개발사업을 추진함에 있어서 분리될 수 있는 장래의 사업을 하나의 도시계획 속에 포함시킴으로서 이미 주택지구로서 개발이 완료단계에 있던 의왕시와 안양시 지방자치단체뿐만 아니라 입주예정자와 대치점에 서게 되었다. 갈등의 촉발자로서 몇 가지 선택권을 가지고 있던 과천시는, 의왕시와 안양시의 완강한 반대와 과천지식정보타운이 보금자리주택지구로 지정됨에 따라 기존의 계획을 수정 내지 포기하면서 의왕시 및 안양시에 이미 설치되어 있는 시설의 공동이용이라는 빅딜을 요청하여 실무협의를 진행하고 있다.

(2) 의왕시

과천시와 연접하고 있는 의왕시는 자신의 외곽지역에 설치되는 과천지식정보타운의 사전 환경성 검토서 초안의 공람에 따라 비로소 과천시의 도시개발사업 내에 하수처리시설과 봉안시설이 포함되어 있고, 이러한 시설이 의왕시 내에 조성중인 포일2지구의 국민임대주택단지나 인텔리전트타운 조성에 영향이 끼칠 것이라 예견하고 시 차원에서 강한 유감과 항의의 뜻을 전하였다. 또한 과천지식정보타운의 시행사로 예정된 LH공사에도 봉안시설과 하수처리장의 입지에 대한 항의를 제기하였다. 이후 과천지식정보타운이 보금자리주택지구로 지정되면서 과천시가 봉안시설 및 하수처리장의 설치 백지화와 의왕시가 설치, 운영 중인 의왕하늘쉼터라는 봉안시설의 공동이용이라는 빅딜을 제안 받게 되었다.

(3) 안양시

안양시는, 과천시가 사전 환경성 검토서 토지이용구상도를 변경하고 공람과정에서 과천지식정보타운 내 하수처리장과 봉안시설의 입지를 안양시 인접지역으로 변경함에 따라 입주가 임박한 안양시 관양지구가 영향을 받게 되어 입주민의 민원이 발생하게 되어, 국토해양부, 경기도, 과천시 및 LH공사 등에 수용불가의 입장을 전달하였다. 이후 과천시의 안양시 내에 설치되어 안양 · 의왕 · 군포시가 공동으로 이용하는 박달하수종말처리장의 공동이용이라는 빅딜을 제안 받게 되었다.

(4) 경기도

과천시가 인구 50만 명 이하의 도시이기 때문에 도시개발계획을 결정함에 있어서 경기도의 직간접적인 행정적인 지휘관계에 있는 상태이고(경기도는 도시개발계획의 최종적인 고시 권한을 가지고 있음), 광역자치단체 차원에서 법령상의 조정기능을 행사하여 기피 및 혐오시설의 광역이용계획을 통한 갈등 전 사전조정이나 갈등 발생 후 사후조정을 하여야 함에도 불구하고, 하위 기초자치단체 간의 갈등에 적극적으로 개입하지 아니하였다.

(5) 국토해양부

과천지식정보타운과 같은 대규모 도시개발계획에 대한 승인권한을 갖고 있지만, 지방자치단체 단독 또는 공동 설치가 요구되고 있는 장의시설이나 환경시설 등에 있어서는 보건복지부나 환경부의 권한에 속한다.

(6) LH공사

LH공사는 과천지식정보타운의 초기 시행사로 지정되어 안양 및 의왕 주민의 주요 민원대상이 되었다. LH공사는 과천시뿐만 아니라 의왕시와 안양시, 그리고 지하화가 추진되고 있는 박달하수처리장의 이해관계인으로서 과천시 vs. 의왕시, 과천시 vs. 안양시와 같은 주된 갈등관계의 이해관계인은 아니지만, 여러 도시개발사업의 시행사로서 갈등의 주된 원인을 해소할 수 있는 당사자는 아니더라도 입지선정에 참여하여 갈등의 양상을 변화시키거나 갈등을 약화시키는 적극적인 역할도 기대될 수 있을 것으로 보인다.

(7) 포일2지구, 관양지구 입주예정자

과천시가 도시개발계획인 과천지식정보타운 내에 봉안시설과 하수처리장의 입지선정이 자신들의 주거환경에 영향을 받게 된 포일2지구 및 관양지구 입주예정자들은 각 시청과 과천시가 주최한 공청회에서 집단적인 물리력을 행사하고 사업시행자인 LH공사에도 여러 차례 항의방문을 하였다.

3) 분쟁사안에 직 · 간접 이해관계 분석

(1) 과천시

과천시는 갈등의 초기단계에서는 과천지식정보타운 또는 보금자리주택지구 내를 포함하여 다른 관련 법령이 요구하는 하수처리장 및 봉안시설 설치 등 주민기피시설을 설치하여 행정상의 이점을 거두고자 하였을 뿐만 아니라, 기존의 주거지역과 상당한 거리가 떨어진 시 외곽에 위치시킴으로서 과천시 내부의 민원을 차단하는 이점을 얻고자 하였다. 또한 갈등의 유지 및 해소단계에서는 기피 및 혐오시설을 관내가 아닌 다른 지방자치단체의 시설의 공동이용을 통하여 일정한 수수료 및 이용료의 지불을 대가로 과천시 내부의 민원과 과천시 인접 지방자치단체 및 인접 주택지구 입주예정자의 민원도 해결하는 이점을 얻고자 한다.

(2) 의왕시

의왕시는 갈등 이전에 대규모 임대주택단지인 포일2지구와 그 인근에 인텔리전트타운을 조성하여 첨단기업을 유치하고 산업인구와 세수의 확대를 꾀하려고 하였으나, 과천시의 과천지식정보타운 개발계획에 따라, 포일2지구 입주예정자의 민원 발생과 인텔리전트타운 조성에 악영향을 받게 되었다. 만약 과천시의 빅딜제안을 받아들이게 된다면, 시차원에서 조성한 봉안시설의 유휴시설의 공동이용을 통하여 공동이용에 따른 시설의 관리비용 절감과 향후 과천시와의 협력을 통한 여러 가지 예산상의 절감의 효과도 기대된다.

(3) 안양시

입주가 임박한 관양임대주택단지의 인근으로 과천지식정보타운 내 봉안시설과 하수처리장의 입지가 변경되어 입주예정자 및 인근주민의 민원이 발생한 안양시로서는, 처리에 여유가 있는 박달하수처리장의 공동이용을 통하여, 향후 지하화가 추진될 예정인 하수처리장의 유지비용의 절감의 효과를 거둘 것으로 보인다. 다만, 박달하수처리장이 안양시뿐만 아니라 의왕시 및 군포시와 공동 이용되는 시설이므로, 3개 지방자치단체 간의 이용관계의 조율이 필수적으로 보인다.

Ⅳ. 갈등의 해결과정

1. 유사 빅딜사례

본 사례의 갈등해결을 위해 과거에 발생되었던 지방단체 간 또는 지방단체 내 지역간 혐오시설설치 관련 갈등에 대한 해결과정을 검토하고자 한다. 갈등 당사자나 분쟁해결과정 등 그 규모나 내용은 다소 다를 수 있지만 기본적으로 이해집단 간의 갈등해결과정이 성사된 점에서 시사점이 있다.

1) 구로구와 광명시 간 빅딜의 타결[31)]

경기도 광명시는 지리적 여건상 수도권 배후도시로서 서울시 구로구와 밀접한 관계를 맺고 있으며, 1981년 시 개청 이후 자체 처리장이 없어, 급격한 인구증가에 따른 쓰레기처리에 있어서 '난지도,' '시화매립지' 및 '김포수도권매립지' 등을 전전하며 많은 어려움을 겪고 있었다. 인구 30만 명을 넘어선 1993년부터는 광명시 자체적인 쓰레기 처리장을 확보하기 위하여 시 외곽에 불모지로 방치되어 있던 폐광지역(광명시 학온동 산 16-1번지)을 복원하여 하루 처리용량 300톤 규모의 쓰레기소각장을 건설, 운영하게 되었다. 한편 1996년 6월 서울시 구로구는 광명시 경계지역(구로구 천왕동 110번지 일원)에 예상건설비 410억 원을 서울시가 부담하는 조건으로 하루 400톤 규모의 소각장건설 계획을 입안하면서 인접한 광명시와 갈등을 빚게 되었다. 구로구는 행정구역이 다르다는 이유로 인접한 광명시와의 행정협의를 배제한 채 사업추진을 강행하였던 것이다.[32)]

구로구가 일방적으로 추진하던 쓰레기소각장의 건설계획은 인접한 광명시 주민 10만여 명이 집단시위를 벌이며 소각장 건설을 반대하자 심각한 국면으로 전환되기에 이르렀다. 광명시는 주민들의 집단저항이 점점 거세지자 1996년 7월경 구로구에 소각장 건설과 관련 자료를 요청하는 한편, 광명시 주민들의 의견을 수렴하기에 이르렀다. 광명시의회 의원들도 구로구소각장 건설을 반대하기 위한 범시민적 반대운동을 전개하기에 이르렀다. 이러한 광명시 주민과 시의회의 반대로 인하여 광명시는 급기야 서울시장, 경기도지사, 구로구청장에게 소각장 건설부지 선정에 대한 재검토를 요청하기에 이르렀다.

그러나 서울시와 구로구 측은 입지가 적법하게 선정되었고 환경영향평가 당시 광명시 주민을 참여시켜 주민의 피해가 최소화되도록 노력하겠다는 점을 들어 소각장 건설을 계속 추진하겠다는 뜻을 밝혀왔다. 이와 같은 서울시와 구로구의 일방적 방침에 대하여 1996년 10월 16일 광명시민 600여 명이 구로구 설명회장에서 입지변경을 요구하

31) 양 자치단체 간의 빅딜의 구체적인 내용은 '경기도 광명시 청소행정과, "지방자치단체 개혁박람회 - 환경기초시설의 빅딜", 「자치공론」 2001년 4월호'에 소개되어 있고, 행정학적 분석을 다루고 있는 문헌이 다수 있음(윤영채, "입지갈등 해결전략으로써의 환경기초시설 빅딜 사례연구", 「지방정부연구」 제8권 제4호(2004 겨울), 51-71면; 정주용, "성공적 갈등해결전략으로써 협상의 성공요인: 환경기초시설 빅딜사례를 중심으로", 「정부학연구」 제10권 제1호(2004), 193-238면; 조만형 · 김이수, "협력적 거버넌스 구축에 관한 실증적 연구: 광명시와 구로구 간 환경기초시설 빅딜 사례를 중심으로", 「한국사회와 행정연구」 제20권 제2호(2009.8), 215-239면).

32) 이하 이 사례의 연혁적 사항은 '윤영채, "입지갈등 해결전략으로써의 환경기초시설 빅딜 사례연구", 「지방정부연구」 제8권 제4호(2004 겨울)'의 57-58면을 참조함.

는 시위를 벌였으며, 그해 11월 28일에는 17,864명의 이름으로 구로구의 소각장 설치를 반대하는 집단민원을 제출하는 등 집단시위와 농성을 계속하였다. 1997년 10월 13일에는 구로구청 광장에서 소각장 건설을 반대하는 시위농성을 벌였고, 10월 16일에는 구로구 오류2동에 있는 동부제강 연수원에서 열리던 환경영향평가주민설명회장에서 광명시 주민들이 집단항의를 하였으며, 12월 12일에는 광명시 관계자가 서울시에 항의 방문을 하는 등 저항이 끊이질 않았다. 구로구소각장 건설부지에 인접한 광명시민 10만여 명은 '구로구소각장건설반대 범시민대책위원회'를 구성하고 구로구소각장 건설에 대하여 조직적으로 반발하며 시위를 벌였다. 이러한 주민들의 집단저항은 자치단체 간의 갈등으로 비화되기에 이르렀다.

한편, 광명시도 1981년 이래 하루 10만 톤가량의 생활하수를 가양하수종말처리장(서울시 강서구 마곡동 91번지, 하루 처리용량 256만 톤 규모)에서 위탁처리 해주던 서울시가 1993년 2월 10만 톤 초과분량에 대해서 광명시가 자체적으로 처리해 줄 것을 요구하여 왔다. 이러한 갑작스런 서울시의 입장변화로 광명시도 자체 하수처리장을 건설하여야 하는 과제를 안게 되었다.

1996년 1월 광명시는 총 사업비 1,655억 원을 투입하여 하루 18만 톤의 하수를 처리하는 광명시 하수처리장(광명시 광명7동 지역) 건설계획을 발표하게 된다. 그러나 이 사업이 발표되자 시설 예정지 주변 광명4~7동에 거주하는 주민 5만여 명이 주민대책위원회를 구성하고 집단민원을 제기하는 등 거세게 반발하기 시작하였다.

이러한 배경하에, 광명시에서는 하수처리장을, 구로구에서는 쓰레기소각장을 필요로 하였기 때문에 자연스럽게 환경기초시설의 빅딜이 거론되게 되었다. 양 자치단체의 환경시설 빅딜은 1998년 3월 20일 서울시가 '구로구 쓰레기소각장 건설관련 업무협의'의 공문을 광명시에 발송하면서부터 시작되었다. 공문의 내용은 구로구 소각장 입지선정은 「폐기물처리시설설치촉진 및 주변지역지원 등에 관한 법률」에서 요구하고 있는 제반규정을 철저히 준수하여 선정된 부지이나 사업진행과정에서 광명시 주민들의 지속적인 민원제기로 사업이 원만히 진행되기 어려운 여건임을 감안하여 광명시에서 건립중인 소각시설에 구로구쓰레기의 공동처리가 가능하면 건설비 및 운영비 등 비용부담의 용의가 있으니 적극 검토해달라는 것이었다.

1998년 6월 15일 환경부 주관하에 서울시 · 경기도 · 구로구 · 광명시의 소각장업무담당 국 · 과장 간의 공동이용추진에 관한 간담회'를 시작으로 당사자 간 협의가 지속적으로 이루어졌다.

즉, 서울특별시, 광명시, 구로구는 교대로 '관련 당사자 간 회의와 중재 · 조정회의'를 개최하며 자치단체 간 갈등과 의견 차이를 조정해 나갔다. 마침내 1999년 5월 21일 '수도권행정협의회 실무회의'에서는 광명시 하수처리에 대한 문제가 논의되어, 광명시가 구로구쓰레기를 반입하는 대신 광명시 하수를 서울시가 가양하수종말처리장을 일부 증설하여 통합 처리하는 방안이 기본적으로 합의되었다.

1999년 6월 2일부터 2000년 4월 14일까지 8회에 걸친 관계기관 업무협의가 이루어졌고, 마침내 2000년 4월 18일에 서울특별시 · 경기도 · 구로구 · 광명시 간에 '광명시 자원회수시설 공동이용에 관한 협약'과 2000년 5월 2일에 구로구와 광명시 간 '광명시 자원회수시설 공동이용 운영규약'이 체결되었다.

그러나 구로구의 쓰레기를 광명시 자원회수시설에서 반입 · 처리하는 것으로 결정되자, 자원회수시설 주변지역 학온동 6통 지역주민 500여 명은 집회신고를 내고 구로구쓰레기 반입저지 집단시위를 시작하였다. 2000년 5월 하순부터 7월 초까지 40여 일 동안 매일 밤 구로구쓰레기의 반입을 저지하는 반대집회가 열렸다. 결국, 2000년 7월 6일 광명시장은 자원회수시설 주변영향지역인 학온동 주민지원협의체 대표들과 만나 주민지원기금 마련과 더불어 주민숙원사업을 들어주기로 약속하고, 2000년 7월 10일 마침내 구로구쓰레기가 반입되기 시작하였다.

2) 용인시 · 성남시 하수처리장 갈등(1993. 12 ~ 2008. 6)

토지공사는 용인시 수지 택지지구 하수처리장을 성남시 분당구 구미동에 설치하고자 하였으나, 성남시 구미동 주민들이 설치에 반대하였다. 하수처리장 완공 후에도 성남시 주민들의 반대로 토지공사는 이의 운영을 포기하였다. 그 후 경기도의 중재로 성남시가 용인시와 토지공사에 보상금을 지급 완료한 후 부지를 인수하고, 구미고등학교를 신설한 후 잔여부지에는 공원조성을 추진하게 되었다. 이해관계의 배분이 제대로 이루어지지 않은 상태에서 사업이 수행되는 경우 신속한 갈등해결이 없으면 예산낭비를 초래하게 되는 사례이고, 상급기관인 경기도가 즉각적인 개입을 통하여 조정을 하였어야 할 사례이다.[33]

3) 무안군 · 함평군 환경관리종합센터 갈등(2003. 12 ~ 2007. 9)

무안군의 환경관리종합센터 시설입지가 함평군 연접지역(엄다면)으로 확정되어 환

33) 한국지방행정연구원 간, 「지역갈등사업의 협력 원활화 종합대책(최종보고서)」, 2008. 12, 34면.

경부가 소관하는 「폐기물관리법」에 근거하여 매일 45톤의 소각물을 소각할 수 있는 용량의 시설물을 대지 51,257㎡, 건평 3,386㎡ 정도 규모로 건설될 예정이었다. 연접지역인 함평군도 매립시설 용량부족으로 신규 소각시설의 설치를 요구하였는데, 전라남도의 중재로 양군 광역화 실무협의를 시작하여, 설치예정시설을 광역화하는 것으로 결론이 났다. 양 지방자치단체 간 주변 주민에 대한 적극적인 대처로 민원을 최소화한 사례로 평가되고 있으며 광역자치단체인 전라남도의 행정적, 재정적 지원과 중재가 갈등의 해결에 긴요한 것으로 평가되고 있다. 다만, 시설사업비 외에 주변 주민 지원사업 등으로 지방재원이 과다하게 소요되어 재정난을 가중시켰다는 평가를 받고 있다.[34)]

4) 인천광역시와 부천시 간의 빅딜의 논의

2010년 제5기 민선 지방자치단체가 출범한 이후에 경기 부천시와 인천광역시는, 부천시가 인천 화장장인 부평구 시립승화원을, 인천시는 부천 하수종말처리장 등을 서로 이용하자는 방안으로 빅딜을 추진하고 있다. 두 자치단체의 빅딜 논의는 김만수 부천시장(민주당)이 지난 7월 취임한 뒤 본격화되었고 이는 원혜영 민주당 의원이 부천시장이던 2002년부터 거론되어 온 사안이라고 한다. 인천시와의 견해차로 부천시가 자체 화장장을 짓는 쪽으로 기울며 논의가 중단됐지만, 김 시장이 당선되면서 다시 논의가 개시된 측면이 있다. 부천시는 경기도의 광역화장장이 건립될 때까지만 인천 시립승화원 화장로 2기를 부천 시민을 위한 전용 화장로로 배정해 줄 것을 인천시에 제안한 상태다. 부천에 화장장 시설이 없어 다른 시 · 도의 화장장을 이용할 수밖에 없는 주민들이 그 지역 주민보다 15배가 넘는 이용료를 내는 큰 불편을 겪고 있기 때문이다. 그러면서 2014년 인천 아시아경기대회 때 종합운동장 · 실내체육관 등 부천 시내 체육시설을 쓸 수 있도록 하겠다고 추가 제의를 하였는데, 이는 재정난으로 경기장 확보에 비상이 걸린 인천시를 돕겠다는 것이다. 부천시의 제안에 대해 송영길 인천시장(민주당)도 취임 초기에 동의했지만, 화장장 인근 일부 주민들의 반발이 일어 논의는 일단 중단된 상태다.[35)]

2. 다른 빅딜 사례와의 비교

구로구-광명시 간의 상호시설 교차이용 또는 혐오 및 기피시설의 광역화에 의한 빅

34) 한국지방행정연구원 간, 「지역갈등사업의 협력 원활화 종합대책(최종보고서)」, 2008. 12, 37면.
35) 한겨레신문 2010년 10월 7일자 참조.

그림 9 다른 빅딜 사례와의 비교

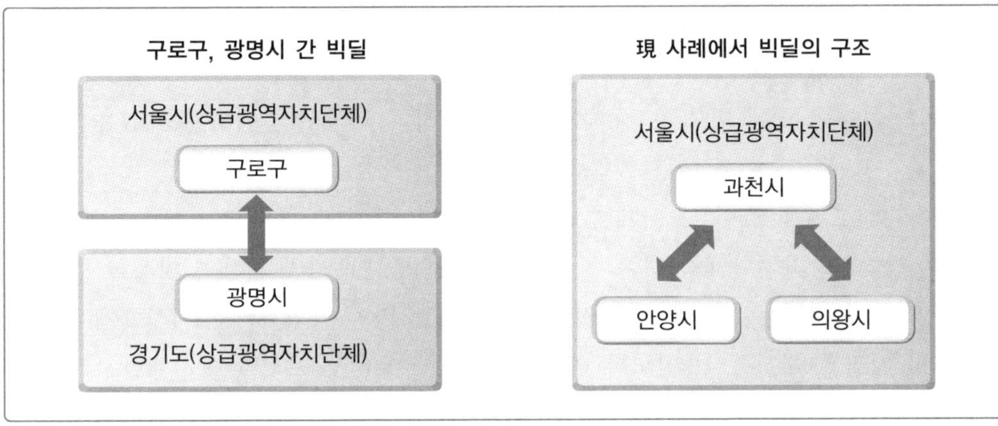

딜의 경우, 배후에 서울시 및 경기도라는 서로 다른 상급광역지방자치단체가 있는 데 반하여, 과천시 지식정보타운 내 혐오 또는 기피시설 관련 지방자치단체 간 갈등은 같은 지역갈등임에도 불구하고 경기도라는 동일한 상급광역자치단체 내의 갈등이라는 차이점이 있다. 과천시의 도시개발계획 및 지구지정에 있어서 경기도도시계획위원회의 심의절차와 경기도지사의 고시권한이나 폐기물 시설의 상호이용 내지 광역화와 관련한 여러 가지 조정권한을 가지고 있는 경기도가 갈등의 예방 및 갈등의 해소에 있어서 적절한 기능과 역할을 수행했는지는 표면적으로 필자의 문헌조사에서는 나오지 아니한다. 다만, 과천시의 빅딜제안에 따른 후속절차의 논의과정에서 적극적인 역할을 수행할 수 있을 것이라 기대되며, 이 갈등과 간접적으로 영향을 끼치게 될 박달하수처리장과 관련한 광명시의 민원(만약 과천시의 하수처리까지 박달하수처리장이 맡게 되는 경우 발생할 수 있는)이나 향후 박달하수처리장의 지하화 등 고도화 과정에서 예산 및 인센티브의 제공을 통하여 적극적인 갈등 조정자의 역할이 기대된다고 할 것이다.

3. 갈등해소를 위한 접근

1) 갈등해결을 위한 객관적 기준의 분석

(1) 관련 법령의 분석

과천시의 지식정보타운 개발계획의 근거법인 「도시개발법」[36]은 도시개발에 필요한 사항을 규정하여 계획적이고 체계적인 도시개발을 도모하고 쾌적한 도시환경의 조성과

36) 시행 2012.4.15., 법률 제10599호, 2011.4.14, 타법개정.

공공복리의 증진에 이바지함을 목적으로 하고 있다(제1조). 이 법에서 말하는 "도시개발구역"이란 도시개발사업을 시행하기 위하여 지정 · 고시된 구역을 말하고, "도시개발사업"이란 도시개발구역에서 주거, 상업, 산업, 유통, 정보통신, 생태, 문화, 보건 및 복지 등의 기능이 있는 단지 또는 시가지를 조성하기 위하여 시행하는 사업을 말한다(제2조).

이 법 제3조에 따르면, 도시개발구역은 특별시장 · 광역시장 · 도지사 · 특별자치도지사 등 광역지방자치단체장 또는 인구 50만 이상의 대도시의 시장이 지정할 수 있으나, 시장 · 군수 또는 구청장은 대통령령으로 정하는 바에 따라 시 · 도지사에게 도시개발구역의 지정을 요청할 수 있도록 하고 있다(제3조 제4항). 이러한 도시개발구역의 개발계획에는 도시개발구역의 명칭 · 위치 및 면적, 도시개발구역의 지정 목적과 도시개발사업의 시행기간, 도시개발사업의 시행자에 관한 사항, 도시개발사업의 시행방식, 인구수용계획, 토지이용계획뿐만 아니라, 도로, 상하수도 등 주요 기반시설의 설치계획 등이 포함되어야 한다(제5조 제1항). 그리고 대도시 시장이 아닌 시장 · 군수 또는 구청장이 도시개발구역의 지정을 요청하려고 하는 경우에는 공람이나 공청회를 통하여 주민이나 관계 전문가 등으로부터 의견을 들어야 하며, 공람이나 공청회에서 제시된 의견이 타당하다고 인정되면 이를 반영하여야 한다(제7조).

또한, 지정권자는 도시개발구역을 지정하거나 제4조 제1항 단서에 따라 개발계획을 수립하려면 관계 행정기관의 장과 협의한 후 「국토의 계획 및 이용에 관한 법률」 제106조에 따른 중앙도시계획위원회 또는 같은 법 제113조에 따른 시 · 도 도시계획위원회나 대도시에 두는 대도시도시계획위원회의 심의를 거쳐야 하고, 변경하는 경우에도 또한 같다(제8조 제1항). 그리고 지정권자는 제1항에 따라 관계 행정기관의 장과 협의하는 경우 지정하려는 도시개발구역이 일정 규모 이상 또는 국가계획과 관련되는 등 대통령령으로 정하는 경우에 해당하면 국토해양부장관과 협의하여야 한다(제3항).

「수질 및 수생태계 보전에 관한 법률」[37]에 의거, 환경부장관은 공공수역의 수질오염방지를 위하여 특히 필요하다고 인정하는 때에는 시 · 도지사, 시장 · 군수 · 구청장으로 하여금 관할구역 안의 하수관거, 폐수 · 하수종말처리시설 또는 폐기물처리시설 등의 설치 · 정비 등을 하게 할 수 있다(제12조 제1항).

또한, 시 · 도지사, 시장 또는 군수는 도종합계획 또는 시군종합계획을 작성하는 경우에는 공공수역의 수질오염방지를 위하여 하수종말처리시설 · 분뇨처리시설 등의 설

37) 시행 2012.4.15., 법률 제10599호, 2011.4.14, 타법개정.

치계획을 당해 종합계획에 반영하여야 하고(제13조), 특별시장 · 광역시장 · 시장 또는 군수는 도시 · 군기본계획을 수립하는 경우에는 제13조의 규정에 의한 도종합계획, 「지역균형개발 및 지방중소기업 육성에 관한 법률」 제5조의 규정에 의한 광역개발사업계획에 포함된 하수종말처리시설 · 분뇨처리시설 등의 설치계획을 종합하여 당해 도시 · 군기본계획에 반영하여야 한다(제14조). 따라서, 지방자치단체를 궁극적으로 자신의 관할구역 내에서 발생하는 하수의 종말처리에 대한 책임을 부담하고 있다 할 것이다.

「폐기물관리법」[38]에 의거, 특별자치도지사, 시장 · 군수 · 구청장은 관할 구역의 폐기물의 배출 및 처리상황을 파악하여 폐기물이 적정하게 처리될 수 있도록 폐기물처리시설을 설치 · 운영하여야 하며(제4조 제1항), 특별시장 · 광역시장 · 도지사는 시장 · 군수 · 구청장이 제1항에 따른 책무를 충실하게 하도록 기술적 · 재정적 지원을 하고, 그 관할 구역의 폐기물 처리사업에 대한 조정을 하여야 한다(제2항).

한편, 광역자치단체 간 폐기물 처리사업에 대한 조정은 국가가 행하도록 하고 있다(제4항). 그리고 환경부장관, 시 · 도지사 또는 시장 · 군수 · 구청장은 둘 이상의 시 · 도 또는 시 · 군 · 구에서 발생하는 폐기물을 광역적으로 처리할 필요가 있다고 인정되면 광역 폐기물처리시설을 단독 또는 공동으로 설치 · 운영할 수 있다(제5조 제1항). 아울러, 둘 이상의 지방자치단체가 공동으로 설치 · 운영하는 폐기물처리시설의 경우 해당 지방자치단체 간에 협의하여 반입수수료를 결정하여야 하고, 반입수수료의 금액은 징수기관이 국가면 환경부령으로, 지방자치단체면 조례로 정한다(제6조 제2항 및 제3항).

환경부장관 또는 시 · 도지사는 지방자치단체 간의 폐기물 처리사업을 조정할 때에 폐기물매립시설 등 폐기물처리시설을 공동으로 사용할 필요가 있으면 공동으로 사용하게 하고, 그 시설이 설치된 지역의 생활환경 보전과 개선을 위하여 필요한 지원대책을 마련하도록 관련 지방자치단체에 요구할 수 있다. 이 경우 관련 지방자치단체는 특별한 사유가 없으면 그 요구에 따라야 한다(제55조).

「장사 등에 관한 법률」[39] 제5조에 따르면, 특별시장 · 광역시장 · 도지사 · 특별자치도지사와 시장 · 군수 · 구청장은 보건복지부장관이 5년마다 마련하는 묘지 · 화장시설 · 봉안시설 및 자연장지의 수급에 관한 종합계획에 따라 관할 구역 안의 묘지 · 화장시설 · 봉안시설 및 자연장지의 수급에 관한 중 · 장기 계획을 수립하여야 하고(제2항), 시 · 도지사 및 시장 · 군수 · 구청장은 지역 특성에 비추어 필요하다고 인정되면 제2항

38) 시행 2011.10.29., 법률 제10615호, 2011.4.28, 타법개정.
39) 시행 2011.8.31., 법률 제10741호, 2011.5.30, 타법개정.

에 따른 중 · 장기계획의 전부 또는 일부를 다른 시 · 도지사 또는 시장 · 군수 · 구청장과 공동으로 수립할 수 있다(제3항). 그리고 동법 시행령에서는 시 · 도지사와 시장 · 군수 · 구청장은 관할 구역의 장사시설의 수급에 관한 중 · 장기계획(이하 "중장기계획"이라 한다)을 5년마다 수립하여야 하고, 중장기계획에는 장사시설의 설치 · 조성 및 관리에 관한 사항이 포함되어 있는바, 궁극적으로 지방자치단체장은 관할구역 내 또는 인접한 다른 지방자치단체장과 공동으로 봉안시설 등을 설치하여야 한다.

결론적으로 관련 법률들은 도시기반시설로서 봉안시설이나 하수처리장, 그리고 폐기물처리시설 등을 광역자치단체 차원의, 또는 기초자치단체 차원에서 자신의 관할 내에서 수요에 맞추어 설치하여야 하나, 인접 자치단체와 함께 사용료, 수수료 등 댓가의 지불을 통하여 광역화하거나 이익을 교환할 수 있는 법적 근거가 있으며, 특히 광역자치단체의 경우는 행정계획의 수립을 통한 갈등의 예방이나 갈등의 조정에 있어서 권한을 가지고 있다.

(2) 이익의 교환

서울남부의 경기지역의 경우, 시단위의 기초자치단체가 밀집되어 있고, 안양 · 의왕 · 군포의 박달하수처리장 공동이용과 같이 지방자치단체 상호 간의 이익교환의 사례가 많은 것으로 보인다. 따라서 지방자치단체 간의 이익의 교환을 광역자치단체에 의한 조정권한이나 지방자치단체 간의 자율적인 협약에 의존하여 중복적인 시설투자의 감소와 예산절감의 효과를 민원의 해결과 더불어 거둘 수 있을 것으로 보인다.

2) 가상적인 해결방안 제안 및 검토

지방자치의 활성화와 이에 따른 님비현상의 심화 등 자치단체 간 갈등을 해결하는 방안으로 다음의 다양한 시나리오를 고려하여 볼 수 있을 것으로 보인다.

(1) 시나리오 1 현상유지

혐오 및 기피시설 등 필수적인 도시기반시설의 설치와 관련하여 관련 법령이 1차적으로 요구하는 바와 같이 개별 지방자치단체가 자신의 관할 내에서 수요에 맞추어 여러 가지 기반시설을 관내에 설치하는 방안이다. 현실적으로 이러한 혐오 및 기피시설은 도시의 중심부 보다는 외곽에 설치될 수밖에 없으므로, 먼저 관할 내 시설인접 주민에 대하여 인센티브를 제공하여 민원을 예방하거나, 또는 인접지방자치단체의 민원에 대해서는 무시하거나 법령상의 해석을 둘러싼 권한쟁의로 발전될 가능성이 상존한다.

(2) 시나리오 2 빅딜

인접 지방자치단체 간에 시설의 공동이용이나 교차이용과 같은 빅딜은 이를 위하여 자치단체 간에 교환할 수 있는 반대급부를 확인하고, 그러한 반대급부가 현저하게 균형감을 잃은 경우에는 수수료 또는 사용료의 지불을 통하여 해결하는 방안이다. 다만, 빅딜에 이르기까지 지방자치단체 내부 및 외부의 민원의 상당한 발생이 예측되며, 상급광역자치단체나 중앙부서의 적극적인 조정노력이 있어야만 소기의 성과를 거둘 수 있으며, 도시와 농촌 지방자치단체 간, 교통 또는 연혁적으로 유대관계가 희박한 지방자치단체 간에는 이익의 교환을 통한 빅딜이 기대되기 어려울 수 있다.

(3) 시나리오 3 권한을 갖는 경기도나 국토해양부 등 상급 행정기관의 조정의 강화

「폐기물관리법」과 같이 상급 행정기관의 조정을 의무화하거나, 갈등이 심화되거나 타협의 여지가 없는 지방자치단체 간의 갈등의 경우에는 상급 행정기관이 강제 조정하는 것을 법제화하는 방안을 기대하여 본다.

(4) 시나리오 4 인접 행정구역 간의 통합

인접 행정구역 간의 통합을 통하여 상기의 문제를 일거에 해결하는 방안을 상정하여 본다. 다만, 2000년 이후 도농복합지역의 통합이 주민투표를 통하여 여러 지역에서 이루어졌지만, 경기남부와 같이 유사한 성격의 인구가 밀집한 도시지역의 통합이 도농복합지역의 통합과 같이 기피 및 혐오시설의 설치 및 민원의 예방이나 지방자치단체 간의 갈등의 예방과 같은 시너지를 거둘 수 있을지는 의문이다.

Ⅴ. 시사점

끝으로 이 갈등 사례의 특징과 시사하는 바는 다음과 같이 요약하고자 한다.

첫째, 이 사례는 과거의 혐오시설설치와 관련된 갈등사례들과 비교할 때 다수의 이해관계자들이 복잡한 이해관계에 개입되어 한층 더 복잡한 갈등 양상을 보인다. 이 사례에서 원래 사업주체는 과천시지만 상부기관으로 처음에 경기도가 나서다가 그 후 국책사업으로 변경되면서 국토해양부, 한국토지주택공사 등이 분쟁에 개입되어 직접적인 이해관계자인 과천시, 의왕시, 과천시 등 지방자치 간의 갈등 해결에 어려움이 가중되었다. 종전의 혐오시설설치 관련 갈등사례들은 기껏해야 동일한 지방자치단체 내에서 혐오시설의 위치선정 문제에 대한 주민들 간의 갈등이나 아니면 연접한 두 개의 지방자치 간의 혐오시설 설치와 같은 분쟁이 대부분이었으나 이 사례에서는 3개 지방자치단체 외에 이 사업을 승인해 준 상부기관인 경기도와 국토해양부, 그리고 시공사까지 분쟁당사자로 개입된 사례인 점이 특징이다. 그러나 과천시의 지리적 위치나 인구 면(7만여 명)에서 볼 때, 더 나아가 장래에 과천시, 의왕시, 및 안양시가 단일 지방자치단체로 통합될 경우까지 고려한다면 문제 해결의 실마리가 될 여지가 전혀 없는 것도 아니다. 과천시가 안양시의 박달하수장처리장과 의왕시의 하늘쉼터(봉안시설)를 사용할 수 있게 해 주면 대신 과천시의 하수처리장 건설계획과 봉안시설 계획을 백지화하고 안양시에게는 관양지구 도로개설에 재정적 지원을 하겠다고 하였다. 한편, 의왕시의 경우 하늘쉼터가 현재 이용률이 저조하므로 과천시가 이를 함께 이용하면 재정적으로 도움이 될 수 있다. 또한 과천시의 경우 하수처리장과 봉안시설을 백지화하면 상당한 규모의 예산 절감의 효과도 가져 올 수 있었다. 만일 이대로만 된다면 과천, 안양, 의왕시는 모두 Win-Win 하는 모습도 보여줄 수 있는 좋은 사례로 남게 될 수 있는 기회를 놓친 감이 있다. 마치 앞에서 언급한 구로구와 광명시 간 쓰레기 소각장설치와 관련된 갈등에서 합의한 빅딜을 연상케 하는 좋은 예가 될 수 있었다.

둘째, 이러한 빅딜이 아직까지 성사되지 못한 데에는 각 지방자치 단체들 간의 비협조적인 행정처리에도 문제가 없지 않으나 상부기관인 경기도와 국토해양부의 조정의지와 노력의 한계에도 문제가 없지 않다. 현재 과천시와 인접한 안양시나 의왕시는 모두 경쟁이라도 하듯이 이미 도시계발계획 사업을 시행하고 있다. 즉 과천시는 개발제한구역해제와 함께 보금자리주택 건설사업계획을 추진 중이며, 의왕시는 포일2지구에 국민임대주택단지에 입주단계에 들어갔고 인텔리전트타운 조성을 계획 중이며, 안양시는 관양국민임대주택 건설사업이 이미 완료단계에 들어섰다. 따라서 지리적으로 인접한 3개 지방단체들은 지역 내 인구이동이나 세수입의 증감 또는 지역 내 주거지 부동산가격 동향 등에 서로 경쟁적 관계에 있게 되었는데, 뒤늦게 알려진 과천시의 혐오시설 설치계획은 안양시와 의왕시의 주택단지 입주자들에 영향을 주게 되므로 이 사례에서 안양시와 의왕시가 과천시의 이 계획에 반발하는 것은 지극히 당연한 것으로 보인다. 따라서 과천시의 혐오시설을 포함한 보금자리주택 건설사업계획의 최종적인 권한을 가지며 관련 3개 지방단체의 행적적 지휘권한을 갖는 상부기관인 경기도는 이 사례의 갈등에 대한 조정기능을 행사할 입장이었으나 하위 기초자치단체 간의 갈등에 소극적인 입장을 고수하고 있다. 어쩌면 갈등 당사자인 3개 지방단체가 적극적으로 조정을 의뢰하지 않거나 관련 법령에서 이러한 경우 조정할 의무를 부과하지 않는 한, 경기도의 관련 담당부서에서 직접 조정에 나서길 꺼릴 수도 있다. 만일 그렇다면 현재 혐오시설 설치와 관련하여 이러한 유사 사례가 빈번히 발생하는 상황에서 관련법령에서 상부기관의 조정의무를 정할 필요가 있다. 또한 과천시의 보금자리주택사업계획은 결국 국책사업으로 변경됨에 따라 국토해양부가 이 사례의 분쟁을 조정해야 할 입장이 되었으나, 관련 법령에 따르면 하수처리문제와 봉안시설 문제는 환경부나 보건복지부의 권한에 속하므로 조정에 한계가 있었던 것으로 보인다.

셋째, 이 사례에서 과천시가 혐오시설 설치계획를 포함한 도시개발사업을 계획하면서 분쟁예방적 차원에서라도 해당 계획의 영향을 받는 인접 지역인 의왕시와 안양시에 사전 조율이나 협의가 없었다는 점과 분쟁발생 후에 당사자들 간에 합리적으로 문제해결을 위해 납득할 만한 의사소통이 충분하지 않았던 점도 지적할 필요가 있다. 우선 과천시는 인접시에 알리지 않고 해당 개발지역 주민들만을 상대로 설명회를 개최하고 도시계획결정을 게시한 후 주민공람공고를 실시하였다. 이에 대해 의왕시 시장은 즉시 과천시에 사전협의 없이 일방적 혐오시설설치계획에 대해 유감의 뜻을 전하고 시행사인 한국토지주택공사에 재검토를 요구하였으며, 이에 대해 과천시는 인접지역 지방단체와 충분히 협의하고 사업을 시행할 방침이라고 했다. 그러나 그 후 수개월이 지난 후에는 과천시와 국토해양부, 경기도, 한국토지주택공사는 예정된 보금자리주택을 건설하기로 합의 후 주민 공람하였는데 그 내용 중 일부는 설치계획중인 혐오시설의 위치를 의왕시 포일2지구에 인접한 지역에서 안양시 관양임대주택지구에 인접한 지역으로 변경하였다. 이에 대해 안양시는 즉각 반발하여 국토해양부와 경기도, 과천시, 한국토지주택공사에 수용불가 입장을 전달했으며 관양지구 입주예정자들은 관할 동사무소와 한국토지주택공사 본사에 항의 방문하였다. 그 후 국토해양부가 과천시와 안양시 간의 갈등문제를 조율하는 역할을 하였지만 안양시가 박달하수처리장 이용문제는 안양, 군포, 의왕시가 모두 동의하여야 할 문제라고 하여 분쟁당사자들을 한층 확대하는 등 합의에 소극적으로 대응하여 제대로 성사되지 못하였다. 이 과정에서 과천시가 보금자리주택사업계획과 관련하여 인접지역 지방단체와 협의없이 무리하게 일방적으로 시행하려고 한 점이 분쟁발생의 원인이라고 할 수 있으나, 일단 이러한 갈등사례가 발생하면 현실적으로 갈등해결을 위한 합리적이고 절차적인 방법이 없으므로 시당국의 항의 전화나 이해관련 주민들의 집단방문 항의 외에 다른 의사소통의 방법이 없다는 점도 문제이다. 지방단체의 혐오시설 설치계획과 관련하여 분쟁발생시 합리적으로 해결할 수 있는 절차를 마련하기 위한 법령 보완 및 정비, 그리고 이를 위한 제도적 장치로서 관련 분쟁조정위원회의 설치도 요구된다.

마지막으로 이 사례에서 현재 과천시당국은 보금자리주택사업과 관련하여 일단 계획하였던 혐오시설 설치는 포기하고 인접 지방자치 단체인 의왕시와 안양시의 기존 시설을 이용하기 위해 지속적으로 협의 중에 있다고 한다. 그렇다면 2010년 10월 보금자리주택건설계획을 공고한 후 1년 6개월 이상 끌어 온 인접지역 간의 갈등 양상과 협상과정에 비추어 볼 때, 오히려 상급기관의 알선 또는 조정역할의 의뢰가 더욱 시급한 것으로 보인다. 갈등이나 분쟁이 발생할 때 양 당사자들 간의 협상만으로 난관에 봉착하였을 때, 제3자, 이 경우에는 상급기관의 도움을 받아 조정제도의 장점을 적절히 활용하여 이 분야의 분쟁해결전문 법률가들의 자문을 받아 자신들에 맞는 분쟁절차를 마련하여 이 사례의 갈등을 해결하는 것이 바람직하다.

참고문헌

1. 국내문헌

경기도 광명시 청소행정과(2001). “지방자치단체 개혁박람회 - 환경기초시설의 빅딜”, 『자치공론』 2001년 4월호.

경기도 도시정책과(2010). 『2010년도 제24회 도시계획위원회 개최결과』, 2010년 12월 17일.

과천시(2007). 『2020년 과천도시기본계획(안) -공청회-』 2007. 9. 18.

_____ (2009). 『과천 지식정보타운 도시개발사업 구역 지정(안)』, 2009. 1. 16.

윤영채(2004). “입지갈등 해결전략으로써의 환경기초시설 빅딜 사례연구”, 『지방정부연구』 제8권 제4호(2004 겨울), 51-71면.

정주용(2004). “성공적 갈등해결전략으로써 협상의 성공요인: 환경기초시설 빅딜사례를 중심으로”, 『정부학연구』 제10권 제1호, 193-238면.

조만형 · 김이수(2009. 8). “협력적 거버넌스 구축에 관한 실증적 연구: 광명시와 구로구간 환경기소시설 빅딜 사례를 중심으로”, 『한국사회와 행정연구』 제20권 제2호, 215-239면.

한국지방행정연구원 간(2008. 12). 『지역갈등사업의 협력 원활화 종합대책(최종보고서)』.

취수장 이전을 둘러싼 공공기관 간 수리권 갈등사례

▨ 홍성만(안양대학교 행정학과 교수)

Ⅰ. 사례선정의 이유

물은 인간에게 필수적인 공공재로서 그 적정한 공급과 이용으로 국민 개개인의 인간다운 생활을 가능하게 하는 중요한 자원이다. 물을 둘러싼 갈등문제는 필수 공공재인 수자원의 합리적인 이용과 공급에 영향을 줄 수 있다는 점에서 중요성을 갖는다. 갈수록 수자원의 가치와 중요성은 더욱 부각되고 있으며, 물의 이용을 둘러싸고 편익과 비용부담 등 비용편익부담구조에 변화가 발생하는 등 다양한 유형의 갈등이 대두되고 있다.

수자원에 대한 지역 간 이해의 다툼, 수자원 이용에서의 우선권의 주장, 수자원관리에서의 비용부담의 문제, 상류지역과 하류지역 간의 권리 다툼 등 다양한 형태의 갈등이 증가하고 있어 이의 해결과 효과적인 갈등관리의 필요성이 요구되고 있다. 특히 인구 천만이 살고 있는 서울시와 한국수자원공사 간 기득수리권의 인정을 둘러싼 갈등은 그 해결방식에 따라 시민의 추가적 비용부담을 초래할 수 있다는 점에서 중요한 의미를 가지고 있다.

본 연구에서 다루는 서울시와 한국수자원공사 간 갈등은 갈등이해 당사자 간 합리적인 조정 및 협상의 방법을 찾지 못하고, 대법원 판결이라는 소송에 의존하였다는 점에서 적극적인 의미에서의 갈등관리에 실패한 사례로 평가할 수 있다. 갈등관리의 관점에서 보면, 법적 판결에 의존하는 것은 갈등당사자들이 피해야 할 불완전한 해결책이라 할 수 있다. 당사자 간 합의 도출을 위해 다양한 협상과 타협을 통해 보다 적극적인 갈등관리가 이루어질 필요가 있는 것이다. 본 사례에서 서울시와 수자원공사는 왜 갈등을 겪었는지, 그 원인과 갈등이해당사들의 대응과정을 이해하는 것은 수리권을 둘러싼 이해갈등의 논거와 피해야 할 갈등대응의 모습을 파악할 수 있도록 한다는 점에서 분석의 필요성이 있는 시의적으로 의미 있는 수리권 갈등사례라 할 수 있다.

나아가 한강수계를 중심으로 경기도의 일부 지자체들도 수자원공사와 유사한 갈등을 경험하고 있다는 점에서 다른 갈등의 효과적인 해결에 귀중한 시사점을 제시할 수 있기 때문에 본 갈등사례의 연구필요성은 크다 할 것이다.

Ⅱ. 연구의 목적 및 내용

1. 갈등사례개요와 수리권 갈등사례의 주요 성격

1) 갈등사례개요

서울시는 왕숙천의 하류에 위치하여 수질오염의 우려가 있던 '구의 · 자양 취수장'을 이전 통합하는 공사를 2008년 6월에 착공해 3년 만인 2011년 6월 말 공사를 완료하였다. 시는 기존 구의동과 자양동에 위치했던 취수장을 팔당댐 아래쪽 남양주시 와부읍 도곡리로 옮겨 강북취수장과 통합 취수장을 만들게 된 것이다. 서울시가 잠실 수중보 상류에서 한강 상류인 강북취수장으로 15km 이전한 '구의 · 자양 취수장'은 2011년 8월 말 종합 시운전을 마치고 9월 5일부터 공급을 개시하였다. 통합된 강북취수장을 통해 통수가 본격화되는 것은 종로구 등 강북지역의 13개 구 164개 동 114만 세대에 깨끗한 원수로 만든 '건강하고 맛있는 아리수'가 공급된다(서울시, 2011.9.5)는 점에서 서울시의 식수공급에 중요한 전환적 의미를 갖는다.

서울시는 이러한 이유로 '구의 · 자양 취수장'을 강북취수장으로 이전하여 통합을 추진했다. 그러나 암사, 자양, 풍납, 구의, 강북 등 각 취수장별로 하천점용허가에 의해 인정된 기득사용물량이 다른 상황에서 '구의 · 자양 취수장'의 강북취수장으로의 이전 통합은 기존에 인정받아 온 기득사용물량에 변화를 초래할 수 있는데 이 경우 기득사용물량을 어떠한 방식으로 계산하는가에 따라 서울시의 용수료 비용부담은 달라질 수 있다. 서울시는 용수료 산정에서 기득사용물량의 인정이나 그 방식을 둘러싸고 한국수자원공사와 이견을 보였고 이것은 갈등의 주요 요인이 되었다. 즉, 수리권 갈등을 둘러싼 갈등의 배경요인을 보면, 서울시에는 자양, 풍납, 구의, 암사, 강북 등 5개의 취수장이 있는데, 상대적으로 하류에 있던 자양취수장과 구의취수장을 강북취수장으로 통합 이전을 추진하면서 기존에 형성되어 있던 자양취수장과 구의취수장의 기득수리권 용량을 통합 이전하는 강북취수장에 인정해야 하는가의 상황에 놓였다는 점이다.

1988년 12월 30일 서울시가 한국수자원공사와 암사취수장에 용수계약을 체결하고 일정 수량에 대한 기득수리권을 인정받고 하천관리청으로부터 하천점용허가를 받아 취수한 이래 자양취수장, 풍납취수장, 구의취수장, 강북취수장에 대하여도 같은 방식의 용수계약을 체결하여 취수한 물의 총량에서 기득수리권 물량을 공제한 잔여 물량에 정부가 승인한 단가를 곱한 금액으로 요금을 지불해 왔다.

그러나 국회의 서울시 국정감사(2003. 10. 8.)에서 기득물량의 총량계산을 통한 용수료 절감문제의 지적으로 서울시는 전체 취수장의 취수량을 합산한 물량에서 전체 취수장의 기득수리권 물량을 합산하여 공제한 것을 잔여 물량으로 하여 이를 기준으로 용수료를 산정해 줄 것을 요구하였고, 댐용수료 부과기관인 수자원공사는 이를 거부하면서 갈등이 발생한 것이다. 더욱이 취수장의 통합이전에 따른 각 취수장의 취수량 증감 변동 상황의 발생으로 서울시의 기득물량 총량계산에 용수료 산정의 필요성은 더 커졌다. 당시 구의, 자양 취수장의 경우 용수사용량보다 기득사용물량이 더 많은 상황이었고, 풍납, 암사, 강북취수장의 경우 기득사용물량보다 용수사용량이 더 많은 상황이었는데, 기득사용물량을 어떠한 방식으로 인정하는가에 따라 용수료부과대상의 용수량이 달라지기 때문이다.[1)]

서울시의 취수장 통합 이전에 따른 기득사용물량을 총량으로 계산하려는 서울시와 각 취수장별 기득사용물량을 인정하는 방식으로 계산하려는 수자원공사 간에 합의점을

1) 취수장별 하천점용허가에 의하여 인정된 기득사용물량(기득수리권)에 따른 용수료부과대상이 달라지는 점은 〈표 2〉를 참고해 보면(단위: ㎥/일), 자양취수장은 기득사용물량이 800,000(A)이고 용수사용량은 554,000(a)으로 잉여기득사용물량은 246,000(a')이 남는다. 구의취수장의 경우는 기득사용물량이 960,000(B)에 용수사용량은 570,000(b)으로 잉여기득사용물량은 390,000(b')이 남는다.
반면에 풍납취수장의 경우는 기득사용물량이 200,000(C)에 용수사용량은 439,000(c)으로 잉여기득사용물량은 0이며 오히려 239,000(C')만큼의 추가사용용수량에 대한 용수료를 지불해야 한다. 또한 암사취수장의 경우도 기득사용물량이 236,000(D)에 용수사용량은 1,053,000(d)으로 잉여기득사용물량은 0이며, 오히려 817,000(D")만큼의 추가사용용수량에 대한 용수료를 지불해야 한다. 강북취수장의 경우도 기득사용물량은 0(E)에 용수사용량이 682,000(e)으로 682,000(E')만큼의 사용용수료를 지불해야 한다. 이 경우 서울시가 주장하는 용수료 산정방식은 기득사용물량을 총량으로 인정하여 전체용수사용량 3,298,000(a'+b'+c'+d'+e')에서 총 기득사용물량 2,196,000(A+B+C+D+E)을 뺀 1,102,000양 만큼의 용수량에 대하여 용수료를 부과해야 된다는 입장인 반면에, 수자원공사는 취수장별 용수사용량에서 기득사용물량을 뺀 1,738,000(C'+D'+E')만큼의 용수량에 대하여 용수료를 부과해야 한다는 입장인 것이다.

찾지 못하며 갈등이 표출되었다. 서울시와 수자원공사 간 요금조정이 이루어지지 않는 상황에서 서울시는 자체적으로 2004년 4월분 요금을 조정납부하고 수자원공사에 기납부금에 대한 환불을 요청하였으나 받아들여지지 않았다. 이에 수자원공사는 서울시에 미납물값 납부 청구소송을 제기하여 서울시 역시 수자원공사에 부당이득금 반환청구소송을 제기하면서 갈등은 확대되었지만 대법원판결에서 모두 수자원공사가 승소하면서 갈등도 완화되어 갔다. 그러나 서울시는 소송결과에 따라 그 동안 밀린 물값을 납부하면서도 한편으로는 기득물량에 대한 지속적인 조정을 요구하고 있는 실정이다.

그림 1 구의 · 자양 취수장의 강북취수장 통합 이전 위치

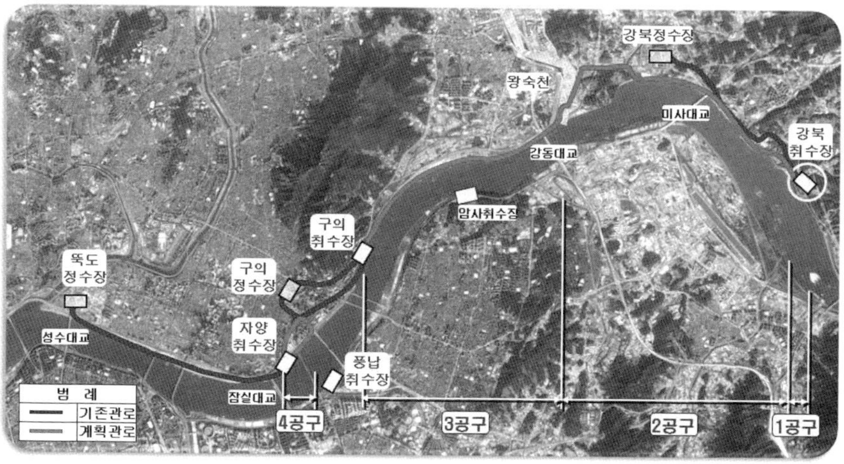

자료: 서울시 보도자료(2011. 7. 22).

2) 수리권 갈등사례의 주요 성격

(1) 기득수리권에 대한 인식 차이에 따른 갈등

수리권은 특정목적을 위하여 하천 유수를 배타적이고 독립적으로 이용하는 권리로서 하천의 유수를 지배 객체로 하여 성립하는 물권적 성격을 가진 공법상의 권리이며, 하천관리자의 특허에 의하여 성립하는 권리로(수리권실무연구회, 2006: 22) 보고 있다. 우리나라의 경우 수리권은 1961년 '하천법'에 하천의 유수점용에 대한 허가제도가 명문화된 이후 '하천법'에 의해 하천에서 취수하는 것을 인정받은 권리로서 수리권이 형성되었고, 하천관리자가 특정의 목적을 위해 하천수를 배타적 · 계속적으로 사용할 수 있는 권리를 준 것으로 물권적인 성격을 가지고 있는 것으로 본다(한국수자원학회,

1997).

그러나 이러한 수리권은 용수권, 공유하천용수권, 수리사용권, 유수사용권, 유수점용권, 공수이용권 등 다양하게 불리고 있는데, 실정법상 정의되어진 것이 아니라 역사적, 사회적으로 발생된 권리의 성격(이제봉 외, 2009)도 갖고 있어 다양한 해석이 가능한 권리로 인식되기도 한다. 이 점에서 수리권은 이해당사자의 입장에 유리한 적극적 해석이 가능할 수 있어 그 인식과 해석에 따라 갈등을 불러올 수 있는 가능성을 가지고 있다.[2)]

서울시는 점용수리권의 측면이나 지역수리권의 측면에서 한강수계에서 서울시가 가지고 있는 기득수리권을 주장할 수 있다. 이에 반해 수자원공사의 경우는 서울시에 인정된 수리권을 허가수리권 관점에서 주장할 수 있다. 취수장 이전에 따른 기득수리권을 어떻게 인정하여야 하는가는 논란을 낳을 수 있는 것이다.

서울시는 원수 수질개선을 통해 서울시 수돗물을 이용한 음용수인 아리수의 신뢰도 향상과 수돗물 이용을 높이기 위하여 구의 및 자양취수장을 상류인 강북취수장으로 통합 이전을 시도하였다. 기존의 구의 및 자양취수장에 인정해 왔던 기득수리권을 취수장 위치이동으로 총량으로 인정하지 못하겠다는 수자원공사와 이것을 인정해야 한다는 서울시가 기득수리권에 대한 해석의 차이로 갈등을 벌이고 있는 것이다.

(2) 공공기관 간 이익과 편익의 불일치에 따른 이익갈등

서울시가 깨끗한 수돗물 공급을 위해 취수 지점을 상류로 이전하면서 용수료 부과기관이 서울시의 일부 기득수리권을 인정하지 않아 기관 간 이해의 불일치를 보이는 갈등이다. 서울시가 인정받아 왔던 기득수리권이 서울시가 취수장을 이전하면서 일부 기득수리권의 불인정에 따라 서울시는 비용이 증대한 반면, 수자원공사의 편익은 증대

2) 이제봉 외(2009: 78-82)는 수리권을 지역수리권(현상으로 존재하는 수리권은 아니지만 지방자치단체가 해당 행정구역을 흐르는 하천의 물은 해당 지방자치단체의 자원이며, 따라서 해당 지방자치단체가 그 자원에 대한 지배권이 있다는 입장에서 제기하는 논리로서 물 사용에 있어서 해당지역의 우선적인 수리권을 주장하는 논리이다. 지역수리권은 물을 그 지역의 자원으로 간주해 하천의 물을 행정구역별로 구분하여 해당 행정구역에 속하는 하천의 물은 해당 행정단위가 물 사용의 우선순위와 물에 대한 소유권, 물 사용에 따른 비용 징수권도 갖고 있다는 논리이다[이제봉 외, 2009]), 강변수리권(물은 원칙적으로 국가재산으로 간주하지만 사용자가 강변을 훼손시키지 않는 한 강변에 위치한 토지소유자가 자동적으로 수리권을 가지게 되는 논리이다. 수원에서 물을 취수할 수 있는 권리는 토지에 부속된 권리이다[이제봉 외, 2009]), 점용수리권(특정 기간 동안 특정 장소에서 특정한 용도를 위해 특정 수원으로부터 특정한 양을 취수하는 배타적 권리이다[SWRCB, 2000; 이제봉 외, 2009재인용]. 점용수리권은 강변에 인접하지 못한 토지 소유자가 물을 취수하여 이동할 수 있는 권리로써 선점한 자가 권리를 갖게 되어 선점수리권이라고도 한다. 점용수리권의 양은 허가 없이는 증량할 수 없으며 일정기간 사용하지 않는 경우 권리가 소멸된다) 등으로 설명하고 있다. 한강수계에서의 서울시와 수자원공사 간의 수리권 갈등에서 서울시의 기득수리권 주장은 지역수리권이나 점용수리권의 성격에 근거한 측면이 강하며, 이를 둘러싼 접근방법에 따라 갈등이 발생하는 것이라 할 수 있다.

하는 공공기관 간 이해갈등의 성격을 띠고 있다. 일반적으로 수리권을 둘러싼 비용과 편익의 불일치 현상은 상류지역과 하류지역 간의 수자원이용을 둘러싼 지역간 갈등인데 반하여 본 사례의 경우 수리권 이용을 둘러싼 갈등의 성격을 가지고 있지만 상류지역과 하류지역 간의 이용의 문제가 아닌 취수원의 위치 변화에 따른 기득수리권에 대한 인정여부에 따른 공공기관 간 이해갈등의 성격을 가지고 있다.

2. 연구 목적과 내용

본 갈등사례연구에서 다루는 서울시와 수자원공사 간의 갈등은 제3자의 조정 혹은 당사자 간 협상이나 타협을 통해 해결하지 못하고 소송을 통한 법적 판결에 의존하였다는 점에서 갈등관리의 한계를 드러내는 사례라 할 수 있다. 이러한 문제의식을 토대로 하여 본 사례연구의 목적은 수리권을 둘러싼 공공기관 간의 갈등 논리를 이해하고, 갈등해결과정에서 나타난 문제점을 파악하여 보다 효과적인 갈등관리를 위한 시사점을 도출하는 데 있다.

서울시와 수자원공사 간의 수리권 사례연구에서 다루는 주요 내용은 수리권 갈등의 성격과 전개과정 이해, 수리권 갈등구조 분석, 수리권 갈등해결과정의 문제점 분석, 갈등관리차원의 시사점 도출 등이다.

3. 수리권 갈등일지[3)]

표 1 수리권 갈등일지

일자	주요 활동 내용	비고
1984. 11. 28.	서울시: 건설부에 암사취수장의 하천점용허가 신청	
1985. 2. 5.	건설부 산하 서울지방국토관리청: 충주댐과 관련된 용수계약 체결 없이 하천점용허가 불가 통보	서울시
1988. 12. 30.	서울시와 한국수자원공사 간 암사취수장 용수계약 체결: 암사취수장에서 취수한 물의 총량에서 기득수리권 물량을 공제한 잔여물량에 정부 승인 단가를 곱한 산출 금액을 요금으로 함	암사취수장
1989. 1. 20.	한강 하천관리청 → 서울시 암사취수장에 하천점용허가(점용목적, 점용취지, 점용면적, 유수용량, 점용기간 등)	

3) 본 서울시와 수자원공사 간의 수리권을 둘러싼 물값 갈등사례일지는 미납물값 납부 청구소송 판결자료(대전지법, 대전고법, 대법원), 신문기사, 서울시(2012)와 수자원공사의 내부자료(2012)를 참고하여 작성하였다. 그리고 이후 기관의 명칭과 관련하여 편의를 위하여 서울특별시는 서울시, 한국수자원공사는 수자원공사 혹은 약칭으로 수공, 정부부처기관 명칭의 경우 각 정권별 시기에 부른 정부부처 명칭(예: 국토해양부, 건설교통부, 건설부)을 사용하였다.

일자	주요 활동 내용	비고
1989. 1~2000.	서울시 관할구역 내의 한강 유역에 위치한 자양취수장, 풍납취수장, 구의취수장, 강북취수장 등의 각 취수장별로 수자원공사가 공급하는 물을 각 취수장별로 취수하되 그 요금은 각 취수장에서 취수한 물의 총량에서 각 취수장의 기득수리권 물량을 공제한 잔여 물량에 정부 승인 단가를 곱하는 방식으로 산정하는 내용의 용수계약 체결	자양취수장 풍납취수장 구의취수장 강북취수장
2000. 12.	취수장별 인정된 기득수리권 물량합계: 2,169,000t/일. 구의취수장(96만 톤), 자양취수장(80만 톤), 강북취수장(무), 풍납취수장(20만 톤), 암사취수장(23만 6천 톤)	
2003. 10. 8.	국회의 서울시 국정감사에서 서울시가 주어진 기득수리권을 전량 사용하지 못해 2001년 이후 146억 원의 원수비용낭비 등 기득수량 미사용문제 지적	국회 국정감사 → 서울시
2004. 2. 17.	서울시의 한강수계 취수장 기득수리권 총량 인정요구: 서울시는 각 취수장별 취수량의 증감 · 변동에 따라 수자원공사에 기득수리권 물량을 총량으로 인정하여 전체 취수장의 취수량을 합산한 물량에서 전체 취수장의 기득수리권 물량을 합산하여 공제한 것을 잔여 물량으로 한 후 이를 기준으로 용수료를 산정하거나 또는 잉여 기득수리권 물량을 다른 취수장의 기득수리권 물량으로 전환하여 줄 것을 요구	서울시 → 한강홍수통제소, 수공 수자원공사: 거절
2004. 2. 21.	서울시는 기득수리권 총량인정이 불가한 경우 기득수리권 전량(2,196천㎥/일)을 사용 가능하도록 취수장 간 기득수리권 조정해 줄 것을 요청함	서울시 → 한강홍수통제소
2004. 2. 24.	서울시 기득수리권 총량인정 요구 및 기득수리권 조정 요청 건에 대한 업무협의 → 기득수리권 조정의 경우 댐용수수입 감소, 타지자체 파급영향 등 댐사업 영향에의 중요성 인식 및 공감	수공 ↔ 한강홍수통제소, 건교부
2004. 2. 27.	한강홍수통제소는 취수지점 이동 시 기득수리권 인정이 가능한지 서울시 기득수리권 조정관련 문제를 건교부에 질의	한강홍수통제소 → 건교부
2004. 3. 9.	서울시 취수지점 이동에 따른 기득수리권 조정문제에 대한 수자원공사 입장을 건교부에 설명	수공 → 건교부
2004. 3. 29.	건교부는 하천법과 댐법의 관련규정을 토대로 기존 허가내용을 벗어난 기득수리권 인정이 어렵다는 입장 제시	건교부 → 한강홍수통제소
2004. 3. 30.	한강홍수통제소는 유수사용허가는 취수지점별로 사용목적, 사용수량 및 기간 등이 특정되어 있는 것으로 기존 허가내용을 벗어난 기득수리권 인정은 어렵다고 통보	한강홍수통제소 → 서울시
2004. 4. 6.	서울시는 한강홍수통제소에 기득수리권 총량인정 및 조정을 재요청	서울시 → 한강홍수통제소
2004. 4. 26.	한강홍수통제소는 서울시에 기득수리권 총량인정과 조정이 어렵다고 통보	한강홍수통제소 → 서울시
2004. 5. 25.	2004년 4월 이후부터 서울시는 수자원공사의 거절에도 기득수리권 물량을 총량으로 계산함 서울시는 1999년 4월부터 2004년 3월까지 이미 용수료로 지급한 금액 중 금액 일부를 임의공제(기득수리권 물량 총량 기준 계산)	- 서울시 → 수공 - 건설교통부는 개별부과방식을 주장하는 수자원공

일자	주요 활동 내용	비고
	하고 나머지 금액만 용수료 명목으로 지급 결정. 2004년 4월분 요금을 조정납부하고 기납부금에 대한 환불을 요청함	사 입장을 지지하는 유권해석
2004. 6. 14.	수자원공사는 기득허가량 총량공제 납부 및 환불요구는 댐용수사용계약 위반이라는 이유로 불가 입장 제시	수공 → 서울시
2004. 8. 5.	수자원공사는 중앙하천관리위원회에 유수사용 분쟁에 관한 심사조정을 신청함	수공 → 중앙하천관리위원회
2004. 8. 23.	중앙하천관리위원회에서 서울시에 유수사용 분쟁조정 신청 건 통지	
2004. 8. 26.	서울시는 기득수리권을 둘러싼 유수사용 분쟁은 심사조정대상이 아니라는 의견 제시	서울시 → 중앙하천관리위원회
2004. 10. 22.	중앙하천관리위원회는 서울시와 수자원공사 간의 기득수리권 분쟁문제가 유수사용허가와 관련 사안이라 보고 조정대상임을 통보 및 조정회의에 참석을 요청함	중앙하천관리위원회 → 서울시
2004. 11. 1.	중앙하천관리위원회에서 서울시와 수자원공사 간의 기득수리권 분쟁을 둘러싼 유수사용허가 심의(1차)	서울시 불참
2004. 12. 16.	중앙하천관리위원회에서 서울시와 수자원공사 간의 기득수리권 분쟁을 둘러싼 유수사용허가 심의(2차)	서울시 불참
2004. 12. 21.	중앙하천관리위원회는 한국수자원공사에 유수사용분쟁조정신청 결과를 통보함	서울시 조정거부
2005. 8. 25.	수자원공사는 각 취수장별로 기득수리권 물량을 공제하는 방식에 의하여 잔여 물량을 산정할 경우 용수료 명목으로 지급받아야 할 금액 중 일부를 못받게 됨에 따라 서울시를 상대로 '댐용수 사용료지급청구소송'을 제기함(2004년 4월부터 2004년 12월까지의 용수료 미지급금 및 연체료: 11,479,959,130원)	
2006. 10. 26.	한국수자원공사의 서울시 상대 소송에서 원고 승소판결: 서울시는 2004년 4월부터 12월까지 미납 용수료 11,479,959,130원 및 연체금과 2005년과 2006년도 용수료를 지급해야 하는 상황이 됨(도합 약 415억 원)	수공의 '미납물값청구소송': 대전지방법원(1심판결: 서울시패소)
2006. 10. 27.	서울시는 소송패소 관련 항소 의견 밝힘 서울시 상수도사업본부관계자: 한강 하류 수질악화에 따른 수질개선을 위해 정수장을 신설한 만큼 공익성을 인정해 줄 것을 주장	
2007. 1. 11.	서울시는 국토해양부 한강홍수통제소에 취수장 이전공사관련 점용허가 요청 → 한강홍수통제소는 신규허가 사항이유로 한국수자원공사와 댐용수 공급계약 보완 요청	
2007. 3. 9.	한국수자원공사는 총량기준에 의한 기득수리권 불인정 입장 제시	
2007. 11. 29.	서울시는 한국수자원공사를 상대로 '부당이득반환청구소송' 제기: - 용수계약 불성립 및 무효라고 주장하며 2002년 4월부터 2003년 12월까지 수자원공사가 서울시로부터 지급받은 댐용수 사용료는 부당이득이라고 주장하며 해당금액과 그에 대한 지연손해금을 반환할 것을 청구 - 댐법 제35조 규정에 의거 충주댐건설비 5천 551억 원 중 수공	서울시의 '부당이득반환청구소송': 1심법원 서울시 청구 기각(이후 2심, 3심 동일 결과)

일자	주요 활동 내용	비고
	에서 부담한 795억 원이 법정징수 한도임에도 그간 2천 877억 원을 불법징수 했으므로 5년간 납부한 1천 244억 원을 부당이득금이라고 주장하며 청구	
2008. 3.	팔당수계의 경기도 7개 시 · 군(남양주, 양평, 여주, 이천, 광주, 용인, 가평)은 팔당호 취수 용수 사용료 납부 거부: 30억 원에 달하는 댐용수 사용료 징수는 부당하다는 입장	
2008. 6. 10.	서울, 인천, 경기 3개 시도가 광역상수도 문제 공동대응위한 '한강수계 용수공급관리 정책협의회' 발족 방침 밝힘	
2008. 6.	구의 · 자양 취수장을 이전 통합하는 강북통합취수장 착공	취수장 이전공사 착공
2008. 6. 22.	서울, 인천, 경기 3개 시도의 '한강수계 용수공급관리 정책협의회' 1차 실무협의회 개최: 공동추진할 5대과제 검토 및 협의회 발족 일정 계획 – 댐 및 광역상수도 건설비 초과 징수분 공동대응 – 용수가격의 정확한 원가 산정 및 원가공개 공동 요구 – 수돗물 공급규정의 개정 요구 – 광역상수도 1, 2단계 일부 기득수리권 확보 – 용수 요금심의 강화 공동 건의	
2009. 1. 14.	서울시의 한국수자원공사 상대 '부당이득반환청구소송' 1심에서 패소	서울시의 '부당이득반환청구소송' 1심 패소–서울중앙지법
2009. 2. 12.	서울시가 한국수자원공사에 댐용수 사용료 및 그에 따른 지연손해금의 지급을 명한 1심판결을 취소하고, 서울시에 승소판결	수공의 '미납물값청구소송':대전고등법원(2심판결: 서울시승소)
2009. 12. 30.	서울시의 한국수자원공사 상대 '부당이득반환청구소송' 2심에서 패소	서울시의 '부당이득반환청구소송' 2심 패소–서울고법
2010. 6. 24.	한국수자원공사는 서울시에 소멸시효(3년)가 도래한 2007년분의 미납 물값(223억 원)에 대한 납부 추가청구소송을 제기함	수공:'미납물값(2007년분) 추가청구소송'
2011. 1. 13.	원심판결 파기하고 대전고등법원에 환송: 용수계약 중 원고 주장의 취수장별 공제방식에 의한 용수료 산정에 관한 약정부분은 불공정한 법률행위로서 무효라고 판단한 원심판결의 법리 오해	수공의 '미납물값청구소송':대법원서 서울시 패소 서울시의 '부당이득반환청구소송': 대법원서 서울시 상고기각
2011. 3. 3.	서울시는 2007년분 물값 223억 원을 수납	
2011. 4. 1.	서울시는 하천수사용 허가 시 기득사용물량 인정 요구	서울시 → 국토해양부

일자	주요 활동 내용	비고
2011. 6.	구의 · 자양 취수장을 이전 통합하는 강북통합취수장 공사완료	취수장 이전공사 완료
2011. 7. 19.	경기도의회 '한국수자원공사의 팔당상수원 지역 물값 분쟁해결 촉구 결의안' 본회의 통과	제260회 정례회
2011. 8. 16.	한국수자원공사가 팔당수계 6개 시 · 군(남양주, 양평, 여주, 이천, 광주, 가평)을 상대로 대전지법에 댐용수료 청구소송 제기 (138억 5천 600만 원) - 용인은 광주시의 공동취수장을 함께 사용해 댐 용수료 직접 징수대상이 아니라는 입장에서 제외	용인제외
2011. 8. 25.	강북통합취수장 확장 준공(구의, 자양 상류이전) (105만 톤/일 → 230만 톤/일)	
2011. 9. 5.	강북통합취수장 시운전을 마치고 공급 개시	강북취수장 통수
2011. 9.	한국수자원공사가 상류이전 강북취수장에 대한 요금 부과	
2011. 10. 4.	서울시의 물값 수납에 따라 수자원공사는 서울시 미납물값 추가 청구소송을 취하함	사건종결
2011. 10. 20.	서울시는 하천수사용 허가 시 기득사용물량 인정 요구 (서울시 → 국토해양부 · 한국수자원공사) 한국수자원공사는 상류이전 취수장 요금납부 독촉	
2012. 4. 24.	남양주시 등 팔당상수원 7개 시 · 군의 기초의회 의장단이 한국수자원공사의 소송철회 촉구 남양주시의회에서 '한국수자원공사의 팔당상수원지역 물값 분쟁 해결촉구 결의안' 상정 의결함	댐용수사용료 징수 소송

Ⅲ. 갈등의 전개과정 및 구조

1. 갈등전개과정

1) 취수장별 기득수리권 인정을 달리하는 제한적 용수계약체결과 갈등의 잠재

서울시가 1988년 한국수자원공사와 용수계약을 체결한 이래 취수장별로 인정된 기득수리권을 전량 사용하지 못하는 기득수량 미사용문제가 국회의 서울시 국정감사에서 지적되는 시점까지를 갈등의 잠재기로 볼 수 있다. 이 시기의 전개과정을 살펴보면, 먼저 1984년 11월에 서울시는 건설부에 암사취수장에 하천점용허가를 신청하였다. 그러나 주무관청인 건설부 산하 서울지방국토관리청이 충주댐과 관련된 용수계약 체결 없이는 하천점용허가가 불가능하다는 내용을 통보하였다. 이에 따라 서울시는 1988년 12월에 "암사취수장에서 취수한 물의 총량에서 기득수리권 물량을 공제한 잔여 물량에 정부가 승인한 단가를 곱한 산출 금액을 요금"으로 하는 내용으로 한국수자원공사와 암사취수장에 대한 용수계약을 체결하였다. 이후 서울시는 하천관리청으로부터 점용목적, 점용취지, 점용면적, 유수용량, 점용기간 등을 포함하여 암사취수장에 대한 하천점용허가를 받게 된다. 이후 2000년까지 서울시 관할구역 내의 한강 유역에 위치한 자양취수장, 풍납취수장, 구의취수장, 강북취수장도 같은 방식으로 용수계약을 체결하였다.

여기서 문제는 각 취수장에서 취수한 물의 총량에서 각 취수장의 기득수리권 물량을 공제한 잔여 물량을 대상으로 비용을 산정하였기 때문에 기득수리권을 총량으로 계산하는 경우 이의 인정을 둘러싸고 갈등은 언제든지 발생할 수 있는 것이었다. 예컨대 A취수장과 B취수장에 각각 5만 톤의 기득수리권을 인정받은 경우를 가정할 겨우, A취수장에서 10만 톤의 용수를 취수하였다면 인정된 기득수리권 5만 톤을 제외하고 5만 톤에 해당하는 비용을 용수료로 지불하면 되고, B취수장에서 취수한 용수량이 3만 톤인 경우 인정된 기득수리권이 5만 톤이라 2만 톤의 잉여 기득수리권이 생길 수 있는데, 이때 B취수장의 잉여기득수리권을 A취수장에 반영하여 물값을 계산(5-3)하자는 논리가 가능하기 때문이다.

2) 서울시 국정감사지적에 따른 갈등의 표출과 갈등관리기구의 조정 시도

2000년 12월 당시 각 취수장별로 기득수리물량은 구의취수장 96만 톤, 자양취수장 80만 톤, 강북취수장(무), 풍납취수장 20만 톤, 암사취수장 23만 6천 톤으로, 인정된 기득수리권 물량합계는 총 2,169,000t(일)이었다. 기득수리권 총량 계산에 의한 비용절감 문제는 2003년 서울시 국정감사에서 지적되었다. 서울시가 주어진 기득수리권을 전량 사용하지 못해 2001년 이후 146억 원의 원수비가 낭비되었다는 등 기득수량 미사용문제가 지적된 것이다. 2003년 당시 국회 환경노동위원회의 서울특별시 국정감사에서 신계륜위원의 아래와 같은 지적은 기득수리권에 대한 총량방식에 문제의식을 심어준 것으로 보인다.

◆ 신계륜(申溪輪) 위원: 그 다음에 서울시가 상수도 원수 일부를 수자원공사에 돈을 주고 사지요?

그리고 일부는 그냥 무료로 사용하기도 하는 것 같은데 이것을 기득수리권이라고 하나요, 기득수리량이라고 하나요? 이것을 취수장별로 인정하고 있다 보니까 지난번에도 서울시에서 문제가 있었던 것 같아요. 그런데 다른 지자체도 마찬가지지만 수자원공사

와 이야기를 잘 해서 취수 지점별로 운영하지 말고 총량으로 해서 돈을 절감할 수 있는 방법을 찾아보시는 것이 어떨까 생각합니다.

저도 수자원공사 분들을 만나서 "이것은 다시 이야기를 해야 되는 것이 아닌가"라고 이야기를 해 보았는데 이야기를 잘 하면 협의가 잘 될 수도 있지 않을까 생각이 되어서 그런 건의를 드립니다. 왜냐하면 상수원 관련 부채도 많지 않습니까? 그래서 그렇게 해 주시기를 부탁드리겠습니다.

(2003년 국회 환경노동위원회 서울특별시국정감사 회의록, 2003. 10. 8 : 37)

국회의 서울시 국정감사에서 기득수리권 총량계산을 통한 비용절감 문제를 지적받은 이후 2004년 2월에 서울시는 한강수계 취수장에 기득수리권을 총량으로 인정해 줄 것을 한강홍수통제소와 수자원공사에 요구하게 된다. 즉, 서울시는 각 취수장별 취수량의 증감 · 변동에 따라 수자원공사에 기득수리권 물량을 총량으로 인정하여 전체 취수장의 취수량을 합산한 물량에서 전체 취수장의 기득수리권 물량을 합산하여 공제한 것을 잔여 물량으로 한 후 이를 기준으로 잉여 기득수리권 물량을 다른 취수장의 기득수리권 물량으로 전환하여 줄 것을 요구하였다. 그러나 수자원공사는 이를 거절하였다. 이에 따라 서울시는 2004년 2월 21일 총량인정이 불가한 경우 기득수리권 전량(2,196천㎥/일)을 사용 가능하도록 취수장 간 기득수리권을 조정해 줄 것을 요청하게 된다.

수자원공사와 건교부 관계부서 및 한강홍수통제소는 기득수리권 총량인정 요구 및 기득수리권 조정 요청 건에 대한 업무협의를 하였으나 기득수리권 조정문제가 댐용수 수입 감소, 타 지자체 파급영향 등 댐사업에 미치는 영향이 크다는 점을 고려하게 된다. 그리고 건교부는 하천법과 댐법의 관련규정을 토대로 기존 허가내용을 벗어난 기득수리권의 인정은 어렵다는 입장을 한강홍수통제소에 보였고, 한강홍수통제소도 2004년 3월 30일에 유수사용허가는 취수지점별로 사용목적, 사용수량 및 기간 등이 특정되어 있는 것으로 기존 허가내용을 벗어난 기득수리권의 인정은 어렵다고 서울시에 통보하기에 이른다.

수자원공사, 건교부, 한강홍수통제소가 기득수리권에 대한 조정이 어렵다는 입장을 보이면서 수리권을 둘러싼 갈등이 본격적으로 표출되기에 이른다. 2004년 4월 6일에 서울시는 한강홍수통제소에 기득수리권 총량인정 및 조정을 해 줄 것을 재요청하지만 한강홍수통제소는 서울시에 기득수리권 총량인정이 어렵고 조정도 어렵다는 입장을 전달하였다. 이렇게 서울시의 조정요구가 좌절되자 서울시는 수자원공사의 거절에도 불구하고 기득수리권 물량을 자체적으로 총량으로 계산하게 된다. 1999년 4월부터 2004년 3월까지 이미 용수료로 지급한 금액 중 일부 금액을 임의공제(기득수리권 물량 총량기준 계산)하고 나머지 금액만 용수료 명목으로 지급할 것을 결정한다. 이를 근거로 2004년 4월분 요금을 조정납부하고 나아가 기납부금에 대한 환불을 요청하기에 이른다. 그러나 수자원공사는 2004년 6월 14일에 기득허가량 총량공제 납부 및 환불요구는 댐용수 사용계약위반이라는 이유로 불가하다는 입장을 보였다.

그러는 한편, 수자원공사는 2004년 8월에 중앙하천관리위원회에 유수사용 분쟁에 관한 심사조정을 신청하였다. 이에 중앙하천관리위원회는 서울시와 수자원공사 간의 기득수리권 분쟁문제가 유수사용허가와 관련된 사안이라 보고 서울시와 수자원공사에 조정회의에 참석할 것을 요청하였지만 수자원공사만 참석하고 서울시는 불참하였다. 2004년 11월 1일과 2004년 12월 16일에 걸친 두 차례 심의에서 서울시는 불참하였고, 조정결과를 거부하였다.

3) 댐용수 물값에 대한 소송과 맞소송에 의한 갈등의 확대

서울시의 불참과 조정거부로 중앙하천관리위원회의 기득수리권 조정이 실패하면서 수자원공사는 소송에 돌입하였고, 서울시와 갈등은 확대되었다. 수자원공사의 '미납물값 청구소송'에, 서울시 역시 '부당이득반환청구소송'으로 대응하면서 갈등은 더욱 깊어갔다.

서울시가 기득수리권 총량계산방식으로 일부 금액을 임의공제하고 나머지 금액만 용수료 명목으로 지급하게 되면서 수자원공사는 2005년 8월 25일에 초기 용수계약방식에 따라 지급받아야 할 금액 중 받지 못한 2004년 4월부터 2004년 12월까지의 용수료 미지급금 및 연체료 약 115억 원(11,479,959,130원)에 대하여 '댐용수 사용료지급청구소송'을 제기하였다.

2006년 10월 26일 수자원공사의 '미납물값 청구소송' 1심판결에서 서울시는 패소하였다. 이후 서울시는 항소의사를 밝혔다. 그리고 서울시는 강북취수장으로 취수장을 상류로 이전하면서 하류 취수장의 기득수리권 인정을 요구하며 한강홍수통제소에 취수장 이전공사관련 점용허가를 요청하였지만 한강홍수통제소는 신규허가사항이라는 이유로 한국수자원공사와 댐용수 공급계약을 보완할 것을 요청하였다. 그러나 한국수자원공사는 계속해서 총량기준에 의한 기득수리권을 인정하지 않는다는 입장을 보였다.

이에 따라 서울시도 수자원공사를 상대로 '부당이득반환청구소송'을 제기한 것이다. 서울시는 수자원공사와의 용수계약 불성립 및 무효라고 주장하며, 2002년 4월부터 2003년 12월까지 수자원공사가 서울시로부터 지급받은 댐용수 사용료는 부당이득이라고 주장하고, 해당금액과 그에 대한 지연손해금을 반환할 것을 청구하였다.

이러는 한편, 서울시는 2008년 6월에 구의 · 자양 취수장을 이전 통합하는 강북통합 취수장의 착공에 들어갔다. 그리고 서울, 인천, 경기 3개 시도의 '한강수계 용수공급관리 정책협의회' 1차 실무협의회를 개최하고 공동추진할 5대과제 검토 및 협의회 발족 일정을 계획하였다. 당시 검토된 5대과제로는 댐 및 광역상수도 건설비 초과 징수분 공동대응, 용수가격의 정확한 원가 산정 및 원가공개 공동 요구, 수돗물 공급규정의 개정 요구, 광역상수도 1, 2단계 일부 기득수리권 확보, 용수 요금심의 강화 공동 건의 등이었다.

이 와중에 2009년 1월 14일 서울중앙지법에서 열린 서울시의 '부당이득반환청구소송' 1심에서 서울시가 패소하였다. 그러나 2009년 2월 12일 대전고등법원에서 열린 수공의 '미납물값 청구소송' 2심판결에서는 서울시가 승소하였다. 2009년 12월 30일 서울시의 '부당이득반환청구소송' 2심에서는 서울시가 또 패소하였다. 즉, 수자원공사가 청구한 '미납물값 청구소송'의 경우 1심에서 서울시가 패소, 2심에서는 서울시가 승소하였고, 서울시가 청구한 '부당이득반환청구소송'의 경우 1심과 2심 모두에서 서울시가 패소하는 결과를 가져왔다.

4) 서울시–수자원공사 간 소송의 종결과 갈등의 완화

수자원공사와 서울시 간의 소송 대 맞소송에 의해 고조된 갈등은 2011년 1월 13일 대법원의 판결결과가 나오면서 서울시가 밀린 물값을 납부하기 시작하여 다소 완화되기에 이른다. 수공의 '미납물값 청구소송'의 경우 대법원서 서울시 패소로 나왔고, 서울시의 '부당이득반환청구소송' 역시 대법원서 서울시 상고가 기각되었다.

이에 따라 서울시는 2011년 3월 3일에 2007년분 물값 223억 원을 수납하였다. 그러나 이후에도 서울시는 하천수사용 허가 시 기득사용물량을 인정해 줄 것을 국토해양부와 수자원공사에 계속 요구하였다. 소송결과에는 승복하지만 판결내용에 대하여 여전히 서울시는 초기의 입장을 고수하고 있는 것으로 판단된다.

5) 유사갈등의 재발 및 소송 제기

수자원공사는 용수료 문제와 관련해 서울시 외에 팔당수계의 경기도 7개 시군(남양주, 양평, 여주, 이천, 광주, 용인, 광주, 가평)과도 갈등을 겪고 있는데, 서울시와의 소송결과는 이들 7개 시군의 물값을 둘러싼 갈등에도 일부 영향을 주게 된다.[4] 경기도의 경우 경기도의회에서 2011년 7월 19일 '수자원공사의 팔당상수원 지역 물값 분쟁해결 촉구 결의안'이 본회의에서 통과되었다. 이에 수자원공사는 2011년 8월 16일에 팔당수계 6개시군(남양주, 양평, 여주, 이천, 광주, 가평)을 상대로 대전지법에 댐용수료 청구소송을 제기하였다(138억 5천 600만 원).[5] 수자원공사는 서울시에 소송했던 것과 마찬가지로 팔당수계 인근 지자체를 대상으로도 소송으로 대응한 것이다.

2011년 8월 16일에 서울시의 강북통합취수장은 확장 준공(구의, 자양 상류이전)되었고, 9월 5일에는 강북통합취수장의 시운전을 마치고 공급을 개시하였다. 이에 수자원공사는 상류이전 강북취수장에 대한 요금을 부과하였고, 2011년 11월 20일에 서울시는 하천수사용 허가 시 기득사용물량의 인정을 요구하였다. 수자원공사는 상류이전 취수장 요금을 납부할 것을 계속 독촉하는 등 판결이후에도 유사한 주장이 되풀이되는 상황이 나타나고 있어 기관 간의 갈등은 여전히 남아 있다.

2. 갈등구조

1) 갈등이해관계자

(1) 한국수자원공사

수자원공사는 '댐건설 및 주변지역 지원 등에 관한 법률'(이하 댐법)에 근거한 댐사용권자로서 하천점용허가를 받아 취수하던 자에 대하여 기득수리권 물량 초과량에 대한 용수료와 관련한 용수계약의 당사자이다. 서울시에 부여한 기득수리권 이외에 초과 용량의 용수료 비중은 결코 적지 않다는 점에서 서울시와 물값 갈등의 해결은 조직의 이해와 직결되는 사안이다. 뿐만 아니라 유사한 물값 분쟁이 경기도, 인천시 등 광역자치단체뿐만 아니라 각 지역의 기초자치단체수준에서도 수리권을 둘러싼 용수료 부과를 두고 갈등과 분쟁을 겪고 있는 상황에서 서울시와의 갈등해결을 어떠한 방향으로 풀어

4) 2008년 3월에 팔당수계의 7개 시군은 팔당호 취수 용수 사용료 납부 거부운동을 하였다. 수돗물 용수대금 면제, 지자체 노력으로 수질이 개선될 경우 용수 사용료를 삭감해주는 물값연동제 등을 요구하였지만 받아들여지지 않자 3월부터 사용료 납부 거부에 들어간 것이다. 댐건설 및 주변지역 지원 등에 관한 법률에 따라 충주댐, 소양강댐, 횡성댐 등 3개의 다목적댐을 관리하고 있는 수자원공사는 연간 8천여만t의 물을 취수해 사용하는 이들 7개 지자체로부터 매년 35억 원의 용수사용료를 징수해 왔다. 수자원공사는 "국토해양부가 팔당호 물은 자연수량이 없고 충주댐, 소양강댐에서 유입되는 물이라는 유권해석을 내린바 있고, 소양강댐, 충주댐이 없다면 경기도 지자체들은 연간 안정적인 취수가 불가능하다. 따라서 경기도 지자체들은 팔당호 물 취수 사용에 대한 돈을 내는 것은 당연하다"(최동진, 2008.9.25)는 입장이었다.

5) 용인은 광주시의 공동취수장을 함께 사용해 댐용수료 직접징수대상이 아니라는 입장에서 소송대상에서 제외되었다.

나가는가 하는 점은 조직의 존립과 성장측면에서 중요한 사안이다. 즉, 서울시와 기득수리권 인정 및 조정을 둘러싼 물값 분쟁의 해결은 조직의 이해측면에서 중요성을 가지고 있다.

기본적으로 수자원공사는 서울시가 용수계약 당시 취수위치와 취수량이 정해져 있기 때문에 이에 근거해서 용수사용료를 지불해야 한다는 입장을 가지고 있다. 허가된 기득수리권 총량이 아닌 각 취수장별 허가된 기득수리권을 토대로 용수사용료를 계산하자는 입장을 가졌다.

(2) 서울시

서울시는 한강의 하천점용허가를 받아 취수해 오고 있는 입장에서 일정량에 한하여 기득수리권을 인정받아 왔다. 일부 취수장에 인정된 기득수리권 수량을 모두 사용하지 못하여 잉여 기득수리권이 발생하기도 하였다. 이러한 상황에서 한강하류의 수질악화에 따른 수질개선을 이유로 취수시설의 위치를 변경하고자 하였다. 통합이전 측면에서 취수시설의 위치변경 추진에 따라 구의취수장과 자양취수장에 인정된 기득수리량을 인정받지 못하게 되는 즉, 강북통합취수장의 수리권을 인정받지 못함으로 인하여 비용을 부담하게 되는 상황이 발생하였다. 서울시는 기득수리권 용수량 계산방식에 따라 비용부담을 더하거나 덜할 수 있다는 점에서 이를 둘러싸고 수자원공사와 다툼을 벌이는 핵심이해당사자이다.

수자원공사는 초과부분에 대한 용수료를 지급해야 한다는 입장인 반면에 서울시는 종래 한강 유역의 유수사용에 관하여 취수장별로 하천점용허가를 받아 취수해 왔다는 점을 들어 기득수리권 물량을 초과한 부분에 대한 용수료 지급의무를 부담하지 않아도 된다는 입장을 가지고 있다.

서울시는 기득수리량으로 인정된 하루 219만 6,000㎥의 물을 취수해 왔는데, 수질이 나쁜 구의취수장과 자양취수장에서는 실제 끌어 쓸 수 있는 물량보다 적게 취수해 왔다. 따라서 기득수리권을 가지고 있던 구의취수장과 자양취수장에서 사용하지 못한 물을 통합 이전한 강북취수장이 기득수리권을 가지고 있지 않아도 그 만큼의 기득수리권을 인정해야 하며, 기득수리권을 초과한 취수장(암사취수장과 풍납취수장)에서도 쓸 수 있도록 해야 한다는 입장을 보였다.

(3) 국토해양부(한강홍수통제소)

국토해양부(건설부, 건설교통부)는 ‘하천법’에 따라 하천 바닥에 스며들어 흐르는 물을 포함한 유수의 사용 시 이를 허가하는 관리청으로서 의무를 가지고 있다. 서울시가 취수장의 위치를 상류인 강북취수장으로 통합이전을 추진하였을 때 즉, 취수지점 위치 변동에 따라 하천점용허가와 관련하여 기득수리권 인정여부를 결정하는 주체라는 점에서 갈등에 영향을 줄 수 있는 주요 이해관계자이다.

국토해양부는 2001년 이전에는 취수장 이전 시 기득수리권을 인정하였지만 그 후에는 취수장 이전 시 기득수리권을 인정하지 않는 방향에서 바라보고 있어 갈등 핵심이 해당사자의 입장과 이해에 영향을 줄 수 있는 위치에 있다. 서울시는 정수장과 물공급 지역은 동일하지만 취수 지점만을 상류로 이전한 것에 국토해양부가 기득수리권을 인정하지 않는 것은 부당하다는 입장을 보였다. 이러한 국토해양부의 입장은 서울시에 불리한 상황을 초래하는 것이고, 수자원공사에는 유리한 상황을 초래하는 것이다.

(4) 경기도 팔당수계 7개 지자체 등

서울시와 수자원공사 간의 용수료를 둘러싼 갈등과 유사하게 팔당수계의 7개 지자체들의 경우도 수자원공사가 매년 부과한 35억 원 규모의 용수료 납부를 거부하는 등 지역수리권을 주장하는 간접적 이해당사자이다. 서울시가 주장하는 수리권에는 지역수리권과 점용수리권의 성격이 혼합되어 있는 점을 이유로 용수료 납부 거부 및 소송에 임하고 있는데, 경기도 팔당수계 7개 지자체의 경우 지역수리권의 관점에서 지자체의 수리권을 인정해 줄 것을 요구하고 이에 입각해서 용수료 납부를 거부하고 있다. 나아가 이들 지자체는 수자원공사에 팔당물 사용료를 납부하지 않겠다며 댐용수계약 해지를 통보하기도 하였다. 이들 지자체는 서울시와 수자원공사 간의 갈등 해결 결과에 따라 그 영향을 받을 수 있는 상태에 있고, 다소 이해관계에 따라 차이는 있지만 유사한 상황에 있다는 점에서 서울시의 입장에 동조하는 관점을 가지고 있다.

2) 갈등구조

서울시의 취수장 이전에 따른 기득수리권 인정 및 조정을 중심으로 용수료를 둘러싼 갈등은 비교적 단순한 구조를 띠고 있다. 서울시와 수자원공사는 기득수리권 인정 여부를 둘러싸고 강한 대립관계에 있다. 그리고 수자원공사와 국토해양부 간에는 하천법과 댐법에 따른 국가물관리 책임기관으로 우호적 관계에 있다. 서울시와 국토해양부 간에는 국토해양부가 서울시의 한강수계 취수장의 기득수리권을 총량으로 인정하지 않고 있어 약한 대립관계에 있다고 볼 수 있다.

그리고 경기도를 비롯한 팔당수계 7개 지자체의 경우 서울시의 입장과 유사하다는 점에서 서울시와 우호적 관계에 있다고 볼 수 있다. 이들의 관계를 도식화하여 제시하면 다음의 그림과 같다.

그림 2 취수장 이전에 따른 기득수리권을 둘러싼 서울시-수자원공사 갈등의 구조

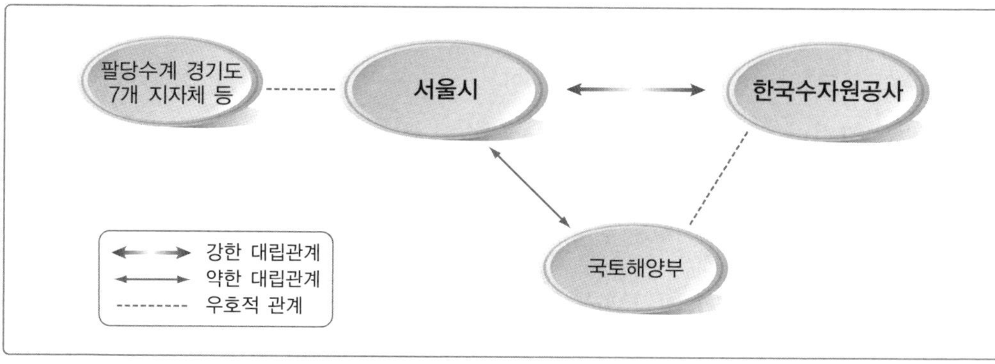

3. 갈등원인분석

1) 기득수리권 관계 법규의 불명확성

서울시와 수자원공사 간 수리권 갈등의 주요 원인 중의 하나는 기득수리권과 관련한 관계법규가 명확하게 정립되어 있지 않다는 점이다. 기득수리권에 대한 '하천법'이나 '댐법'(댐건설 및 주변지역지원 등에 관한 법률)에서 관련 법규가 명확하게 정립되어 있지 않아 일부 기관이 유리하게 해석하였고, 대법원 소송으로 이어졌다.

이들 법규판단을 통해 "각 취수장별 잉여 기득수리권 물량을 총량으로 인정하여 서울시가 납부하여야 할 댐용수 사용료 전체에서 공제할 수 있는지의 여부는 계약의 해석상 어렵다"(위계찬, 2011: 196)는 주장에서 볼 수 있듯이, 이에 대해 판단할 수 있는 명확한 법규는 정립되어 있지 않은 듯하다. '하천법' 제34조에는 기득하천사용자의 보호 관련 규정이 있지만 취수지점 위치변동에 따른 기득수리권 이전규정은 명확히 하고 있지 않다. 법규의 부족은 갈등이해당사자 일방의 입장에 따른 해석의 가능성을 열어 둔다는 점에서 갈등 요인으로 작용할 수 있다.[6]

6) 이상돈(2006.10.26)은 수자원공사가 서울시를 상대로한 물값 소송 1심판결에 대한 "서울시, 물값 소송 완패" 제하의 평가에서 "수리권 법리에 비추어 서울시의 주장은 터무니없는 것"이라고 보았다. 여기서 "수리권이란 특정한 지점에서 특정한 기간 동안 특정한 수량을 취수할 수 있는 권리로서 실정법에 의하여 부여된 권리"로 보았다. 그리고 서울시가 주장하는 "자연권으로서 취수권을 주장하는 것은 물 자원의 합리적 이용과 대규모 취수사업의 필요

기득수리권과 관련하여 직 · 간접적으로 관련된 '하천법'과 '댐법', '민법'의 법규내용은 아래와 같다.

하천법상 기득수리권과 관련하여 관계있는 조항

제34조(기득하천사용자의 보호) 하천관리청은 하천점용허가를 함에 있어서 이미 하천점용허가를 받은 자 등 대통령령으로 정하는 하천에 관한 권리를 가진 자[이하 "기득하천사용자(旣得河川使用者)"라 한다]가 그 허가로 손실을 받게 됨이 명백한 경우에는 해당 신청인으로 하여금 기득하천사용자의 동의를 얻도록 하여야 한다. 다만, 다음 각 호의 어느 하나에 해당하는 경우에는 그러하지 아니하다.

1. 그 하천점용에 관한 사업이 기득하천사용자의 하천사용에 관한 사업에 비하여 공익성이 뚜렷하게 큰 경우
2. 손실을 방지하기 위한 시설을 설치하여 기득하천사용자의 하천사용에 관한 사업의 시행에 지장이 없다고 인정되는 경우

제37조(점용료등의 징수 및 감면) ① 하천관리청은 하천점용허가를 받은 자로부터 토지의 점용료, 그 밖의 하천사용료(이하 "점용료등"이라 한다)를 징수할 수 있다. 다만, 사유(私有)로 되어 있는 하천구역 안에서 제33조제1항제1호 · 제3호부터 제6호까지의 하천점용행위를 하는 경우에는 그러하지 아니하다.

② 제1항에 따른 점용료등의 징수에 있어서 국가하천의 경우 제27조제5항 단서에 따라 시 · 도지사가 그 하천을 유지 · 보수하는 때에는 해당 시 · 도지사를 그 국가하천의 하천관리청으로 본다.

③ 하천관리청은 하천점용허가를 받지 아니하고 하천을 점용 또는 사용한 자에 대하여는 그 점용료등의 100분의 120에 상당하는 금액을 변상금으로 징수할 수 있다.

④ 제1항부터 제3항까지에 따른 점용료등과 변상금의 금액 및 징수방법 등은 대통령령으로 정하는 범위 안에서 그 하천관리청이 속하는 시 · 도의 조례로 정한다.

⑤ 하천관리청은 하천점용허가를 하는 때에 제33조제1항 각 호에 따른 점용 또는 사용이 다음 각 호의 어느 하나에 해당하는 경우에는 대통령령으로 정하는 바에 따라 점용료등을 감면할 수 있다.

성 및 그로 인한 비용분담의 원칙에도 반한다"거나 "취수장의 기득수리권 물량을 총량으로 인정해서 전체 취수량으로 주장하는 것은 서울시의 일방적 주장으로 신빙성이 없으며, 하천점용허가에 대해서는 행정청이 구체적 사정에 따라 가장 적합한 판단을 할 수 있는 재량을 갖고 있다고 보아야 한다"고 하여 재판부의 판결결과에 동의 의견을 보였다.

1. 공용 · 공공용 그 밖의 공익을 목적으로 하는 비영리사업인 경우
2. 국민경제에 중대한 영향을 미치는 공익사업으로서 대통령령으로 정하는 사업인 경우
3. 재해나 그 밖의 특별한 사정으로 본래의 하천점용 목적을 달성할 수 없는 경우

제49조(하천수 사용 및 배분의 원칙) ① 하천수는 타인의 권리와 공공의 이익을 침해하지 아니하고 물 관리에 지장이 없는 범위 안에서 사용되어야 하며, 모든 국민이 그 혜택을 고루 향유할 수 있도록 배분되어야 한다.
② 제53조제1항제2호에 해당하는 때의 용수배분의 우선순위는 대통령령으로 정한다.

제50조(하천수의 사용허가 등) ① 생활 · 공업 · 농업 · 환경개선 · 발전 · 주운(舟運) 등의 용도로 하천수를 사용하려는 자는 대통령령으로 정하는 바에 따라 국토해양부장관의 허가를 받아야 한다. 허가받은 사항 중 대통령령으로 정하는 중요한 사항을 변경하려는 경우에도 또한 같다. 〈개정 2009.4.1〉
② 국토해양부장관은 제1항에 따라 허가를 한 때에는 그 내용을 관할 시 · 도지사에게 통보하여야 한다. 〈개정 2009.4.1〉
③ 국토해양부장관은 다음 각 호의 어느 하나에 해당되는 경우에는 제1항에 따른 허가를 하지 아니하거나 취수량을 제한할 수 있다. 〈개정 2009.4.1, 2011.4.14〉

1. 하천수를 오염시키거나 유량감소를 유발하여 자연생태계를 해칠 우려가 있는 경우
2. 하천수의 적정관리 또는 도시 · 군관리계획, 그 밖에 공공사업에 지장을 주는 등 다른 공익을 해할 우려가 있는 경우
3. 하천수의 취수로 인근 지역의 시설물의 안전을 해칠 우려가 있는 경우
4. 그 밖에 하천수의 보전을 위하여 필요하다고 인정되는 경우로서 대통령령으로 정하는 경우

④ 제1항에 따른 허가의 유효기간 및 세부적인 기준 등에 필요한 사항은 국토해양부령으로 정한다. 〈개정 2009.4.1〉
⑤ 시 · 도지사는 제1항에 따라 하천수 사용허가를 받은 자에게 사용료를 징수할 수 있다.
⑥ 하천의 인근에서 지하수를 채취할 경우 「지하수법」 제7조에 따른 지하수영향조사 결과 하천의 수량에 영향을 미치는 것으로 인정되는 때에는 하천관리청은 그 지하수를 채취하는 자로부터 제5항에 따른 하천수 사용료를 징수할 수 있다.
⑦ 제30조제9항은 제1항에 따른 허가사항이 제30조제1항 또는 제33조제1항에 따른 허가사항과 중복되거나 관련되는 경우에 준용한다.
⑧ 기득하천사용자의 보호 및 손실보상에 관하여는 제34조 및 제35조를 준용한다.
⑨ 제5항 및 제6항에 따른 하천수 사용료의 징수 및 감면에 관하여는 제37조제3항부터 제5항까지의 규정을 준용한다.

'댐건설 및 주변지역자원 등에 관한 법률'에서는 댐 사용권을 일종의 물권(제29조)으로 보고 있어, 다목적댐의 물을 소유하고 있는 수자원공사가 수리권을 가진 것으로 보고 있다.

댐건설 및 주변지역지원 등에 관한 법률상 관계 조항

제2조(정의) 이 법에서 사용하는 용어의 뜻은 다음과 같다. 1. "댐"이란 하천의 흐름을 막아 그 저수(貯水)를 생활용수, 공업용수, 농업용수, 환경개선용수, 발전(發電), 홍수 조절, 주운(舟運), 그 밖의 용도(이하 "특정용도"라 한다)로 이용하기 위한 높이 15미터 이상의 공작물을 말하며, 여수로(餘水路) · 보조댐과 그 밖에 해당 댐과 일체가 되어 그 효용을 다하게 하는 시설이나 공작물을 포함한다. 2. "다목적댐"이란 국토해양부장관이 건설하는 댐으로서 특정용도 중 둘 이상의 용도로 이용하는 것[특정용도에 전용(專用)되는 시설이나 공작물은 제외한다]을 말한다. 3. "댐사용권"이란 다목적댐에 의한 일정량의 저수를 일정한 지역에 확보하고 특정용도에 사용할 수 있는 권리를 말한다.

제29조(댐사용권의 성질) 댐사용권은 물권(物權)으로 보며, 이 법에 특별한 규정이 있는 경우를 제외하고는 부동산에 관한 규정을 준용한다.[전문개정 2011.5.30]

제31조(댐사용권에 대한 취소 등) ① 국토해양부장관은 댐사용권자에 대하여 「하천법」 제33조에 따른 하천의 점용허가와 같은 법 제50조에 따른 하천수의 사용허가의 전부 또는 일부를 취소하는 경우에 해당 댐사용권자 외의 자에 대하여는 종전과 같은 하천수 사용을 인정할 수 없을 때에는 댐사용권자에 대한 점용허가 등의 취소에 상응하여 그 댐사용권을 취소하거나 변경하도록 하여야 한다.
② 국토해양부장관은 댐사용권자에 대하여 「하천법」 제33조에 따른 하천의 점용허가와 같은 법 제50조에 따른 하천수의 사용허가의 전부 또는 일부를 취소하는 경우에 해당 댐사용권자 외의 자에 대하여 새로 하천수 사용을 인정할 필요가 있을 때에는 해당 댐사용권자에게 적절한 기간을 정하여 댐사용권의 전부 또는 일부를 다른 자에게 양도하도록 명할 수 있다.
③ 국토해양부장관은 제2항에 따른 기간에 댐사용권자가 그 댐사용권을 양도하지 아니할 때에는 해당 댐사용권자 외의 자가 댐사용권자에 대한 하천수의 사용허가와 같은 내용의 하천수의 사용허가를 받을 수 있는 경우에만 해당 댐사용권의 전부 또는 일부를 취소할 수 있다.
④ 국토해양부장관은 다음 각 호의 어느 하나에 해당하는 경우로 댐사용권을 그대로 유지하는 것이 곤란한 경우에는 댐사용권에 대한 취소 또는 변경의 처분을 할 수 있다. 이 경우 미리 댐사용권자의 의견을 들어야 한다.

1. 댐의 증축 · 개축 등으로 저수용량이 변경된 경우
2. 댐의 저수 이용상황 등이 변경된 경우

⑤ 국토해양부장관은 제4항에 따라 댐사용권에 대한 취소나 변경의 처분을 하는 경우에는 제7조제4항에 따라 고시된 기본계획 중 저수의 용도별 배분에 관한 사항을 변경하여 고시하여야 한다.[전문개정 2011.5.30]

제36조(다목적댐관리비용의 부담) ① 다목적댐의 유지, 수리 또는 그 밖의 관리에 필요한 비용은 국고 · 댐사용권자 또는 댐수탁관리자의 부담으로 한다. 이 경우 댐수탁관리자가 부담하는 비용은 해당 댐의 수탁관리에 따른 수입의 범위이어야 한다.
② 제1항에 따른 비용의 부담에 필요한 사항은 대통령령으로 정한다.[전문개정 2011.5.30]

'민법'(제231조, 제235조 등)에서는 수리권을 기득수리권, 또는 관행수리권의 측면에서 인정하고 있다.

민법상의 관계 규정: 관행수리권

제231조(공유하천용수권) ① 공유하천의 연안에서 농, 공업을 경영하는 자는 이에 이용하기 위하여 타인의 용수를 방해하지 아니하는 범위내에서 필요한 인수를 할 수 있다.
② 전항의 인수를 하기 위하여 필요한 공작물을 설치할 수 있다.

제235조(공용수의 용수권) 상린자는 그 공용에 속하는 원천이나 수도를 각수요의 정도에 응하여 타인의 용수를 방해하지 아니하는 범위내에서 각각 용수할 권리가 있다.

2) 상황에 따른 동일사안에 대한 상이한 판단(정책의 비일관성)

국토해양부는 2001년 이전에는 취수장 이전 시에도 기득수리권을 인정하였지만, 이후 서울시 취수장 이전의 경우 기득수리권을 인정하지 않아서 수자원공사와 서울시 간 갈등을 초래하는데 일조하였다. 서울시는 깨끗한 수돗물 공급에 필요한 원수 수질개선을 위해 취수 지점을 상류인 강북취수장으로 이전한 것을 이유로 기득수리권을 인정하지 않는 것은 부당하다는 입장을 보였다.

국토해양부는 서울시의 하천점용허가 여부에 권한을 가진 관리기관이다. 국토해양부

가 2001년 이전에는 취수장 이전 시 서울시에 기득수리권을 인정하였으나 유사사안임에도 강북취수장으로 통합하는 상류이전의 경우에는 기득수리권을 인정하지 않았다. 상황논리가 있긴 하지만 이렇게 관리관청의 재량에 따른 일관성의 부족도 갈등의 한 원인으로 작용하였다.

물론 이 경우 하천 유황 등 상황요인이 주무부처의 판단에 영향을 줄 수도 있다. 국토해양부는 어떤 논리로 2001년 이전에 기득수리권을 인정하다 강북 통합정수장의 경우 총량방식의 기득수리권을 인정하지 않았다고 보는가? 라는 질문에 대하여 수자원공사 담당자의 아래와 같은 발언은 상황논리에 따른 상이한 판단이 가능할 수도 있음을 말해준다.

◆ *수자원공사 담당 팀장: 국가의 물관리와 관련해서 복합적 측면이 있다. 국토부와 하천관리청도 하천 유황 등 일리 있는 이유를 가지고 판단한다. 과거 취수장 이전 시 기득수리권을 인정했던 경우 한강하류 취수장은 구로공단, 영등포공단이 자리하고 있어서 수질이 좋지 않은 지역이었다. 그리고 86아시안 게임과 88올림픽 행사 등 추가적인 취수가 필요한 점도 고려되었다. 국토부의 입장은 하천수 유지관리에 지장이 없는 범위에서 조정해주었다. 과거에는 하천 유지관리를 고려해서 취수장 이전 시 기득수리권을 일부 인정해주었던 것이다.*

3) 추가비용 발생 등 이해의 불일치

서울시는 국토해양부가 기득수리권을 총량으로 인정하지 않음으로써 기득수리권의 상실에 따라 막대한 추가 비용을 부담해야 하는 상황에 놓였다. 결국 서울시와 수자원공사 간에 소송이 진행되어 대법원판결까지 나오게 되었는데, 1심에서는 수자원공사가 승소하였고, 2심에서는 서울시가 승소하였으나 대법원 상고심판결에서는 서울시가 패소하는 결과를 가져왔다. 아래의 제229회 서울특별시의회 환경수자원위원회에서의 회의록(2011. 2. 23)의 내용은 이를 둘러싼 비용의 규모가 얼마나 큰지 갈등의 가능성을 잘 보여주고 있다.

두 가지만 말씀드리겠습니다. 용수료 청구소송 서울시 패소 건에 대해서 질의를 드리고 절수방법과 사용자 시민들의 수질향상에 대해서 제안을 드리고자 합니다. 용수료 청구소송 서울시 패소 건에 대해서 지난 예산심사 시에 수자원공사와의 용수료 청구소송에 대해서 본 소송 결과가 상수도 재정에 큰 영향을 미칠수 있는 사안으로 대처를 잘 할 것을 주문하였습니다. 상수도사업본부에서도 본 소송에 많은 노력을 했을 것이라 생

각되지만 그럼에도 불구하고 수자원공사에 패소하였습니다. 최종판결 전에는 어느 정도 희망적으로 생각하고 있었는데 소송 패소의 원인이 어디에 있다고 생각하십니까?

◆ 상수도사업본부장 최동윤: 대법원에서 판결한 내용에 대해서 저희가 왈가왈부하는 것 자체가 부적절하다는 생각을 가지고 있고요. 그런데 기본적으로 판결내용은 현재 하천용수체계를 유지하자. 그래서 기득수리권에 대한 용수료, 저희가 주장하는 논리를 뒤엎은 것은 기존의 용수료 체계에 혼선을 주기 때문에 일관성 유지를 위해서 이렇게 가는 것이 좋겠다 이렇게 판단을 한 것 같습니다.

◆ 서영갑위원: 본 소송 결과에 따라서 서울시가 주장하고 있는 기득수리권을 상실함으로써 추가로 소요되는 원수 구입비, 그리고 미납 원수료는 어느 정도나 됩니까? 그리고 상수도사업본부의 대책은 어떻게 하고 있습니까?

◆ 상수도사업본부장 최동윤: 실제 소송 패소로 인해서 추가로 소요되는 원수구입비는 약 133억입니다. 그리고 지금까지 미납된 원수구입비 2007년부터 2010년 11월분까지 해서 약 762억 원입니다. 저희가 환송심 판결이 4월경으로 예상됩니다. 그래서 대법원 판결을 뒤엎을만한 다른 특단의 판결이 나올 가능성이 없고 이것을 더 이상 다투면 실익이 없다 하는 것이 소송에 관여했던 변호사들의 의견입니다. 그래서 소송결과를 떠나서 구의 · 자양 취수장 이전에 따른 현재 사용 중인 약 100만 톤 정도의 기득수리권을 인정하는 문제를 한강홍수통제소하고 수자원공사와 적극 협의해 나가는 것이 가장 현실적인 대안이 아닌가 그렇게 판단하고 있습니다.

◆ 서영갑위원: 깨끗한 원수 확보를 위해서 구의 · 자양 취수장을 한강상류인 강북취수장으로 이전하는 공사가 지금 진행되고 있는데 6월에 이전공사가 준공되는 것으로 알고 있습니다. 따라서 이번 소송 결과(제229회-환경수자원위원회 제2차)에 따라서 구의 · 자양 취수장 상류 이전의 경우 구의 · 자양 취수장이 가지고 있는 기득수리권을 상실하게 됨으로써 추가로 원수구입비가 소요됩니다. 상실되는 기득수리권과 추가 원수구입비는 한 얼마, 어느 정도나 됩니까?

◆ 상수도사업본부장 최동윤: 저희가 현재 사용 중인 100만 톤 정도에 대한 추가부담액이 175억 원 정도됩니다. 이 부분은 기득수리권을 인정받을 수 있도록 국토부 와 수자원공사와 계속 협의를 해 나갈 예정입니다. 지금까지 여건이 좋지는 않습니다. 그러나 여러 가지 상황들을 저희 쪽으로 유리하게 가도록 최대한 노력을 하겠습니다.

◆ 서영갑위원: 지난 예산심사 시 소송결과에 대비하여 추가 편성한 원수구입 예산에

구의 · 자양 취수장 상류 이전에 따른 비용은 반영되지 않은 것으로 알고 있습니다. 따라서 구의 · 자양 취수장 이전공사가 6월에 준공되면 바로 구의 · 자양 취수장 운영을 중단할 것인지, 추가로 소요되는 비용을 감안해 올 하반기부터 일정기간 동안 계속 운영할 것인지 답변해 주시면 고맙겠습니다.

◆ *상수도사업본부장 최동윤: 이 부분도 마찬가지 국토부하고 수자원공사 협의과정을 3월, 4월 집중적으로 협의를 진행하고 그 협의 결과에 따라서 조금 유동적으로 대응하는 것이 좋겠다하는 생각을 가지고 있습니다. 워낙 들어가는 비용이라든지 이런 부분이 크기 때문에 지금 그렇게 생각하고 있습니다.*

(제229회 서울특별시의회 환경수자원위원회 회의록, 2011. 2. 23)

기득수리권이 인정되지 않음으로 해서 서울시가 부담하게 될 비용은 2007년부터 미납된 원수구입비 762억 원에 매년 추가 소요되는 원수구입비 133억 등 상당한 비용을 부담하는 결과를 가져오게 된다.

4) 수리권에 대한 해석과 접근방식의 차이

수리권은 특정한 지점에서 특정한 기간 동안 특정한 수량을 취수할 수 있는 권리로서 실정법에 의하여 부여된 권리로 보고 있다(이상돈, 2006). 서울시는 취수장 별 기득수리권을 총량으로 계산해서 취수 위치변경을 하더라도 수리권을 인정해야 한다는 입장이었다. 서울시는 기득사용물량을 취수장별이 아닌 총량으로 인정해 전체 취수장의 취수량을 합한 물량에서 기득사용물량 총량을 공제한 것을 잔여 물량으로 총량공제방식에 의해 용수사용료를 산정해 주어야 한다는 입장이다. 즉, 서울시는 취수장의 기득수리권 물량을 총량으로 인정해야 한다는 것이다.

그러나 국토해양부(건설교통부)나 수자원공사의 입장은 기득수리권 물량을 총량으로 인정하는 것은 무리라고 보는 입장을 취하였다. 취수장별 취수량을 어떠한 방식으로 산정하느냐에 따라 연간 용수료 산정에 차이를 가져오고 있다는 점이다. 즉, 아래의 표를 참고로 연간용수료를 계산할 때 취수장별 공제방식을 활용할 때 연간 용수료는 약 304억 원(A: 83,302,340×365)에 이르며, 총량공제방식에 의존할 때 연간용수료는 약 193억 원(B: 52,818,860×365)으로서 그 차액은 무려 111억 원(A–B)에 이르는 등 어떠한 방식을 활용하느냐에 따라 용수료 산정에 많은 차이를 가져온다는 점이다.

표 2 **취수장 기득수리권에 대한 공제방식별 1일 용수사용료** (금액단위: 원, 물량단위: 톤)

취수장		자양	구의	풍납	암사	강북	합계
1일 취수량		554,000	570,000	439,000	1,053,000	682,000	3,298,000
2005년 톤당 단가		47.93	47.93	47.93	47.93	47.93	
취수장별 공제방식	기득사용물량	800,000	960,000	200,000	236,000	0	2,196,000
	잉여 기득사용물량	246,000	390,000				636,000
	부과대상	0	0	239,000	817,000	682,000	1,738,000
	1일 용수료	0	0	11,455,270	39,158,810	32,688,260	83,302,340
총량 공제 방식	기득사용물량	554,000	570,000	200,000	872,000	0	2,196,000
	잉여 기득사용물량	0	0	0	0	0	0
	부과대상	0	0	239,000	181,000	682,000	1,102,000
	용수료	0		11,455,270	8,675,330	32,688,260	52,818,860

자료: 대전고등법원 판결문(2009.2.12) (※ 계산의 편의상 총량공제방식에서의 기득사용물량은 구의·자양 취수장의 잉여 기득사용물량을 암사 취수장으로 이전한 것을 전제로 함)

Ⅳ. 갈등의 해결과정

1. 갈등해결과정

1) 갈등조정기구로서 중앙하천관리위원회의 조정 시도

서울시는 전체 취수장의 기득수리권 물량을 합산하여 공제한 것을 잔여 물량으로 한 후 이를 기준으로 잉여 기득수리권 물량을 다른 취수장의 기득수리권 물량으로 전환하여 줄 것을 요구하였다. 그러나 수자원공사가 이를 거절하면서 갈등을 해결하기 위하여 중앙하천관리위원회의 조정시도가 이루어졌다. 서울시의 기득수리권 총량인정 및 조정 재요청에도 불구하고 한강홍수통제소는 기득수리권 총량인정과 조정도 어렵다는 입장을 보이자 서울시는 기득수리권 물량을 일방적으로 총량계산하여 기득허가량 총량공제 납부 및 기납부한 요금의 환불을 요구하기에 이른다.

수자원공사는 이를 댐용수 사용계약위반이라 보고 중앙하천관리위원회에 유수사용 분쟁에 관한 심사조정을 신청하였다. 그러나 중앙하천관리위원회의 2차례에 걸친 조정 시도에 서울시가 불참하고(2004. 11. 1, 2004. 12. 16), 조정결과도 거부(2004. 12. 21)하면서 조정을 통한 갈등해결시도는 실패하였다. 서울시의 불참 이유에 대하여 서울시관계자는 "서울시와 수자원공사 간에 기득수리권 계산방식을 둘러싼 문제는 계약당사자 간의 문제이지 조정의 문제가 아니었다"고 한 점으로 보아, 서울시는 본 사안이 중앙하천관리위원회의 조정대상이 아니라고 보았던 것이다. 이렇게 되면서 서울시와 수자원공사 간의 기득수리권 인정 및 조정을 위한 중앙하천관리위원회의 조정은 실패하게 된다.

2) 법적 소송을 통한 해결 시도

(1) 수리권을 둘러싼 1심 '미납 물값 소송'과 수자원공사의 승소(1심)(2006.10.26)

수자원공사는 서울시에 '미납 물값 납부 청구소송'을 제기하여 서울시 자체로 조정 납부한 기납부금에 대한 환불요청 주장을 불식시키고자 하였다. 대전지법의 1심판결(2006.10.26)에서는 "수자원공사와 서울시 간 용수공급 계약은 용수공급이 갖는 공공성을 고려한 법정 절차를 거친 것이며, 기득수리권 물량을 초과하는 부분에 대해 용수료를 내야 하는 것은 댐 법에서 상정하는 수익자부담의 원칙에 부합하며, 자연권으로서 취수권을 주장하는 것은 물 자원의 합리적 이용과 대규모 취수사업의 필요성 및 그로 인한 비용분담의 원칙에도 반하는 것"이라는 핵심내용을 담고 있는 판결을 내렸다. 즉, 서울시가 수자원공사에게 기득수리권 초과분에 대한 용수료를 지급해야 한다는 판결인 것이다.

수자원공사의 입장과 부합하는 내용의 용수료 부과의 정당성 및 기득수리권 인정방식에 관한 법원판결의 주요 내용(대전지방법원, 판결서, 2006.10.26)을 보면, 다음과 같다.

첫째, 한강이라는 대규모 하천의 유수를 취수하기 위하여는 공물의 특허사용에 해당하는 하천점용허가를 받거나 용수계약 등을 체결하여 특별히 공물 사용권의 설정이 요구된다는 사정 및 다목적댐을 건설 관리함으로써 계절별 및 지역별로 균일하지 못한 강우량에 따라 편중된 물 자원을 연중 일정하게 공급하여 서울과 같은 대도시 주민들의 물 수요를 충족시킬 수 있으므로 그로 인한 각종 비용 또한 수익자에게 부담시키는 것이 불가피하다.

둘째, 종래 자연적으로 형성된 하천 유수를 별다른 시설없이 취수하던 것을 전제로 하여 자연권으로서의 취수권을 주장하는 것은 물 자원의 합리적 이용과 대규모 치수사업의 필요성 및 그로 인한 비용 분담의 일반 원칙에 반하는 것으로 보인다.

셋째, 댐법 제35조 규정 등은 종래 하천점용허가를 받아 취수하던 자가 기득수리권 물량에 대하여는 무상으로 취수할 수 있되 이를 초과하여 취수하는 수량에 대하여는 댐 건설비용 및 그에 관한 운영 관리에 소요되는 제반 비용 등의 범위 안에서 초과 취수량

등의 여러 사항을 참작하여 용수료를 지급받을 수 있도록 규정한 것이라고 볼 수 있다.

(2) 수리권을 둘러싼 2심 '미납 물값 소송'과 서울시의 승소(2심)(2009.2.12)

1심에서 패소한 서울시는 항소하였다. 서울시는 항소인(피고인)으로서 한국수자원공사(원고)를 대상으로 항소하여 승소를 하게 되었는데, 법원에서는 "용수계약 중 원고주장의 취수장별 공제 방식에 의한 용수료 산정에 관한 약정 부분은 불공정한 법률행위로서 무효"로 판단하였고, 용수산정방식과 관련하여 "용수계약에 의한 용수료 산정은 총량공제방식에 의함이 상당하다"는 판결을 하여 서울시의 입장이 수용되었다.

서울시 입장과 부합하는 용수료 부과의 정당성 및 기득수리권 인정방식에 관한 법원판결의 주요 내용(대전고등법원, 판결서, 2009.2.12)은 다음과 같다.

첫째, 원고(수자원공사)가 한강 등 수자원을 종합적으로 개발 관리하여 생활용수 등의 공급을 원활하게 함과 동시에 수질을 개선하여 국민생활의 향상과 공공복리의 증진에 이바지할 의무를 부담하고 있음은 명백하다(수공법 제1조).

둘째, 한강 하류 취수장에서 취수하던 물량을 상류 취수장으로 취수하는 것으로 취수지점별 취수량을 변경할 경우 그 구간에 있어서의 하천유수가 감소하여 유속이 저하되고 이로 인한 하천수의 수질악화가 촉발될 수 있다는 점이 인정된다.

셋째, 그러나 취수장별 공제 방식에 의한 용수료의 산정이 환경보호의 문제 내지 하천관리의 문제와 긴밀하게 맞물려 있는 것이라면 취수지점과 취수량에 따라 하천의 구간별로 환경상의 차이가 유발되므로 용수료도 그에 맞추어 원래부터 취수장별로 서로 다른 단가를 적용하여야 할 것이다. 그런데 실제에 있어서는 전국의 모든 댐저수에 대하여 단일 요금제를 적용하여 오고 있다. 그리고 각 취수장에서의 하천점용허가는 원고가 주장하는 바와 같은 수질의 영향을 고려하여 내려지게 되는 것인데 피고가 일부 취수장에서 기득사용물량을 사용하지 아니하고 다른 취수장에서 이를 사용한다 하더라도 이는 각 취수장에서의 하천점용허가상 취수가능물량 범위 내에서 이루어지는 것이라고 볼 수 있다.

넷째, 피고(서울시)가 취수하는 물량에 변화가 없는 한 한강의 유량 유속은 최하류 취수장을 지나면서 취수장별 취수량 변화 전과 동일하게 복원된다는 점에서 피고(서울시) 산하 각 취수장에서의 취수량을 변경시키는 것이 한강의 환경오염이나 한강관리에 미치는 영향은 원고(수자원공사)가 주장하는 것과 같이 심대하다고 보기 어려운 점 등에 비추어 보더라도 원고의 주장은 받아들일 수 없다.

(3) '미납 물값 소송' 대법원 판결과 수자원공사의 승소(3심)(2011.1.13)

이렇게 1심에서 수자원공사가 승소한 반면에 2심에서는 서울시가 승소하면서 대법원판결까지 이르렀고, 수자원공사가 승소하여 최후의 승자가 되었다.

기득수리권 인정방식에 관한 대법원판결의 주요 내용(대법원, 판결서, 2011.1.13)을 보면 다음과 같다.

첫째, 취수장별 공제방식에 의한 용수료 산정에 관한 약정부분은 불공정한 법률행위로서 무효라고 판단한 원심 내용을 불공정한 법률행위의 주관적 요건에 관한 법리를 오해한 것으로 판결하였다.

둘째, 댐건설 이전에 하천점용허가를 받아 사용하던 물량에 대하여 사용료를 부과하지 않도록 하고 있는바 취수지점별 취수량은 하천수량 및 수질에 영향을 미치므로 하천관리청에서는 취수지점별로 하천점용허가를 하여 왔고, 댐용수계약이 하천점용허가와 밀접하게 연관되어 있다는 점을 보태어 보면, 용수료 부과대상에서 제외되는 기득사용물량은 각 취수장별로 산정되어야 한다고 해석될 여지도 충분하다고 보았다.

셋째, 따라서 일련의 공법 규정상 용수료의 산정방법은 총량 공제방식에 의함이 상당하다는 원심의 판단은 수긍할 수 없고, 결국 원심판결에는 용수료 산정방법과 관련된 법규정의 해석에 관한 법리를 오해하여 판결결과에 영향을 미친 위법이 있다고 보았다.

(4) 서울시의 부당이득반환소송과 패소

수자원공사의 '미납 물값 소송' 속에 서울시도 수자원공사와 맺은 댐용수계약이 무효라고 주장하며, '부당이득반환소송'을 제기하며 대응하였다. 서울시는 댐법 제35조 규정에 의거 충주댐건설비 5천 551억 원 중 수공에서 부담한 795억 원이 법정징수 한도임에도, 그간 2천 877억 원을 불법징수 했으므로 5년간 납부한 1천 244억 원을 부당이득금이라고 주장하며, 2002년 4월부터 2003년 12월까지 수자원공사가 서울시로부터 지급받은 댐용수 사용료와 그 지연손해금을 반환할 것을 청구하였다. 그러나 1심과 2심, 대법원 모두 서울시가 패소하였다. 총량공제방식 주장을 인정하지 않은 것은 위법하지 않고, 취수장별 공제방식은 관련 법규에 부합하다는 판결이었다. 이러한 일련의 소송에서 패소한 서울시가 미납 물값을 납부하게 되면서 갈등도 완화되어 갔다.

3) 당사자 협상의 탐색

국토해양부와 수자원공사는 취수장 이전 시 서울시의 기득수리권 이전을 인정하지 않았는데, 그것은 하천법을 기관의 입장에 유리하게 광의적으로 해석하고 있기 때문이다. 그러나 서울시는 취수장 위치변경과 같은 경우의 기득수리권에 관하여 하천법은 불명확하게 규정하고 있다는 입장이다. 대법원의 판결에 따라 서울시의 취수장 이전에 따른 기득수리권이 인정되지 않게 됨으로써 서울시는 매년 130억 원 상당의 용수료 비용을 부담하는 상황에 직면한 것이다. 서울시는 비용부담을 줄이기 위한 측면에서 관련 법규개정, 구의 · 자양 취수장 기득물량의 강북 이전시 사용량 인정 및 조정 건의를 위해 수공을 방문하는 등 협상의지를 보이고 있다. 즉, 서울시는 현재에도 협상이 가능하다는 관점에서 하천법의 개정 등을 통해 기득수리권 문제를 새롭게 가져가려는 의지를 가지고 있다. 반면에 수자원공사는 모든 소송에서 승소하였기 때문에 추가적 협상의 유인이 없는 상황이다.

2. 갈등해결과정의 문제점 및 평가

1) 갈등당사자의 소극적인 대응

서울시는 구의와 자양에서 취수하던 물량을 기득수리권 물량으로 인정해서 강북통합취수장에서 무상으로 취수해 달라고 요구하는 과정에서 서울시가 응당 거쳐야 할 행정적 협의에 무성의했다(이상돈, 2006)는 평가에서 보듯 적극적 협의와 설득을 위한 노력이 부족했던 것으로 보인다. 이러한 점은 취수장 이전에 따른 수리권 갈등문제해결에서의 협상을 어렵게 하는 요인이었던 것이다. 서울시가 상대적으로 수질오염이 심한 지역에 위치한 구의와 자양의 취수장에서 취수를 줄이고 상류에 있던 강북취수장에서 취수를 하고자 취수지점의 변경을 시도하였는데, 이 경우 서울시는 적극적으로 중요한 이해당사자인 한국수자원공사와 협의를 할 필요가 있었다. 구의와 자양에서 기득수리권으로 인정받은 물량을 강북취수장에서 인정해 줄 것을 건교부(국토해양부)에 요구했지만 건교부가 이를 거절하자 서울시는 용수대금지급을 거부하는 대응을 보였다. 그리고 수자원공사 역시도 비용지불을 요구하며 소송을 제기하여 역시 적극적으로 당사자간에 문제를 해결하려는 노력은 미흡하였다. 기득수리권 물량인정에 대한 해석의 차이가 있을 수 있었다는 점을 고려할 때 갈등이해당사자들은 일방의 입장에 치중한 소극적 대응을 보였다는 점에서 한계를 보였다.

2) 당사자 간 타협과 협상의 부족

취수장이전에 따른 기득수리권을 인정하지 않게 됨으로써 서울시는 매년 133억 원의 비용을 추가로 부담하게 되는 상황에 직면하였다. '미납 물값 소송'에서 1심에서는 수자원공사가 승소하였고, 2심에서는 서울시가 승소하였지만, 대법원 상고심판결에서는 수자원공사가 승소하였는데, 2심을 앞두고 수자원공사와 서울시는 조정과 협상을 통해 합의를 도출할 수도 있었다. 그러나 적극적인 당사자 간 협상은 나타나지 않았다(서울시 담당공무원 인터뷰, 2012.4). 당시 당사자 간 협상의 부족에는 역시 일방의 이해만을 지나치게 추구한 데 있다할 것이다. 재판부에서도 강제조정을 시도했지만 조정이 성립되지 않았는데, 그 이유에 대하여 수공 담당자는 "서울시와 수자원공사 간의 물값 갈등과 관련하여 서울시는 90%를 양보하기를 바랐고, 수자원공사는 10%양보를 하려해서 조정이 성립되지 않았다"는 견해를 보였다. 이 갈등당사자 간 큰 견해차를 좁히지 못했고, 그 결과 재판부의 조정도 받아들이지 않았다는 점이다.

3) 제도적 조정기제의 무기력

공공기관 간의 갈등에서 책임 있는 기관의 적시 적절한 조정은 갈등해결에 효과적이다. 그러나 서울시와 한국수자원공사 간의 댐용수료를 둘러싼 갈등의 경우 조정을 위한 제도적 노력은 미흡하였다. 갈등당사자들의 적극적인 조정요구를 통해서 적정수준에서 댐용수료 비용부담 수준을 조정할 수도 있었지만, 앞서 보았듯이 중앙하천관리위원회의 조정 시도는 일방의 불참과 거부를 받아들일 수밖에 없는 그야말로 무기력한 역할을 보였다.

그리고 성급한 법적 소송으로 국무총리실의 조정을 위한 개입여지도 줄였다. 감사원도 공공기관이 수자원공사의 기관감사 시 서울시와 수자원공사 간 물값 분쟁 건에 대하여 상황에 따라서는 현안에 대한 조정 권고 등의 조치를 할 수 있었다. 하지만 "감사원 감사 때 소송이 진행중이라 소송에 맡기는 입장이어서 감사원의 특별한 조정시도는 이루어지지 않았다"는 의견에서 알 수 있듯이, 성급한 소송 때문에 조정의 역할을 할 수 있었던 기관들은 소극적으로 대응하기도 하였다.

댐용수로와 관련하여 관계기관으로서 국토해양부는 합리적인 조정을 위한 적극적인 역할을 수행할 수도 있었다. 서울시가 국토해양부에 취수장 이전공사와 관련하여 점용허가를 요청한 것에 대하여 국토해양부 한강홍수통제소는 신규허가 사항이라는 이유로 한국수자원공사와 댐용수 공급계약의 보완할 것을 요청하였는데, 이때 국토해양부는 합리적인 해법을 찾기 위하여 더 적극적인 조정의 역할을 수행할 수도 있었다.[7] 그러나 제대로 된 조정시도는 이루어지지 않았고 결국은 소송에 의한 해결의 방향으로 나갔다.

4) 법적 소송에 의존한 갈등관리차원의 대응 미흡

갈등이해당사자는 성급하게 소송이라는 선택을 통해서 자신의 입장을 실현시키고자 하였다. 수자원공사는 서울시의 용수대금지급 거절에 대하여 곧바로 물값 지불을 요구하는 '댐용수 사용료지급 청구소송'을 제기하였는데, 1심 소송에서 서울시가 패소하자 항소할 것을 밝히고 서울시도 한국수자원공사를 상대로 '부당이득반환청구소송'을 제기하며 소송으로 맞대응하였다. 법적 소송의 제기는 때로는 협상에서 교섭력 확보수단으로 활용하여 상대방을 압박하고 협상으로 유도하는 효과를 거두기도 하지만 상대방에 대한 반발을 자극한다는 점에서 충분한 협상이 이루어지기 전에 선택할 방법이라고 보기는 어렵다. 즉 소송은 때로는 협상으로 나가도록 유도하기도 하지만 다른 유연한 협상과 조정의 여지를 봉쇄할 수 있기 때문이다.

서울시와 수자원공사는 댐용수 사용료를 둘러싼 갈등을 해결함에 있어서 상대방 주장에 귀 기울이고 설득하려는 적극적인 갈등관리 노력보다는 법적 소송으로 대응하였다. 소송을 통한 해결은 누가 승자가 되고 패자가 되건 패자의 부담이 너무 크다. 이긴 쪽과 진 쪽 간 제로섬 성격이 강하여 패자의 수용성도 낮은 문제가 있으며, 또한 3심까지 가기 때문에 문제해결기간도 길어지는 문제를 가지고 있다.

현재 수자원공사는 경기도 팔당수계 자치단체들에도 용수료 미납에 대하여 소송을 제기하였고, 경기도 팔당수계 7개 시 · 도는 팔당호 취수 용수 사용료의 부당성을 주장하며 납부 거부운동을 벌이고 있다. 그 반발도 더 거세지는 등 유사한 갈등을 확산시키는 결과를 초래하는 문제점을 가지고 있는 것이다.

7) 지방자치법령에 의하면 중앙행정기관과 지방자치단체 간에 적극적인 조정을 할 수 있도록 하고 있다. 본 사례의 경우와 정확히 일치하는 것은 아니지만 중앙행정기관의 장과 지방자치단체의 장이 사무를 처리할 때 의견을 달리하는 경우 이를 협의 · 조정하기 위한 행정협의조정위원회제도를 두도록 하면서 해당 위원회는 당사자 간에 사무를 처리할 때에 의견을 달리하는 사항에 대하여 협의 · 조정하도록 하고 있다. 구체적으로 그 사무나 협의 · 조정의 대상에 대하여 제한하거나 구체화하여 규정하고 있지 않다. 법령에서 행정협의조정위원회의 협의 · 조정 대상에 대하여 특별히 제한하고 있지 않은 이상 중앙행정기관의 장과 지방자치단체의 장이 사무를 처리할 때에 의견을 달리하는 경우에는 당사자는 의견을 달리하는 사항에 대하여 해당 위원회에 협의 · 조정을 신청할 수 있다(법제처 10-0357, 2010.10.8, 행정안전부 자치행정과). 어떠한 형태라도 국무총리실과 국토해양부는 간접적으로 조정을 시도할 수도 있는 사안이었지만 적극적인 개입이 이루어지지 않았다.

V. 시사점

1. 대안발굴과 적극적 협상을 통한 유사한 수리권 갈등의 해결 필요

수리권을 둘러싼 서울시와 한국수자원공사 간의 갈등은 현재 진행 중인 갈등사안이지만 유사한 갈등이 경기도 팔당수계의 7개 자치단체, 춘천시 등에서도 발생하고 있다. 특히 팔당상수원 7개 시 · 군과 댐 용수 사용료 징수를 둘러싸고 소송에 들어간 상황이며, 남양주시의회의 경우 한국수자원공사의 '팔당상수원지역 물값 분쟁 해결 촉구 결의안'을 상정 · 의결까지 하였다. 팔당상수원 7개 시 · 군의 댐 용수 사용료 면제 주장의 근거로는 물은 물가에 사는 사람이 주인이라는 지역수리권의 관점에서 논리를 제시하고 있고, 팔당댐의 물이 소양강댐과 충주댐의 일부 용수로 유지되는 것을 이유로 댐용수 사용료를 징수하는 것은 설득력이 없다는 입장이다. 이들은 "한국수자원공사는 팔당댐 건설에 1원 한 푼 투자하지도 않았음에도 불구하고 연간 12억t 이상의 팔당상수원 용수를 취수 · 공급한 데 이어 댐용수료까지 징수하려 한다. 충주댐과 팔당댐, 소양댐과 팔당댐 사이의 지천에서 유입된 물값은 왜 받으며, 중류지역의 주민들이 사용하고 방류한 물값은 왜 받아야 하는지 설명해야 한다"(경기일보, 2012.4.26)고 주장하고 있다.

수리권 갈등의 합리적인 해결을 위하여 본 사례에서 보듯 법적 소송에 의존하기보다는 이해당사자 간에 보다 적극적인 협상을 통해서 해결하려는 노력이 요구된다. 갈등관리 측면에서 적극적인 해결책을 모색하는 것이 추가적으로 발생할 수 있는 수리권 갈등에 따른 사회적 비용을 줄이는 것이 될 것이다. 수리권 갈등을 어떻게 해결해 나가는가 하는 점은 수자원 관리를 전담하고 있는 공공기관의 신뢰에 영향을 줄 수 있다. 갈등당사자들은 서로의 의견을 경청하고 적극적인 협상을 통해서 용수료의 일부 면제안을 비롯한 가능한 대안을 마련하여 합리적인 댐용수 사용료 조정이 이루어질 수 있도록 적극적으로 협상할 필요가 있다.

2. 공공기관 간 갈등 조정 역량 제고를 위한 제도 모색

본 갈등사례의 경우 행정협의조정위원회, 중앙하천관리위원회, 행정안전부, 감사원 등 갈등조정의 역할 측면에서 관여할 수 있는 제도적 기관들은 많았다. 그러나 실제 이들 기관의 조정역할은 제대로 작동하지 않았다. 효과적인 조정이 이루어지는 경우, 서울시의 입장과 수자원공사의 입장 중 한 당사자의 입장이 전적으로 반영되지는 않겠지만, 대안적 조정안의 도출을 통해서 당사자의 수용성을 높일 수도 있었다. 공공기관 간 갈등사안이 발생하는 경우 관련 갈등조정기구의 적시 적절한 개입을 통해 실질적인 조정 역할을 할 수 있는 조정역량을 발휘할 수 있는 갈등조정기구를 제도적으로 강화시켜 나갈 필요가 있다. 현재 운영되고 있는 갈등관리조정기구의 실효성을 높일 수 있는 방안을 모색할 필요가 있겠다.

3. 수리권 관련 합리적 법규 마련 및 정합성 제고

수리권을 둘러싼 서울시와 수자원공사 간의 갈등의 경우 환경변화 속에서 권리관계에 변화가 발생하였지만 기존의 법규(하천법, 댐법 등)가 그러한 권리관계의 변화에 대한 명확한 근거를 담고 있지 못해 갈등을 야기하였다. 미흡한 관계 법규의 갈등발생이라는 관점으로 볼 때 체계적인 연구의 필요성을 제기하는 사례로 의미를 가지고 있다.

"물값 전쟁을 일으킨 댐지원법과 수공법이 바뀌지 않는다면 지자체와 수공 간의 물값 논란은 악순활 될 것이다. 단순히 소송이 해결된다고 해서 갈등이 근본적으로 해결되지는 않는다"(경기도의회 도시환경위원장, 경기일보, 2011.7.25)라는 주장에서 나타나고 있듯이, 관련 법규에 대한 체계적 검토와 정합성을 제고하려는 노력이 필요하다. 갈등유발의 여지를 가지고 있는 법규가 그대로 있는 한 법적 다툼을 통한 해결은 불완전할 수밖에 없으며, 갈등의 합리적 해결이라기보다는 갈등의 강제적 종료인 것이다.

취수량을 둘러싼 기득수리권의 인정여부는 수리권에 대한 명확한 법리적 토대가 마련되어야 한다. 앞서 살펴보았듯이, 서울시와 한국수자원공사 간 기득수리권을 둘러싼 갈등도 명확한 법규의 미비에 기인하는 측면이 크다. 현재 하천법에서는 취수지점 위치변동에 따른 기득수리권 이전에 대한 법규정이 명확하지 않은 상태이다. 법규의 마련에서도 각 이해당사자의 이해관계로 많은 갈등이 있을 수 있다.

따라서 합리적인 법규마련을 위한 근거자료의 확보가 중요하다. 과거의 수리권이나 수자원을 둘러싼 갈등과 분쟁사례에 대한 축적이 필요하다. 또한 이 과정에서 필요한 경우 사실확인조사(fact-finding)의 실시가 선행되어야 한다. 과거 갈등사례에 대한 사실확인조사(fact-finding) 결과를 토대로 기득수리권 인정 근거기준에 대한 전문가 및 이해관계자 토론 등의 공론화과정이 필요하다. 이러한 과정은 합리적인 법규를 마련하도록 해주고 나아가 이를 토대로 갈등당사자 간에 적극적인 협상과 타협 등을 가능하도록 할 것이다. 즉, 합리적 협상과 토론이 가능한 기준으로서 합리적인 법규가 마련되어야 하고, 이를 위해 필요한 근거자료와 공론화가 이루어져야 한다.

4. 수자원의 효율적 이용을 위한 정책거버넌스 구축

수자원의 공급과 이용을 둘러싸고 관련된 부처, 단체나 기관은 다양한데, 상호협력을 통해 수자원을 효과적으로 공급하고 이용할 수 있는 상시적 소통과 관리를 위한 수자원 정책거버넌스의 구축이 필요하다. 수자원은 공공재적 성격이 강하고 자원의 중요성 또한 크다. 신뢰에 기반한 협력의 정책거버넌스가 작동하는 경우 수계에서 나타날 수 있는 수리권을 둘러싼 갈등뿐만 아니라 수자원을 둘러싼 다양한 유형의 발생 가능한 갈등은 감소할 것이다.

유역을 중심으로 한 지역공동체의 참여적 관리가 중요하다는 점에서 수자원의 효율적 이용을 위한 이해관계집단의 공동의 정책협력을 위한 정책거버넌스는 매우 중요하다. 수계에서 나타나는 지역사회와 수자원 관리에 권한을 가진 공공기관 간의 신뢰도 높아져 수자원관리에서 더 많은 지역사회와의 협력적 관리가 가능해 질 것이다. 수리권을 둘러싼 갈등에 따른 사회적 비용도 감소할 것이다. 무엇보다도 수자원은 인간에게 필수적인 공공재화라는 점을 인식하고, 수자원 정책거버넌스는 공공성 확보 차원에서 구축되어야 한다.

5. 사법적 소송의 한계를 넘어서는 갈등관리 방안의 모색

수자원과 같이 공공성이 큰 공공재를 둘러싼 갈등의 경우 기관 간의 첨예한 이해관계에 따라(비용부담 및 편익증대 정도가 큼) 법적인 소송에만 의존할 것이 아니라 공공성의 관점에서 합리적인 접근을 통해 적절한 조정이 이루어질 수 있는 방안이 모색될 필요가 있다. 앞서 보았듯이, 서울시와 한국수자원공사는 핵심 갈등당사자로서 쟁점현안에 대한 공론화를 추진하여 상대방을 합리적으로 설득하거나 서로가 요구하는 수준을 제시하며 유연한 협상을 시도하기보다는 한국수자원공사는 '댐용수 사용료지급청구소송'을, 그리고 서울시는 '부당이득반환청구소송'을 제기하는 등 소송에 의존한 갈등문제해결을 추구하였고, 그 결과 상대방에 대한 부정적 인식을 키워나갔다.

갈등사례에 따라 다소간에 차이가 있을지라도 소송에 의한 해결방식은 당사자 간 협상이나 제3자의 개입에 의한 조정 및 중재에 의한 해결보다 갈등에 대한 사회적 학습이라는 관점에서도 열등한 방식이라 할 수 있다. 수리권과 같이 이해관계가 첨예하게 걸린 갈등사안의 경우 어떠한 방식으로 접근할 때 소송으로 나아가는 것을 막고 효율적으로 갈등을 해결할 수 있는 것일까? 본 사례에서 소송의 결과에 따라서 서울시가 한국수자원공사에 댐용수료로 지불해야 할 금액은 너무 크고 또한, 매년 지불해야 할 금액도 적지 않다. 지역수리권의 관점에서 서울시의 주장이나 경기도 팔당수계 7개 시·도 자치단체의 주장도 일면 타당성이 있는데도 제로섬게임 성격의 결과가 나타났다는 것은 소송에 의한 해결의 한계점을 드러내는 것이라 할 수 있다. 현재 소송중인 상황에서도 팔당수계 인근 지자체들이 댐용수료 면제를 주장하며 댐용수료 거부운동을 거세게 전개하고 있다는 점에서도 소송에 의한 접근만으로는 여러 가지 한계를 가지고 있다. 소송을 통해서 조정안이 제시되기도 하지만 갈등이해당사자들의 적극적인 협상과 타협의 관점에서 본다면 그러한 방식은 소극적이라 할 것이다.

소송에 의한 해결은 금전적 비용뿐만 아니라 시간비용의 측면에서도 갈등이해당사자 간에 심리적 소모의 측면에서도 부정적인 요소를 가지고 있다. 소송의 한계를 넘어서 단기간에, 그리고 가시적으로 쉽게 드러나지 않는 사회적 학습이라는 긍정적 파급효과를 기대할 수 있는 적극적인 갈등관리 방안을 제도적으로 모색할 필요가 있다.

참고문헌

1. 국내문헌

국회사무처. 환경노동위원회회의록: 2003년도 서울특별시국정감사, 2003.10.8.
________. 건설교통위원회회의록: 2007년도 국정감사, 2007.10.29.
________. 국토해양위원회회의록: 2009년도 국정감사, 2009.10.8.
대법원. 판결서, 2011.1.13.
대전고등법원. 판결서, 2009.2.12.
대전지방법원. 판결서, 2006.10.26.
서울특별시의회. 환경수자원위원회회의록: 2006년도 행정사무감사, 2006.11.21.
___________. 제195회 서울특별시의회 환경수자원위원회회의록, 2006.11.30.
___________. 제219회 서울특별시의회 환경수자원위원회회의록, 2009.11.26.
___________. 제229회 서울특별시의회 환경수자원위원회회의록, 2011.2.23.
수리권실무연구회. 수리권실무 일문일답, 2006.
위계찬(2011). "물값 분쟁에 대한 판례 검토", 『중앙법학』 13(4): 165-201.
이상돈(2006). 서울시, 물값 소송 완패.
이제봉 외(2009). "수리권의 법적 성질 및 의미", 『저널 물 정책 · 경제』.

2. 보도자료

서울특별시. 보도자료, 2011.7.22.

3. 기타자료

서울특별시(2012). 내부자료.
한국수자원공사(2012). 내부자료.
법제처. 하천법, 2011.4.14.
법제처. 댐건설 및 주변지역지원 등에 관한 법률, 2011.5.30.

결 론

▨ 함종석(한국행정연구원 인적자원교육팀 팀장)

Ⅰ. 사례의 시사점

본 사례집은 성공적인 공공갈등 관리를 위해서는 갈등을 겪으면서 또는 갈등을 관리하면서 얻은 경험과 교훈을 지속적으로 확산 공유하는 것이 무엇보다 중요하다는 인식하에, 우리 사회 내에서 발생한 중요한 갈등사례들을 선정하여 갈등관리라는 측면에서 분석하고 있다. 이와 같은 취지하에 조력발전소 건설, 탄소세 도입, 국립공원 보호지역 등 개발과 보존이라는 환경에 관한 갈등사례와 교도소 이전, 하수처리장 입지, 취수장 이전 등 비선호시설 관련 갈등사례 및 공항기능이전 등 지역개발에 관한 사례로 구성되어 있다.

본 사례집에서는 집필 의뢰 시 갈등 해결과정에서 구체적인 갈등해결 모형을 도출하도록 하였으며, 시사점에서는 미해결 사례의 경우에는 당해 사례 해결 방안을 모색함과 더불어 유사사례에 대한 정책적 시사점 및 학술적 · 교육적 시사점을 포함하도록 하였고, 기 해결 사례의 경우에는 해결의 주된 원인 및 방안과 함께 유사사례에 대한 정책적 시사점 및 학술적 · 교육적 시사점을 포함하도록 요청하였다. 이에 따라 각 사례별로 갈등관리를 위한 다양한 시사점을 제시하고 있으며, 이를 정리해 보면 〈표 1〉과 같다.

표 1 각 사례별 주요 시사점

사례명	주요 시사점
안양교도소 이전 · 재건축 관련 갈등사례	- 갈등해소의 원칙은 당사자 간 대화를 통해 문제를 해결하는 것임 - 지역주민들과의 폭넓은 소통을 기반으로 한 공감대 형성이 중요함 - 이해당사자들은 상호인정과 이해를 바탕으로 대화와 협상을 통해 상호에게 이익이 될 수 있는 대안을 모색해야 함
광주공항과 무안국제공항 간 공항기능이전 갈등사례	- 정책의사결정 과정에서 합의형성 절차를 제도화해야 함. 특히, 이해관계자의 의견을 폭넓게 수렴하기 위한 규정을 마련하는 것이 시급함 - 갈등영향분석 과정에서 인식분석 과정을 도입하고, 갈등조정 과정에서 인식분석 절차를 추가해야 함 - 찬 · 반 집단만을 파악하는 단순분석에 그치지 말고 갈등을 보는 인식유형별로 그룹화하여 협상기법을 개발하거나, 이들의 행동특성을 분석하고 돌출 가능성이 있는 행동을 미리 예측함으로써 갈등을 사전에 예방할 수 있음 - 조기 공식협상의 실시 및 실질적인 시민협상기법 도입 등 커뮤니케이션전략 마련 및 참여방안 활용
조력발전소 건설 관련 갈등사례	- 조력발전소 건설이 환경과 어업에 미치는 영향을 객관적으로 검증 · 조사할 수 있는 기구를 이해관계자 간 합의를 통해 구성해야 하며, 이 과정에서 해당 분야 전문가가 중립적인 제3자로서 참여할 수 있음 - 갈등의 발생가능성 및 해소 가능성, 그리고 합의형성절차 설계를 위한 갈등영향분석을 실시해야 함 - 조력발전사업의 영향에 대해 우려가 커져가고 있는 상황에서 지역공모제를 실시하는 것이 필요하며, 신청지역에서 동시에 사업을 추진하기 보다는 1개 지역씩 순차적으로 사업을 추진하는 것이 바람직함
탄소세 도입 관련 에너지정책 갈등과 합의형성 기법 활용 사례	- 환경 및 에너지 정책분야 갈등 속성에 대한 이해가 선행되야 하며, 갈등관리에 있어 정부주도가 아닌 이해관계자의 실질적 참여와 합의를 통한 정책결정 또는 합의형성 절차를 활용하고, 중립적인 제3자의 지원에 의한 합의형성절차의 기획 및 운영이 요청됨 - 환경 및 에너지 정책분야의 갈등과 관련한 합의형성 절차에서는 정부와 정치권의 적극적인 참여 및 역할이 중요함 - 정부 부처 내 이견 조율과 경제주체 간 갈등관리가 중요하며, 소비자의 목소리를 충분히 반영할 수 있는 절차가 활용되어야 함
국립공원 내 백두대간 보호지역 관련 갈등사례	- 정책결정 및 그 과정의 정당성을 확보하기 위해서는 이해당사자의 의견을 제대로 반영할 수 있는 방안을 모색해야 함 - 국가정책의 효율적인 운영을 위해서는 국가기관 간 협조체제를 구축하여, 법령 간 충돌로 초래된 갈등을 최소화할 수 있음 - 백두대간 보전의 중요성에 대하여 이해당사자들이 자발적으로 인식하고 대처해야 하며, 아울러 사전대비 및 충분한 예산과 인력지원이 필요함 - 정확한 데이터베이스의 구축 · 활용 및 생태연구자들의 어려움을 극복하기 위해서는 정부의 학술적 연구지원이 필요함

사 례 명	주요 시사점
	- 갈등조정위원회의 운영과 조정자의 역할을 향상시키기 위해서는 중립적 입장에서 적극적 듣기, 자기주장, Chunking 하기, 대안평가 등의 기법들을 능숙하게 활용할 수 있는 전문가가 필요함 - 중립적 전문가들의 도움, 공론조사, 합의회의, 시나리오 워크숍, 시민배심원단제 등 갈등조정과정에서의 다양한 기법을 활용해야 함
과천 하수처리 시설 갈등사례	- 갈등당사자가 Win-Win하는 갈등 해소를 위해서는 상호간 잉여자원을 빅딜하는 것도 고려해야 함 - 기초자치단체들 간의 갈등에 있어서는 먼저, 비협조적인 행정 처리 절차에 대한 개선이 필요하며, 아울러 상부기관인 광역자치단체와 담당 중앙부처의 조정의지와 노력이 중요함 - 갈등해결을 위해서는 갈등사안의 직접적인 당사자 간의 사전 조율 및 협의가 반드시 선행되어야 하며, 갈등이 발생한 후에는 당사자들 간에 합리적이고 납득할 수 있는 충분한 의사소통이 필요함
취수장 이전에서 수리권을 둘러싼 공공기관 간 갈등사례	- 이해당사자 간 보다 적극적인 협상을 통한 해결 노력이 요구되며, 공공기관 간 실질적인 조정 역할을 할 수 있는 갈등조정기구를 제도적으로 강화시켜 나갈 필요가 있음 - 수리권 관계 법규의 체계적 검토 및 정합성을 제고하고, 이에 대한 대안발굴과 적극적 협상을 통하여 유사한 수리권 갈등 해결 필요 - 유사사례 등에 대한 데이터베이스 구축 등 갈등당사자 간 합리적 협상 도출을 위해 필요한 기본적인 토대 구축 필요 - 수자원의 효율적 이용을 위하여 상시적 소통과 관리를 위한 수자원 정책거버넌스 구축 필요

위와 같이 각 사례별로 갈등 예방 및 해결을 위한 여러 가지 방안을 모색하고 있으며, 이는 유사사례의 재발 방지 및 해결을 위해서 많은 도움을 줄 것으로 기대된다. 그러나 최근의 갈등, 특히 공공정책이나 사업의 추진과정에서 발생하는 공공갈등은 매우 복잡한 이해관계와 다양한 이슈로 인해 예방 및 해결이 어려운 실정이다. 아래에서는 각 사례별로 제시하고 있는 갈등관리 방안들 중에서 유사한 내용들을 통합적으로 검토하여 복잡다기화 된 공공갈등을 예방 · 해결할 수 있는 적절한 갈등관리 방안을 모색해 보고자 한다.

첫째, 갈등해결의 결과뿐만 아니라 그 과정에서의 공정성과 정당성을 확보하기 위하여 정책이나 사업시행의 초기단계에서부터 관련된 이해당사자들의 직접적인 참여를 보장해야 한다. 여기서 유의할 점은 잘 드러나지 않는 간접적인 당사자들의 이해관계 또한 고려해야 하며, 갈등의 뿌리에 놓여 있는 갈등당사자들의 요구와 이해관계뿐만 아니라, 실체적이고 감정적인 문제들까지도 반드시 다루어야 한다는 것이다. 이와 같이 정책이나 사업의 사전 조사단계에서부터 영향을 받는 직·간접적인 이해당사자들을 폭넓게 파악하여 의견을 청취함으로써 혹시 발생할 수 있는 갈등을 예방하는 데 도움이 될 수 있을 것이다. 한편, 갈등이 발생하였을 경우에도 처음부터 참여하여 전체적인 맥락을 이해하고 있는 이해당사자들을 설득하여 바람직한 대안을 모색하는 과정이 용이해 질 수 있을 것이다.

둘째, 갈등예방 및 해결을 위해서는 이해관계자가 아닌 제3자의 입장에서 조정 및 중재할 수 있는 기관이 필요하다. 특히, 갈등 상황 속에 있는 이해당사자들이 모두 수용할 수 있는 공정한 해결책을 스스로 이끌어 낼만한 공통의 이해와 목적을 찾기 위해서는 갈등에 영향을 받지 않는 제3자의 중립적 개입이 필요하다. 인간은 기본적으로 이기적(self-interested)으로 행동하므로, 갈등상황에서 이해관계자들에게 그들의 이익을 버리고 중립적으로 행동하도록 요구한다는 것은 매우 어려운 일이다. 따라서 이해관계자들 전부 혹은 다수가 받아들일 수 있는 제3자적 중재·조정 기관을 통해 상호간에 배치되는 이익을 조정할 필요가 있으며, 이는 기 발생된 갈등의 해결을 위해서 뿐만 아니라 갈등이 태동할 수 있는 상황에서도 적절한 방안이라고 생각된다. 향후 이러한 제3자적 중재 및 조정기관을 설립하고 그 운영방안을 모색하는 연구가 필요하며, 선정된 기관에 대해서는 인력과 예산을 충분히 지원해야 할 것이다.

셋째, 정책혼선에 따라 이해관계자들의 불만이 커지는 상황에서 이해관계자가 참여하는 합의형성절차의 설계 및 활용은 매우 중요하다. 이를 위해 중요한 사안 중 하나는 관련 부처나 기관이 갈등 사안에 따른 합의형성절차에 의무적으로 참여할 수 있도록 관련 법률을 제정하거나, 기존 규정의 개정을 통한 제도적인 장치가 필요하다는 것이다. 아울러, 합의형성절차를 운영하기 위해서는 갈등의 발생가능성 및 해소 가능성, 그리고 합의형성절차 설계를 위한 갈등영향분석을 실시해야 하며, 공공기관 간 협조체제 구축을 위한 법률 제개정 및 실질적인 조정 역할을 할 수 있는 갈등조정기구를 제도적으로 강화하는 것이 필요하다.

넷째, 부정확하고 왜곡된 정보 제공 및 관련 정보통제로 인해 발생할 수 있는 갈등을 방지하기 위해 정확한 자료를 토대로 관련 갈등 사안에 대한 데이터베이스를 구축할 필요가 있다. 광우병으로 인한 사회적 갈등이나 한미 FTA를 둘러싼 갈등을 포함하여 최근의 여러 공공갈등을 살펴보면, 정책·사업에 대한 정확한 정보와 자원이 당사자 간 원활하게 공유되지 않아 갈등이 심화되고 증폭되는 경우가 많았다. 정보·자원이 편재되면 국민들의 정책 · 사업에 대한 신뢰가 저하되며 관련 지식이나 의견공유가 부족한 상태로 결정된 정책 · 사업에 대해 자연스레 반감을 가지게 된다. 공공정책 및 사업에 대한 근거와 정보가 충분히 제공되고 갈등당사자 상호간 입장을 이해하는 노력이 더해진다면 공공갈등은 사전에 예방되거나 혹은 보다 원만하게 해결될 수 있을 것이다. 특히, 정부부처나 공공기관의 경우 정책 수립 및 사업 집행의 주체로서 정보를 독점할 수 있는 지위에 있는 경우가 많으므로, 가능한 갈등과 관련된 정확한 정보를 모아 누구나 확인할 수 있는 데이터베이스를 구축할 필요가 있다. 이러한 노력과 함께 공공정책 및 사업 수행 시에 정확한 지식과 정보를 공유하기 위한 공청회 · 설명회 등 여러 참여 기제들을 활성화함으로써 이해관계자들 간의 협력을 증진시켜 합리적으로 갈등이 예방 · 해결될 수 있을 것이다.

다섯째, 갈등이 발생하고, 증폭되고, 파국으로 나아가는 과정을 보면, 이해관계자 간 소통 부재가 가장 큰 원인이 되는 경우가 많으므로, 기존에 제시되고 있는 다양한 의사소통 기법을 적절히 활용하고, 개별 갈등 사례에 맞게 변용할 수 있어야 할 것이다. 특히, 갈등의 확산방지와 조속한 해결을 위해서는 무엇보다도 상부기관에서 강력한 문제해결 의지를 가지고 관련 이해관계자들과 소통할 필요가 있다. 여기서 유의할 점은 갈등해결은 눈앞의 문제만을 해결하는 것이 아니라, 평등 · 참여 · 존중 · 상호 번영 · 성장 등 자발적이고 수평적인 새로운 인간관계의 설정을 의미한다는 점을 간과해서는 안 된다는 것이다. 이와 같이 갈등이해당사자 간 양방향의 소통을 통해 갈등을 사전에 예방하고, 기존 갈등을 해결하기 위한 가장 좋은 방안 중에 하나는 정보공개, 합의회의, 공론조사, 시민배심원제 등 참여적 갈등관리 방안을 의무화하는 것이다. 이 경우, 어떠한 참여적 방안을 선택할 것인가에 대해서는 사업추진기관에 재량권을 주는 것이 바람직하다. 최근 사회통합위원회에서는 국책사업 추진 시 대립하는 이해관계자들 간에 대화와 소통의 장을 마련해 갈등을 해결하기 위해 프랑스의 국가공공토론위원회(CNDP)를 벤치마킹한 가칭 '국가공공토론위원회' 신설을 추진 한다(서울신문, 2012.07.09)고 한다. 매우 시의적절하다고 생각되며, 나아가 이를 기초 및 광역자치단체의 문제해결에도 적용할 수 있는 방안이 모색되어야 할 것이다.

Ⅱ. 정책적 제언

우리나라는 과거 급속한 경제발전을 이루는 과정에서 하향식(top-down)의 정책수립 및 집행이 일반화되었고, 그에 따라 정책과정에서 이해당사자들의 의견을 제대로 반영하지 않은 일방적인 정책집행으로 인해 다양한 공공갈등이 노정되어 왔다. 그러나 현재와 같은 다원화된 사회에서 과거와는 달리 오히려 다수의 정책참여자로 인해 꼭 필요한 정책이나 사업조차도 순조롭게 진행되지 않고 있다. 따라서 공공갈등의 예방 및 해결을 위해서는 먼저, 갈등과 갈등관리에 대한 발상의 전환이 선행되어야 할 것이다.

최근 들어 공공갈등관리 정책이 갈등이 발생한 후 해결하기 위한 사후대처에서 갈등이 증폭되고 악화되기 전에 그 전조가 되는 쟁점들을 사전에 규명하고 적극적으로 해결하는 구조적 또는 중재적 노력을 통해 갈등을 미리 예방하고 최소화하기 위한 사전예방으로 전환되고 있는 것은 매우 바람직한 것으로 보인다. 이와 같은 갈등예방프로세스는 갈등관리 체계의 핵심요소 중 하나로써 갈등이 발생한 후 원활하게 해결하는 것보다 잠재적인 갈등을 예방하는 비용이 적게 들기 때문이다. 공공갈등의 예방과 해결에 관한 규정 제정이후 각 부처는 갈등사업을 중심으로 갈등관리에 임하고 있지만, 대부분 갈등이 발생한 이후 해결에 초점을 두고, 갈등이 발생하기 이전의 갈등예방에는 소극적으로 임하고 있으나, 향후 갈등 현장과의 소통에 우선순위를 두는 등 사전적이고 합리적인 갈등관리 체계를 통해 실효성 있는 상생협력 기반 구축에 더욱 노력을 경주할 필요가 있다.

다음으로 갈등 예방과 해결을 위해서는 보다 제도적인 측면에서 보완될 것이 많은데, 현재 대통령령으로 되어 있는 '공공기관의 갈등 예방과 해결에 관한 규정'을 법제화할 필요가 있다. 2005년 이후 입법화를 시도하였으나 계속 불발되었으며, 현재와 같은 대통령령으로는 지속적으로 증가하고 있는 공공갈등을 예방 해결하는 데 한계가 있다. 따라서 관련 법률을 제정함으로써 공공기관의 갈등예방과 해결을 위한 다양한 갈등관리 방안의 실효성을 확보할 수 있을 것이다. 한편, 입법부에 의한 법률 제정 이전에 현행 '공공기관의 갈등예방과 해결에 관한 규정'에서 그 적용대상을 중앙행정기관으로 한정하고 있는데, 이를 조속히 개정하여 지방자치단체나 공공기관으로 확대 적용할 수 있도록 해야 할 것이다. 이는 최근의 갈등사안들이 지방자치단체나 기타 공공기관과 관련하여 많이 발생하고 있으나, 동 규정의 적용을 받지 않음으로 인해 발생하는 여러 문제점을 해소하기 위함으로 반드시 조치되어야 할 것이다.

한편, 최근에 이슈가 되었던 제주해군기지 건설갈등, 국제과학비지니스벨트 입지갈등, 동남권 신공항 입지갈등과 같은 공공갈등 중 많은 부분이 국책사업의 추진과정에서 발생하고 있다. 이와 같이 국책사업으로 인한 공공갈등들은 갈등이 표면화된 이후에는 그것을 해결하기 어렵다. 이는 갈등당사자 간의 이익이 첨예하게 엇갈려 있는데다 관련 부처도 여러 곳에 걸쳐 있어 이익의 균형점을 찾아 갈등을 조정하고 중재하기가 쉽지 않기 때문이다. 이와 같이 국책사업으로 인한 갈등을 풀어가기 위해서는 관련 부처 간 정보를 교환하고 업무협조가 유기적으로 이루어져야 하며, 특히 정부 내 컨트롤타워의 기능을 강화하여 관련 부처 간 업무조정에 적극적으로 나서도록 해야 한다. 이와 함께 국책사업은 공짜 사업이란 인식을 불식시키기 위해 중앙정부와 지방정부가 소요 예산을 분담하도록 하고, 예비타당성조사를 시행하는 사업은 모두 갈등영향분석을 의무화하며, 선호시설과 비선호시설을 패키지화하는 것도 고려해 볼 필요가 있다.

끝으로, 앞서 살펴본 바와 같이 공공갈등은 해결하기까지 오랜 시간이 걸리며 설사 해결된다 하더라도 그 과정에서 상당한 직 · 간접적인 비용을 초래하는 경우가 많았다. 따라서 우리는 갈등을 겪으면서 또, 갈등을 처리하면서 얻은 경험과 교훈들을 지속적으로 확산 공유하는 것이 필요하며, 그러한 과정에서 얻은 교훈을 통해 시행착오를 회피할 수 있는 지혜로 변용해야 할 것이다. 이러한 맥락에서 향후 유사한 갈등을 예방하거나 해결하려는 중앙정부, 지방자치단체 및 공공기관의 갈등관리 역량을 지속가능하게 만들기 위해서 한국행정연구원의 갈등관리 역량강화 교육과 본 사례집이 일정부분 역할을 수행하길 기대하며 책을 마무리 하고자 한다.

부 록

공정사회와 갈등관리 Ⅰ 갈등 형성과 전개 메커니즘

차 례

도시재개발사업에 따른 공공갈등사례 연구

-송석휘-

경부고속철도 ‘천안아산(온양온천)역’ 명칭 선정 갈등

-임정빈 · 장우영-

울산 북구 음식물자원화 시설 갈등사례 연구

-은재호-

쇠고기 수입반대에 나타난 정부-시민 갈등 메커니즘 및 네트워크 소통 전략

-박한우-

차 례

한탄강댐 건설 갈등사례

-이선우-

시화호 개발갈등과 조정사례

-서정철-

밀양 765kV 송전선로 건설사업 갈등사례 연구

-이강원-

스웨덴 고준위방사성폐기물 처분장 선정 사례 연구

-정지범-

정책갈등 예방을 위한 '협상에 의한 법규제정' 적용 사례

-강영진-

결 론

-류현숙-

집필진 약력

과제 책임자

■ **서 용 석**
한국행정연구원 사회통합연구부 부장
하와이대학교, 정치학 박사
- 관심분야 : 미래전략, 사회변동, ODA 정책
- 주요저서 및 논문 : 미래선진한국의 행정연구, 한국의 미래모습과 정책과제 등

■ **함 종 석**
한국행정연구원 인적자원교육팀 팀장
인하대학교, 행정학 박사
- 관심분야 : 지방자치, 로컬거버넌스, 주민참여
- 주요저서 및 논문 : 국가경쟁력과 리더십, 행정에 관한 공무원의 인식 등

집필진

■ **김 광 구**
경희대학교 행정학과 교수
위스콘신주립대학교, 도시 및 지역계획학 박사
- 관심분야 : 공공갈등관리, 도시 및 지역계획, 전략계획, 정책디자인
- 주요저서 및 논문 : 중앙-지방정부 간 갈등, 갈등조정 및 해소

■ **박 형 서**
대구한의대학교 리조트개발학과 교수
영국 리버풀대학교 대학원 도시학 박사
- 관심분야 : 지역개발 및 계획, 도시행정, 공공갈등관리
- 주요저서 및 논문 : 공공갈등관리론, 한국의 국토정책

■ **박 홍 엽**
고려대학교 정부학연구소 선임연구원
고려대학교 대학원 행정학박사
- 관심분야 : 갈등관리, 공공협상, 인사행정
- 주요저서 및 논문 : 공공갈등, 현대인사행정론

■ **이 강 원**
경실련 (사)갈등해소센터 소장
KDI 국제정책대학원, 공공정책 석사
- 관심분야 : 갈등조정 및 협상, 합의형성프로세스
- 주요저서 및 논문 : 국립서울병원 갈등조정위원회 성과 및 과제, 경기도 시설입지 갈등사례 조사 및 갈등관리시스템 구축방안 연구, 765kV 신고리-북경남 송전선로 건설사업 갈등영향분석

■ **이 선 우**
한국방송통신대학교 행정학과 교수
시라큐스 대학교 대학원, 정책학 박사
- 관심분야 : 인적자원관리, 갈등관리, 행정관리
- 주요저서 및 논문 : 협상조정론, 인적자원관리, 행정사례연구

■ **장 문 철**
경찰대학교 법학과 교수
Dalhousie Law School(캐나다) 법학박사(J.S.D)
Columbia Law School(뉴욕), 한국법연구소장 역임
KCAB, ICC 중재인 및 조정인; WIPO 분쟁조정 패널위원
- 관심분야 : 분쟁해결론, 중재론, 조정론, 협상론, 국제상거래법
- 주요저서 및 논문 : 국내 및 국제 중재법, 국제사법, 북한중재법 및 국제사법

■ **고 영 국**
한양대학교, 경찰대학교 강사
한양대학교, 법학박사
- 관심분야 : 공국제법, IT법, 대체적 분쟁해결
- 주요저서 및 논문 : 도메인이름 분쟁백서(2003년, 2004년 편저), 중재판정 집행절차에서 국가면제 등

■ **홍 성 만**
안양대학교 행정학과 교수
고려대학교 대학원, 행정학 박사
- 관심분야 : 정책분석평가, 과학기술 및 환경정책, 갈등관리, 비정부조직
- 주요저서 및 논문 : 공공갈등(공저, 2007)〈르네상스〉

공정사회와 갈등관리 Ⅲ – 갈등관리 역량강화를 위한 사례연구

2012년 10월 25일 초판 인쇄
2012년 10월 30일 초판1쇄 발행

편저자 서 용 석 · 함 종 석
발행인 배 효 선
발행처 도서출판 法 文 社

413-756 경기도 파주시 문발동 526-3
등 록 1957. 12. 12 / 제2-76호 (윤)
TEL 031) 955-6500~6 FAX 031) 955-6525
e-mail (영업): bms@bobmunsa.co.kr
(편집): edit66@bobmunsa.co.kr
홈페이지 http://www.bobmunsa.co.kr
조 판 법 문 사 전 산 실

정가 32,000원 ISBN 978-89-18-02392-2